동서 철학
심신가치론과
현대사회

동서 철학
심신가치론과
현대사회

손병석(연구책임자)
양운덕
이승환
김철운
김재숙
임홍빈
최준호
김종국
장문정
김경호
한명숙
김미영

한국학술정보

서문

심신(心身) 문제는 세계의 매듭이란 말이 있다. 그만큼 철학사의 주된 아포리아(aporia) 중의 하나라고 말할 수 있다. 심신 문제는 단순히 이론(theoria)적인 탐구 대상일 뿐만 아니라 우리 인간의 삶(vita)과 실천(praxis)에 중요한 관심거리가 되는 탐구 주제인 것이다. 그러나 심신 문제에 대한 동·서양 철학자들의 진작부터의 관심과 연구는 아직까지 이 문제에 대한 분명한 답을 제시하지 못하고 있는 것으로 보인다. 아니 어쩌면 심신 문제 역시, 철학이란 학문 자체가 답이 없는 질문만이 답이 될 수 있는 것처럼, 애초 해명 자체가 불가능한 것일 수 있다.

그럼에도 '심신관계론의 가치론적 조명: 동·서 철학 비교 연구'를 수행하고자 하는 본 연구단(이하, 심신가치론 연구단)은 철학사에서 뿌리 깊은 도전으로 간주되어 온 심신 문제를 새로운 접근법을 통해 해명하고자 하였다. 그것은 기존의 전통적인 철학이 심신 문제를 주로 인식론적 맥락에서 접근하였다면, 우리 연구단은 '가치론적(axiological)' 관점에서 접근을 시도한 것이다. 이것은 심신 문제 역시 단순히 인식론적 차원의 인과적 메커니즘의 해명에서만 끝나서는 안 되고, 그것이 인간들 사이의 관계 또는 사회적인 맥락 속에서 어떤 영향력을 갖고 있는지 분명하게 드러낼 필요가 있기 때문이다.

이것은 서양 철학을 주도해 온 형상과 질료의 이분법(고대), 영혼과 육체의 대립(중세), 그리고 정신과 물질의 이분법적 대립 구도(근대)가 인간 정체성의 이해를 가로막았을 뿐만 아니라, 주체의 객체에 대한 기술적 조작과 지배 그리고 인간에 대한 억압적 통제를 정당화하는 논리를 조장해 왔기 때문이다. 동양의 경우 서양 철학에서처럼 심신관계의 존재론적 이분법이나 실체적 이원론은 존재하지 않았지만, 가치론적 측면에서는 명백하게 정신이 육체보다 우선시됨으로써, 육체적 욕구와 감정의 분출을 통제하고 관리하는 사회 철학이 우세하다는 점에서 본질적으로 같은 문제를 보여준다. 결국 이러한 이분법적이며 위계적인 심신론에 대한 사유의 틀은 정도의 차이는 있을지 몰라도 동·서양 철학 공히 가치론적 관점에서 소위 '심신의 조화로운 관계(ASICS: anima sana in corpore sano)'를 부정함으로써 '추상적인 정신주의'와 '육체 지상주의'라는 두 극단을 조장하는 다양한 메커니즘을 재생산해 온 것으로 보인다. 본 '심신가치론 연구단'은 바로 이러한 문제 상황을 진단하고 그 해결책을 모색하기 위하여, 심신관계를 가치론적 관점에서 새롭게 조명하고, 나아가 바람직한 실천적 대안을 제시하고자 하는 목적을 갖고 출발하였다.

본 연구단은, '심신관계론의 가치론적 조명: 동·서 철학 비교 연구'라는 연구 과제명이 말해 주듯이, 기본석으로 동·서양 칠학 각자의 전문 분야에서 탄탄한 연구 업적을 축적해온 12명(1차 연도 13명) 연구자들을 통해 지난 3년에 걸쳐 '심신가치론'에 관한 공동 연구를 진행하였다. 동양 철학의 경우 유가 철학, 불교 철학, 그리고 도가 철학의 전문 연구자들이 망라되어 있으며, 서양 철학의 경우에도 희랍 철학, 독일 근·현대 철학, 프랑스 현대 철학, 실천 윤리학, 현대 페미니즘 전문 연구자가 각각 참여하였다. 특히 다수의 연구자들이 이미 과거 '공적합리성단'과 같은 공동 연구 프로젝트에 참가한 경험이 있어 공동 연구에서 요구되는 유기적이며 체계적인 상호 협력 방식 그리고 기존의 축적된 연구 방법을 바탕으로 본 연구를 효율적이면서도 원활하게 진행시킬 수 있었다. 또한 매달 워크숍(workshop)을 통한 연구자들의 연구 성과 공유는 '심신가치론'이라는 공동 주제가 각자의 논문 속에 융해되어 보다 생산적이며, 완성도 높은 작품으로 결실을 맺도록 하는 데 밑거름으로 작용하였다. 이 밖에도 '심신가치론 연구단'과 독일 브레멘(Bremen) 대학 철학과 그리고 대만대 철학과와의 공동 학술 심포지엄 개최 역시 우리 연구단의 연구가 대자적인 차원에서 양적으로 확장되고 질적으로 심화될 수 있는 좋은 기회가 되었다. '그리스 국제학술회의' 참가를 통한 발표 역시 연구자 각자의 역량을 한층 강화하는 유익한 경험이 되었다.

여기 3권의 책들에 실린 37편의 글은 철학사에 나타난 다양한 동·서양 철학자들의 심신론에 대한 견해를 단순히 나열한 것이 아니다. 그동안 동·서 비교철학적 접근에서 드러났던 대부분의 시행착오들이 단순히 개념들의 표면적 유사성에 집착한 데서 비롯된 점을 감안하여, 본 연구에서는 이러한 개념들을 단순 비교·고찰하는 방식을 넘어서고자 하였다. 그렇기 때문에 여기에 실린 논문들은 연구자 자신의 관심과 전공 분야라는 상대적인 자율성을 갖고 있으면서도, 기본적으로 심신론에 대한 '가치론적' 접근이라는 하나의 공통된 원리에 수렴되어 논증이 이루어지고자 한 분명한 목표를 갖고 시도된 글들이다. 연구자들은 각자의 영역이나 시대 또는 주제가 다름에도 심신론에 대한 가치론적 전회라는 사색적 원리를 날실로 삼고, 원전 텍스트에 대한 면밀한 분석을 씨실로 삼아 학문적 기여도(academic contribution)를 충족시킬 수 있는 하나의 작품을 도출해 내고자 하였다. 이것은 아리스토텔레스가 말하는 것처럼 본 연구단원들이 '함께 살며 서로 말과 생각을 나누는(syzēn kai koinōnein logōn kai dianoias)' 공동의 철학함(philosophein)의 즐거움을 느낄 수 있는 소중한 경험을 공유할 수 있었기 때문에 가능한 일이었다.

본 연구단이 3년간에 걸쳐 추진한 연구 내용과 목표를 간략하게 소개하면 다음과 같다. 1차 연도 연구 작업에서는 동·서양 철학사에 등장하는 심신관계론의 주요 유형들을 발생론적 관점에서 그 가치론적 의미를 검토하였다. 이러한 검토를 통해 사회의 다양한 문제들이 심신관계에 어떻게 집약되고 있으며, 전통적인 심신론에서는 그 양자의 관계가 어떻게 은폐되어 왔는지를 드러냄으로써, 본 연구단이 궁극적으로 지향하는 심신가치론을 구축하기 위한 토대를 마련하고자 하였다. 먼저 동양철학 부문에서는 유·불·도(儒·佛·道)로 대표되는 동양 전통에 등장하는 심신관계론의 가치론적 함의를 발생론적 관점에 따라 계통적으로 분석하고 정리하는 데 중점을 두었다. 무엇보다 동양의 심신관계론이 함의하는 사회 철학적 의미에 주목하여, 마음과 육체 사이에 가치론적 우열관계가 가로놓여 있음을 도출하고, 이러한 우열관계에 의해 빚어진 사회적 인식이 천리(天理)와 인욕(人欲)의 구별을 정당화하고 존(尊)과 비(卑)의 차별을 고착화시킴으로써 자연스런 육체적 본능의 표출과 평등을 향한 지향을 억압하는 기제로 작용하게 되었음을 고찰하였다. 서양 철학 부문에서는 심(영혼, psyche), 신(육체, soma) 관계의 가치론적 분화가 철학사적 맥락에서 어떻게 진행되었는지를 아리스토텔레스와 데카르트, 로크 그리고 홉스와 루소의 견해를 통해 살펴보았다. 더 나아가 서구 근대의 심신이원론을 비판하면서 인간에 대한 총체적이며 탈형이상학적인 접근을 시도하는 근대 이후의 철학자로서 멘느 드 비랑에서 베르그송, 마르셀, 사르트르, 메를로−퐁티로 이어지는 현대 프랑스 철학의 심신관계론을 살펴보았다. 이를 통해 통제의 대상으로서의 육체의 의미가 아니라, 능동적 활동성으로서의 육체의 의미를 조명해 보았다. 마지막으로 심신관계에 대한 니체의 철학사적 의의와 위상을 확인함과 아울러, 인간학적 자기 이해의 새로운 가능성을 타진하였다.

2차 연도 작업에서는 1차 연도에서 수행된 심신가치론에 대한 이론적 탐구를 구체적이고 실천적인 각도에서 재구성하고자 '심신 수양론'의 측면에서 재조명하였다. 동양철학 분야에서는 '동양적 수양론의 관점과 유형'에 주안점을 두고, 몸과 마음의 상호 관련성에 주목하면서 양자의 대립과 긴장을 넘어선 조화와 균형을 모색하는 동양적 수양론의 전통을 해명하는 데 중점을 두었다. 송대 신유학의 정좌수행, 성리학의 誠敬에 대한 논의, 조선조의 여성훈육의 위상, 근대의 수신 교과서의 목적, 기수련의 실천적 함의, 그리고 길장의 수행론을 살펴보았다. 서양철학분과에서는 스토아 철학의 현인의 '무정념', 스피노자의 몸과 마음 능력증대, 칸트에 이르기까지의 금욕의 문제, 셸러의 심미적 경험, 포스트−기호학적 관점에서 글쓰기 행위, 그리고 헤겔에서의 이성/욕망이 거부 극복되는 과정을 살펴보았다.

3차 연도에는 몸에 대한 가치론적 성찰을 통해 현대 사회의 제 문제를 진단하고 처방하는 것을 목표로 하였다. 사회는 확장된 몸이고 몸은 응축된 사회이다. 이런 의미에서 사회의 제반 문제는 몸에 대한 관점과 태도의 문제로 드러나고, 몸을 바라보는 관점에 대한 진단과 분석은 사회 문제의 해결을 위한 이론적 기초로 작용한다. 이를 위해 정치·사회, 문화·예술, 환경·여성, 종교·교육 등 네 주제 영역을 설정하여, 각 영역에서 발생하는 사회 문제들이 심신관계에 대한 어떠한 관점에 기반을 두고 있는지를 집중적으로 분석하고 검토하였다.

무엇보다 이 책들이 나올 수 있도록 지난 3년간 학문의 우정(philia) 공동체에서 동고동락했던 '심신가치론 연구단' 선생님들 모두에게 진심으로 감사드린다. 그리고 이 책이 나올 수 있도록 연구 책임자에게 격려와 지원을 아끼지 않은 전 '공적합리성 연구단' 연구 책임자 임홍빈 선생님과 철학연구소 소장 이승환 선생님께도 감사드린다. 또한 이 책을 출판해 주신 한국학술정보(주)의 여러분께도 감사드린다. 끝으로 이 책은 2005년도 한국 학술 진흥재단 지원 사업(KRF-2005-079-AM0016)의 도움을 받아 지난 3년간 개별 연구자들의 연구 성과를 집성한 것임을 밝힌다.

2012년 10월
심신가치론 연구단을 대표하여
연구책임자 손병석

| 목차 |

體得

전자민주주의와 참여민주주의
: 몸의 확장을 넘어서 德의 고양으로*

손병석

* 이 논문은 2005년 한국 학술 진흥재단의 지원을 받아 수행된 연구임(KRF−2005−079−AM0016).
  또한 이 논문은 3차 연도 연구 결과물임을 밝힘.

1. 왜 전자민주주의인가?

　　민주주의라는 말은 본래 일의적인 개념이면서도 실상 다의적으로 사용되어 왔다. 풀어 말하면 데모크라티아(demokratia)는 그 어원을 고려할 때 '데모스(demos)의 지배(kratia)',[1] 오늘날의 '국민에 의한 통치(the rule by the people)' 내지 '시민통치'라는 일의적 의미를 갖고 있지만, 역사에 나타난 민주주의 형태는 다양한 수식어가 붙은 존재 형태를 보여주고 있다는 것이다. 헬드(Held)가 분류하는 것처럼[2] 아테네 직접 민주주의부터 근대 이후의 자유민주주의(liberal democracy), 공화주의적 민주주의(republican democracy), 사회민주주의(social democracy), 그리고 심의민주주의(deliberative democracy) 등 다양한 형태의 민주

---

1) demokratia라는 말은 헤로도투스의 『역사(Ⅰ istoriai)』에서 처음으로 발견된다. 同書 3권 80장에서 소개되고 있는 최선의 정체에 관한 논쟁에서 오타네스(Otanes)는 '다수 시민(to plethos)'에 의한 통치가 이루어지는 민주정을 페르시아의 최선의 정체가 되어야 함을 주장한다. 그가 보기에 일인 군주 (mounarchos)에 의한 절대통치는 사실상 항상 무법적 통치가 이루어지는 참주정으로 전락하기 때문이다. 오타네스의 주장에 따르면 이것은 독재자의 본성에 뿌리 뽑을 수 없는 두 가지 악덕이 존재하기 때문인데, 그것이 '오만함(hybris)'과 '질투심(phthonos)'이다. 오타네스는 일인의 절대통치, 설사 그가 최선자라 할지라도 그 내면에 존재하는 두 가지 악인 '오만함'과 '질투'의 유혹에 저항할 수 있는 선한 인간본성(physis)이 존재할 수 있는지에 대해 회의적인 태도를 보여주면서, 민주정을 최선의 정체로 제시한다.

2) D. Held, 『민주주의의 모델』, 인간사랑, 1988 참조.

주의 유형이 있어 왔기 때문이다. 이 중에서 온전한 의미의 시민에 의한 직접적인 통치는 아테네 민주주의를 제외하고 실현된 적이 없다고 말해도 과언이 아니다. 여러 가지 이유가 있겠지만 무엇보다 광대한 물리적 공간의 지리적 제한과 다중의 과도한 감정발산으로 인한 정치적인 숙고적 판단능력에 대한 회의가 직접 민주주의의 실현을 어렵게 만든 주된 이유로 지적될 수 있다.[3] 근대 이후의 대의제 민주주의(representative democracy)는 이러한 문제점을 극복하기 위한 나름대로의 현실적 필요성을 담보하고 등장했다고 말할 수 있겠다. 그러나 우리가 경험하는 것처럼 근대 이후 현대까지 대의제 민주주의는 다수 시민들의 정치적 무관심과 그로 인한 투표율의 저조, 그리고 정치 엘리트들의 사적 이익추구와 같은 많은 문제점을 지속적으로 노출시켜 왔으며, 그래서 오늘날의 민주주의는 말뿐인 민주주의지 실상 '관객 민주주의' 내지 '과두주의적 민주주의'로 전락되거나 변형되었다는 비판이 지속적으로 제기되어 온 것이 사실이다.

오늘날 전자민주주의(electronic democracy)에 관한 담론이 주목을 받는 주된 이유가 여기에 있다. 토플러에 따르면 컴퓨터에 매개된 기술의 도움을 받은 전자민주주의는 무엇보다 지리적인 한계문제를 해결해 줄 수 있기 때문이다.[4] 특히 전자민주주의는 사이버 공론장(cyberspace) 또는 전자 광장(electronic agora)을 통해 다수 시민을 정치적 의사결정에 참여시킴으로써 어떤 면에서 고대 희랍의

---

3) 앨빈 토플러, 『제3 물결』, 한국 경제신문사, 1989, pp.509~510. 이한구, "디지털시대의 다양한 민주주의와 그 정당성", 『디지털시대의 민주주의와 포퓰리즘』, 철학과 현실사, 2004, pp.16~19 참조할 것.
4) 앨빈 토플러(1989), p.510.

아테네 참여민주주의와 같은 민주주의의 본래적 자아상을 구현할 수 있는 가능성을 보여줄 수 있는 것으로 기대된다. 그러나 물리적 공간이 아닌 '사이버공간'에 존재론적 기반을 두고 있는 전자민주주의가 단순히 컴퓨터에 의해 매개된 인터넷 공론장을 통해 민주주의의 주인으로 말해지는, 그러나 지금까지 소외되어 왔던 시민들의 권리와 이익을 전달하는 희망과 축복의 새로운 민주주의의 형태로 정착이 될 수 있을지에 관해선 아직까지 회의적인 시각이 없지 않다. 그것은 전자민주주의가 근거하는 사이버 공론장이 정치·사회적 이슈들에 대한 극단적인 의견의 차이와 대립으로 시민들 상호 간의 갈등과 반목, 그리고 판옵티콘(panopticon)적 전자 정부의 조작과 지배를 야기하는 무정부적 판도라의 공간이 될 수 있는 가능성이 부정될 수 없기 때문이다.[5]

전자민주주의와 고대 희랍의 참여민주주의에 관한 본격적인 논의에 들어가기 전, 이 글의 한계점을 먼저 분명히 하는 것이 좋을 것 같다. 그것은 무엇보다 상당한 시간적 차이를 두고 존재하는 두 유형의 민주주의를 세세히 비교하는 것은 필자의 역량을 넘어선다는 것이다. 이런 이유로 이 글은 전자민주주의의 실현 가능성에 관한 긍정적 내지 부정적 전망에 관한 치밀한 논증을 목표로 하지 않는다. 필자의 이 글에서의 주된 관심은 사이버 공론장을 통한 참여민주주의의 실현 가능성의 성공적 담보를 위한 규범적 차원에서의 하나의 가능성을 고대 희랍 민주주의의 말의 자유정신에서 실험적으로 찾아보고자 하는 것이다. 따라서 고대 희랍의 말의 자유에 관

---

5) 전자민주주의의 한계와 관련해선 김용철, 윤성이, 『전자 민주주의: 새로운 정치패러다임의 모색』, 오름, 2005, pp.259~296. 박동인, 『전자 민주주의가 오고 있다』, 책 세상, 2000, pp.72~86 참조할 것.

한 논의 이전에 다루어지는 사이버 공간 그리고 아렌트와 하버마스에 관한 논의는 이 글에서 극히 제한적으로만 다루어진다는 한계점을 안고 출발함을 밝힌다. 본 글의 얼개는 다음과 같은 순서를 가진다. 먼저 전자민주주의의 존재론적 기반이 되는 사이버스페이스의 특성을 정신과 육체의 관점에서, 특히 탈육체화의 관점에서 짚어 볼 것이다. 다음으로 사이버 공론장이 참여민주주의를 위한 시민들의 정치적 공론 형성과 어떤 관계를 가질 수 있는지를 한나 아렌트와 위르겐 하버마스의 공론장과 기술에 관한 견해를 적용하여 그 가능성의 정도를 가늠해 볼 것이다. 마지막으로 사이버 공론장에 등장하는 다양한 의견이 참된 공론으로 자리매김되기 위해 담보해야 될 민주 시민의 핵심적 정신을 고대 희랍 민주주의의 '말의 자유(the freedom of speech)'와 관련된 두 용어, 즉 이세고리아(isegoria)와 파레시아(parrhesia) 개념에 대한 분석을 통해 모색할 것이다.

2. 사이버스페이스와 공론장

아테네 민주주의를 가능케 한 터로서의 아고라(agora)는 단순히 유클리드 기하학적인 3차원의 물리적 공간이 아니다. 그것은 무엇보다 아테네 시민들이 모여서 폴리스와 관련된 공적인 문제를 토론하고, 숙고하고, 의견을 교환하는, 즉 공론을 위한 공적 장소이다. 이런 점에서 아테네 민주주의를 꽃피운 민회(Ekklesia)나 법정(Dikasteria)은 그것이 제도적인 차원의 정치적 내지 행정적 기관이기 전에 본질적으로 다수 시민의 공론 형성을 위한 아테네 민주정의 공론장인 것이다. 아테네 시민들은 이러한 공론장에 모여 서로 얼굴을 맞대고 각자 자신의 의견과 반론을 제시하고, 그것에 대한 토론과 대화를 통해 합의에 도달함으로써 공동체의 중요한 의사결정에 참여하였다. 결국 아테네 민주정은 아고라와 같은 특정한 물리적 공간에서 개인의 정체성을 담보해 주는 영혼과 육체의 통일체인 시민들이 얼굴을 맞대고 숙고적 토론을 통해 운영되는 정체라 말할 수 있다.[6] 그렇다면 非對面的인 전자민주주의의 사이버 공간(cyberspace)은 아테네 민주정의 아고라와 같은 공론장의 기능을 얼마만큼 수행할 수 있는 것으로 볼 수 있을까? 이 물음에 답하기 위해서는 전자민주주의를 근거 짓는 사이버 공간의 존재론적 기반이 무엇인가에 대한 이해가 선행될 필요가 있을 것 같다.

이미 잘 알려진 것처럼 인터넷에 의한 사이버 공간의 존재 형태는 디지털이다. 그리고 이러한 디지털 정보는 모두 0과 1의 두 자릿수의 조합으로 표현된다. 이것은 디지털 세계가 현실적인 물리적 공간과는 '다른 공간(heterotopia)'임을 의미한다. 즉 사이버 공간은 일종의 가상공간으로서 들뢰즈가 말하는 것처럼 시뮬라르크의 세계인 것이다. 달리 말해 사이버 공간은 현실을 모의(simulation)한 가상세계인 것이다.[7] 플라톤의 인식론적 구도를 통해 말한다면 가상공간은 본질이 아닌 현상(phainomenon)의 세계에 속하는 것이다. 또한 파르메니데스(Parmenides)적인 관점에서 보면 가상공간은 존재(to eon)의 세계가 아니다. 가상공간은 있음과 없음의 변화를 겪는, 그래서 부동의 완벽한 존재론적 기반을 확보하고 있지 못하기 때문이다.

그러나 사이버 공간은 달리 보면 단순한 현상의 세계만이 아니다. 그것은 분명 우리가 접속하는 순간에 엄연한 존재의 세계로 현전하여, 우리로 하여금 현실공간과는 다른 경험의 세계를 접할 수 있게 해주기 때문이다. 그것은 우리가 플러그만 끼우고 접속하면 현실보다 더 리얼한 하이퍼 리얼리티(hyper-reality), 즉 초실재적인 존재의 세계로 등장한다. 그리고 이러한 가상공간은 무엇보다도

---

6) 以上은 M. H. Hansen, *Was Athens a Democracy*, Copenhagen, 1989, pp.3~29 참조할 것.
7) 以上은 김선희, 『사이버시대의 인격과 몸』, 아카넷, 2004, pp.227~236 참조할 것.

소크라테스가 자신의 철학적인 삶의 모토로 삼았던 '영혼(psyche)'의 '육체(soma)'로부터의 자유를 가능케 하는 세계라는 점이 주목할 만하다. 달리 말해 가상공간은 육체라는 감옥으로부터 영혼을 해방시켜, 우리가 현실 세계에서 경험하지 못한 다양하면서도 자극적인 컴퓨토피아(computopia)의 세계를 경험하게 해줄 수 있는 것이다. 우리는 현실공간에서 헤라클레이토스(Herakleitos)가 말하는 같은 강에 두 번 들어갈 수 없지만, 가상공간에서는 얼마든지 쾌락과 희열의 강에 계속해서 들어갈 수 있다. 이런 점에서 가상공간은 디지털 정보에 의존한 인공적 세계라는 한계가 있지만, 그럼에도 불구하고, 그것은 아무것도 아닌 무의 세계가 아니다. 그것은 아리스토텔레스적인 관점에서 본다면 가능태적인 세계로서 그 존재 방식은 다르지만 컴퓨터의 부팅과 더불어 존재할 수 있는, 달리 말해 가능태(dynamis)적으로 존재할 수 있는 또 다른 의미의 현실태적 세계다.[8]

그러면 인터넷을 통한 사이버 공론장은 참여민주주의의 실현 가능성을 어느 정도 높일 수 있을까? 사이버 공간은 과연 인류가 발견한 민주주의의 신세계일 수 있을까? 사이버 공간은 과연 민주주의의 형식적 주인인 시민들에게 본래의 자리를 찾아 줄 수 있는 축복의 매개체가 될 수 있을까? 상술한 사이버 공간의 존재론적 특성, 특히 정신과 육체의 분리현상, 즉 '육체이탈성(disembodiment)'을 염두에 둘 때 한편으로는 긍정적인 평가가 가능할 수 있다. 무엇보다 사이버 공론장은 육체이탈화로 인한 '익명성(anonymity)'을

---

8) 以上은 이태수, "사이버 공간의 존재론", 『철학과현실』, 제57호, 2003년, pp.173~193. 이동성, "인터넷 가상공간의 존재론", 『동서언론』, 7(2003), pp.147~162 참조할 것.

보장한다는 점에서 개인들 사이의 동등성과 수평적 관계를 담보한다. 이것은 개인이 현실에서 처한 지위나 신분, 부, 인종, 그리고 성에 의한 구속성과 부자유를 극복할 수 있음을 의미한다. 둘째는 이로 인한 사이버 공론장에서의 다양한 의견의 개진이 자유로울 수 있다. 이것은 현실 세계에서의 시·공간적 제한을 사이버 공론장을 통해 극복할 수 있기 때문이다. 즉 경제적인 직업 활동으로 인한 시간 부족과 공간적 크기의 방대함으로 인한 시민의 정치적 의견의 표출이 현실 세계에서는 어렵지만, 사이버 공론장을 통한 정치적 의사소통 행위는 보다 용이하면서도 자유롭게 이루어질 수 있다는 것이다. 더군다나 TV나 라디오 또는 신문과 같은 일방향적인 기존의 매스 미디어와는 달리 인터넷에 의한 사이버 공론장은 일 對 일 또는 일 對 다 또는 다 對 다라는 쌍방향적 의견 교환과 토론이 가능하다는 장점이 있다. 마지막으로 사이버 공론장은 정보의 개방성을 담보함으로써 시민의 정보에의 보편적 접근 가능성이 가능하다. 사이버 공론장은 시공간의 제약을 넘어서 풍부한 정보를 갖추고, 그것을 지속적으로 유통시킴으로써 언제든지 시민들에게 정보의 공유를 용이하게 해주며, 그래서 다수 시민들 사이의 정보교환과 의사소통을 통해 정치적 공론을 형성할 수 있게 해준다.[9] 이렇듯 사이버 공론장은 '컴퓨터에 의해 매개된 의사소통(computer mediated communication)'을 통해 다수 시민들이 적극적으로 정치

---

9) 以上은 F.Evans, "Cyberspace and the Concept of Democracy", Peer-Reviewed Journal on the Internet, pp.4~10. 송경재, 『사이버 공동체와 민주주의』, 한국학술정보(주), 2006, pp.60~64. 사이버 공론장을 통한 시민의견의 수렴을 위한 시도는 미국을 비롯한 세계 주요 국가에서의 전자정부(e-government)나 의회 또는 정치 선거운동이나 시민운동에서 이미 활성화되고 있는 추세다. 이와 관련된 자세한 설명은 김용철, 운성이(2005), pp.41~218, 297~312 참조할 것.

적·사회적 정책 결정에 참여하여 실질적인 자신들의 권리를 행사할 수 있다는 점에서 참여민주주의의 실현 가능성을 높여 줄 수 있는 순기능을 행하는 것으로 볼 수 있다. 대의제 민주주의하에서 단순히 정치적 수용자 내지 관객에 불과하였던 파편화된 군중이 '정치적 참여자'로 자신의 권리를 회복할 수 있는 가능성이 마련된 것이다.

그러나 육체이탈화로 인한 사이버 공론장의 순기능적 특성은 마찬가지로 역기능의 내재적 속성으로 작용될 수 있다는 점이 간과될 수 없다. 즉 정신과 육체의 분리가 전자민주주의의 전망을 어둡게 하는 결정적인 장애 요소로 작용할 수 있다는 것이다. 첫째로 육체이탈화로 인한 익명성의 보장은 개인들의 의견이 책임성을 담보하지 못하는 위험성을 노출시킬 수 있다는 윤리적 문제를 발생시킨다. 사이버 공론장의 사이버 시민은 그 '익면성'으로 인한 개체의 정체성이 담보되지 못함으로써 사실과 진리 대신 허위와 거짓말이, 공동 이익이 아닌 사적이익 내지 집단이익이 공론으로 둔갑될 수 있다는 것이다. 이것은 마찬가지로 사이버 공론장에서의 자유로운 의견 개진이 진정성이 결여된 헛된 말의 잔치가 될 수 있으며, 그로 인해 논증과 반박 내지 타당성 요구의 제시를 통한 합의보다는 오히려 불합의, 연대보다는 차이를, 조화보다는 갈등을 증폭시킬 수 있는 현실적 가능성을 배제할 수 없다. 또한 어느 주도적인 의견에 의한 조작된 여론몰이가 다수 시민의 공론인양 재택될 수 있는 가능성도 배제할 수 없다. 앞서 사이버 공론장의 장점으로 언급된 정보의 공개성과 보편적 접근 가능성 역시 실질적인 시민들의 정치적 공론 형성에의 참여로 이어질지도 미지수다. 다양한 경험적 자료는 정치적인 사이버 공론장의 참여율이 생각보다 높지 않음을 보여주기 때문이다. 이 밖에도 정보 과부하나 정보의 집중과 조작 등의 문제를 고려할 때 우리는 사이버 공론장이 과연 시민의 정치적 권리를 되돌려줄 수 있을지에 의구심을 갖지 않을 수 없다.[10)

상술한 것을 통해 볼 때 사이버 공론장은 참여민주주의와 관련해서 순기능과 역기능 모두를 갖는 것으로 말할 수 있다. 앨빈 토플러, 테드베커, 그리고 아터튼과 같은 학자들은 그들 사이의 차이점이 없는 것은 아니지만 전자의 순기능에 역점을 두고 전자민주주의의 전망을 낙관하고 있지만, 그 반대 입장 역시 강하게 제기되어 오고 있다.[11) 그러면 정보기술(IT) 강국으로 평가되는 우리 사회는 빠르게 발달한 인터넷 기술에 힘입어 과연 전자민주주의를 실현할 수 있는 모범적 국가로 등장할 수 있을까? 과연 한국 사회에서의 사이버 공론장의 수준은 어느 정도로 평가될 수 있을까? 이 물음들에 대해 국내의 몇몇 연구 결과는 아직까지 우리 사회의 사이버 공론장에서의 시민들의 의사소통수준이 그리 높지 않은 것으로 보고하고 있다. 그리고 이러한 부정적인 평가는, 특히 사이버 공간의 육체이탈성과 무관하지 않은 것으로 나타난다. 요컨대 사이버 공간의 육체이탈성은 아직까지 온전한 의미의 정치적 공론 형성을 위한 순기능으로 작용하지 못하는 것이다.

---

10) 以上은 박동인(2000), pp.47~86. 김용철, 윤성이(2005), pp.259~296. 이동수, "디지털시대의 토의민주주의", 『디지털시대의 민주주의와 포퓰리즘』, 철학과 현실사, 2004, pp.80~84. 김상득, "사이버 공간의 존재론적 특성과 정보윤리학의 철학적 토대", 범한 철학, 38집(2005), pp.200~202 참조할 것.

11) 이와 관련해선 김형오, *정보화 사회의 도전과 한국전자 민주주의의 가능성에 관한 연구*, 경남대학교 박사학위논문, 1998, 특히 2장 전자 민주주의론 참조할 것. 이 밖에도 김용철, 윤성이(2005), pp.297~312 참조할 것.

그러나 필자가 생각하기에 문제의 본질은 사이버 공론장이 익면적인 속성을 가지는 공간이기 때문에 似而非 공론이 등장하는 것이 아닌 것 같다. 그것은 익면성을 특성으로 하는 기술 그 자체의 문제라기보다는, 보다 근본적으로 현실 공론장의 시민의 대화와 토론수준의 빈약함에서 연유하는 것으로 보인다. 그리고 이것은 무엇보다 사이버 공론장이 현실 공론장을 규정하는 여러 다양한 정치사회적 변수들로부터 자유롭지 못하다는 데 기인한다. 즉 사이버 공론장이 현실 공론장에서 발생하는 의사소통행위의 문제점을 그대로 반영하고 있다는 것이다. 그러나 이러한 문제점에도 불구하고, 다른 한편으론 사이버 공간이 단순히 현실세계에 의해 일방적으로 규정되지만은 않는다는 점이 간과되어선 안 될 것 같다. 2002년 대선에서의 소위 인터넷 대통령의 탄생에서 알 수 있듯이[12] 사이버 공론장은 그것이 현실세계의 정치적 권력으로 이행할 수 있는, 그래서 민주적 공동체에 엄청난 영향력과 파급력을 끼칠 수 있는 반작용의 잠재적 힘을 갖고 있기 때문이다. 우리는 "사이버 공간속에서 포르노를 보면서 영혼의 칙칙함을 느낄 뿐이지, 그것이 우리의 생과 사를 결정하는 것으로까지 생각하지는 않는다."[13] 그러나 사이버 공론장의 이슈가 '폴리스적 동물(politikon zoon)'의 운명까지 결정할 수 있는 정치적·사회적·경제적인 문제라면 사정은 다르다. 사이버 공간을 더 이상 말의 유희만을 위한 수난적 공간으로만 간주할 수 없는 이유가 여기에 있다. 이러한 점을 염두에

---

12) 인터넷을 통한 노사모 활동에 관한 자세한 논의는 이현아, "노사모 현상을 통해 본 한국 참여 민주의 현재와 미래", 『대통령직의 위기와 유목적 정치질서』 프로시딩집, 철학연구회 – 한국정치사상학회 공동학술대회, 2007년 9월 15일 pp.107~127 참조할 것.

13) 이태수(2003), p.188.

두고 필자는 아래에서 기술이 정치적 공론장과 민주주의에 어떤 영향을 주었는지에 관심을 갖고 그 이론을 전개한 대표적인 철학자인 아렌트(Arendt)와 하버마스(Habermas)의 철학에 주목하여 이들에게서 과연 사이버 공론장이 어떻게 자리매김할 수 있는지를 가늠해 보도록 하겠다.

3. 아렌트(Arendt)와 하버마스(Habermas)의 기술론을 통해 본 공론장

참여민주주의의 본질적 정신을 다수 시민의 공론에서 찾고 있는 대표적인 철학자로 한나 아렌트와 위르겐 하버마스를 들 수 있다. 이 두 철학자의 사상이 같은 것은 아니지만 양자 공히 공적 영역(public sphere) 또는 공론장(Öffentlichkeit)을 통해 대의제 민주주의의 한계를 극복할 수 있는 가능성을 모색한다는 점에서 공통점이 있다. 필자는 이 두 철학자의 정치적 공론장에 관한 논의를 그들의 기술론과 관련시켜 간략하게 살펴보고, 이러한 기술론에 나타난 논리적 맥락이 사이버 공론장에 어떻게 적용될 수 있는지를 가능한 한도 내에서 밝혀 보도록 하겠다.

먼저 잘 알려진 것처럼 아렌트는 『인간의 조건(The Human Condition)』에서 '관조적 삶(vita contemplativa)'보다는 '활동적 삶(vita activa)'에 주목하고, 그것을 노동(labor), 작업(work) 그리고 행위(action)로 나누어 설명한다.[14] 노동은 생명 유지를 위해 필수불가결한 인간

---

14) H. Arendt, *The Human Condition*(이하 HC), The Univ. of Chicago Press, 1989, pp.7~11 참조.

신체의 생물학적 과정에 상응하는 활동으로, 작업은 인간실존의 비자연적인 것에 상응하는 유용성과 관련된 활동으로 규정된다. 그런데 아렌트는 이러한 노동과 작업을 모두 인간고유의 활동으로 간주하지 않는다. 노동은 인간을 생의 필연성에, 작업은 제작을 통해 인간을 생산물을 만들어 내는 경제적 활동에 구속시키기 때문이다.[15] 결국 아렌트에 따르면 노동과 작업은 사적인 활동에 속하기 때문에 우리가 무엇인가(what – ness)만을 규정해 주지 우리가 누구인가(who – ness)를 정의해 주지는 못한다.[16] 이런 이유로 아렌트에게 있어 인간의 누구임을 규정해 주는 인간 실존의 고유한 조건을 제공하는 활동은 행위밖에 없다. 행위만이 공적 영역에서 인간의 정체성과 자유를 실현시킬 수 있는 활동이 될 수 있기 때문이다. 아렌트에 따르면 이것은 공적인 영역에서의 '언어(speech)'와 '행위(action)'를 통해 이루어진다. 그리고 그녀는 이러한 말과 행위가 가능할 수 있는 인간 조건을 '복수성(plurality)'에서 찾는다. 복수성은 인간이 기본적으로 같으면서도 다름을 의미한다. 인간은 서로 동등하기 때문에 서로를 이해할 수 있으면서도 타인과 다르기 때문에 말과 행위를 통해 다른 사람에게 자신을 드러낼 수 있는 것이다. 그래서 아렌트는 공적 영역을 모든 사람들이 서로 자신의 얼굴을 맞대고 말을 나누는 가장 폭넓은 '공공성(publicity)'을 갖는 '보임의 영역(the space of appearance)'이자 또한 공통의 세계로 규정한다.[17]

---

15) 물론 아렌트가 노동과 작업 자체를 전면 부정한 것은 아니다. 노동은 활동적 삶의 가장 낮은 단계이긴 하지만 인간 활동의 가장 기본적인 형태로서 인간에게 기쁨과 축복을 느끼게 하는 의미 있는 행위가 될 수 있기 때문이다. 작업 역시 인간 생활에 필요한 생산물을 제작함으로써 안정적이며 영속적인 인공적 세계를 제공해 준다는 점에서 인간의 유용한 활동으로 볼 수 있다[Arendt(1989), p.106].

16) Arendt, *HC*, pp.175~179.

17) Arendt, *HC*, pp.50~58 참조.

아렌트에게 있어 인간은 공적 영역에서 말과 행위를 통해 자신의 존재성을 보이는 정치적 동물이다.

　그러면 노동, 작업 그리고 행위와 같은 활동적 삶은 기술과 어떤 관계를 가지는 것으로 볼 수 있을까? 필자가 아렌트의 기술에 관한 견해에 관심을 갖는 이유는 앞서 언급한 것처럼 인터넷 사이버 공론장이 기본적으로 컴퓨터 기술에 의해 출현한 것으로 볼 수 있기 때문이다. 물론 아렌트가 인터넷 공론장과 같은 컴퓨터에 의해 매개된 의사소통에 대해 논의를 하고 있는 것은 분명 아니다. 이런 이유로 기술에 관한 아렌트의 견해를 통해 전자민주주의에 관한 그녀의 견해를 도출해 내는 것은 어려운 일이다. 다만 기술 시대에 공적 영역이 처한 조건에 대한 아렌트의 진단을 통해 사이버 공론장의 역할을 가늠해 보고자 하는 것이다. 아렌트의 기술에 대한 견해는 일단 부정적이라고 볼 수 있다. 그것은 무엇보다 기술이 노동과 작업 그리고 행위의 가치론적 단계를 전도시켰기 때문이다. 달리 말해 기술 시대에 주인은 호모 폴리티쿠스(homo politicus), 즉 정치적 인간이 아닌 호모 파베르(homo faber), 즉 제작하는 인간이기 때문이다. 이것은 기술이 노동과 작업에 어떤 영향을 주었는지를 통해 알 수 있다. 먼저 기술은 자동화와 기계화를 통해 노동 시간과 고통을 줄여 주기 위해 등장했지만, 결과적으로 대중들로 하여금 대중문화의 오락과 쾌락만을 소비하게끔 만들었다. 아렌트는 이러한 대중 사회의 소비적 활동을 비오스(bios)적 삶이 아닌 생존을 위한 조에(zoe)적 삶이라고 말한다.[18] 마찬가지로 기술 시대에

---

18) Arendt, *HC*, pp.126~135 참조.

작업은 유용성과 목적성만을 중시함으로써 제작인이 통제하고 지배하는 세계가 되었다. 달리 말해 제작인은 기술을 수단으로 삼아 인공위성 발사와 우주 탐험을 행함으로써 결국 세계소외와 지구소외를 낳았다는 것이다. 아렌트가 보기에 이러한 제작인의 승리는 결국 행위의 영역을 제거하는 인간 실존의 비극을 초래하였다.[19] 아렌트가 기술에 대한 비판적 관점을 제시하는 근본적 이유를 우리는 아래의 인용문을 통해 이해할 수 있다.

> "만약 인간 조건이란 말이 주어진 것이든 아니면 인위적인 것이든 모든 것이 인간의 더 나은 실존을 위한 조건이 된다는 것을 의미한다면, 인간은 기계를 고안한 순간 기계의 환경에 스스로 적응해야 한다. 도구와 용구가 이전의 모든 시대에 그랬듯이, 기계는 분명 양도할 수 없는 우리의 실존을 위한 조건이 되었다. …기계의 경우 사정은 완전히 다르다. 생산 과정의 순간마다 손의 하인으로 남는 장인의 도구와는 달리 기계는 노동자가 자기에게 봉사할 것을 요구하고 또한 노동자가 그의 육체의 자연적 리듬을 자신의 역학적인 운동에 적응시킬 것을 요구한다. 확실히 이것은 인간이 그렇게 기계에 맞추고 있다거나 또는 인간이 기계의 하인이 된다는 것을 의미하는 것만은 아니다. 오히려 이것이 의미하는 바는 기계로 작업이 지속되는 한, 기계의 과정이 인간 육체의 리듬을 대체해 오고 있다는 사실이다. 아무리 세련된 도구라 할지라도 그것은 손을 지도하거나 대신하지는 못하며, 손의 하인으로 남는다. 그러나 아무리 원시적인 기계라 하더라도 그것은 육체의 노동을 지도하며, 결국 그것을 완전히 대체한다"(*HC*, 147).

상술한 이유로 아렌트가 보기에 기계가 주된 힘을 갖고 통제하는 기술 시대에는 인간의 실존적 조건이 점차 위협받고 있다. 그것은 기계가 단순히 인간의 노동과 작업을 대체할 뿐만 아니라 인간의 행위와 사고까지 침투하기 때문이다. 즉 인간은 기술에 좌우되는 무기

---

19) Arendt, *HC*, pp.4~5, 249~251 참조.

력한 노예와 같은 '무사유적 피조물들(thoughtless creatures)'[20]이 될 수 있다는 것이다. 이것은 특히 현대 사회에서 기술이 인간의 자유와 복수성을 억압하는 심각한 문제를 발생시킨다. 아렌트에게 이것은 결국 말과 행위에 의해 이루어지는 정치와 같은 공적인 영역이 기술의 발달에 근거해 유용성과 효율성을 중시하는 제작적 활동에 의해 규정되는 사적인 영역, 즉 경제의 영역으로 대체되었음을 의미한다.[21] 이러한 아렌트의 기술에 관한 견해를 통해 미루어 볼 때 인터넷 기술에 근거한 사이버 공론장에 대한 그녀의 평가를 긍정적인 것으로 보기는 어려울 것 같다. 그것은 아렌트가 생각하는 공론장은 어디까지나 신체와 정신의 통일성을 확보한 그래서 정체성을 담보한 시민들이 함께 말과 행위를 공유하는 공간이 되어야 하기 때문이다.[22] 물론 아렌트가 공적 영역을 대면성의 관점에서만 의미 부여를 한다고 말하기는 어렵다. 아렌트에게 보다 중요한 것은 정치적 판단을 옳게 내릴 수 있는 사유능력이 전제되어야 하기 때문이다. 무사유적 인간들은 아무리 얼굴을 서로 맞대고 대화와 토론을 해도 공론을 형성할 수 있는 숙고적 판단 능력을 결여하고 있기 때문이다.[23] 그럼에도 필자는 아렌트의 기술에 대한 비판적 관점을 통해 그 논리적 결과를 추론해 볼 때 아무래도 아렌트는 전자민주주의의 성공 가능성에 회의적인 태도를 가졌을 것으로 예상

---

20) Arendt, *HC*, p.3.

21) Arendt, *HC*, pp.134, 321~322. 김비환, 『축복과 저주의 정치사상』, 한길사, 2001, pp.190~192, 157~163 참조할 것.

22) Arendt, *HC*, p.179, 198, 201. D. Saco, *Cyberspace and Democracy: Spaces and Bodies in the Age of the Internet*, Univ. of Minnesota, 1998, pp.83~87.

23) 아렌트는 유태인 학살의 주범인 아이히만을 이러한 무사유의 대표적 인간으로 간주한다. 이와 관련해선 김선욱, 『정치와 진리』, 책세상 2001, pp.110~114. 김비환(2001), pp.133, 139 참조.

된다. 컴퓨터에 의해 매개된 사이버 공론장은 고도로 발달한 인터넷 기술에 의해 더욱 정교화된 조작과 기만의 공론장이 될 가능성이 있기 때문이다. 이것은 적어도 기술이 단순한 도구성을 넘어 인간과 세계의 조건을 은폐시키는, 그래서 소비적 인간, 무사유의 인간 그리고 소외된 세계로 변형시키는 위험한 기제가 될 수 있다는 아렌트의 우려와 진단이 정보기술시대의 전자민주주의와 무관한 것 같지는 않기 때문이다. 그러면 아렌트처럼 공론장을 강조하는 하버마스는 기술과 공론장의 관계에 대해 어떤 견해를 보여주는 것으로 볼 수 있을까?

위르겐 하버마스(Jürgen Habermas)의 공론장에 대한 견해는 초기 저작인 『공론장의 구조변동(Strukturwandel der Öffentlichkeit)』을 통해 볼 때 일단 아렌트와 유사한 입장을 보여주는 것으로 보인다. 그는 이 책에서 공론장의 역사적 전개 과정을 추적하면서 근대 부르주아 공론장을 대표적인 형태로 제시한다. 그리고 그는 살롱이나 문예클럽과 같은 부르주아 공론장을 통해 근대 시민들이 전통적인 전제 군주의 권력에 맞서 자신들의 정치적 의견을 확장시켰음에 주목한다.24) 그러나 하버마스가 보기에 이러한 18~19세기의 부르주아 공론장은 20세기 후반에 이르러 시장 경제와 국가 권력의 지속적인 확장에 의해 점차 축소되지 않을 수 없었다. 이것은 다수 시민들의 정치적 의견의 발원지였던 근대적 공론장이 경제와 국가 권력을 위한 소비와 조작의 각축장이자 선전장으로 전락하게 되었기 때문이다. 결국 후기 산업 사회에서 정치적 공론장은 급격히 해

---

24) 하버마스, 『공론장의 구조변동』, 나남출판, 2004, 특히 2장 공론장의 구조변동, pp.95~133 참조할 것.

체되어 탈정치화되었고, 시민은 더 이상 민주주의의 비판적이며 합리적인 공민(citoyen)이 아닌 조작과 소비의 수동적이며 객체화된 군중으로 대체되었다.[25]

민주주의적 공론장의 구조 변화에 관한 하버마스의 분석은 특히 '체계(System)'와 '생활세계(Lebenswelt)'의 관계를 다루는 『의사소통 행위 이론(Theories des Kommunikativen Handelns)』에서 보다 분명하게 나타난다. 하버마스에 따르면 생활세계는 시민들의 일상적인 삶의 영역으로서, 시민 상호 간의 자율적인 의사소통 행위를 통해 맺어진 하나의 총체적 연결망이다. 달리 말해 생활세계는 시민 공중이 의사소통을 통해 자신들의 일상적인 상호작용을 규제하거나 비판할 수 있는 규범적인 잠재력을 보유하고 있는 영역이다. 하버마스는 생활세계를 가능케 하는 의사소통적 행위를 화자와 청자가 상호 대화를 통해 서로를 이해하고자 하는 '이해(Verständigung)' 지향적인 행위로 말한다.[26] 그런데 그는 이러한 의사소통적 행위와는 다른 종류의 행위로서 '전략적(strategisch)' 행위를 제시한다. 전략적 행위는 체계, 즉 경제와 국가 행정의 활동에 부합하는 성취 지향적 행위이다. 이것은 행위자가 목표달성을 위해 대상을 어떻게 효율적으로 다룰 것인가를 문제 삼는 행위라고 말할 수 있다. 요컨대 의사소통 행위가 생활세계의 영역에 부합하는 행위라면, 전략적 행위는 체계에 상응하는 행위유형이라 말할 수 있다. 그리고 생활세계가 언어적 의사소통적 합리성에 의해 유지되는 영역이라면, 체계는

---

25) 이와 관련해선 하버마스(2004), 5장과 6장, 특히, 3. 문화를 논하는 공중에서 문화를 소비하는 공중으로, pp.268~285 참조할 것.

26) 하버마스, 『의사소통행위이론 1』, 장춘익 역, 나남출판, 2006, pp.46~64 참조할 것.

목적 합리성, 즉 도구적 이성에 의해 지배되는 영역이다.[27] 이런 점에서 체계와 생활세계는 전혀 다른 논리에 의해 지배된다고 말할 수 있다.

하버마스에 따르면 문제는 후기 자본주의 사회에서 체계에 의한 생활세계의 재봉건화 내지 '식민화(Kolonialisierung)' 현상이 발생한다는 것이다. 이것은 달리 말해 체계 유지의 논리인 도구적 합리성이 생활세계의 의사소통적 합리성을 부정함을 의미한다. 그리고 이것은 곧 공중의 의사소통적 행위를 가능케 하는 민주적인 공론장의 위축을 의미한다. 그러나 하버마스가 보기에 후기 자본주의 사회에서 시민의 의사소통적 합리성에 근거한 정치적 공론장의 회복은 매우 중요하다. 그것은 무엇보다 참여민주주의의 가능성이 체계가 아닌 바로 생활세계의 의사소통적 합리성에서 찾아질 수 있기 때문이다. 그러면 후기 자본주의 사회에서 생활세계의 공론장은 체계의 억압으로부터 벗어나 자신의 본래적인 규범성, 즉 비판적·해방적 합리성을 통해 온전한 의미의 민주주의를 실현할 수는 없는 것일까?

하버마스는 그의 후기저작인 『사실성과 타당성(Faktizität und Geltung)』에서 공론장의 재등장이 가능함에 주목하고 이것에 관한 논의를 진전시키는 것으로 보인다. 즉 그는 초기저작에서의 공론장의 왜곡과 붕괴라는 비관적 진단과는 달리 후기 자본주의 사회에서 다시금 생활세계에 기반을 둔 공론장의 정치적 영향력을 역설한다. 이것은 무엇보다 고도로 발달한 후기 산업 사회는 다양한 사

---

27) 하버마스(2006), I권 III장, 사회적 행위, 목적활동, 그리고 의사소통 참조, 특히 pp.423~436. 그리고 II권 VI장 체계와 생활세계 참조할 것.

회적 기능의 지속적인 분화와 다원주의적 가치관이 확산된 '탈중심화된 사회'가 되었고, 그래서 이처럼 탈중심화된 현대 사회의 통합을 위해 바로 민주적 공론장이 필요로 되기 때문이다. 하버마스에게서 민주적 공론장은 생활세계로부터 자생하는 시민과 결사체들 사이의 합리적 의사소통을 가능케 하는 영역이다. 그리고 이러한 시민에 의한 자율적 공론장은 권력을 매개로 하는 관료적 행정 체계나 돈을 매개로 하는 경제 체계가 아니라는 점에서 결코 목적 성취를 위한 도구적 합리성의 영역이 아니다. 그렇기 때문에 의사소통의 네트워크로서의 자율적 공론장은 시민들의 의사소통이 활성화되고 그것이 집약되어 공론을 형성할 수 있는 잠재력을 갖고 있다. 하버마스는 공론장을 다음과 같이 설명한다. "공론장을 가장 적절하게 묘사한다면 내용들과 태도표명들, 즉 의견들의 소통을 위한 네트워크로 기술하는 것이다. 여기서 의사소통의 흐름들이 걸러지고 종합되어 주제별로 엮인 공적 의견들로 집약된다."[28] 특히 하버마스는 정치적 공론장을 일종의 '공명판(Resonanzboden)'으로 간주하면서 이것이 사회 전반에 걸쳐 민감한 센서를 지닌 경고체계의 역할을 수행할 수 있다고 강조한다.[29] 이것은 생활세계로부터

---

28) 하버마스, 『사실성과 타당성』, 한상진, 박영도 공역, 나남출판, 2000, p.433. 번역문의 어색함으로 인해 부분적인 수정이 있었음.

29) 하버마스는 이러한 공론장이 형성을 가능케 해주는 사회적 토대를 시민 사회(Zivilgesellschaft)에서 찾고 있다. 시민사회란 생활세계의 시민들의 자유 의지에 토대를 두고 있는 비국가적이고 비경제적인 연결망들과 다양한 결사체들로 구성된다. 이 점에서 하버마스의 시민 사회에 대한 개념은 기존의 홉스나 헤겔과는 다른 의미를 가진다고 말할 수 있다. 그것은 하버마스가 보기에 시민 사회가 '자율적인 공론장의 토대'를 이루며, 그래서 생활세계에서 빚어지는 다양한 사회적인 문제들을 감지해 공론화함으로써 궁극적으로 정치적 공론장으로 이행시킬 수 있는 순기능을 담당할 수 있기 때문이다. 달리 말해 생활세계에 토대를 둔 시민 사회는 기존 정치체계의 경직성을 비판하고, 그래서 체계의 일방향적 의사소통을 역전시킬 수 있는 잠재력을 보유하고 있다. 이런 이유로 하버마스는 공론장에서 형성된 공적의견이 의사소통적 권력이 될 필요가 있음을 주장한다. 즉 공론장에서 형성된 공적의견이 의회와 같은 제도적 절차의 매개를 통해 정치권력으로 변화될 필요가 있다는 것이다. 하버마스는 이러한 정치적 권력이 생활세계에 기반을 둔 시민 사회에서 제기되는 다양한 문제들이 시민들 상호 간의 의사소통적 대화

흘러나오는 모든 이슈들이 정치적 공론장의 논의 대상이 될 수 있음을 의미한다. 이 점에서 하버마스의 공론장 개념은 아렌트의 견해와 다르다. 앞에서 살펴본 것처럼 아렌트가 공적인 영역에서 경제와 같은 사적인 문제의 배제를 주장하는 반면에, 하버마스는 현대 사회에서 경제와 같은 문제는 더 이상 사적인 문제가 아닌 중요한 공적문제로서 정치적 공론장의 논의 대상이 되어야 함을 주장하고 있기 때문이다.

그렇다면 하버마스는 전자민주주의를 어떻게 평가하고 있을까? 하버마스가 전자민주주의를 명시적으로 언급하면서 이에 관한 논의를 진행시키고 있지 않기 때문에 사이버 공론장에 관한 그의 견해를 분명하게 이해하기는 어려울 것 같다. 따라서 아렌트의 경우도 그렇지만, 하버마스의 사이버 공론자에 관한 견해 역시 별도의 신중한 이론적 규명이 필요한 것은 사실이다. 다만 상술한 공론장에 관한 하버마스의 견해를 연장시켜 그 논리를 전개시켜 볼 때 하버마스는 아렌트보다는 보다 낙관적인 입장을 갖는 것으로 추측해 볼 수 있다. 그것은 하버마스가 아렌트와 달리 후기 자본주의 사회에서 시장 경제와 행정 권력의 생활세계에 대한 통제와 남용에 저항할 수 있는 가능성을 정치적 공론장에서 다시 찾기 때문이다.[30] 하버마스의 이러한 현대 대중 사회에서의 공론장의 역할에 대한 적극적인 평가를 고려한다면 사이버 공론장 역시 참여민주주의에의 기여 가능성이 부분적으로 인정될 수 있는 여지가 있을 것으로

와 토론을 통해 영향력 있는 공론으로 결집되어 민주적 절차의 수문과 법치 국가의 원리에 따라 조직된 정치 체계의 일반의 댐을 통과함으로써 가능하다고 말한다[하버마스(2000), 8장, 특히 pp.427~463 참조할 것].

30) 이와 관련해선 하버마스(2000), 8장 시민사회와 정치적 공론장 p.399 계속 참조할 것.

판단된다. 하버마스에게서 다수 시민의 정치적 공론 형성은 직접 대면한 시민 사회의 여러 다양한 모임이나 의회에의 출석뿐만 아니라 인터넷을 통해서도 가능한 것으로 보이기 때문이다. 그에게 중요한 것은 사이버 공론장이 생활세계로부터 제기된 다양한 문제, 예를 들어 환경문제나, 성, 인종 평등과 같은 현대 사회의 다양하면서도 새로운 문제 상황을 탐색하고 주제화해서 그것들을 의사소통 권력으로 변화시킬 수 있는 실질적인 공론 형성의 기능을 수행할 수 있는가에 있기 때문이다.[31] 사이버 공론장이 이러한 의사소통적 행위, 즉 비판적이며 타당한 주장에 근거한 시민들 사이의 공론장이 될 수 있다면, 그것은 사이버 광장으로서 참여민주주의에 기여할 수 있는 매개체로 인정될 수 있을 것이다. 물론 對面的 공론장이 아닌 非대면적 사이버 공간에서 이루어지는 시민들의 의견이 얼마만큼 공적이며 보편적인 의지를 담보할 수 있는가의 문제는 여전히 남는다. 그러나 하버마스가 주장하는 이상적인 의사소통적 행위조건에 근거한 공론장 이론은, 시민들 사이의 수평성과 개방성을 담보한 사이버 공론장에도 굳이 적용되지 못할 이유는 없을 것으로 생각된다. 하버마스는 아렌트와 달리 사이버 공론장이 체계에 의해 왜곡되고 억압되었던 시민들의 자유로운 의견 형성의 유용한 매개체가 될 수 있는 가능성을 인정했을 것으로 볼 수 있기 때문이다.

지금까지 개략적으로 살펴본 두 철학자의 견해를 종합할 때, 텍스트적 논거의 부재로 인해 단적으로 결론을 내릴 수 없는 한계에도 불구하고, 공론장과 기술에 관한 아렌트와 하버마스의 견해는

---

31) D. Saco(1998), p.101.

일반적으로 아렌트가 부정적인 입장을, 반면에 하버마스는 긍정적인 입장을 가지는 것으로 정리할 수 있겠다. 그리고 이것을 육체와 정신의 구도 속에서 접근해 본다면 정신과 육체의 통일성이 확보된 개인의 정체성을 강조하는 아렌트에게는 사이버공론장의 육체 이탈성이 참여민주주의의 전망을 어둡게 하는 것으로 볼 수 있다. 반면에 현대 기술 사회에서 정치적 공론장의 체계에 대한 반작용을 강조하는 하버마스에게는 사이버 공론장과 같은 정보 사회의 열매가 적극적으로 선용될 가능성이 있기 때문에 비록 익면성의 공간이지만 사이버 공론장 역시 그것의 참여민주주의의 기여도가 인정될 수 있는 여지가 있는 것으로 보인다.

그렇다면 사이버 공론장을 통한 참여민주주의 실현 가능성과 관련하여 무엇이 보다 중요한 요소로 간주되어야 할까? 아렌트와 하버마스의 견해를 고려할 때 아무래도 사이버 공론장의 참여 주체인 시민의 말의 자유에 임하는 의식과 태도에 관한 규범적 문제가 점검되지 않으면 안 될 것 같다. 이제 필자는 이러한 물음에 대한 가능한 답을 얻기 위해 민주주의의 발원지인 고대 아테네 민주주의로 돌아가서 아테네 참여민주주의의 핵심적 이념이었던 이세고리아(isegoria)와 파레시아(parrehsia) 개념에 관한 분석을 시도할 것이다. 필자가 이 두 개념에 주목하는 이유는 이 두 용어가 바로 공론 형성을 위한 '말의 자유'와 관련된 민주주의 시민의 에토스와 정신의 한 모델을 보여줄 수 있을 것으로 기대되기 때문이다. 그래서 필자는 이 두 이념이 아테네 참여민주주의를 꽃피우는 데 어떻게 작용했는지를 밝힘으로써 지금의 전자민주주의를 통한 참여민주주의의 실현을 위한 모색에 유용한 정보를 얻고자 할 것이다.

4. 고대 아테네 민주주의의
이세고리아(isegoria)와 파레시아(parrhesia)

고대 아테네 민주주의는 모든 시민의 '법 앞의 평등', 즉 이소노미아(isonomia)를 구현한 정체로 말해진다. 그리고 이러한 이소노미아의 정신은 특히 '말의 자유(freedom of speech)'에서 분명하게 구현된다. 민회와 같은 공적 영역에서 '동등하게 말할 수 있는 권리'인 이세고리아(isegoria)와 그것이 어떠한 주제이든 비판적으로 올바른 말을 할 수 있는 파레시아(parrhesia) 정신이 그것이다. 그래서 플라톤은 "아테네 민주정보다 말의 자유를 더 누린 폴리스는 없다"[32]고 말하고 있고, 데모스테네스는 심지어 "아테네의 노예가 다른 폴리스들의 자유인들보다 더 많은 말의 자유(parrhesia)를 누렸다"[33]고 전하고 있다. 이 밖에도 아테네 민주주의가 실질적으로 말의 자유를 가치 있게 평가하고, 말에 대한 관용의 정신을 가졌었다는 전거는 여러 텍스트들을 통해 확인된다.[34] 이것은 민회에서의 심의와

---

32) Plato, *Politeia*, Ⅷ 557b.
33) Demosthenes, *Third Philippic*, 3.
34) Thucydides, *Pericles: Funeral Oration*, 2.35~46. Herodotus, Historia, V.78. Isocrates,

결정 과정이 "누가 발언하기를 원하시오?"(tis agoreuein bouletai)[35]와 같은 말을 통해 시작된다는 것에서도 단적으로 알 수 있다. 그러면 말의 자유와 아테네 참여민주주의는 어떤 관련성을 가지고 있으며, 그리고 왜 아테네인들은 이러한 언론의 자유를 자신들의 자랑스러운 시민권으로서 주장하고, 그것을 민주주의의 핵심적 이념으로 표방하는 것일까? 필자는 isegoria와 parrhesia 정신이 고대 아테네 민주주의를 꽃피울 수 있게 한 아고라(agora), 즉 아테네 공론장의 발전에 중요한 원동력으로 작용했다고 생각한다. 그래서 이 두 개념이 민회나 법정과 같은 공적영역에서 그 구체적인 기능을 어떻게 수행했는지를 밝히는 것이 필요한 것으로 생각한다. 이러한 작업을 통해 오늘날의 민주주의에서 말(logos) 내지 공론의 문화를 꽃피울 수 있기 위해 민주시민이 필히 갖추어야 될 '시민 덕(arete tou politou)'이 무엇인지를 생각해 볼 것이다.

먼저 isegoria는 민회에서 시민들이 동등하게 말할 수 있는 권리로 말해진다. 이 말은 '동등하게(iso)' 민회에서 '자유롭게 말하는 것(agoraomai)'을 의미한다는 점에서 민주주의가 추구하는 보편적 이념인 자유와 평등의 합성어로 볼 수 있다. 그래서 헤로도투스(Herodotus)는 이세고리아를 민주주의와 동의어로 사용한다.[36] 이것은 일상적인 삶을 살아가는 모든 시민들로 하여금 민회와 같은 공적영역에서 보다 실질적으로 자신들의 정치적 삶을 구현할 수 있게 해준다

Areopagiticos, 20. 이 밖에도 E. Berti, "Ancient Greek Dialectic as Expression of Freedom of thought and Speech", Journal of the History of Ideas, vol.39/3(1978), p.348. J. Ober, Mass and Elite in Democratic Athens, Princeton Univ. Press, 1989, pp.72~73, 78~79, 87, 296~339 참조할 것.

35) Demosthenes, De corona, 170.

36) Herodotus, Historiai V.78.

는 점에서 참여민주주의의 실질적인 원리가 된다.[37] 달리 말해 isegoria는 민회에서 시민들의 현명한 정책판단과 결정 그리고 그로 인한 민주주의에 대한 자부심과 자아상(self-image)을 확립하도록 동기를 부여한 원리로 볼 수 있다. 데모스테네스의 다음과 같은 연설은 이 점을 분명하게 확인시켜 준다.

"아테네인들이여, 나는 당신들이 엄청난 재물보다도, 현재 논의되고 있는 문제와 관련하여 무엇이 우리의 최선의 정책인가가 당신들에게 분명해진다면 그것을 더 선호할 것이라고 믿습니다. 따라서 당신들이 조언을 하고자(symbouleuein) 열망하는 모든 사람들의 말을 진지하게 경청하는 것이 현재의 상황에서 적합한 태도입니다. 왜냐하면 누군가가 신중한 생각을 갖고 앞으로 나와 제안하고자 할 것이고, 그것을 들은 다음에 당신들은 그것을 수용할 수 있기 때문입니다. 또한 나는 그것이 당신들에게도 일정 부분 행운이 될 것으로 믿습니다. 왜냐하면 (나중에) 말하기를 원하는 다른 시민늘이 그러한 조언을 경청함으로써 적절한 의견이 갑자기 떠오르게 할 수도 있을 것이고, 그래서 그러한 제기된 많은 조언들 중에서 여러분 자신의 이익(sympheron)에 가장 부합하는 것을 여러분이 쉽게 선택할 수 있을 것이기 때문입니다"(*First Olynthiac*, I.1).

위 인용문을 통해 알 수 있듯이 아테네 민회에선 수많은 시민들이 폴리스와 관련된 정치적 사안에 대해 각자의 의견을 자유롭게 개진할 수 있는 isegoria의 권리가 있었다. 자유롭게 말하고 그것을 진지하게 들음으로써 폴리스의 중요 정책이 현명하게 판단되어 결정될 수 있었기 때문이다. 그런데 문제는 공적인 것에 관한 판단과 결정이 사려 있게 이루어지기 위해서는 수천 명의 시민들 앞에서 말하는 방식이 중요해질 수밖에 없었다는 것이다. 왜냐하면 6,000

37) J. Ober, *Mass and Elite in Democratic Athens*, Princetion Univ. Press, 1989, p.79. S. Sara Monoson, *Plato's Democratic Entanglements*, Princeton Univ. Press, 2000, p.57 참조.

명 이상의 시민이 모인 앞에서 마이크도 없이 발언자가 자신의 통찰력 있고, 비판적이면서, 그리고 지혜로운 조언을 논쟁적으로 설득력 있게 전달하기란 결코 쉬운 일이 아니었기 때문이다. 아고라에 모인 다수의 시민들은 연설자의 발언에 찬성이나 반대 등과 같은 야유와 환호성과 같은 다양한 반응을 보였으며, 이러한 상황에서 어떤 경우는 연설이 소란으로 인해 중단되는 경우도 있었다. 이것은 결국 대중 앞에서 자신의 주장을 효과적으로 전달하기 위한 커뮤니케이션 기술을 발전시키게 하는 모티브로 작용하였다. 레토리케(rhtorike), 즉 수사술이 그것이다. 요컨대 수사술은 isegoria의 본래적 목적, 즉 말의 자유를 통한 공론 형성의 기능을 온전히 발휘할 수 있도록 돕기 위한 후원자(supporter)의 역할을 떠맡고 등장하게 된 것이다.[38]

그러나 플라톤의 신랄한 비판을 통해 잘 알 수 있듯이[39] 수사술이 다수 시민의 공론 형성을 위한 순기능만 담당한 것은 아니다. 수사술은 또한 교활한 웅변가가 감각적이고 변덕이 심한 다중의 쾌락을 충족시켜 주면서 자신의 이익과 목적을 위한 '아첨술(kolakeia)'이자 사기술로 전락한 측면이 부정될 수 없다. 결국 수사술은 그것을 낳은 모태인 이세고리아의 바람과는 달리 대중 선동가의 혹세무민의 조작술로 악용됨으로써 민주주의의 발전이 아닌 참주정의 등장을 앞당기는 위험한 말의 기술이 된 것이다.[40] 민주주의의 종언이 민주주의의 핵심적 원리인 isegoria에 의해 발생하는 민주주

---

38) 以上은 S. Sara Monoson(2000), pp.58~59 참조할 것.
39) Platon, *Gorgias*, 463a~b, 462c, 464a~c, 465a~462c.
40) Monoson(2000), p.59, Ober(1989), p.323 참조.

의 역설이 발생하게 된 것이다. 물론 아테네 시민들이 이러한 기만적인 조작적 웅변술로부터 민주주의를 방어하기 위한 다양한 방법을 강구해 낸 것은 사실이다. 민회에서의 모임이 시민을 기만하는 자들에 대한 저주 선언과 함께 시작되는 경우나, 매춘을 한 자나 부모 학대자는 말의 신뢰가 없는 것으로 간주하여 공적 연설권리를 박탈한 것이 이러한 예들에 해당된다.[41] 또한 그라페 파라노몬 (graphe paranomon) 같은 거짓 중상 의견을 제시한자나,[42] 공적 신임을 남용한 자에 대한 처벌이나 기소 등도 이러한 경우에 해당된다. 이러한 시도들은 isegoria의 순기능이 아첨술로서의 수사술에 의해 훼손되지 않도록 하기 위한 아테네 민주정의 현명한 민주적 의사 결정을 위한 자구책이라 말할 수 있다. 그러나 isegoria는 아테네 민주정의 자아상을 형성하는 중요한 정신이면서도, 숙련된 대중 선동가의 수사술에 대항할 수 있는 강력한 힘을 담보하지는 못한 것으로 보인다. 이것은 이세고리아가 자체적인 힘만으로는 더 이상 아테네 민주주의의 근간이 되는 민주적인 공론장을 수호할 능력이 없음을 의미한다.

바로 이러한 isegoria의 취약점을 보완할 수 있는 민주주의의 새로운 정신으로 등장한 것이 parrhesia다. 달리 말해 아테네 민주주

---

41) Monoson(2000), p.59.

42) 그라페 파라노몬은 새로운 법이나 세부법령이 민회나 평의회(boule)에서 제안되었을 때, 그 법이 형식과 내용에 있어 기존의 법률에 위반된다고 간주되었을 경우, 그 법의 위법성을 문제 삼아 제안자를 법정에서 재판받게 하는 소송의 한 양식이다. 만약에 법령제안자가 유죄로 판단되면, 그 제안은 폐기되었고, 제안자는 보통 벌금형의 벌을 받게 된다. 또한 제안자가 그라페 파라노몬에 의해 세 번 유죄를 받게 되면, 시민권을 박탈당하고 추방된다. 이것은 무분별한 신법의 제안으로 인해 기존의 법질서를 어지럽힘으로써 시민 전체의 이익이 훼손되는 것을 방지하기 위한 아테네 법제도 중의 하나이다. 데모스테네스에게 왕관을 수여해야 한다는 제안을 한 Ktesiphon에 대한 Aeschines의 기소가 대표적인 경우다. 이와 관련해선 D. M. MacDowell, *The Law in Classical Athens*, Thames and Husdon Ltd, London 1978, pp.50~52.

의는 비판적 논증을 통한 아테네 시민들의 건강한 공론장의 역할을 수행할 수 있게 하기 위한 다른 원리가 절실하게 필요했고, 이러한 목적에 부합하는 정신이 바로 parrhesia라는 것이다.[43] parrhesia는 그 어원을 보면 모든 것(pan)을 말할 수 있는(rēma) 자유를 뜻한다. 그러나 parrhesia의 본질적 의미는 진리와 비판적 정신에 근거한 올바르게 말하기(正言)이다. 그래서 파레시아스테스(parrhesiastes), 즉 파레시아 정신에 따라 말하는 자는 설득 대신에 솔직함을, 거짓이나 침묵보다는 진리를, 생명의 안전보다는 죽을 위험을, 아첨보다는 비판을, 그리고 자기 이익이나 도덕적 무관심보다는 시민 전체의 공동선과 도덕적 의무를 선택한다.[44] 데모스테네스는 파레시아의 정신을 아첨과 사기의 수사술과 다른 것임을 다음과 같이 강조하고 있다.

> "당신들, 아테네 시민들은 호의를 갖고 최상의 이익을 위해 파레시아 정신에 충실한(meta parrēsias) 진리를 말하였습니다. 이러한 파레시아에 따른 말은 해악과 사기의 아첨술에 의한 말이 아닙니다. 그것은 또한 말하는 자의 주머니에 돈을 넣기 위한 것도, 우리의 폴리스를 적의 손에 지배되도록 하기 위한 의도를 갖고 말하는 것도 결코 아닙니다"(Fourth Philippic, 76).

---

43) Demosthenes, Fourth Philippic, X,76. Isocrates, Antidosis 43~44, Panathenaicus 96.

44) 고대 희랍의 파레시아 개념을 통해 logos와 bios, 즉 말과 삶의 실존적 내지 자아의 성찰적 삶을 조명하는 대표적인 철학자가 푸코다. 푸코는 파레시아스테스의 전형을 보여주는 철학자로 소크라테스나 키닉학파의 디오게네스 등을 언급한다[이와 관련해선 M. Foucault, Fearless Speech, J. Pearson(ed.,), Semiotext, 2001, pp.77~142 참조할 것. 또한 Monoson(2000), pp.56~63 참조할 것]. 그러나 푸코의 소크라테스에 관한 평가는 흥미로운 면이 있지만 정확하지는 않다. 그는 소크라테스를 철학적인 영역에 국한시켜 파레시아를 행사한 철학자로 규정하고 있는데, 실상 소크라테스의 파레시아는 철학적인 영역뿐만 아니라 정치적인 영역에서도 행사되었기 때문이다. 소크라테스의 파레시아론과 관련해서 필자는 2008년 7월 12일~18일까지 그리스 크레타 섬에서 개최된 제20회 국제 철학콘퍼런스(20th International Conference of Philosophy)에서 "Socratic Parrhesia and Democracy"란 주제로 발표하였고, 이 글은 다른 논문들과 함께 출간될 예정이다.

위의 인용문에서 데모스테네스는 두 가지를 강조하는 것으로 보이는데, 그것은 parrhesiastes의 진실성의 덕, 그리고 공적이익의 우선성이다. 좀 더 설명하면 파레시아 정신은 첫째로 파레시아스테스의 동기가 사기나 돈을 목적으로 삼는 것이 아니라, 진리를 말하려는 진정성이 담보되어야 한다는 것이다. 주의 할 것은 이때의 진리가 플라톤적인 의미에서의 무시간적인 영원한 지식(episteme)을 의미하는 것이 아니라는 것이다. 그것은 일상적인 아테네 시민들이 삶의 경험 속에서 체득한 독사(doxa), 즉 의견일 뿐이다. 다음으로 파레시아 정신은 진리를 말하는 목적이 parrhesiastes 자신의 사적이익을 위한 것이 아니라 어디까지나 폴리스의 최상의 이익을 위한 바른말 하기가 되어야 한다는 것이다. 이와 관련된 parrhesiastes의 전형을 우리는 다음의 인용문에서 보다 구체적으로 확인할 수 있다.

"나는 지금까지 결코 당신들에게 이익이 되는 것으로 확신하지 않는 어떤 것도 당신들의 환심을 얻기 위해 선택하지 않았습니다. 나는 아무것도 감추지 않고, 솔직한 감정에 따라 바르게 말해 왔습니다(peparrēsiasmai). 나는 최선의 조언을 듣는 것이 당신들에게 이익이 될 것임을 분명하게 알듯이, 마찬가지로 그러한 조언을 권고하는 것 역시 말하는 자에게 분명히 이익이 될 수 있기를 원했습니다. 그렇게 해서 나 자신이 큰 즐거움을 느꼈었기 때문입니다. 그러나 나는 감히 내 제안이 어떤 결과를 나에게 가져다줄지 불확실함에도 불구하고 그 제안을 수용하는 것이 당신들에게 분명 이익이 된다는 신념을 갖고 당신들에게 말하고자 하는 것입니다"(Demosthenes, First Philippic 51).

위의 인용문은 파레시아적인 '올바르게 말하기'의 시도가 어떤 상황하에서 또 어떤 전제 조건을 갖고 발휘되어야 하는지에 관한 유용한 정보를 제시해 준다. 그것은 무엇보다 파레시아스테스는 자신의 '진리 말하기(truth – telling)'가 상당한 위험(risk)을 자신에게 가져다줄 수 있음을 감수해야 한다는 것이다.[45] 다시 말해 파레시아스테스는 자신의 말하기가 악의적인 비난이나 기만적이고 조작적인 조언 또는 뇌물에 의한 행위가 아니라, 사려 있고 정당화될 수 있는 비판임을 주장하기 위해 말의 위험을 수용해야 한다는 것이다. 아테네인들은 명예(time)나, 수치심(aidos), 그리고 평판과 같은 문제에 매우 예민한 사회에 살고 있었기 때문에, 이러한 직설적이며 바른말에 의해 자신의 명예에 손상을 입었을 경우 그에 대한 법적인 규제나 제재를 주었던 것이 사실이다.[46] 이것은 아테네 민주정에서 파레시아 정신에 따른 말하기가 민주주의의 어떤 정치적 보호나 방패막을 요구하지 않았음을 의미한다. 그 반대로 민주주의 정신에 충실한 파레시아는 리스크가 클수록 민주주의와의 친화력이 강한 것으로 볼 수 있다. 달리 말해 아테네인들은 진리를 말하는 것에 수반되는 위험이 파레시아의 정신을 손상시키거나 심지어 민주주의와 갈등관계에 있는 것으로 생각하지 않았다는 것이다. 그보다는 과감하게 위험을 무릅쓰고 조언을 말하고자 하는 파레시아스테스의 태도는 곧 자신의 바른말에 대한 책임을 질 수 있음을 표방하는 것으로 이해할 수 있다.[47] 이런 점에서 파레시아는 한편으론 위험을 피하기 위해 에둘러 말하는 수사술과도 다르고, 다른 한편으론 진리가 결여된 단순히 '무모한 말하기'와도 다르다. 파레시아스테스는 이처럼 자신의 신념과 지혜에 따라 책임감 있게, 용기

---

45) Foucault(2001), pp.15~16. Monoson(2000), pp.52~56 참조.
46) Aeschines, *Against Timarchus* 28 계속 참조할 것.
47) Monoson(2000), pp.59~60.

있게 그리고 적극적으로 논쟁에 참여하려는 자이기 때문에, 당시의 아테네인들에게 민주 시민의 전형으로 존경과 찬양의 대상이 되었던 것이다. 요컨대 파레시아스테스의 올바른 말은 기본적으로 그 자신의 도덕적 신념과 의무감에서 비롯한 행위라고 말할 수 있다. 그는 이러한 자신의 도덕적 신념에 근거한 용기의 덕으로 무장하고 위험을 무릅쓰고 바른말을 하는 자이다.

다음으로 파레시아에 따른 공론 형성 과정은 파레시아스테스뿐만 아니라 그의 말을 듣는 청중의 협력을 마찬가지로 요구한다는 것이다. 즉 청중은 나이브하고 유치한 청강생이나 무감각하게 침묵하는 타자의 역할을 행해서는 안 된다. 청중은 파레시아스테스의 주장에 대해 질문과 반론을 제기하고, 그래서 파레시아스테스 주장의 정당성을 테스트하고 재입증하도록 적극적으로 촉구해야 한다. 파레시아스테스는 청중의 이러한 계속적인 질문과 논박의 토론 과정에 있게 되며, 그래서 이러한 말하기 게임에서 그 자신이 위험에 빠지지 않도록 그에 상응하는 타당한 답변을 적극적으로 제시해야만 하는 것이다. 청자가 기꺼이 비판을 감수하고, 그들의 의견을 반성하고, 타인의 의견을 경청하는 정도만큼, 그들의 공적인 것에 관한 관심과 이익은 화자뿐만 아니라 청자에게서도 공유되어 나타나는 것이다.[48] 요컨대 파레시아 말하기 게임에서 파레시아스테스의 말은 그것이 리스크가 높으면 높을수록, 또 그것이 다수의 시민들의 영혼에 더 큰 상처를 줄수록 진리를 담보한 참된 파레시아가 되는 것이다. 그래서 데모스테네스는 다음과 같이 말한다. "아테네인

---

48) Monoson(2000), p.61.

들이여, 내 생각으론, 중요한 문제를 토론할 때 당신들의 의무는 당신들에게 조언을 하고자 하는 모든 사람들에게 '바른말을 할 수 있는 자유를 주는 것(didonai parrēsian)'이다."[49]

이렇듯 아테네 민주정하에서 한 시민의 말이 진리를 담보한 다수 시민의 공론으로 인정받기 위해선 파레시아적인 말하기 게임에서의 검증과 논박의 과정을 통과해야 된다. 달리 말해 파레시아스테스와 청중은 서로 간의 질문과 답변이라는 계속적인 상호 말하기 게임을 통해 제시된 주장을 테스트하고 재증명하도록 노력해야 되는 것이다. 그리고 이것은 파레시아적인 의사소통이 말하는 자와 듣는 자 모두로부터의 용기를 필요로 함을 의미한다. 파레시아스테스는 앞에서 말한 것처럼 가능한 위험이 예견될지라도 진리를 말할 용기를, 청중은 그 말이 자신에게 상처가 되는 고통을 안겨 줄지라도 그것을 감당할 용기를 가져야 하는 것이다. 이렇듯 파레시아는 말하는 자에겐 진리를 말할 용기를, 듣는 자에겐 고통스럽지만 진리를 경청할 용기를 요구한다. 요컨대 청중과 파레시아스테스는 어떤 '영혼의 고상함 내지 웅대함(grandeur of the soul)'[50]을 공유해야만 하는 것이다.

상술한 것처럼 parrhesia는 아테네 민주주의를 강한 참여민주주의를 실현하게 해준 핵심적 가치이자 이념이라 말할 수 있다. 파레시아는 아테네 시민들을 참주정하의 노예와 구별시켜 준 원리가 되는 것이다. 아테네 시민들은 파레시아 게임을 통해 진행되는 공론

---

49) Demosthenes, *For the Liberty of the Rhodians*, 1.

50) N.Luxon, "Truthfulness, Risk, and Trust in the Late Lectures of Michel Foucault", *Inquiry* 47(2004), p.473.

장에서 검증과 반박을 견디어 낸 의견이 폴리스의 최고선을 담보한 진리라고 간주하였다. 그들은 한 사람이나 소수에 의해 지지된 의견보다 파레시아 공론장에서 다수의 신뢰를 받은 공론을 더 좋은 의견으로 받아들인 것이다. 그래서 아리스토텔레스는 『정치학 (Politica)』 3권 11장에서 다중의 집합적 판단과 지혜가 민주주의의 우월성을 근거 짓는다고 말하고 있다. 이런 점에서 parrhesia는 아테네 참여민주주의의 우월성을 정초시키는 두 가지 이론적 근거로 작용했다고 말할 수 있다. 하나는 이세고리아라는 민주주의의 언론의 자유를 보다 굳건히 함으로써 아테네 민주정이 참주정이나 우중정치로 변형되거나 타락하는 것을 방지하는 데 기여하였다. 즉 파레시아 원리는 이세고리아를 온전하게 발휘되도록 보완함으로써 아테네 시민들의 자유(eleutheria)를 실현하는 데 기여하였다. 다른 하나는 파레시아 말하기 게임은 아테네 민주주의의 공론 형성을 위한 이상적 담화의 고대판 의사소통 버전임을 확인시켜 준다. 에우리피데스가 Ion편에서 강조하는 것처럼 파레시아는 신이 아닌 인간이 이 세계의 주인으로 등장할 수 있게 해준 민주주의를 위한 보물이다.

5. 맺으면서

　지금까지의 논의를 통해 필자가 역설하고자 한 것은 전자민주주의가 그 기술적 수단에 힘입어 참여민주주의의 본질적 정신을 성공적으로 복권시키고자 한다면, 그것은 물리적 공간의 제한을 받는 육체의 단순한 극복이 아닌 민주 시민의 에토스가 중요하다는 것이다. 이러한 결론에 이르기 위해 먼저 사이버공론장의 존재론적 특성과 공론장에 관한 아렌트와 하버마스의 견해를 개략적으로 살펴보았다. 이러한 작업을 거쳐 본 글은 현대의 전자민주주의를 통한 참여민주주의의 실현 가능성을 공론장의 역할에 두고 이것의 성공적 가능성을 고대 희랍민주주의의 '말의 자유'를 구현하기 위한 '이세고리아'와 '파레시아'에 나타난 시민정신 내지 덕을 통해 그 가능성을 모색하였다. 그래서 필자는 참여민주주의의 본질은 물리적인 광장(agora)에서의 육체(살)와 육체(살)의 만남 또는 사이버공론장에서의 단순히 육체이탈성에 의한 정신만의 교류가 아니라, 무엇보다 육체와 정신의 상호협력에 의해 발휘될 수 있는 공적인 판단 능력으로서의 덕(arete)의 실현에 그 목적이 있음을 역설하였다. 이것은 참여민주주의의 가능한 발전은 기술의 힘만이 아닌, 그 기술의 사용 주체인 민주 시민의 에토스(ethos), 즉 시민성(civic virtues)의 소유와 그것의 적극적인 발휘에 달려 있다는 필자의 문제의식에서 비롯한 것이다. 달리 말해 현실 공간에서 얼굴을 맞댄 '대면 공론장'이냐, 아니면 가상공간에서 익명으로 만난 '비대면 공론장'이냐가 참여민주주의를 결정하는 기준이 아니라는 것이다. 이것은 위에서 제시한 사이버 공론장의 장점들이 제대로 활용된다면 비대면 공론장이 대면 공론장보다 더 민주주의적일 수도 있고, 그렇지 않으면 그 반대일 수도 있기 때문이다. 중요한 것은 고대 희랍 민주주의에서의 '파레시아' 정신에 나타난 것처럼 사이버 공론장을 '비판적 진리 말하기'와 '공동선'을 위한 진정성과 책임성을 담보한 상호소통의 장으로 선용할 것인가, 아니면 그것을 거짓과 사적 이익을 위한 매개체로 악용 내지 남용할 것인가의 문제로 집약될 수 있고, 이것은 민주 시민의 에토스에 의해 판가름 날 수 있다는 것이다. 물론 민주 시민의 에토스가 왜 전자민주주의에서만 필히 요구되는가의 물음이 제기될 수 있다. 그것은 또한 현재의 대의제 민주주의하에서도 마찬가지로 요구되는 중요한 요소일 수 있기 때문이다. 그러나 전자민주주의는 앞서 언급한 것처럼 대의제 민주주의와는 달리 공동체 구성원이 사이버 공론장을 통해 자신의 의견을 직접 전달할 수 있다는 긍정적인 측면이 있음에도 불구하고, 이러한 장점은 어디까지나 익면성을 담보로 가능하다는 것이 문제다. 그리고 이러한 익면성은 마치 고대 희랍민주주의의 이세고리아 정신이 자칫 그 취지와는 달리 혹세무민의 사기술로 전락될 수 있는 것처럼 전자민주주의의 역기능의 원인으로 작용할 수 있다는 것이다. 이것은 열린 광장을 표방하는 사이버 공론장에서 왜 의견의 진정성과 책임성이 더욱더 요구되고, 요구되어야만 하는지를 생각하게 해 준다. 희랍속담에 '악마는 얼굴이 보이지 않는다'는 말이 있다. 이 말은 어쩌면 전자민주주의의 성공적 담보를 위한 의미 있는 메시지가 될 수 있다. 사이버 공론장이 얼굴 없는 악마들의 축제의 장이 돼서는 안 되기 때문이다. 이런 점에서 전자민주주의에 대한 섣부른 낙관적 또는 비관적 전망과 평가 이전에 전자민주주의에 걸맞은 시민의식과 에토스 함양 교육이 무엇보다 선행되어야 할 것 같다.

참고문헌

〈1차 문헌〉

Aeschines, *Against Timarchus*, The Loeb Classsical Libr., C. D. Adams(ed.,), Harvard Univ. Press, 1968.

Demosthenes, *First Philippic, Fourth Philippic, For the Liberty of the Rhodians*, The Loeb Classsical Libr., E. H. Warmington(ed.,), Harvard Univ. Press, 1914.

_____, De corona, The Loeb Classsical Libr., J. H. Vince(ed.,), Harvard Univ. Press, 1914.

Herodotus, *Historiai*, The Loeb Classsical Libr., A. D. Godley(ed.,), Harvard Univ. Press, 1966.

Isocrates, *Antidosis*, The Loeb Classsical Libr., G. Norlin(ed.,), Harvard Univ. Press, 1982.

Platonis Opera, Burnet(ed.,), Oxford, 1907.

Plutarchos, Moralia, I, The Loeb Classsical Libr., F. C. Babbitt(ed.,), Harvard Univ. Press, 1969.

Arendt, H., *The Human Condition*, Chicago 1989.

Habermas, J., 『공론장의 구조변동』, 한승완 역, 나남출판, 1990.

_____, 『의사소통행위이론』, 장춘익 역, 나남출판, 2006.

_____, 『사실성과 타당성』, 한상진, 박영도 역, 나남출판, 2000.

〈2차 자료〉

김비환, 『축복과 저주의 정치사상』, 한길사, 2001.

김상득, "사이버 공간의 존재론적 특성과 정보윤리학의 철학적 토대", 범한 철학, 38집(2005), pp.181－205.

김선욱, 『정치와 진리』, 책세상, 2001.

김용철, 윤성이, 『전자민주주의』, 오름, 2005.

김형오, 정보화사회의 도전과 한국전자 민주주의의 가능성에 관한 연구, 경남 대학교 박사학위논문, 1998.

김선희, 『사이버시대의 인격과 몸』, 아카넷, 2004.

『디지털 시대의 민주주의와 포퓰리즘』, 철학과 현실사, 2004.

박동인, 『전자 민주주의가 오고 있다』, 책세상, 2000.

송경재, 『사이버 공동체와 민주주의』, 한국학술정보(주), 2006.

이동수, "디지털시대의 토의민주주의", 『디지털시대의 민주주의와 포퓰리즘』, 철학과 현실사, 2004, pp.72～93.

앨빈 토플러, 『제3물결』, 한국경제신문사, 1989.

이동성, "인터넷 가상공간의 존재론", 『동서언론』, 7(2003), pp.147～164.

이태수, "사이버 공간의 존재론", 『철학과현실』, 제57호, 2003년, pp.173～193.

이한구, "디지털시대의 다양한 민주주의와 그 정당성", 『디지털시대의 민주주의와 포퓰리즘』, 철학과 현실사, 2004, pp.11～40.

이현아, "노사모 현상을 통해 본 한국 참여 민주주의 현재와 미래", 『대통령 직의 위기와 유목적 정치질서』, 철학연구회－한국정치사상학회 공동 학술대회 프로시딩집, 2007, pp.107～127.

『철학적 기초』, 철학과 현실사, 1999.

Dahl, Robert, 『민주주의와 그 비판자들』, 조기제역, 문학과 지성사, 1999.

Evans, F., "Cyberspace and the Concept of Democracy", Peer－Reviewed Journal on the Internet, pp.4～10.

Foucault, M., *Fearless Speech*, Semiotext, 2001.

Hansen, M. H., *Was Athens a Democracy*, Cophenhagen, 1989.

Held, D., 『민주주의의 모델』, 인간사랑, 1988.

Heim, M., 『가상현실의 철학적 의미』, 책 세상, 1993.

Konstan D., "Parrhesia: Ancinet Philosophy in Opposition", *Mythos and Logos*,

Amsterdam, 2004, pp.19~33.

Luxon, N., "Truthfulness, Risk, and Trust in the Late Lectures of Michel Foucault", *Inquiry* 47(2004), pp.464~489.

MacDowell, D. M., *The Law in Classical Athens*, Thames and Husdon Ltd, London 1978.

Monoson, S., *Plato's Democratic Entanglements*, Princeton Univ. Press, 2000.

Monachou, M., He politike philosophia Semera, Athena 1994.

Ober, J., *Political Dissents in Democratic Athens*, Princeton Univ. Press, 1988.

＿＿＿＿, *Mass and Elite in Democratic Athens*, Princetion Univ. Press, 1989.

2500 *chronia Demokratias*, Athena, 1992.

Saco, D., *Cyberspace and Democracy: Spaces and Bodies in the Age of the Internet*, Univ. of Minnesota, 1998.

신체들의 기쁜 만남
: 들뢰즈의 스피노자 해석과 관련하여*

양운덕

* 이 논문은 2005년도 기초학문육성 인문사회 분야 지원 사업의 일환으로 한국 한술진흥재단의 지원에 의하여 연구되었음(KRF-2005-079-AM0016).

1. 문제제기

들뢰즈는 역량의 문제 틀로 스피노자의 존재론과 윤리학을 재구성한다. 그는 신체들의 기쁜 만남이라는 주제로 스피노자의 정념이론을 재해석한다. 이런 관점은 신체들의 변용 능력과 관련해서 기쁨과 슬픔이 어떤 차이를 갖는지, 어떻게 변용 역량이 증감되는지에 초점에 둔다. 그는 수동적 정념 안에서 슬픔을 기쁨으로 전환함으로써 수동에서 능동으로 상승하는 바탕을 마련하려고 한다. 이글은 이와 관련된 신체들의 기쁜 만남과 그것의 사회 철학적 의미를 살피고자 한다.

이런 기쁜 만남이란 주제와 관련된 문제들을 보자.

민지 신체들의 기쁜 만남은 정념/수동(passion)이므로 외적 원인들에 의해서 변용되는 까닭에 수동성과 우연성을 벗어날 수 없다. 그런데 들뢰즈는 왜 '수동성 안에서' 기쁨이 지닌 긍정적 의미, 기쁨에 따르는 역량 증대를 강조하는가?[1] 들뢰즈는 왜 기쁨과 슬픔

---

1) 이 문제는 스피노자가 이성과 정념의 전통적인 구분, 곧 이성의 능동성과 정념의 수동성을 대립시키고 이성에 의해서 정념을 제거하는 구도 대신에 정념 안에서 역량의 증대를 강조하는 것과 관련이 있다.

의 차이에 주목하는가?

이어서 기쁜 만남의 문제는 '신체들은 무엇을 할 수 있는가'와 관련되는데, 이런 신체의 역량에 관한 질문을 사회적 평면에서 거듭 제기할 수 있다. '신체들의 만남을 어떻게 집합적으로 조직할 수 있는가'. 이런 측면에서 스피노자의 사회이론은 어떻게 홉스의 사회계약론을 역량의 틀로 재해석하는가? 스피노자는 어떻게 사회적 신체들의 역량을 증대시킬 수 있다고 보는가? 그리고 들뢰즈는 왜 자연권을 조직하는 '스피노자적인' 사회계약이 능동적, 이성적 제도에 미치지 못한다고 보는가? 어떤 점에서 국가 장치가 신체들의 역량을 제한하고 개체들을 예속시키는가? 무엇 때문에 사회적 평면에서 신체들은 '기쁜' 만남들을 조직하지 못하거나 슬픈 만남들과 싸워야 하는가?

이런 주요 문제들을 논의하는 바탕과 관련된 질문들도 있다.

왜 역량의 문제 틀인가? 그것은 어떤 점에서 윤리적 의미를 갖는가? 흔히 주장하듯이 윤리는 (역량의 증감이 아니라) 선 — 악이라는 가치 기준을 제시해야 하는 것이 아닌가?

먼저 들뢰즈는 (니체와 함께) 선 — 악의 가치 척도를 '도덕적 대립'으로 본다. 그것은 자연 안에서 관계 맺는 다양한 존재자들의 관계를 구체적으로 인식할 수 없도록 하고, (모든 존재자들이 따르는 인과 법칙을 넘어서는) 초월적 기준으로 명령, 금지하고 처벌/보상하는 코드를 강요하는 방식이다. 스피노자에 따르면 자연에는 선 — 악이 아니라 좋음과 나쁨의 차이들이 있을 뿐이다. 신체들의 만남은 역량의 정도에 따라서 다른 가치를 갖는다. 이처럼 초월적 도덕의 자리를 대신하는 내재적 윤리에 따르면 모든 존재자들은 자신의 내재적 역량을 통해서 실존할 수 있다.

그러면 신체들의 만남과 역량의 증감은 어떤 윤리적 의미를 갖고, 윤리적 차이의 장에서 어떻게 가치를 설정하는가?

예를 들어서 서로의 신체들이 양립 가능하고 그들의 역량이 더해지는 '기쁜' 만남으로 신체들의 역량이 증대되는 경우를 보자. 이런 만남 자체는 존재론적인 문제이지만 기쁜 만남이 역량을 증대시키는 '좋은' 만남이라면, 자기를 보존하려는 개체는 이런 기쁜 만남을 원하고 행위 규범으로 삼는다. 여기에서 사실과 당위가 일치하며, 내재적인 자연법칙이 가치 척도가 된다. 행위 규범은 선험적인 도덕의 문제에서 경험적인 윤리의 문제로 바뀐다.[2]

이와 관련된 논의를 다음 순서로 전개하고자 한다. 제2장에서 도덕적 가치를 계보학적으로 분석하는 니체의 논의를 들뢰즈가 어떻게 '윤리적 차이'의 틀로 받아들이는지를 살필 것이다. 제3장에서는 유한한 양태의 역량과 관련하여 '신체가 무엇을 할 수 있는지'를 주제화하고, 제4장에서는 신체의 역량에 관한 윤리학적 질문을 재구성한 '행동학(éthologie)'으로 신체들이 구체적인 생성과 합성을 파악하기 위한 관점을 살필 것이다. 제5장에서 신체들의 기쁜 만남을 다루면서 왜 들뢰즈가 기쁜 수동적 변용에 주목하고 기쁨의 긍정적 함의를 강조하는지를 비판적 논의와 함께 살필 것이다. 제6장에서는 수동성에서 능동성으로 도약하려는 기쁨의 노력을 보충하려는 시도, 곧 사회적 평면에서 신체들의 능동적인 역량을 조직하

---

2) 자유와 예속의 문제는 존재론적인 앎과 그에 상응하는 만남들의 합성(composition)에 의거한다. 곧 한 편으로는 적합한 인식과 부적합한 인식의 측면, 다른 한편으로는 수동성과 능동성의 측면에서 이중적으로 관련된다(김재인, 2008, 212~3 참조).

려는 기획을 검토할 것이다. 여기에서 스피노자 사회 이론의 특성과 국가 장치가 신체들의 역량을 제한하는 측면을 살피면서, 슬픔을 정당화하는 윤리학이 아니라 '기쁨의 윤리학'을 제시하는 맥락을 볼 것이다. 그리고 이런 논의를 평가하면서 들뢰즈의 관점과 관련된 몇 가지 질문으로 글을 매듭짓고자 한다.

2. 도덕적 대립과 윤리적 차이

1) 도덕적 대립과 윤리적 차이의 발생

들뢰즈는 니체의 도덕적인 '선-악' 개념에 대한 계보학적 분석을 참조하여 '도덕적 대립'과 '윤리적 차이'를 구별한다. 그는 이런 차이의 틀이 스피노자의 실천 철학과 일정한 관련을 갖는다고 본다.

스피노자에 따르면, 자연 전체는 일정한 법칙들에 따르는데, 자연에서 선이나 악은 없고 좋음(bon)과 나쁨(mauvais)이 있다. 이런 좋음과 나쁨은 신체들의 만남에서 역량의 증감과 관련된다. '좋음'은 한 신체가 우리 신체와 직접적으로 관계를 구성할 때, 그 신체를 통하여 우리 신체의 역량이 증대될 때를 가리킨다. '나쁨'은 다른 신체가 우리 본질에 상응하지 않는 관계로 우리 신체의 관계를 해체할 때를 가리킨다[Deleuze, 1981, (이하에서 SPP로 표기함), 34/38~9].[3)]

---

3) 들뢰즈와 스피노자의 저작을 인용할 때에는 다음의 약어를 사용함.
  * 들뢰즈의 저작들 **NP**: *Nietzsche et la philosophie*. **SE**: *Spinoza et le problème de l'expression*. **SPP**: *Spinoza: Philosophie pratiquet*. **D**: *Dialogues*. **MP**: *Mille Plateaux*. **QP**: Qu'est-ce que la philosophie?

음식물이 전자, 독이 후자의 예이다.

들뢰즈는 이런 좋음과 나쁨이 갖는 의미 가운데 인간 존재의 두 유형을 특징짓는 (주관적·양태적인) 의미에 주목한다. 좋은(자유롭고 합리적이고 강한) 사람은 만남들을 조직하고 자신의 본성과 맞는 것들과 하나가 되어서 결합 가능한 관계들을 자신과 결합하고 이를 통해서 자신이 역량을 증대시키려고 노력한다. 그리고 나쁜(열등하고 예속되고 약하고 어리석은) 사람은 우연한 만남들에 따라서 살면서 그 결과들을 수동적으로 겪으면서도 결과가 불리하고 자기의 무능력을 드러낼 때 한탄하고 비난한다(SPP34~5/39).

이런 들뢰즈의 해석을 가능하게 한 니체의 분석을 보자. 니체는 『도덕의 계보』(첫 번째 논문)에서 도덕의 기원을 분석하면서 '선한(gut)'과 '악한(böse)'의 쌍, '좋은/우월한(gut)'과 '나쁜/열등한(schlecht)'의 쌍을 구별한다. 전자는 노예 도덕이, 후자는 주인 도덕이 가치 평가의 척도로 삼는 것이다.

주인 도덕은 자기 자신에 대한 긍정(Ja-sagen zu sich selber)에서 비롯된다. 이와 달리 노예 도덕은 타자, 자기 아닌 것을 부정함으로써 시작한다. 니체는 이런 부정을 통한 긍정을 노예 도덕의 창안이라고 보는데, 이것은 가치를 평가하는 시선을 역전시킨다(Nietzsche, 1887, 284~5).

이처럼 노예 도덕은 대립적인 바깥을 전제하여 반작용(Reaktion)하는 방식을 취한다. 원한을 지닌 인간은 먼저 나쁜 적, 악인을 마음속에서 구상하고, 이것의 대립항을 선인으로 생각한다. 이것은

---

* 스피노자의 저작들 E: *Ethica*. TTP: *Tractatus Theologico-Politicus*. TP: *Tractatus Politicus*.
* 인용 쪽수를 병기할 때, 앞은 원본, 뒤는 국역본 쪽수를 가리킨다.

'창조적'으로 선과 악을 고안하는 방식이다.

물론 고귀한 인간은 좋은(gut)이란 기본 개념을 자발적으로, 자기로부터 구상하고 그것으로부터 나쁜(schlecht)이라는 표상을 만든다. 니체는 귀족적 기원을 지닌 '나쁜(schle cht)'과 증오의 산물인 '惡한(böse)'을 대비시킨다(같은 책, 288~9).

고귀한 인간에게 '나쁜(schlecht)'은 '좋은(gut)'에 대해서 파생적이고 부차적인 것일 뿐이다. 그것은 모조물, 첨가물, 補色에 지나지 않는다. 이와 달리 '악한(böse)'은 그 대립항인 '선한(gut)'에 맞세우려고 고안된 것이어서 '선한(gut)'보다 앞선다. 그것은 기원적인 것 (das Original)의 자리에 놓이고, 시초이고, 고유한 행위(eigentliche Tat)이다. 그래서 노예는 이런 악한 것을 부정함으로써 선한 것을 고안한다. 이처럼 도덕적 해석은 '악한(böse)'으로부터 '선한(gut)'을 창조하는 기이한 방식이다.

들뢰즈는 이런 논의를 어떻게 주제화하는가?

그는 도덕적 '기원'에 본성상 다른 두 태도—주인 도덕과 노예 도덕—가 있다고 본다.[4] 각각의 도덕은 선을 근본적으로 다르게 형성한다. 그러면 주인과 노예의 태도는 어떻게 다른가(NP138~140; 양운덕, 2003, 250~1)?

㉮ '나는 선하다'로 시작하는 주인은 스스로를 타인과 비교하지 않고, 자기 행위를 초월적 가치와 비교하지 않는다. 그에게 선은 능동성, 긍정, 향유이고, 이것은 자기 찬양, 넘치는 힘, 높은 긴장의

---

4) 이런 기원적 차이는 도덕적 기원의 동일성을 주장하는 전통적인 태도가 단일한 보편 도덕을 제시하려는 시도를 무력화시킨다. 도덕은 모두의 도덕이 아니라 누군가의 도덕, 누구를 위한 도덕이기 때문에 상이한 도덕들 가운데 선택해야 한다.

행복감, 증여하는 풍요로움으로 나타난다. 그에게 악은 이런 자기 긍정의 귀결로서 부차적이다. 악은 부정적이고, 수동적이고, 열등하고, 불행한 것이다(NP138).

이런 구도에서 선과 악은 (대립되지 않는) '다른 것'이다. …윤리적 '차이', 선과 악이 대립된 것이 아니므로 노예나 약한 자를 부정한다고 해서 스스로를 긍정할 수 있는 것도 강해지는 것도 아니다. 주인에게는 도덕적 대립이 불필요하다.

㉴ "너는 악하다, 따라서 나는 선하다"라고 하는 노예는 '대립(opposition)'의 논리를 사용한다. 부정적인 악을 전제로 삼아서 긍정적인 귀결을 창안한다. 긍정적인 것은 오로지 부정을 매개해서만 가능한 것이다. 노예는 긍정적 결론을 갖기 위해서 부정, 반작용을 앞세운다. 이런 원한의 태도는 선/악의 가치들을 창조한다(NP138~140).

출발점에 있는 '악한 자'는 누구인가? 자신을 스스로 선하다/좋다고 한 자이고, 능동적으로 행위 하는 자이다. 따라서 이와 대립되는 '선한 자'는 행위 하지 않는 자, 행위로부터 물러서는 자이다. 이렇게 해서 선-악, '선과 악의 대립'이 탄생하고, 윤리적 차이는 도덕적 대립으로 바뀐다. 좋음/나쁨의 차이쌍은 선/악의 대립쌍으로 대체된다.

이렇게 창조된 선-악이란 가치는 좋음/나쁨의 차이관계를 전복시키기 위한 것이다. 이것은 행위 하지 않는 자의 관점에서 파악하고, '행위로부터 물러섬으로써' 창조한다. 따라서 부정하는 것이 일차적이고 본질적이다.

니체는 원한을 지닌 인간들이 '어떻게 선을 고안하는지'를 살핀다. 양들과 온순한 동물들(온순한 자들)은 猛禽에게 품은 원한을 도덕적 사고로 전환시킨다. 양들은 맹금의 사악함에 대비되는 자신들의 선함을 논증한다. "이 맹금들은 악하다. 그리고 이 맹금답지 않은 것, 오히려 그 반대인 양이 선하다"(Nietzsche, 1887, 292). 그런데 강한 자에 대해서 그 강함을 표현하지 않도록 요구하는 것은 모순된다.

니체는 행위에서 행위(결과)와 행위 자체와 행위자가 분리될 수 없다고 본다. 곧 행위 주체를 상정하고 그가 행위를 의도하고 그 결과로 행위가 이루어졌다고 할 수 없다. 활동, 작용의 배후에는 어떠한 '존재'도 '주체'도 없다. '행위자(der Täter)'는 상상에 의해 행위에 덧붙여진 것이다. 하나인 행위를 인위적으로 둘로 쪼개서 원인과 결과로 나누는 것은 '주체'를 고안하려는 것이다(같은 책, 294).

이런 사고방식이 어떻게 약한 자들이 선/악 개념을 고안하는 것과 연결되는가? 약한 자들은 어떤 이유로 '약하게 되는 것이 강자의 자유이고, 양이 되는 것이 맹금의 자유'라고 주장하는가?

이들은 강한 힘을 행사하는 자가 악한 '행위자'이며, '주체'로서 힘을 의욕하고 그것을 행동으로 옮겼다고 본다. 그런데 그런 '악한' 행위자는 '선하기 위해서' 그것을 억제해야만 한다(그런 사악한 힘을 억제하지 않다니! 우리 양들은 그것을 억제하지 않는가!). 강한 힘을 행사하는 자는 악하고, 반대로 힘을 행사하지 않는 자, 힘을 억제하는 약한 자들은 '선하다'. 이런 추론은 힘을 그것의 표현/효과에서 분리시키고 할 수 있는 것을 하지 않는 자를 '선하다'고 주장하려는 전략이다.

들뢰즈는 이런 노예적 추론에 들어 있는 오류추리를 지적한다(NP140~1; 양운덕, 2003, 251). 양은 다음과 같이 추론한다.

맹금은 악하다.
<u>나는 맹금과 반대이다.</u>
∴ 그러므로 나는 선하다.

어떤 오류가 있는가? 소전제에서 맹금은 자신의 힘을 행사하는 자이다. 이때 맹금의 힘은 그 '힘의 표현'과 분리되지 않는다. 그런데 대전제에서는 맹금이 자신의 힘을 표현해서는 안 된다고 상정한다(자신의 힘을 표현하는 자는 악하다). 맹금은 그 힘의 효과로부터 물러서야 하고, '그가 할 수 있는 것'과 분리되어야 한다. 곧 그가 자신의 '힘을 억제하지 않는다면' 그는 악하다. 이 논리는 강한 자가 '善해지기 위하여' 행위 하지 않고 스스로 행위를 억제할 수 있다고 여긴다.

이런 원한의 추론은 힘이 '그것이 할 수 있는 것'과 분리될 수 있다는 허구를 만든다. 이런 허구가 받아들여져서 맹금이 선하기 위하여 스스로 힘을 억제한다면, 행위 하지 않는 힘, 반작용하는 힘이 승리할 수 있다. 이런 틀에서 반작용하는 힘은 힘을 그 작용, 효과로부터 분리시킨다. 곧 맹금이 행동할 때에는 비난하고 행동하지 않을 때에는 칭찬한다.

들뢰즈는 이런 추론에 숨겨진 허구들이 도덕적 대립을 논리적으로 구축하는 점에 주목한다(NP141~2). 먼저 인과성의 측면에서 하나인 힘이 원인과 결과로 쪼개진다. 그리고 실체의 측면에서 이렇게 분리된 힘은 그 힘을 행사하거나 억제하는 의지를 갖는 '주체'를 상정한다. 이제 힘은 중립화되고 주체가 선택한 행위가 된다. 보다 중요한 것은 이렇게 중립화된 힘이 '도덕화'되는 점이다. 도덕의 척도에 따라서 평가하는 까닭에 힘의 성질들 간의 차이에 지나지 않는 강함－약함이 선－악의 '대립'으로 바뀐다(정도상의 차이가 본성상의 차이로 바뀐다).

이런 허구가 원한에 바탕을 둔 오류추리의 기초이다. 이런 허구는 그것이 '할 수 있는 것으로부터 분리된' 힘을 말한다. 이 허구 덕분에 반작용하는 힘들이 능동적인 힘에 대해서 승리할 수 있다. 이처럼 반작용하는 힘들은 추상적, 중립화된 힘의 이미지를 투사한다. 그 효과로부터 분리된 힘을 선하거나 악하다고 칭찬하거나 비난한다.

요컨대, 주인은 자신을 긍정하지만, 노예는 부정, 대립을 매개로 긍정을 도출한다. 주인은 차이를 긍정하고 선택하는데, 노예는 대립의 놀이에서 자신을 강화하기보다는 상대를 약화시킨다. 주인의 긍정성이 지닌 가치를 전도시켜, 주인을 '그가 할 수 있는 것'으로부터 분리시킨다(반작용하는 힘은 스스로 강해지는 것이 아니라 능동적인 힘들이 반작용하도록 바뀌어서 스스로 약화되도록 함으로써 승리한다).

노예는 초월적 가치를 도입하고 자신의 약함, 무능, 삶을 부정하는 태도를 긍정적이라고 평가한다. 그는 삶을 도덕과 양심의 가책에 얽어맨다.

노예는 '부정에 대한 부정'을 통해서 도덕적 선을 고안하는 도덕의 변증법을 구사한다. 노예가 제시하는 '대립'의 구도는 부정과 대립으로 허구적 종합을 '창조'하는 허무 지향적 의지이다. 그는 삶을 그 자체로 긍정하지 못하고 삶에 대한 원한(ressentiment)을 바탕으로 삼는 '슬픔의 도덕'을 창조한다.[5]

5) 들뢰즈는 힘-의지와 영원회귀를 차이를 긍정하는 틀로 재해석한다(양운덕, 2003, 252~4). 힘은 항상 다른 힘들과 관계 맺는다. 한 힘은 다른 힘을 지배, 명령하거나 예속된다. 그리고 힘 의지는 이런 힘들을 발생하게 하는 동시에 이 힘들 간의 관계를 규정한다. 힘은 힘에 내재하는 의지 때문에 생기고 동시에 다른 힘과는 다른, 고유한 힘의 양과 그 양에 따른 성질을 갖는다.

들뢰즈는 힘과 의지를 역량과 관련하여 파악한다(NP2장 1, 3절). 힘은 '그것이 할 수 있는 것(ce qui peut)'이다. 이런 힘은 능동적(actif)이거나 반작용적(réactif)이다. 능동적인 힘은 지배하고 명령하는 힘이고, 그것이 할 수 있는 것을 하는 능력을 지니고, 힘들의 차이를 긍정한다. '반작용적'이라고 함은 어떤 힘이 할 수 있는 바로부터 그 힘이 분리된 상태를, '능동적'은 그 힘이 할 수 있는 바가 유지되는 상태를 가리킨다.

의지는 '그것이 원하는 것(ce qui veut)'이다. 이런 의지는 긍정적(affirmatif)이거나 부정적(négatif)이다. 의지의 긍정은 힘의 본래적인 모습을 유지하지만 부정은 힘의 모습을 왜곡한다. 힘 의지가 긍정적일 때 그 힘은 능동적이고, 힘 의지가 부정적일 때 그 힘은 반작용적이다[능동적이거나 지배하는 힘들에서와 마찬가지로 반작용하거나 지배받는 힘에도 힘 의지가 있다(NP60). 이것은 자기를 능동적으로 만드는 방식이 아니라 능동적인 힘으로부터 그것이 할 수 있는 것을 분리시키는 방식으로 작용하여 그 힘을 지배하고자 한다. 부드러운 미소나 부족함이 없는 봉사는 힘의 작용을 완화, 제거할 수 있다. 물론 대표적인 도덕적 선을 강요하는 것이다].

힘-의지는 차이를 긍정한다. 곧 한 힘과 다른 힘 사이의 양적인 차이와 그에 상응하는 질적 차이를 긍정한다. 힘이 지닌 의지를 긍정함은 힘들 사이의 차이를 긍정함이다.

3. 역량으로 본 양태의 동학:
신체는 무엇을 할 수 있는가?

　들뢰즈는 스피노자의 존재론을 역량(potentia/puissance)의 틀로 재해석한다.[6] 존재할 수 있는 역량에서 한 사물은 그 실재성이 클수록 그만큼 더 큰 역량을 지닌다. 따라서 절대적으로 무한한 존재, 신은 '절대적으로 존재하는 무한한 역량'을 포함하므로 절대적으로 존재한다.[7]

　이런 역량의 틀에서 신과 유한한 양태는 어떻게 다른가? '신의 역량은 신의 본질 자체'(E1부 정리 34)이다. 신의 역량은 행위(acte)이고, 능동적(active)이고, 현행적(en acte)이다(SE82/130).[8] 이런 역량은 실현되기 위해서 다른 외부 원인을 필요로 하는 가능적 능력

---

6) 김재인, 2008, 208~210; 양운덕, 1997, 92~5; 진태원, 2001, 155~8.

7) 자연은 어떠한 목적론적 틀에도 따르지 않으며, 원인과 결과의 필연적 법칙에 따른다. 스피노자는 초월적인 것을 상정하지 않고 무한하고 필연적인 질서를 지닌 '자연' 자체에서 펼쳐지는 과정들을 내재적으로 파악하려고 한다. 즉 자연 바깥의 지고한 존재가 자연적인 것을 부정하지 않고, 자연 안에 존재하는 것이 그 자체로 정당화된다는 점에서 스피노자는 '순수한 긍정'(SE51/)을 원리로 삼는다.

8) "역량과 본질의 동일성. 역량이 언제나 현실태(acte)임을 또는 적어도 현재 현행적(en acte)임을 뜻한다. 스피노자주의에서 모든 역량은 그와 상응하며 분리할 수 없는 변용되는 힘(pouvoir d'être affecté)을 포함한다. 그런데 이 힘은 언제나 그리고 필연적으로 채워진다. 역량에는 소질 또는 능력(potestas)이 상응한다. 그러나 구현되지 않는 소질이나 권력은 없으며, 따라서 현행적이지 않은 역량은 없다"(SE82/130).

이 아니라 결과들을 산출하는 원인의 활동 자체를 가리킨다. 현행적 역량은 활동하는 역량, 원인으로서의 역량이다(진태원, 2001, 156).

실체에게서 변용되는 역량은 필연적으로 능동적 변용들에 의해 채워진다. 이와 달리 현존하는 양태의 변용되는 소질(aptitude)은 다른 양태의 작용에 따른 변용들(affec tions)과 정서들(affects)로 채워진다. 그것들은 다른 양태들에 의해 산출되는 것이므로 스스로가 그 원인일 수 없어서 적합한 원인을 갖지 못한다. '상상'과 '정념'들이 이런 수동적 변용에 해당된다(SPP136/150~1).

스피노자는 양태의 본질을 자기 존재를 보존하려는 노력(conatus), 욕망으로 규정한다["어떤 사물이 존재 속에서/존재하면서 스스로 존속하려는 역량 또는 코나투스는 이 사물의 주어진 또는 현행적 본질 자체이다"(E3부 정리 7의 증명)]. 양태는 그 존재를 보존하려고 한다. 곧 일정한 정도의 역량으로 자신을 이루는 부분들을 유지하거나 갱신하고자 한다(SPP135/150).

이런 양태의 본질인 코나투스는 그것이 지닌 '일정한 정도'의 역량에 따라 규정된다. 각 양태들은 다른 양태들과 관계 맺는다. 그런데 현존하는 양태들끼리 마주치면서 자기와 일치하는 다른 양태와 결합할 수도 있고, 불일치하는 양태와 마주치면서 자기의 관계가 해체되어 약화되거나 죽을 수도 있다. 각 신체는 자기를 유지하기 위해 변용되는 소질(aptitude)의 최대치를 추구하므로. 능력들의 투쟁이 벌어진다(SPP137/151~2).

이제 (유한한 양태인) 신체의 역량에 관한 질문, '신체는 무엇을 할 수 있는가'를 살펴보자.

양태의 수동성은 신의 능동성과 대비된다. 신은 모든 변용들의 원인이며, 그의 모든 변용들은 그의 본성에 의해서 설명되므로 능동들이다. 이와 달리 현존하는 양태들의 현존은 바깥에서 규정된다. 따라서 양태들은 외적인 양태들에 의해서 변용될 수밖에 없고 자기 본성만으로 설명되지 않는 변화를 겪어야 한다. 양태들의 변용은 수동(passion)이다.

스피노자는 능동과 수동을 적합한 원인인 경우와 그렇지 않은 경우로 나눈다. "나는 감정을 신체의 작용역량을 증가시키거나 감소시키는 또는 북돋우거나 제한하는 신체의 변용으로, 동시에 이 변용의 관념으로 이해한다. 만약 우리가 이런 변용의 적합한 원인일 수 있다면, 나는 그 정감을 능동으로 이해하고, 그렇지 않으면 수동으로 이해한다"(E. 3부 정의 3). "그 결과가 그 원인 자체에 의해서 명석·판명하게 지각될 수 있는 원인을 나는 적합한 원인이라고 부른다. 그리고 그 결과가 그 원인 자체만으로는 이해되지 않는 원인을 나는 부적합한 원인, 곧 부분적 원인이라고 부른다"(E. 3부 정의 1).

이렇게 볼 때 한 신체가 능동(actio)인 경우는 그것이 적합한, 전면적인 원인이 되는 경우이고, 수동(passio)은 부적합한, 부분적인 원인이 되는 경우이다. (직접 대립되지 않는) 이런 양자는 변용의 상이한 방식으로서, 그 원인이 적합하며 전체적인지, 부적합하고 부분적인지에 따른 구별이다(김재인, 2008, 207~8).[9]

따라서 passion은 일차적으로 무력함, 수동을 의미하지만 일종의 작용이기도 하다. 한 신체가 그것의 활동 역량을 증대시키거나 감

---

9) 변용 역량은 능동적인 변용들에 의해서 채워질 때 활동 역량(puissance d'agir)으로 나타나고, 수동적인 변용들에 의해서 채워질 때 겪는 역량(puissance de pâtir)으로 나타난다.

소시키는 적합한 원인이 아닌 경우(이를테면 부분적인 원인에 불과할 경우)에 신체는 작용(agir)하더라도 수동으로 머무를 수 있다. 이 경우의 passion은 능동(action)과 대립되지 않는다. 능동을 기준으로 적합한 원인이 아닌 경우는 모두 수동이 되지만, 적합함의 정도나 등급에 따라서 수동의 정도나 등급도 달라진다(같은 곳).

들뢰즈는 '양태가 능동적인 변용(affections actives)에 이를 수 있는가'를 질문한다. 물론 양태가 능동적인 변용을 산출하더라도 현존하는 동안 자기 안의 모든 정념/수동을 제거할 수 없다. 다만 그것들이 비율상 자신의 작은 부분만 차지하도록 할 수 있을 뿐이다(SE199/296).

양태의 변용들에 따라서 주어지는 관념들은 수동적 변용들, 부적합한 관념들, 상상들이다. 그것들로부터 따라 나오는 정서들은 수동들, 수동적인 정서들 자체이다. 이처럼 우리가 그 적합한 원인이 아닌 감정은 수동이므로 우리의 변용되는 능력은 처음부터 부터 부적합한 관념들과 수동적인 감정들로 채워진다(SE200~1/299~300). 이와 달리 적합한 관념은 형상적으로 우리가 그것의 원인인 관념이다.

그러면 어떻게 우리가 그 감정 자체의 '적합한' 원인이 되고, '능동적'이 될 수 있는가? 활동 역량(puissance d'agir)과 겪는 역량(puissance de pâtir)의 관계를 보자(SE201~2/300).

들뢰즈는 변용되는 능력이 (수동적 변용들과 능동적인 변용들의 비율이 어떠하든) 일정하다는 점으로부터 가설을 제안한다. 하나의 동일한 변용 능력에 대해서 수동적 변용과 능동적인 변용의 비율은 가변적이다. 만일 능동적인 변용을 산출하면 그만큼 수동적인 변용은 감소한다. 우리가 수동적인 변용에 머무르는 동안 그만큼 능동적인 능력은 방해받는다. 그러므로 활동 역량과 겪는 역량은 반비례한다.

들뢰즈는 '라이프니츠의 스피노자 해석'을 참조한다. 한 신체의 힘은 '작용하는 힘과 겪는 힘, 능동적 힘과 수동적 힘'(SE203/303)인데, 이 가운데 능동적 힘만이 권리상 실재적이고, 긍정적이다. 수동적인 힘은 자율적인 힘이 아니라 능동적인 힘이 제한된 것에 지나지 않는다(같은 곳). 이렇게 볼 때 겪는 역량은 어떤 긍정적인 것도 표현하지 않는다. 우리는 우리의 불완전성에 비례해서만 수동적이 된다. 외부 사물로부터 작용을 받는 우리의 겪음은 행위 하는 힘의 '제한'을 가리킨다. 이것은 어떤 것도 표현하거나 긍정하지 않는다. 곧 무능력, 예속, 활동 역량의 최소한이다(SE204/304).

그러면 어떻게 이런 수동적 예속에서 능동적 변용을 산출할 수 있는가? 활동 역량만이 변용되는 능력의 긍정적인 형식이므로, '능동적인' 변용들만이 변용되는 역량을 실재적이고 긍정적으로 채울 수 있다. 이 경우에 활동 역량은 그 자체로 변용되는 능력과 동일하다(SE204~5/304~5). 들뢰즈는 유한 양태가 이런 긍정성을 얻을 수 없음을 인정하지만 그것의 소극적인 조건과 방식에 주목한다. 코나투스의 본질을 참조하면, 코나투스는 (수동적 변용들이 변용되는 능력을 채우기 때문에 부적합한 관념을 갖고 감정/수동을 겪는 한에서도) 여전히 현존을 유지하려는 노력이다(SE209~210/311~2).

이처럼 변용되는 능력이 수동적 변용에 의해서 채워지는 경우에도 '낮은 정도이지만' 활동 역량이 작용한다. 수동적 변용이 주어질 때에도 (그것이 우리가 특정한 것을 행위 하거나 사고하도록 규정하는데) 우리는 그것으로 우리의 관계를 보존하거나 우리의 역량을 유지하려고 노력한다. 그리고 수동적 변용은 (무능력을 드러내고 우리를 우리가 할 수 있는 것으로부터 분리시키지만) '낮은 정도일지라도' 일정한 정도의 활동 역량을 포함한다(SE210~1/313~4).

들뢰즈는 '어떻게 이런 수동성을 능동성으로 전환시킬 것인가'라는 신체의 역량에 관한 질문이 윤리학의 고유한 과제라고 본다. 들뢰즈는 이 문제를 행태학의 문제 틀에 연결 짓고, 기쁨과 슬픔의 차이에 바탕을 둔 기쁨의 최대화, '기쁨의 윤리학'을 제시하고자 한다.

4. 신체들의 변용과 내재적 구도

들뢰즈가 '윤리학적인' 신체들의 만남을 어떻게 '행태학적인' 틀로 재구성하는지를 살펴보자.

신체들의 기쁜 만남에 앞서서 생성의 내재적 구도를 먼저 다루는 것은 들뢰즈가 스피노자의 신체 이론으로 신체들의 생성에 관한 일반 이론을 구성하려고 하며, 기쁜 만남의 동학이 (윤리학을 재구성한) 행태학에서 다루는 신체들의 변용 능력에 관한 틀의 구체적인 사례라고 보기 때문이다.[10]

들뢰즈는 스피노자적 사고 틀로 본질적 형상이나 실체적 형상을 근본적으로 비판할 수 있다고 본다. 이를 위해서 스피노자의 윤리학에 내재하는 역량의 논리를 새구성한다["스피노자적 배치(agencement-Spinoza)가 있다. 그것은 영혼과 신체, 관계들, 만남들, 변용되는 역량, 이 역량을 작동시키는 정서들, 이 정서들을 규정하는 슬픔과 기쁨이다."(D76)].

---

10) 그는 스피노자의 초월적 구도에 대한 비판을 생성들의 내재적 구도로 재배치함으로써 신체들의 기쁜 만남에 관한 이론을 (내재적 윤리학인) 행태학의 일부로 본다.

스피노자는 자연적 존재자들이 관계와 역량의 측면에 따라서 구성된다고 본다(진태원, 2001, 160~1). 모든 물체는 운동하거나 정지하고, 운동하는 것은 가변적인 빠르기를 갖는다(E2부 정리 13 이하).

한편으로 단순한 물체들이 개별적 물체를 합성하려면 운동과 정지, 빠름과 느림의 특정한 관계/비율을 유지해야 한다. 다른 한편으로 존재자들 사이의 상호 작용은 변용과 정서의 관점에서 파악될 수 있다. 모든 존재자는 (실체의 무한한 역량을 표현하는 한에서) 자신의 내재적 역량을 지닌다. 이것은 다른 존재자들에 의해서 변용되고 변용할 수 있는 능력(potestas)으로 구현된다. 존재자는 자신에게 해롭거나 이로운 존재자들과 마주칠 수 있다.

들뢰즈는 스피노자 윤리학을 '우리는 어떻게 우리의 존재 역량을 증대시킬 수 있는가?'에 대한 탐구로 본다. 그는 신체와 신체의 만남들의 질서를 윤리학(éthique)을 재구성한 행동학 또는 행태학(éthologie)으로 파악한다. 이것은 신체의 변용태들을 탐구하는 방식으로서 (인간을 비롯하여 동물, 식물, 소립자, 인공물 등) 자연 안에 존재하는 개체들의 마주침들을 '속도' 관계와 '변용 역량의 크기'로 파악한다.

행태학은 신체를 정의하기 위해서 한편으로 집합적 신체를 이루는 소립자들이 운동하거나 정지하는 관계들, 소립자들 간의 빠르거나 느린 관계들을 살핀다. 다른 한편으로 신체들 간의 변용 역량… 변용하는 역량(pouvoir d'affecter)과 변용되는 역량(pouvoir d'être affecté)…의 크기에 따라서 신체를 역량들의 정도 차이로 규정한다(SPP165).

첫 번째 동역학적(cinétique) 방식은 신체를 운동과 정지, 빠름과 느림의 차이 관계로 정의한다. 이것은 개별적 신체가 지닌 구체적 차이들을 파악하려고 하므로 전통적인 사고처럼 신체의 고정된 본질을 찾지 않고, 신체를 형식(forme)으로 파악하지도, 개체를 전체 구조와 관련지어 유기적 기능들로 규정하지도 않는다. 같은 종에 속하는 신체라도 운동과 속도에 따라 다른 것이 된다.

고요하게 흐르는 물과 폭포에서 떨어지는 물, 가열된 기체와 냉각된 기체, 경주용 말과 일하는 말, 신문의 활자들과 문자 메시지의 글자들은 그 속도가 다르므로 다른 신체들이다. 얼룩말들이 무서워하는 사자는 하품하거나 어슬렁거리는 사자가 아니라 그들을 향해 쏜살같이 달려드는 사자이다.

두 번째의 역학적인(dynamique) 방식은 신체들의 변용 역량을 살핀다. 자연 안의 신체들은 다른 신체들에 의해서 변용되거나 다른 신체를 변용시키는 관계에 따르는 정서들(les affects)에 의해서 규정된다(SPP167). 예를 들어 전통적 사고는 말과 소를 구별하고, 말은 '어떤 경우에도' 말이기 때문에 일하는 말이나 경주용 말을 동일한 '말'로 분류한다. 그런데 행동학은 변용 역량으로 볼 때 일하는 말은 경주용 말보다는 오히려 일하는 소와 비슷하다고 본다. "경주용 말과 일하는 말의 차이는 일하는 말과 소의 차이보다 크다"(MP314/487).[11]

이처럼 들뢰즈는 스피노자의 초월적인 구도에 대한 비판에 힘입어 '내재성의 구도(un plan d'immanence)'를 제시한다. 이런 구도에서는 다양한 생성을 낳는 '합성'이 중요하다. 들뢰즈는 이것을 신체의 경도(longitude)와 위도(latitude)로 표현한다. 신체의 '경도'는

---

11) 이것이 일의성(univocité)의 평면이다. 여기에서 一者(Un)와 다자(multiple)가 동일한 의미로 말해지고, '존재'는 '서로 다른 것(ce qui duffère)'과 하나의 의미로 말해진다. 들뢰즈는 이것을 '삶의 유일하고 동일한 구도'에서 생성되는 변양들의 무한성이라고 본다(MP311/482∼3).

신체를 합성하는 소립자들, 형식화되지 않은(non formé) 요소들의 빠름과 느림, 운동과 정지의 집합들이다. '위도'는 각 순간에 신체를 채우는 정서들의 집합들 또는 익명적 힘의 強度的(內包的: intensif) 상태들의 집합이다. 이런 평면은 항상 가변적이고 개체들과 집합체들에 의해 끊임없이 수정되고, (재)합성된다.[12]

예를 들어서 손, 발, 위장, 생식기 등은 하나의 신체를 구성하지만 상이한 경도를 갖는다. 손이나 입은 다른 것들과 어떻게 접속되어서 작용하는지에 따라서 기능과 의미가 달라진다. 입 기관이 성대, 혀 이빨 등과 함께 어떻게 배치되면 말하는 기계나 노래하는 기계로 작용하는가? 같은 입이 먹는 욕망과 함께 이빨, 혀, 식도가 다르게 배치되면 '먹는 기계'로 작용할 수 있다(양운덕, 2003, 259). 이런 관점은 기관적 기능(fonction)이 아니라 기계적 작동방식(fonctionement)에 주목하고 동일한 질료도 연결 접속이나 운동과 정지 관계에 따라서 달라진다(MP313/485).

신체의 위도는 일정한 정도의 역량이나 이 정도의 한계에 따라서 신체가 취할 수 있는 변용태들을 가리킨다. 경도가 외연적인(extensive) 부분들로 이루어진다면, 위도는 특정한 역량으로 내포적(intensives) 부분들로 이루어진다. 신체는 그것에 필요한 역량에 따라서 할 수 있는 정도가 달라진다. 어떤 신체가 갖는 일정한 역량의 크기, 이 역량이 갖는 정서가 '위도'이다. 경도에 할당된 요구에 알맞도록

---

12) "한 신체는 그것을 규정하는 형식에 의해서 정의되지 않고, 규정된 실체나 주체로도, 그것이 소유하는 기관이나 수행하는 기능에 의해서도 정의되지 않는다. 일관성의 평면(un plan d'consistence)에서 신체는 경도와 위도로만 규정된다. 곧 운동과 정지, 빠름과 느림의 특정한 관계에서 신체에 속하는 물질적 요소들의 집합(경도)과 특정한 역량(pouvoir)이나 역량의 정도(degré de puissance)로 신체가 할 수 있는 強度的 정서들(affects intensifs)의 집합(위도)에 의해서 정의된다. 오로지 정서들과 국지적 운동들, 미분적 속도들만 존재한다"(MP, 318/493).

강도의 분포를 만드는 역량이 신체의 역량이다. 이것은 하나의 분포에서 다른 분포로 강도를 변화시키는 속도와 정도를 표시한다.

한 개체를 합성하고 분해하고 변양시키는 관계들에는 개체들을 변용시키는 강도가 대응한다. 이 강도들은 개체의 활동 역량을 증대시키거나 감소시키는 것으로서, 어떤 신체나 부위가 어떤 작용을 하고, 어떤 활동을 할 수 있도록 강도가 분포되는지를 표시한다. 달리기 선수의 몸과 씨름 선수의 몸은 다른 강도 분포를 갖고, 같은 몸이라도 글을 쓰거나 수영할 때, 사랑하거나 피아노를 칠 때 다른 강도로 배치된다.

이처럼 신체가 위도와 경도에 따라 달라진다면 신체를 고정된 형태나 기능으로 규정할 수 없다. 들뢰즈는 신체의 위도와 경도를 통해서 신체가 그때마다 상이한 것이 되는 양상을 스코투스의 개념인 haecceitas을 빌려서 '단일성/이것임(heccéité)'(MP318/494)이라고 한다. 이것은 한 개체에게만 고유한 것으로서 시간과 공간, 이웃하는 것의 관계, 배치와 강도 등에 따라서 달라진다. 이것은 특정한 순간의 개체를 특정하게 만드는 정서이다. 이처럼 신체를 통과하는 힘과 욕망의 흐름, 속도와 강도, 그에 따른 정서, 신체를 둘러싼 다른 것들과의 관계를 통해서 신체의 단일성을 파악할 수 있다.

폰 윅스퀼(Von Uexkül)은 동물의 세계에서 능동적 정서들과 수동적 정서들과 관련하여 개별화된 배치를 문제 삼는다. 그는 신드기의 예를 들어서 (고정되고 고립된 신체 기관의 관점이 아니라) 변용의 관점에서 개체를 정의한다(Uexkül, 1965, 17~29; D74~5; SPP167~8; MP314/487~8; QP176).

진드기의 개별성은 3가지 변용으로 설명된다. 빛을 지각한 진드기는 나뭇가지 끝으로 기어오른다 – 시각적 변용, 그 나뭇가지 밑으로 지나가는 포유동물의 냄새를 맡고서 그 동물에게로 떨어진다 – 후각적 변용, 털이 없는 보다 따뜻한 부분을 찾아서 피부 밑으로 파고든다 – 열적 변용이다.

들뢰즈는 생리학적 관점에서 진드기의 세 가지 정서가 종과 속의 특성들, 다리와 주둥이 같은 기관과 기능을 전제하는 것과 달리 '윤리학/행태학'의 관점에서는 기관의 특성들이 경도와 그 관계들, 위도와 그 정도들로부터 나온다고 본다(MP314/487~8).

이렇게 볼 때 개체화 양식을 다르게 파악할 수 있다. '이것임'은 인칭, 주체, 사물이나 실체와 다른 방식의 개체화 양태이다(MP318/494). "어느 계절, 어느 겨울, 어느 여름, 어느 시간, 어느 날짜 등은 사물이나 주체의 개체성과 다르지만 나름대로 완전한, 결핍된 것이라곤 없는 개체성을 갖는다. 이것들이 '이것임'들이다. 여기에서 모든 것은 분자들이나 입자들 간의 운동과 정지의 관계이고, 모든 것은 변용하는 역량과 변용되는 역량이라는 점에서 이것임들이다"(MP318/494).[13] "이것임은 시작도 끝도 없으며, 기원도 목적도 없다. 그것은 언제나 중간에 있다. 그것은 점들이 아니라 선들로 이루어진다. 그것은 리좀이다"(MP321/499).

이런 내재적 구도에서 도덕이론과 스피노자의 윤리학 또는 들뢰즈의 행태학을 대비시킬 수 있다. 스피노자가 도덕 법칙이 선/악의

---

13) "당신은 경도와 위도이고, 형태화되지 않은 입자들 간의 빠름과 느림의 집합이며, 주체화되지 않은 정서들의 집합이다. 당신들은 (지속과는 무관하게) 어느 하루, 어느 계절, 어느 해, 어느 삶(une vie) 등의 개체화를 지니고 있으며, (규칙성과는 무관하게) 어느 기후, 어느 바람, 어떤 안개, 떼, 무리 등의 개체화를 지니고 있다. 아니면 적어도 당신은 그러한 개체화를 가질 수 있고, 그러한 개체화에 이를 수 있다"(MP320/497).

가치 '대립'을 규정하는 초월적 심급을 상정한다는 점을 비판한다면, 들뢰즈는 윤리적 '차이'를 도덕적 '대립'으로 변형시키는 점을 비판한다.

자연은 차이의 체계이고, 필연적인 원인과 결과의 법칙에 따라 운동한다. 이 법칙에 따르는 모든 개체는 인과관계를 벗어날 때가 아니라 그 법칙을 인식하고 적합한 관념을 생산할 때에만 자유로울 수 있다. 이와 병행해서 자신이 원인이 되는 변용을 산출함으로써 능동적일 수 있다. 선/악의 이분법으로는 이런 변용이 다양성을 파악할 수 없고, 능동성을 추구할 역량도 얻을 수 없다.

이처럼 도덕적 대립은 신체들이 만남에 외적인 형식을 부과하지만 윤리적 태도는 구체적인 내용들을 '표현'하는 일정한 관계들을 경도-위도의 상관항으로 규정한다. 이런 논리를 바탕으로 '신체가 무엇을 할 수 있는가'에 답하려면 신체의 선험적인 본질이 아니라 신체들의 구체적인 관계를 살펴보아야 한다. 곧 그들의 존재 역량, 그들이 '무엇을 할 수 있는가'를 알아야 한다. 이는 각 존재자들의 변용역량과 정서로 표현될 수 있다(진태원, 2001, 161).

들뢰즈는 스피노자가 질문한 '신체는 무엇을 할 수 있는가?'에 대해서 답할 수 없다고 본다(MP314/488). 신체가 무엇을 할 수 있는지 모르는 만큼 신체에 대해서 알 수 없다. 신체의 정서들이 무엇인지, 이 정서들이 다른 정서들, 다른 신체의 정서들과 어떻게 합성되는지, 다른 신체를 파괴하는지, 아니면 다른 신체에 의해서 파괴되는지, 다른 신체와 능동들과 수동들을 교환하는지, 다른 신체와 함께 더 큰 역량을 지닌 신체를 구성하는지를 모른다.

신체들의 만남에 따른 특정한 내용은 알 수 없지만, 역량의 크기,

기쁨과 슬픔의 형식을 통해서 역량의 변화를 고려해야 한다. 문제는 필연적인 법칙에 따르는 가운데 구체적인 만남의 우연성에 이끌리면서 어떤 형식으로 수동성을 벗어나서 능동성을 지향할 수 있는가이다. 어떻게 우리는 우리 행위의 적합한 원인이 될 수 있는가? 어떻게 능동적 변용의 길을 마련할 수 있는가?

5. 신체들의 기쁜 만남

1) 기쁜 만남과 역량의 문제

들뢰즈는 신체들의 기쁜 만남을 역량의 증대란 관점에서 해석한다. 그는 이성과 정념/수동을 대립시키는 구도가 아니라 정념 내부의 차이인 기쁨과 슬픔의 차이에 주목한다. 나아가 기쁜 만남과 그에 따르는 역량 증대를 강조하면서 기쁨을 극대화하여 슬픔의 정치학을 비판하고자 한다.

양태들은 필연적 인과 법칙에 따라 서로 마주친다. 이러한 자연의 공통 질서(l'ordre commune de la Nature)에서 개체를 이루는 각 부분들은 일치하거나 불일치한다(SE216~8/320~2).

들뢰즈는 자연의 질서 안에서 마주치는 신체들의 다양한 관계를 '역량의 정도'와 관련짓는다[스피노자는 '수동적인' 것은 외부적인 신체의 작용으로 우리 자신의 본성만으로 펼쳐지지 않는 효과가 산출되는 것이고, '능동적인' 것은 우리 자신의 본성만으로 규정되는 효과라고 본다. 그리고 '슬픔'은 우리에 맞서는 외부 원인의 작용에 의해서 펼쳐지는 것으로서 우리의 활동 역량을 감소시키고, '기쁨'은 외부 원인에 의한 것이지만 역량을 증대시키는 것이다. 스피노자는 슬픔은 직접적으로 나쁘고, 기쁨은 수동이지만 항상 직접적으로 좋다고 본다(Sévérac, 39~40)].

그러면 기쁜 만남과 슬픈 만남을 역량의 차이로 파악하는 것은 어떤 윤리학적 함의를 갖는가?

기쁜 만남의 경우에 한 신체(a−b−c)는 자기 신체와 양립할 수 있는 다른 신체(α−δ−ρ)를 만난다(SE218/322~3). 자기 관계와 합성되는 관계를 지닌 다른 신체는 자기의 본성에 일치하고, 자기에게 좋고 이롭다. 이 만남은 자기 본성에 일치하는 변용을 자기 안에 산출한다. 이 변용은 외부 신체에 의해서 설명되기 때문에 수동적이지만, 우리에게 좋거나 우리 본성에 일치하는 대상의 관념에 의해서 산출되므로 기쁜 감정을 낳는다.

슬픈 만남의 경우에 한 신체(a−b−c)는 자신의 내적 관계들과 양립할 수 없는 다른 신체(k̲−t−œ)와 만난다. 이 신체의 본성과 일치하지 않은 다른 신체는 한 신체(a−b−c)의 관계들을 분해하거나 파괴할 수 있다. 나의 본성과 일치하지 않은 다른 신체는 나쁘거나 해롭다. 그것은 한 신체의 본성에 나쁘거나 대립되는 수동적 변용을 산출한다. 이 마주침은 신체(a−b−c)의 역량을 축소시켜서 슬픈 수동적 변용을 낳는다(SE221/325).

이처럼 두 신체가 마주칠 때 두 개체가 서로 양립 가능한 경우에는 기쁜 수동적 변용을 낳고, 양립할 수 없는 경우에는 슬픈 수동적 변용을 낳는다. '기쁜' 정서는 그 활동 역량이나 존재하는 힘

(force d'exister)을 증가시켜서 개체가 보다 큰 완전성을 얻도록 하거나 돕는다.

여기에서 주목할 것은 이것이 능동과 수동 사이의 구별이 아니라 수동적 변용 안에서 의 구별이라는 점이다. 따라서 기쁜 변용이라고 하더라도 외부 원인에 의한 효과이므로 능동적일 수 없다. 그래서 기쁨에서 활동 역량은 수동성에 머물고, 우리가 우리의 변용되는 역량을 채우는 변용들의 적합한 원인이 될 만큼 충분하게 증대되지 않는다.

이런 정념은 (외부 사물의 작용에 의해서 설명되므로) 무력을 함축하고 우리를 활동 역량으로부터 떼어 놓는다. 곧 신체의 변용 역량이 정념들에 의해서 채워지면 그 신체는 '신체가 할 수 있는 것'으로부터 분리된다(SE218~9/323).

이처럼 기쁨과 슬픔은 신체의 위도를 표시하는 것으로서 신체의 변용되는 역량의 크기를 나타내고, 기쁘거나 슬픈 정서에서 신체의 강도가 어떻게 다르게 분포되고 조직되는지에 주목한다.

그런데 들뢰즈는 수동적 정서들도 '아주 낮지만' 일정한 정도의 활동 역량을 지니는 점에 주목한다. 수동성에 머무르는 상태에서 정도상의 차이, '보다 더'와 '보다 덜'에 주목한다. 이는 정념의 한계 안에서도 (수동성에서 출발해서) 능동성에 접근할 수 있는 길을 모색하기 위한 것이다.

물론 정념의 무력함은 본질과 활동 역량 자체가 일정하게 제한됨을 가리킨다. 그런데 (실존을 유지하려는 노력인) 코나투스는 언제나 이롭거나 좋은 것을 추구하려는 활동이므로 우리를 변용시키는 정서가 우리의 본성에 적합할 때 우리의 활동 역량은 증대된다.

이런 경우에 (여전히 정념 안에서 수동적이고, 역량이 제한되고 낮은 정도에 머물지만) 활동 역량으로부터 '보다 덜' 분리되거나 '보다 더' 능동적인 역량에 접근한다(SSP139; SE219/323～4).

이처럼 들뢰즈가 수동적 변용 안에서 역량을 증대시키려는 지향에 주목하는 까닭은 무엇인가? 기존 해석처럼 정념의 수동성만을 강조한다면 슬픔에서 기쁨으로 신체를 조직하는 것은 무의미하다. 하지만 신체들이 보다 큰 역량을 얻고 보다 더 능동성에 접근하려고 시도하는 것은 코나투스의 논리에 따라서 '기쁜 감정들을 최대화(un maximum de passions joyeuse)'하는 시도이다. 이처럼 기쁜 정념을 산출하려는 시도는 선결적인 윤리학적 과제가 된다. 이것은 본래의 윤리학적 과제인 이성의 지도로 '능동적 변용들을 산출하기'에 앞서서 그것을 준비하는 과정인데, 이런 과정이 없다면 능동에 이르는 길을 열 수 없다. 곧 기쁜 감정들을 최대화하는 것은 수동을 능동으로 전환할 수 있는 '바탕'을 마련하는 것이다(SPP42, SE252).

이런 시도에 비판적인 마슈레이는 '기쁜 정서'가 모순된 용어이며 그것 자체가 슬픔에 지나지 않는다고 비판한다(Macherey, 1996, 152～7). 그는 들뢰즈가 기쁜 정념의 수동성을 이용해서 능동성을 얻으려고 하는 시도를 부정의 부정, 변증법적인 도약이라고 비난한다. 이는 (수동성을 벗어날 수 없는) 부정적인 정념들을 매개로 삼아서 긍정적인 능동성을 얻으려고 하기 때문이다.

> "그것들(기쁜 정념들)은 아직 우리에게 우리의 활동역량을 소유하도록 하지 않기 때문이다. 우리는 본성상 우리에게 적합한 대상에 대한 적합한 관념을 갖지 못한

다. 기쁜 정념들 자체는 어떤 대상이 우리에게 미치는 효과를 지시할 뿐인 부적합한 개념에서 생긴다. 따라서 기쁜 정념들을 이용해서 외부 신체들과 우리 신체 간의 공통관념을 형성해야 한다. 오로지 이 관념, 공통관념만이 적합하기 때문이다. 이것이 이성의 두 번째 계기이다. 그때, 오로지 그때에만 우리는 이해하고 행위 한다/능동이다. 곧 우리는 이성적이다. 이는 정념들로서의 기쁜 정념들의 축적에 의해서가 아니라 그 축적을 이용해서 우리가 적합한 관념을 소유하도록 하는 '도약(saut)'에 의해서이다"(SE262/382~3).

그는 이처럼 들뢰즈가 기쁜 정념들이 수동(passion)임에도 불구하고, '그것들의 도움으로' 정신이 순수한 능동성의 수준으로 '도약'하는 발판으로 본 점을 비판한다(SE262/382−3). 그는 이런 수동성에서 능동성으로의 변형이 (악을 선으로, 정념을 윤리적인 해방으로 상승시키는 것이므로) '이성의 간지'와 같은 것이라고 지적한다(같은 글, 153). 그는 슬픔에는 긍정적인 것이라곤 없으며, 스피노자에게서 모든 정념들은 슬프다고 지적한다. ···'정념들의 슬픈 운명'.

결론적으로 그는 정념(passions)에는 욕망을 해방시킬 지지대로 작용할 긍정적인 것이 전혀 없다고 주장한다. 정념/수동(passions)은 타자의 법에 예속된 것이어서 노예의 원리에 지나지 않는다(같은 글, 156).

이런 지적에서 보듯이 수동/정념은 결코 능동적인 것으로 전환될 수 없으며 능동의 발판이 될 수 없다(김재인, 2008, 219).[14]

---

14) 김재인은 이런 전환이 물리화학적 · 생리적인 차원에서 일어날 수 있다고 본다. 그는 상상의 힘을 바탕으로 기쁜 수동에서 긍정적인 부분, 역량을 증대시키는 부분을 모으고 결합함으로써 이성과 기쁜 능동의 생성이 일어난다고 본다(김재인, 2008, 225).

2) 기쁜 변용을 어떻게 실천철학적 기획에 참여하도록
할 수 있는가?

이 지점에서 능동으로 전환하는 길을 모색하려면, 적합한 인식의 도움을 받거나 (평행론 원리에 따라서) 신체들의 능동적 관계를 조직해야 한다.

이를 위해서 (적합한 인식과 능동적 만남을 위한) 촉매가 필요하다. 들뢰즈는 신체들의 만남에서 오는 역량의 증가, 기쁨이 공통관념(notio communis, notions communes)을 형성하는 촉매라고 본다.

기쁜 만남에서 (비록 그것이 수동일지라도) 역량을 증대시키는 기획의 실마리를 찾을 수 있다. 우발적인 마주침들에서 생기는 기쁜 만남들을 통해서 우리 자신이 기쁨을 낳은 원인이 되어야 한다 (같은 글, 227). "공통관념들은 기술, 『윤리학』 그 자체의 기술이다. 그 기술은 좋은 만남들을 조직하는 것, 체험된 관계들을 결합하는 것, 역량들을 형성하는 것, 실험하는 것이다"(SPP161/177).

그렇다면 (적합한 관념과 동등한) 신체 관계를 어떻게 추구할 수 있는가? 들뢰즈는 『윤리학』이 제기한 3중의 실천적 문제를 제기한다.

> "(자연에서 우리의 처지 때문에 우리는 나쁜 만남들과 슬픔들을 가질 수밖에 없는데) 어떻게 기쁜 수동의 극한에 도달해서, 그로부터 자유롭고 능동적인 정서로 이행할 것인가? (우리의 자연조건 때문에 우리는 우리의 신체, 우리의 마음, 다른 사물들에 대한 부적합한 관념들만을 가질 수밖에 없는데) 어떻게 능동적인 정서들을 가능하게 하는 적합한 관념들을 형성하기에 이를 것인가? (우리의 의식은 가상들과 분리될 수 없는 것처럼 보이는데) 어떻게 자기 자신, 신, 사물들을 어떤 영원한 필연성에 따라서 의식할 것인가?"(SPP42/46~7)

슬픈 만남, 부적합한 관념, 가상에 이끌리는 조건에서 어떻게 능동적 기쁨, 그것을 가능케 하는 적합한 관념, 3종의 인식을 얻을 수 있는가가 과제로 주어진다. 이 가운데 첫 번째 문제를 행태학적 사고에 따라서 다시 정리하면서 그 해결책을 찾아보자. 인간의 행태학/행동학에서 두 종류의 변용인 능동과 수동이 나뉜다(SPP40~1). 능동은 변용되는 개인의 본성에 의해서 펼쳐지고, 그의 본질로부터 유래하는 것이고, 수동은 다른 것에 의해서 펼쳐지고 외부로부터 유래하는 것이다.

그리고 수동을 두 종류로 나눠야 한다. (수동은 우리를 우리의 활동 역량으로부터 분리시킨다.) 우리가 우리 신체와 적합하지 않은 다른 신체를 만날 때 활동 역량은 감소하거나 방해받는다. 그리고 본성에 적합한 신체를 만날 때 그 신체의 역량은 우리 신체에 더해진다. 이런 기쁨에서 활동 역량은 증대되고 도움을 얻는다.

이런 기쁨은 외부 원인에서 생긴 것이므로 수동이어서, 여전히 우리의 활동 역량과 분리되어 있다. 그런데 들뢰즈는 활동 역량의 증대가 지닌 긍정적 의미를 강조한다. '이 활동 역량이 점진적으로 증대되어서' 전환의 지점에 '접근하게' 되는데, 이것은 우리를 '우리 능력의 주인'으로 만들고, '능동, 능동적 기쁨'을 얻을 수 있도록 한다(SPP41/46)고 지적한다. 이런 주장은 기쁨을 촉매로 삼고 능동성에 가까이 가도록 한다는 점에서 활동 역량과 겪는 역량의 비율을 일정하게 조절하고 활동 역량을 상대적으로 증대시키려는 노력을 지적하는 것이라고 할 수 있다.

"우리는 언제나 정념들을 지니고, 우리의 수동적 기쁨들과 더불어 슬픔들을 지닐 것이다. 우리의 인식은 언제나 공통관념들을 경유할 것이다. 우리는 다만 비율상으로 슬픈 정념들보다 많은 기쁜 정념들, 정념들보다 많은 2종의 능동적 기쁨들을 가지려고 노력할 수 있을 뿐이다. 모든 것은 우리의 변용역량을 충족시키는 정서들의 비율의 문제이다. 부적합한 관념들과 정념들이 우리 자신의 가장 작은 부분만을 차지하도록 만드는 것이 문제이다"(SE289~290/419).

그는 (앞에서 비판받은 주제를 근본적으로 해결한 것은 아니지만) 슬픔-기쁨의 차이에 바탕을 둔 윤리적 실천을 제시한다. 변용이론에 비추어 볼 때, 정념은 역량의 가장 낮은 정도를 표현한다. 정념에서 우리는 활동 역량으로부터 최대한 분리되어 있다. (또한 미신에 대한 환상, 폭군에 대한 신비화에 빠진다.) 들뢰즈는 이 지점에서 슬픔에 대항하는 '기쁨의 윤리학'을 제시한다. "오로지 기쁨만이 가치가 있으며, 오로지 기쁨만이 우리가 능동과 능동의 지복에 가까이 있고 또 가까이 가도록 한다. 슬픈 정념은 언제나 무능력에 속한다"(SPP42/46).

(들뢰즈는 이처럼 개체의 역량을 증대시키려는 노력이 적합한 인식을 얻으려는 노력과 짝을 이룬다고 본다. 자기보존 노력(conatus)은 (우연한 마주침에 따른) 수동성에서 (필연적인) 능동성으로 전환하려는 활동이다.[15] "슬픔의 원인들에 관해 인식하는 한 슬픔은 수동이기를 그친다"(E. 5부 정리 18의 주석). 스피노자는 감정에 관한 명료한 관념으로 감정이 수동 상태이기를 그치게 하고, (E. 5부, 정리3) '기쁜 감정의 도움을 받아서' 슬픈 감정들을 최소화하고, 촉발되는 능력이 능동적 촉발들의 최대치(un maximum d'affections actives)로 채워지도록 한다 (E. 5부 정리 20의 주석).
공통관념을 통해서 능동적 촉발을 산출하려는 노력은 실천적으로 개체들의 인식과 활동 역량을 증대시키는 과정을 이끈다. 들뢰즈는 (최초의 수동성을 능동성으로 전환시키는) 이런 훈련 과정이 개체를 능동적으로 고양시키는 도야과정 (formation)이라고 본다(SE 267).

_____
15) 공통관념을 형성하는 과정은 (SE 262~5)를 참조할 것.

3) 윤리적 차이와 기쁨의 윤리학

스피노자에 따르면 자연에는 '선', '악'이 없다(SE232/341~2). 자연에는 각각의 실존 양태에 좋은 것이나 나쁜 것, 이로운 것이나 해로운 것이 있을 뿐이다. 곧 활동 역량을 증대시키는 만남과 그 반대가 있다. 이런 좋음과 나쁨의 구별에 바탕을 둔 행위선택은 도덕적 대립을 대신하는 윤리적 차이의 원리가 된다(SE233/342~3). 이렇게 자연을 파악할 때, 신체 역량의 증감에 따르는 운동과 정지, 신체의 강도 분포상의 변화에 따른 생성들이 차이를 낳는다. (선한 자와 악한 자의 '절대적이고 초월적인' 대립이 아니라) 역량의 차이에 따라서 '보다 더' 자유로운 자와 '보다 덜' 자유롭고 보다 더 예속된 자, 지혜롭고 이성을 따르는 자와 무지하고 정념에만 이끌리는 자, 강한 자와 약한 자가 산출하는 차이들에 따른 '상대적이고 내재적인' 관계들이 있다.

들뢰즈는 스피노자의 차이의 역학에서 기쁨을 추구하는 실천 철학, '기쁨의 윤리학'이 나온다고 본다.

들뢰즈는 '이성이 명령하는 바'가 수동적 기쁨의 최대치를 능동적 기쁨의 최대치에 연결시키는 것이라고 본다. 기쁨의 정치학은 모든 슬픔을 평가절하하고 그것과 싸운다(SE250, SPP42). 들뢰즈는 (스피노자가 제시한) 철학의 과제가 모든 슬픈 것, 슬픈 상태로 사는 것, 슬픔에 의존하는 이들을 부정하는 것이라고 본다. 그러므로 철학의 실천적 목표는 슬픈 감정들을 키우고, 그것들에 의존하는 이들, 슬픈 감정들로 지배하려는 억압적 권력을 거부하는 것이다

(SE250/365~6).

들뢰즈는 이어서 능동성을 얻기 위한 두 가지 길을 검토한다. 하나는 사회계약을 통해서 기쁜 만남들을 조직하는 것이고, 다른 하나는 지성의 역량으로 정념에 관한 적합한 관념을 얻어서 능동과 자유를 추구하는 길이다.[16) 여기에서는 첫 번째의 사회적 역량을 합성하는 길에 대해서 살펴보자. 기쁨의 윤리학은 어떻게 '사회적' 행동학/행태학으로 구체화될 수 있는가?

---

16) 이것은 지성의 역량으로 3종의 인식을 통해서 자신, 사물, 신＝자연에 적합한 인식을 통해서 '영원성의 관점에서(sub specie aeternitatis)' 신에 대한 사랑을 거쳐서 '신에 대한 지성적 사랑'으로 능동적인 '기쁨'을 누리는 길이다.

6. 사회적 신체들의 역량을 조직하기

스피노자의 사회이론은 '기쁜 만남'의 사회적 형식을 탐구하는 것으로서, 사회적 개체들을 합성하는 과정을 역량의 측면으로 조망한다. 즉 개체들의 '자연권', 자기보존노력을 조직하는 기획이자 사회적 역량을 증대시키려는 시도이다.

이처럼 사회이론을 역량의 문제 틀로 재구성하는 것은 앞선 질문인 '신체들은 무엇을 할 수 있는가'를 사회적 평면에서 '개인들의 역량을 어떻게 합성할 것인가'로 이어받는 것이다. 이것은 수동성에서 능동성으로 나아가는 길을 찾는 작업과 함께 '어떤 이유로 개인들은 자신들이 할 수 있는 것으로부터 분리되는가'에 답하는 것이다. 특히 들뢰즈는 사회적 역량을 구성하는 기획의 '한계'에 주목한다.

먼저 스피노자 사회계약의 특성을 보자. 스피노자는 홉스가 국가 형성에서 자연과의 절대적인 단절, 자연권의 제한 등을 주장하는 것과 달리 국가의 형성이 자연권의 발전에 상응하고, 정념적인 생활과 연속되어 있다고 본다. 그는 시민상태로의 이행을 단절로 보지 않으므로, 시민상태에서 홉스처럼 자연에 맞서는 초월적인 사법적 질서를 세우고, 외적 규범과 의무를 강요하지 않으며, 자연의 정념적 질서와 단절된 이성을 요구하지 않는다. 그는 시민사회의 형성을 자연권을 구체화하고 집합적으로 발전시키는 과정으로 본다. 자연법칙들에 따라 진행되는 역량들의 자발적인 사회화 과정이다. 따라서 스피노자의 문제는 긍정적 역량을 구성하는 것에 관한 질문, "어떻게 자연 상태의 수동적인 삶과 무능력을 능동성으로 변형시킬 수 있는가"에 답하는 것이다. 기쁨의 윤리학은 어떻게 수동성을 능동성으로 전환할 수 있는가? 긍정성의 자원인 자연권에 어떻게 집합적 표현 형식을 마련할 것인가?

1) 역량의 틀로 본 자연권

먼저 들뢰즈는 홉스의 영향을 받은 스피노자의 자연권 이론이 고대적 자연법 전통과 대비되는 점에 주목해서 역량의 문제 틀에 따라서 사회계약론을 재구성하는 측면을 살핀다. 논의의 출발점은 긍정적인 원리인 '역량'과 '권리'를 동일시하는 관점이다.

㉮ 홉스는 권리 중심으로 사고한다(Strauss, 1953, 183~4). 그는 전통적 사고에서 일차적인 도덕적 사실인 의무에 맞서서 자연 상태에서 누리는 완전한 권리, 자연권의 우선성을 주장한다. 개인은 시민사회보다 앞서며, 시민사회와 주권자의 모든 권리가 원초적으로 개인의 권리로부터 비롯되었다고 주장한다.

스피노자는 자연권을 역량의 존재론에서 추론한다. 스피노자에게서 '신체가 할 수 있는 것'이 곧 개체의 자연권이다. 자연 질서를 역량의 틀로 해석할 때, 자연의 힘은 모든 것에 대한 주권을 지닌 신의 힘이다. 이로부터 자연적 질서에 따라 존재하고 행위 하는 모든 개체는 그가 할 수 있는 모든 것을 할 주권, 최고권(jus summum)을 갖는다.17) "모든 개체는 그에게 가능한 모든 것을 할 지고한 권리를 갖는다. 달리 말하자면 개인의 권리들은 그것이 조건 지어졌던 것으로서 그의 역량의 최대한까지 확장된다"(TTP16장, 552).

들뢰즈는 홉스-스피노자의 자연권 개념을 고전적 자연법 전통을 대변하는 키케로의 경우와 대비시킨다(SE237~8/349~351).

근대 자연법은 고전적 사고가 의무를 강조하는 것과 달리 역량, 권리를 일차적이고 무조건적인 것으로 본다. 역량의 긍정, 역량의 실행, 권리의 보존에 비해서 의무는 부차적이고 상대적이다(SE237/349).18)

고대적 전통은 자연법을 완전성에 의해서 정의하고, 목적, 궁극 원인을 지향하는 자연을 모범으로 삼는다. 그런데 스피노자는 목적 원인 대신에 작용원인을 통해서 기계론적이고 역동론적으로 사고한다. 근대 자연법은 궁극적인 완전성이 아니라, 최초의 욕구, 가장 강한 욕망을 참조한다.

---

17) 사물의 역량은 신의 역량과 다르지 않다(TP2장 2절). 신의 권리가 신의 역량과 같으므로 자연 사물이 권리는 자연 사물이 실존하고 작용하는 역량의 정도에 의거한다(TP2장 3절). 이때 사물의 권리는 곧 자연권이고 '자연의 법칙 혹은 규칙'(TP2장 4절)이다. 따라서 인간이 자신의 자연권에 따라서 행하는 모든 것은 곧 자연의 법칙에 따라서 행하는 것이다(같은 곳). 이처럼 역량과 권리가 동등하므로 개인은 자연의 법칙에 따라서 자신의 주어진 역량만큼 실존하고 행위 한다.

18) 역량은 항상 현행태로(en acte) 있다는 점에서 목적들에 따르는 의무와 구별된다. 목적들의 질서에 포함된 의무는 자연적 역량들이 잠재적으로(en puissance) 있기 때문에 그것이 추구할 목적에 따라야 하고 그 잠재성을 규정하는 이성의 현실화하는 행위에 얽매인다(SE237/350). 역량은 잠재적인 역량이나 실현되어야 할 가능태가 아니다. 개체가 매 순간 겪는 변용들은 정당한 권리를 지니고 자기 역량을 규정하고 채운다(SE238~9/351~2).

㉯ 들뢰즈는 스피노자의 자연권적 사고가 이성과 정념을 위계적으로 대비시키거나 이성을 특권화하지 않는다고 본다(SE238/351).[19] 고대 자연법적 사고가 이성을 인간의 본성으로 보고 이성이 정념을 주도하는 원리라고 보는 것과 달리, 근대 사고는 정념에 이끌리는 개체와 이성에 따르는 개체 모두가 동등한 자기보존권을 갖는다고 본다. 도덕적 대립이 아니라 윤리적 차이가 적용된다. 무지한 자와 현자의 대립이 아니라 각자가 동등하게 역량을 향유한다. 그 내용에 앞서서 권리의 평등이 중요하다.

무분별한 인간도 나름대로 자기 존재를 유지하려고 노력한다. 이성에서 비롯된 욕망과 능동성이 무지한 인간의 욕망과 수동적 정념에 비해서 더 큰 권리를 갖지는 않는다. 현명한 자가 이성이 명하는 모든 것을 할 주권을 갖는 것처럼, 어리석은 자도 욕망에 따라서 모든 것을 할 주권을 갖는다. 현명한 사람과 어리석은 사람 사이에는 '역량의 정도상의 차이'가 있을 뿐이다.

그리고 고대 자연법론자들이 주장하듯이 이성이 천성적으로 주어지는 것도 아니고, 처음부터 모두가 이성적인 공동체에 속해 있는 것도 아니다. 아무도 이성적으로 태어나지 않고, 아무도 시민으로 태어나지 않는다. "인간은 시민으로 태어나는 것이 아니라 시민이 된다"(TP5장 2절).

㉰ 홉스는 자기를 보존할 권리를 결정한 권한과 관련하여, 각자가 본성상 자신을 보존할 권리를 지니므로 그것에 필요한 수단들

---

19) 이는 두 측면이 있는데 그 하나는 인간 이성이 자연을 구성하는 원리가 아니라는 점. ...이성은 자연법칙의 동기나 원리가 아니고, 이성은 자연법칙을 활용, 보존할 수 있을 뿐이다. ...과 인간의 경우에 본래적으로 이성을 따르지 않고 정념에 이끌리는 점이다.

에 대한 권리도 지닌다고 지적한다. 고전이론가들은 이 권한을 실천적 지혜를 지닌 자, 현자에게 부여했다. 따라서 최선의 체제는 현자의 절대적 통치이다. 그런데 홉스는 모든 개인을 본성상 자기보존에 적합한 수단을 판단하는 자라고 보았다. 현명한 자가 보다 나은 판단자라고 하더라도, 어리석은 자 역시 본성상 자기보존에 필요한 것을 판단하는 자일 수 있다(Strauss, 185~6).[20] 스피노자는 누구도 개체를 대신해서 판단할 권리를 가질 수 없다고 본다. 자연상태에서 개인은 그가 현자이든 어리석은 자이든 좋은 것과 나쁜 것, 자기보존에 필요한 모든 것['투쟁, 미움, 기만 등'(TP 2장 7절)]에 대한 판단권을 갖는다.

문제는 이런 권한을 지닌 개인들이 자연권을 포기하는 경우인데, 이것은 이들이 '동의'하기 때문이다. 그래서 동의(계약)의 원리가 정치 철학의 원리가 된다(SE239/352).[21]

이처럼 스피노자는 자연권을 개체의 역량으로 파악하여 '내재성의 구도'에서 (도덕 질서로부터 자유로운) 역량의 표현을 문제 삼는다. 그는 자연권이 우리의 역량과 공존한다고 보는 까닭에 사회 질서를 초월적 요소들에 의해서 설명하지 않는다.

2) 사회적 역량을 어떻게 조직할 것인가?

들뢰즈는 스피노자가 홉스의 사회계약론을 재구성함으로써 사회

---

20) Hobbes, De Cive, 1장 9절, 3장 13절; Leviathan, 15장 등 참조.
21) 스피노자는 홉스와 '마찬가지로' 각자의 판단권을 중시하면서도 홉스에 '반대해서' 판단권을 포기하지 않으므로 이 권리는 '조건 없이' 허용된다.

적 역량을 조직하는 몇 가지 논점을 검토한다.

스피노자가 제시한 자연 상태는 신체들의 관계가 수동적 변용에 머무르는 단계이다(SE239/352~3). 자연 상태는 살 만하지 않고, 개체들은 자기 신체와 직접적으로 합성되는 신체들과 마주칠 기회를 갖기 어렵다. 따라서 불안이나 공포 등에서 벗어나기 위해서 마주침들을 조직해야(organiser les rencontres) 한다(SE239－40/352~3).

① 사회계약의 동기와 필요성

홉스는 상호 폭력에 따른 '죽음의 공포'가 이성을 요구한다고 본다. 죽음의 공포라는 정념이 인간의 이성을 일깨워서 자신을 보호하고 평화의 수단을 찾을 것을 명령한다.[22] 스피노자는 보다 온건하게 공포와 불안을 벗어나야 한다는 정서적 이유와 상호 결합과 유용성의 필요와 관련된 이성적 이유를 내세운다. 사회적 존재로서 생필품을 상호부조하고, 위험들을 피하기 위해서 역량을 결합할 필요가 있다(E4부 정리 35의 보충).

그는 공동체가 개인들에게 유용함을 설명하기 위한 역량의 합성을 제시한다. 예를 들어 본성이 전적으로 같은 두 개체가 합성되면 두 배로 강한 역량을 갖는다. 마찬가지로 모든 인간의 정신과 신체가 하나로 합성되면 그 역량은 그들의 수만큼 강화된다. "모든 인간의 정신과 신체가 하나가 되어서 마치 한 정신과 신체를 구성한

---

22) "모든 사람은 그가 그것을 얻으려는 희망을 가지는 한 평화를 얻기 위해서 노력해야 한다. 그리고 그 것을 획득할 수 없을 때에는 그가 전쟁의 모든 도움과 이익을 추구하고 사용할 수 있다"(제1의 자연법). "인간은 평화와 자신의 방어를 위해서 그가 필요하다고 생각되는 한 타인도 그러할 때에는 모든 것에 대한 권리를 포기해야 한다. 그리고 그가 타인에게 그 자신에게 허락한 정도의 자유를 타인에 대해서 갖는 것으로 만족해야 한다"(제2의 자연법)(Hobbes, 1985, 190).

것처럼"(TP2장 5절) 다수 인간들은 큰 역량을 구성한다.

이런 연합의 모델은 신체들의 '기쁜 만남'과 관련된다. 집합적 신체[도시 또는 국가(civitas)]는 양립 가능한 신체들이 긍정적으로 결합하여 새로운 신체를 합성한 것이다(SE240/353~4).

홉스와 스피노자는 각자가 이성적인 계산을 통해 더 큰 선을 추구하거나 불가피한 경우에는 보다 작은 악을 선택한다고 본다.[23] 개인들은 자기를 가장 적절한 방식으로 보존할 수 있는 더 큰 활동 역량을 얻기 위해서 집합적으로 자신들을 조직하고자 한다. 이때 계약을 정당화하는 동기는 공포를 피하고 희망을 얻으려는 것이다.

들뢰즈는 이 점에서 국가가 이성적 연합(une association raisonnable)에 미치지 못한다고 지적한다(SE244~5/359). 국가를 형성하는 동력은 이성적 변용(une affection de la raison)이 아니라 자연 상태의 불안이나 공포, 희망이다. 더 큰 악에 대한 공포와 더 큰 선에 대한 희망은 (스피노자에 따르면) 슬픈 정서들이다.

② 자연권의 포기

홉스에게서 협약을 보증할 수 있는 자는 주권자이다. 만인은 그들의 의지와 판단을 주권자의 단일한 인격의 의지와 판단에 종속시킨다. 홉스는 계약을 사회계약과 지배계약의 결합으로 본다. 사회계약으로 사회체가 성립하고, 지배계약으로 구성원들과 지배자 간의 지배-복종 관계가 성립한다.

---

23) "(…) 어느 누구도 보다 더 큰 선을 얻으리라는 희망이 있는 경우를 제외하고는 또는 보다 더 큰 악에 대한 공포를 피하려는 경우가 아니고서는 그가 선한 것이라고 판단한 것을 무시하지는 않는다. 보다 더 큰 악을 회피하기 위한 경우나 보다 더 큰 선을 얻기 위한 경우가 아니면 악을 참지 않는다. 모든 사람은 두 가지 선 가운데 그가 가장 큰 선이라고 생각한 것을 선택할 것이다. (…)"(TTP16장, 555)

물론 스피노자는 지배계약을 인정하지 않는다. 그는 '권리상' 개인들이 '절대적인' 자연권을 사회계약 이후에도 유지한다고 본다. 계약에 의한 권리위임은 제3자가 아니라 '전체'를 향한 것이다 (SE245~6/360~1). 따라서 자연권을 전적으로 양도할 수는 없다.[24] 자연권은 개체의 현실적 역량이므로 그것을 절대적으로 양도하면 개인의 실존이 파괴된다.[25]

들뢰즈는 계약에서 자연권 포기가 지닌 양의성을 지적한다. 시민들은 사회계약에서 무엇이 좋고 나쁜 것인지를 개인적으로 판단할 권리를 넘겨 주고 공통적이고 집합적인 변용들(affections communes et collectives)을 받아들인다. 그렇지만 자신의 존재를 보존하는 노력을 포기한 것은 아니므로 (『정치론』 3장에서 지적하듯이) 개인들은 자신의 모든 역량을 행사하여 자기 존재를 보존하고, 자신의 이익을 돌본다.[26] 이처럼 절대적인 자연권은 국가에 의해서 전유되거나 부정될 수 없다.[27]

---

24) "어느 누구도 자신의 역량을 다른 누군가에게 이전할(transferrer) 수 없으며, 결과적으로 그의 권리를 이전할 수 없다. 그렇게 되면 인간이기를 그치게 된다. 또한 어느 누구도 모든 가능한 소망을 실행할 수 있을 만한 최고의 권력(summa potestas)을 지닐 수 없다"(TTP17장 564).

25) 특히 스피노자는 『신학정치론』에서 히브리 국가의 형성을 설명하면서 정념과 상상에 사로잡힌 자들이 어떻게 자연 상태에서 자연권을 포기하지 않고 국가 상태로 이행하는지를 해명한다(진태원, 2004 결론 참조).

26) "누구도 자기의 판단력(judicandi facultate)을 포기하지 않는다"(TP3장 8절). "각자의 판단역량을 결코 폐지하지 않는다. (...) 인간은 자연 상태에서나 국가 상태에서 자기 본성의 규범에 따라서 행위 한다"(TP3장 3절).

27) 홉스는 주권 권력의 토대를 동의에서 찾는다. 절대적인 주권의 기초에 개인들의 권리가 있기 때문에 개인들이 주권적 권력의 '저자'이다. 개인들을 결속시키는 '인위적인' 정치권력의 '제작자'는 평화를 원하는 개인들이다(Manent, 1994, 25~6). 이런 복종의 근거에 대한 사고에서 역량=권리와 권력의 동일성이라는 틀은 홉스와 스피노자의 경우에 상이하게 파악된다. 홉스의 경우에 권리의 문제는 주권 권력을 형성한 이후에 의무로 바뀐다. 권리는 주권자의 몫이고 시민들은 내용상으로는 의무의 실행자로, 형식상으로는 자기의 권리를 대표하고 매개하는 자를 통해서 권리를 누릴 뿐이다.
스피노자는 『정치론』에서 '대중들의 역량'으로 주권을 정의한다(TP, 2장 17절). 주권은 더 이상 초월적인 주권자의 설정에 의거하지 않고, 지배자는 더 이상 대중을 대표할 수 없다. 대중의 대표(respectif de multitude) 개념을 대신하는 스피노자의 대중의 동의 개념은 홉스적인 계약론적 주권이론을 부정한

③ 허약함의 권력과 대중들의 공포

홉스는 절대 권력이 허약함의 산물이라고 본다. 국가를 형성하기
위해서 개인은 그가 원하는 대로 할 수 있는 권리를 희생한다. 무
력한 자들은 절대 권력을 창조하여 그들의 '허약함'을 보완하려고
한다. 아리스토텔레스가 인간적 능력과 강함— 덕, 부, 자유 등— 으
로부터 정치권력을 설명했다면, 홉스는 인간을 허약함으로부터 구
하는 장치가 정치권력이라고 본다(Manent, 30~1).

이에 대해서 들뢰즈는 원리적으로 역량의 긍정성을 강조하므로
절대적 자연권은 긍정적이고 어떠한 결핍도 지니지 않는다고 주장
할 것이다. 하지만 이런 지적은 문제에 대한 적절한 답이 되지 못
한다. 이보다는 발리바르가 '대중의 역량'과 '대중의 공포'가 지닌
양면성에 주목한 점을 통해서 역량이 지닌 긍정적/부정적 힘의 함
의를 살필 수 있다.

대중들의 공포(la crainte des masses)는 '대중들이 느끼는 공포'이
기도 하고, 대중들이 통치자, 국가 자체로 하여금 느끼도록 하는 공
포이기도 하다. 이런 '대중들의/에 대한 공포'는 국가 구성의 바탕
에 있는 요소이다. 이런 공포는, 공포상태를 야기하거나 합리적으
로 조정되기도 하지만, 사라질 수 없다. 따라서 문제는 상호 공포에
서 어떻게 균형을 유지하는가이다(Balibar, 1997, 60/78~9).

스피노자는 대중들이 느끼고, 느끼게 하는 공포의 동학을 고려해
서 공포를 특징짓는 정서적 양가성(l'ambivalence affective)을 개념화

다(Lazzeri, 1998, 281~4). 홉스가 대중을 대표 행위 안에서 사라지는 단순히 자연적 개인들의 집
합체로 보았다면, 스피노자는 대중을 그 통합 정도와 형성된 구조에 따라 달라지는 총체로 본다(같은
책, 282).

한다. 희망 없는 공포가 없고, 공포 없는 희망이 없다는 명제는 욕
망에 따른 원초적인 분할 - 기쁨/슬픔 - 에서 연역된다. 그는 정념적
삶을 개인적·집합적 차원에서 행위 역량의 증대시키는 쪽, 기쁜
정념이 우세하도록, 가능한 한 슬픔과 공포, 증오의 지배를 제거하
도록 이끌고자 한다. 하지만 발리바르는 집합적 차원에서 대중들의
정신에서 마음의 동요(fluctatio animi)를 종결짓도록 심리적 갈등을
제거할 수 없다고 본다. 따라서 정치적 실천은 상호공포, 사랑과 미
움 사이의 동요에 의해서 좌우될 수밖에 없다(같은 책, 60~1/79).

발리바르는 '대중들의 공포' 앞에서 『정치론』의 탐구가 대중의
역량과 통치자의 역량 사이 '균형점'을 발견하려는 경향을 갖는다
고 본다. 곧 대중과 통치자가 서로에게 야기하는 공포로 위협하는/
위협당하는 대신에 양자 모두 이 공포를 제거할 수 있는 정치적 평
형을 발견하려고 한다(같은 책, 78/101).

④ 도덕적 대립과 국가

들뢰즈는 국가의 한계가 국가가 도덕적 대립의 원리를 이용하고
옹호하는 점이라고 본다. 그는 국가가 개인의 자연권을 부정하는
'매개'를 통해서만 권리를 긍정하는 '변증법적' 형식을 택한다고
비판한다(SE244~5/359~360).

국가에서 개인들은 비이성적이고, 각자는 자신의 자연권을 스스
로 부정해야 한다. 시민계약은 그러한 부정을 매개해서만 권리들의
전체를 형성할 수 있다. 그래서 주권적인 국가는 간접적인 규약 관
계들을 구성하는 권력(pouvoir)으로 시민들이 일치하도록 강제한다.

그리고 들뢰즈는 이성이 '윤리적 차이'를 원리로 삼는 데 반해,

국가가 '도덕적 대립'을 끌어들인다고 지적한다. 국가에서 역량의 차이는 국가의 법에 복종하는가에 따라서 정의와 불의라는 대립에 포섭된다. 이런 복종의 틀로는 역량을 표현할 수 없으며, 역량은 고정된 규범과 척도 안에 평가받을 뿐이다. 그리고 사회계약으로 선/악의 판단권이 국가에 위임되므로 국가의 보상과 처벌에 의존해야 하므로 역량의 증대는 (사고하고 활동하는) 역량을 일정하게 포기·제한하는 조건으로만 가능할 뿐이다. "죄와 복종, 정의와 불의는 고유하게 사회적인 범주인데 도덕적 대립 자체는 사회를 그 원리와 환경으로 삼는다"(SE245/360).

⑤ 예속을 위한 투쟁과 기쁨의 정치학

들뢰즈는 국가가 이성의 완전한 형태, 능동성을 극대화한 형태에는 미치지 못한다고 평가한다. 이런 국가는 이성의 자리를 마련하고, 이성 자체의 발전을 가능케 할 뿐이다(SE247/363).[28]

들뢰즈는 스피노자가 『신학정치론』 서문에서 제기한 질문("왜 인간들이 마치 예속이 그들의 안녕인 양, 그것을 위해 피를 흘리며 싸우는가")과 관련하여 국가의 부정적 기능에 주목한다. 그는 이 질문을 자발적인 예속, 개인들의 억압적 욕망과 관련짓는다.

스피노자는 묻는다. "하지만 만일 전제 정부의 가장 큰 비밀과 근본 관심이, 사람들이 마치 그들의 구원이 문제인 양 예속을 위해 투쟁하도록 하기 위해서, 그리고 그것을 수치가 아니라 가장 큰 명

---

28) 국가가 '이성의 이상(l'idéal de la raison)'을 지향하고, 그 법률들이 이성에 부합하기 위해서는 이성에 더욱 일치하고 시민들에게 더 적은 슬픔 정념들(공포나 희망)을 산출하고 '기쁜 변용들'에 의존해야 한다(SE246/361). 따라서 국가는 처벌에 대한 공포나 보상에 대한 희망보다는 '자유에 대한 사랑(l'amour de la liberté)'을 고무해야 한다(SE251/368).

예로 여기고, 그들의 피와 삶을 한 인간의 허욕을 위해 낭비하도록 사람들을 기만하고, 종교의 특별한 이름으로, 그 이름들을 억압해야만 하는 공포를 숨기는 것이라면, 우리는 반대로 자유로운 공화국에서 그보다 더 암울한 것을 상상할 수도, 시도할 수도 없을 것이다"(TTP서문, 371).

들뢰즈가 보듯이 국가가 도덕적 관점에서 희망과 공포를 통해 슬픔을 조직한다면, 그 국가 장치는 개인들의 역량을 최소화할 뿐이다. 그는 '슬픔의 정치학'이 초월적 범주로 개인들을 사회에 예속시키는 것에 맞서서 '기쁨의 정치학'을 제안한다.

(그런데 이 질문을 이처럼 자발적 예속을 비판하고 자율적인 욕망과 실천의 길을 모색하는 것으로 보지 않고, 스피노자가 자발적 복종을 통한 이성적 제도의 형성이라는 문제, 곧 독자적으로는 이성적이 될 수 없는 우중이 타율적인 기제를 통해 실천적으로 이성적인 결과를 산출하는 방식을 탐구하는 경우로 해석할 수도 있다. 특히 『신학 정치론』은 무지하고 정념에 이끌리는 히브리 민중이, 어떻게 윤리적으로 행동하고, 사회와 국가를 형성하는가를 파악하고자 한다. 이는 자율주의적인 해석보다는 스피노자가 견지하는 '비관적 현실주의'와 대중에 대한 불신을 염두에 둔 해석이다.)[29]

들뢰즈는 중심을 지닌 유기적 조직을 바람직하다고 보지 않는다.

---

29) 이는 진태원이 지적하듯이, 대중들의 자발적 복종의 메커니즘, 곧 탐욕과 공포, 기만과 분노 같은 정념에 사로잡힌 대중이나 우중을 국가의 법이나 주권자의 명령에 자발적으로 복종하도록 하는 문제이다 (진태원, 2004, 159~160). 히브리 국가의 역사에서 보듯이, 정념과 상상에 기초해서 안정된 국가를 설립하고 유지할 수 있다. 정념과 상상에 기초해서 전능한 신의 표상을 만들어서 야훼의 국가를 설립하고 자신들을 야훼의 백성으로 간주함으로써 안정된 국가를 유지한다. 정념에 대립하는 이성, 개인적 능력으로 이해된 이성이 폄하하는 표상과 믿음이 제도적으로 합리적인 효과를 낳을 수 있다. 모세는 정념과 상상, 신앙심을 억압하지 않고, 국가 발전에 활용한다. 이것은 사회 계약을 위해서 홉스 식의 인공적인 법적 절차, 정치적 계약에 의존하지 않고, 각 개인들이 자발적으로 자신의 권리와 역량을 양도할 수 있도록 한다.

이것은 개체들의 자발적인 역량에 초월적 심급을 도입하는 것이기 때문이다. 따라서 그의 주된 관심은 사회적 행태학에 따라서 표면상에서 진행되는 사회제도의 형성과 그것에 포괄될 수 없으면서 그런 제도화를 가능케 하는 신체들의 역량의 '무의식적' 흐름을 파악하고자 한다. 물론 이런 작업은 스피노자의 윤리적 세계관에 관한 논의에는 두드러지지 않지만 이후의 억압적 욕망 생산에 관한 문제제기, 욕망을 법의 지배하에 두려는 시도에 대한 비판으로 나타난다.

7. 맺는말

1) 지금까지의 논의를 통해서 우리는 결론에 이르렀다기보다는 새로운 문제 앞에 섰다고 할 수 있다.

들뢰즈는 신체들의 기쁜 만남이 능동적 변용을 추구하는 것과 관련해서 기쁨의 윤리학을 실천 원리로 제시하고, 집합적 신체들의 합성으로 능동적인 집합-신체를 추구하는 스피노자적 기획에 비판적이다. 이런 기획이 일정한 의미를 지님에도 불구하고 절대적 역량인 자연권을 도시/국가 형태로 조직하면서 이성적 변용보다는 도덕적 대립의 틀에 갇히고 예속과 수동성에 머무르기 때문이다.

이처럼 국가 장치에 관한 비판은 보다 긍정적인 의미를 지닌 '보다 완전한' 국가 장치에 대한 논의로 나아가는 것이 아니라 그것을 가능케 했던 절대적 역량을 다르게 합성, 배치하는 방식, 곧 '국가에 반대하는(contre l'état)'[끌라스트르(Clastre)의 용어] 관계를 조직하려는 방향으로 나아간다.

이런 점에서 들뢰즈에게 보다 중요한 것은 신체들의 역량과 그것을 '긍정적으로' 조직하기이다. 미시정치적 차원에서 중심과 유기적 조직 없는 '리좀적' 접속으로 억압과 예속을 위한 장치를 대신할 새로운 배치를 찾는다.

이런 사고의 바탕에는 능동성, 기쁜 만남, 역량의 존재론으로 재구성한 행태학적 틀이 있다. 신체들의 관계와 역량의 사건 – 함수로 나타나는 차이 – 생성 – 사건의 존재론은 역량의 최대화를 추구하는 소수자 – 되기(또는 여성 – 되기), 도주선들을 접속하고 조직하기를 제안한다.

들뢰즈와 가따리는 이런 측면을 다양한 사고와 실천으로 표현하는데, 지금까지 살펴본 역량의 증대를 뒤집은 형식인 '억압적 욕망'에 대한 비판도 대표적인 경우이다. 이 점을 간략하게 검토하면서 역량의 존재론의 함의와 다른 얼굴을 보자.

들뢰즈와 가따리는 욕망이 '스스로를 억압하는' 방식을 '정신분열 – 분석(schizo – analyse)'으로 분석한다. 이것은 리비도를 사회적 장에 투입하는 방식과 관련하여 '어떻게 욕망이 욕망 – 주체 속에 자신에 대한 억압을 바라도록 하는가'를 탐구한다(AO125~6; 양운덕, 2005, 262~5).

이들은 욕망의 집단적 생산을 두 가지 배치로 구분한다. 욕망이 위계적이거나 덩어리 형태로 구조화된 방식과 분자적 다양성에 따라서 접속을 추구하는 방식이 있다.

전자는 반작용하는 힘으로 욕망을 억압하는 예속집단을, 후자는 주인 도덕의 경우처럼 능동적인 힘을 증대시키는 긍정적인 힘 – 의지를 지향하는 주체집단이다.

정신분열 – 분석은 이것을 집합적 리비도를 투입하는 편집증적인 극과 정신분열증적 극으로 나눈다(AO439~440). 편집증적인 극은 통합하는 거대 평면에서 움직이고, 분열증적인 극은 기계적 배치들(les agencements machiniques)과 작은 다양성들로 이루어진 (능동적인) 도주선들(lignes de fuite)을 생산한다(전자는 부정적·허무주의적인 힘-의지를, 후자는 긍정적인 힘-의지를 추구한다).

편집증적 투입은 개인들이라는 부품과 톱니바퀴를 통해서 작동하는 큰 집합이자 억압 장치이다(AO463~7). 니체가 반작용하는 힘에 따르는 부정적인 힘-의지가 허무주의를 통해 삶과 그 역량을 부정한다고 본 것이 욕망이 반작용하는 힘에 이끌리고 예속집단의 전체주의화하는 경향에 대응된다.

(억압적인) 사회 질서는 욕망의 흐름들/절단들에 일정한 틀을 강요하고 그 방향을 통제하려고 한다(양운덕, 2005, 272~3). 그런데 미시정치는 욕망의 투입이 유기적 구조로 형태화되지 않고 보다 더 생산적이고 분자적 역동성을 지니면서 유연하게 표류하는 배치를 추구한다.

들뢰즈의 차이-생성-사건의 존재론은 역량의 긍정적 힘이라는 자원, 고정된 구조를 산출하는 선험적인 힘의 장이 지닌 분자적 역동성에 주목한다. 이것은 본질 없는 생성의 세계이며, 어떤 고정점도 없이 무한한 방식과 속도로 운동하는 평면이다.

하나의 중심에 유기적으로 통합되지 않는 '사건들'의 계열은 이질적인 계열들을 종합하지 않으면서도 그것들을 포함하는 방식으로 개체들의 역량, 코나투스를 최대화하는 방식으로 배치하고자 한다. 이러한 미시정치학의 공간은 큰 주체 없이, 큰 목적 없이, 큰 조직 없이 다양한 합성이 조직되고 해체되는 실험의 장이다. 여기에서는 역량과 그것의 증대-감소가 모든 것이다.

들뢰즈는 유기적 중심을 지닌 조직화의 평면에서 사고하지 않고, 어떠한 중심도 없는 공간에서 신체들의 역량의 크기, 신체들의 속도와 변용에 따라서 차이를 생산하는 분자적 선을 따라간다.

그는 사회적 평면의 구조화·조직화·제도화보다는 개체들의 역량을 증대시키는 기쁜 만남에 관심을 갖는다. 이처럼 기쁨＝역량의 증대를 조직하려는 노력은 개체들의 작은 연대와 이질적인 연대들의 합성에 주목한다.[30]

2) 들뢰즈의 문제 틀을 비판적으로 평가하기 위해서 세 측면을 지적하자. 기쁜 만남과 기쁨의 윤리학에 비판적으로 관여하는 정서의 모방과 '마음의 동요'에 따른 난점을 보고, 코나투스와 개체 개념에 대한 관계론적 비판, 역량의 긍정성에만 주목하는 들뢰즈의 긍정적 사고가 포착하기 어려운 결핍과 수동성과 관련된 문제제기를 보자.

㉮ 스피노자는 기쁨에 대한 다양한 분석에서 그것이 슬픔으로 전도되거나 뒤섞이거나 혼합되는 경우가 있다고 지적한다[들뢰즈도 이런 점을 지적하지만 기쁜 정념의 긍정성을 강조하는 이론적 특성 때문에 기쁨의 이면과 정서들의 다양한 모습에 주목하지 않는다(SE222~3/328~9). 참조].

---

30) 김진석은 들뢰즈의 미시 파시즘에 대한 비판이 지닌 위험성을 지적한다. 그는 들뢰즈가 능동성에 대한 분열증적 태도를 보인다고 보는데, 이는 미소한 권력과 폭력까지도 부정적인 파시즘으로 환원시키면서 모든 권력과 폭력 관계들을 그 자체로 악한 것으로 여기기 때문이다. 그는 미시적 차원에서 권력을 사랑하는 것, 우리를 지배하고 부리는 그것을 욕망하는 파시즘에 대한 푸꼬와 들뢰즈의 과민반응이 맹목적이고 공허한 근본주의에 빠질 수 있다고 지적한다(김진석, 2005, 157~8).

스피노자는 기쁨 가운데에서 신체의 모든 부분을 균등하게 변용시키는 기쁨인 명랑(Hilairitas)(E. 4부 정리 42)과 신체의 특정한 부분만을 변용시키는 쾌감(E. 4부 정리 43)을 구별한다(Sévérac, 1998, 48~9). 이 가운데 쾌감은 신체의 특정한 부분만을 자극해서 한 대상에 고착시키므로 외부 사물과 우리 사이의 공통적인 특성을 파악하지 못하도록, 공통관념을 형성하지 못하게 한다. 이런 고착은 다른 부분의 역량이 증대되는 것을 가로막고 감소시키는 것을 대가로 한 것이어서 일정한 슬픔을 수반한다.

기쁜 수동적 정서는 기쁨의 정서이지만 자기가 원인인 능동적인 것이 아니므로 항상성이 결여된다. 따라서 기쁨도 우연에 의해서 슬픔으로 바뀔 수 있다.

그리고 유사성에 의한 연합의 경우에 슬픈 정서를 낳는 사물은 그것이 실제로는 슬픔의 원인이지만 그것이 기쁨의 정서를 낳는 다른 대상과 유사하다고 상상하는 경우에 그것을 미워하면서 동시에 사랑하게 된다(E. 3부 정리 17).

스피노자는 '두 가지 상반되는 정서에서 생기는 정신 상태'인 '마음의 동요(fluctatio animi)'(E. 3부 정리 17의 주석)를 다양하게 제시한다. 이런 마음의 동요는 어떤 대상이 그 자체로 어떤 정서를 불러일으키는 원인이면서 우연하게 다른 정서를 불러일으키는 상상적 원인이 되는 경우이다(E. 3부 정리 17의 주석). 이런 교란은 정서 상태가 지닌 근본적인 양가성을 드러낸다. 기쁨의 정서도 반대 정서로 바뀔 수 있고 정서적 오인, 정서적 도착 등을 겪을 수 있다.

마슈레이는 '마음의 동요(fluctatio animi)'에서 마음이 동시에 완전성의 증대와 감소로 이끌려서 혼란 상태에 빠진다고 지적한다.

동시에 슬프고 기쁜 상황 또는 기쁘고 동시에 슬픈 상황에서 겪는 정서 상태이다. 정신이 정념의 힘에 장악될 때 정신은 자신의 본성과 낯선 법칙에 예속됨으로써 소외된다. 정념들의 슬픈 운명처럼 모든 정념들은 예외 없이 '마음의 동요'로 이끌린다. 이것은 슬픈 것으로서의 기쁨이라는 형식으로 각인됨으로써 생기는 미움 위에 세워진 사랑, 기쁨을 초래하는 슬픔, 사랑으로 가장된 미움의 형식으로 나타난다. 그는 스피노자가 마음의 동요와 관련하여 어떻게 기쁨과 슬픔 사이의 '평형'을 마련할 수 있는지 탐구한다고 본다 (1996, 155~6).[31]

㉯ 코나투스의 목적론적 해석과 관련하여

문제 지평을 확대하고 들뢰즈를 보완하는 방향을 모색하기 위해서 '관계론적 사고'를 참조해서 코나투스를 목적론적으로 해석하는 태도를 비판하고 다른 사고 가능성을 찾아보자.

스피노자는 철저한 결정론자이면서도 존재의 근본적 능동성을 사고한 철학자이다. 그런데 스피노자 철학의 능동성을 코나투스 개념에서 찾는 해석은 코나투스['각 사물이 자신의 존재 안에 머물고자 하는 그 사물의 현행적 본질'(E. 3부 정리 7)]에서 존재의 능동성의 근원을 찾는데, 이런 경향은 스피노자가 제시한 일의적 인과율이 함의하는 필연성의 측면을 배제하는 난점이 있다.

---

31) 정서 모방에 따른 양가성도 있다. 우리와 유사한 누군가가 어떤 사물을 사랑한다고 상상함으로써 자기가 그것을 사랑하는 경우에 그 사물을 우리와 유사한 다른 누군가가 미워한다고 상상하면 우리는 그것을 사랑하면서 동시에 미워할 수 있다. 정서 모방은 우리가 사랑하거나 증오할 이유가 없는 사람들을 사랑하고 증오하며, 또한 그로 인해 상호 사랑과 증오가 확장 심화되고, 그 과정에서 사랑은 증오로 증오는 사랑으로 전도되기도 하면서 결국 불안정한 양가적 정서망을 형성하게 된다. 따라서 정서의 양가성에서 비롯된 정서적 병리적 상황을 벗어나기 어렵다. 슬픔과 기쁨, 수동과 능동에서 기쁨과 능동만을 추구하기 어렵고 양자가 뒤섞이고 과잉 규정된다(Macherey, 1993, 160).

코나투스에 대한 목적론적 가상은 개체의 본질, 역량이 인과적 규정에서 벗어나는 것으로 보는 것일 뿐만 아니라, 개체와 전체(또는 내면성과 외면성)를 대립시키는 사고를 전제한다(Balibar, 2005, 219). 따라서 개체 개념을 새롭게 규정함으로써 이런 자발성의 가상을 비판할 수 있다.

관계론적 사고는 개체와 외부 사이의 '교통'이 개체의 개별성을 규정한다. 서로 관계하는 두 물체는 상호적 변용의 형식, 상호 교통 운동을 매개로 인과관계를 맺는다(Macherey, 1997, 139). 발리바르는 개체성의 구성과 관련하여 정서들과 관념들의 유통 과정과 그 조직을 교통으로 파악한다. 이런 교통은 개체의 신체의 다양성과 주변의 다른 신체들과 맺는 외적 관계의 다양성에 의해서 설정된다. 이런 관계망에서 개체는 과정 자체, 정서적 변용의 연관망에 놓인다.

이렇게 볼 때 코나투스는 외생적 인과 연쇄에서 기인하는 개체성의 표현이다. 라몽(1995, 191)은 운동과 정지의 관계에 주목한다. "코나투스로서 본질의 규정은 사실상 운동과 정지의 관계로서 규정과 등가적이다. 이는 일정한 역량이 없이는 운동과 정지의 관계가 없기 때문이다"(Ramond, 1995, 192). 주라비쉬빌리는 운동과 정지의 비율이 사물의 역량과 본질의 양적 측면을 기술한다고 보면서, 코나투스가 사물의 역량에 대한 자기 긍정이라고 본다(Zourabichvili, 2002b, 106 참조). 이렇게 볼 때 개체의 내면(코나투스)과 외면(주변의 압력, 외생적 인과관계)을 대립시킬 수는 없다.

주라비쉬빌리는 모든 합성이 공동체적이라고 보면서 자연의 모든 구성물들은 목적 없는 내적인 근거를 지닌다고 본다(Zourabichvili,

2002b, 40-2). 개체는 이미 항상 구조이고 관계를 전제한다. 물론 이 관계는 유기체적인 전체가 아니라 총체화할 수 없는 부분들이 총체 없이 공존하는 場이다(Macherey, 2003, 219).

따라서 능동적이 되는 것은 외적 인과 규정을 벗어나는 것이 아니라 인과규정을 '긍정적으로' 전유하는 것이다. 그리고 보베는 능동성이 개체가 의식적으로 추구하는 것이 아니고, 관계 속에서 전개되는 코나투스의 전략이 목적, 의식, 주체를 배제한 자기 긍정성의 표현이라고 본다(Bové, 2006, 124). 이런 점에서 스피노자의 자유란 인과성을 심화하고 그것에 동화되는 것이라고 할 수 있다(Macherey, 1992, 101).

㉣ 역량과 긍정성이 아닌 결핍과 수동성

들뢰즈의 철학은 긍정의 철학이다. 코나투스는 긍정하는 힘으로서 어떠한 결핍도 지니지 않는다. 그러면 부정과 결핍을 어떻게 사고할 수 있는가? 그것은 사고의 무능이므로 사고할 필요가 없는가? 이런 차이의 사고가 거부하는 결핍, 무능, 수동성의 문제를 어떻게 사고할 수 있는가? 예를 들어서 아우슈비츠를 긍정과 역량의 틀로 해석할 수 있는가?

부끄러움의 윤리를 보자(양운덕, 2009, 108~110; Agamben, 1998, 92 이하). '부끄러움'의 경험은 인간 존재의 근본적이고 불가피한 측면이고 능동성과 수동성의 맞물림을 드러낸다.

아우슈비츠의 생존자들은 '부끄러움'과 죄책감을 벗어나지 못한다. 이런 문제를 윤리학의 틀로 해명할 수 있는가? 예를 들어서 니체의 원한 극복의 윤리학을 보자. 차라투스트라는 과거와 관련된 의식의 무력함, 복수의 정신에 맞서서 영원회귀를 제시한다. 영원회귀는 원한에 대한 승리이고 모든 '그러했다'를 '바로 그렇게 되기를 내가 원했다(amor fati)'로 변형시킨다. 그런데 아우슈비츠의 경우에도 이렇게 할 수 있는가? (들뢰즈가 제안한 바 있는) 니체식의 질문을 던져 보자. "당신은 아우슈비츠가 거듭해서 헤아릴 수 없을 만큼 많이 되돌아오기를 원하는가? 당신은 수용소의 매 순간, 모든 세부적인 것까지도 영원하게 반복되기를, 그것이 발생했던 정확한 순서에 따라서 영원하게 되풀이되기를 바라는가? 당신은 이것이 다시 일어나기를, 영원하게 거듭 일어나기를 바라는가?"

물론 영원회귀 모델로 아우슈비츠를 적절하게 주제화할 수 없다. 따라서 아감벤은 아우슈비츠 이후에 윤리적 문제가 바뀐다고 본다. 더 이상 과거를 떠맡기 위해서 그것의 영원한 회귀를 의지하는 것이 문제가 되지 않는다. 선악 너머에는 생성의 무구함이 있는 것이 아니라, 죄가 없을 뿐만 아니라 시간조차 없는(senza più tempo) '부끄러움'이 있다(같은 책, 94~5).32)

아감벤은 부끄러움에서 떠맡을 수 없는 어떤 것을 위임받음(essere consegna a un inassumibile)에 주목한다. 이런 '떠맡을 수 없는 것'은 자신의 친밀함(생리적인 삶 같은 것)에서 비롯된 것이다. 주체는 부끄러워할 때 자신의 수동성에 짓눌리고 자신의 탈주체화(desoggettivazione)를 떠맡는다. 부끄러움에서 주체화와 탈주체화가 공존한다(같은 책, 97).

---

32) 아감벤은 이런 부끄러움의 근본적인 측면과 관련하여 레비나스는 (존재의 불완전함이나 결핍에 대한 의식 때문이 아니라) 부끄러운 이곳에서 다른 곳으로 피할 수 없음, 자신으로부터 벗어날 수 없음 때문에 생긴다고 본다. 벌거벗은 상태에서 부끄러움을 느낀다면 사라지고 싶은데도 숨을 수 없기 때문이다. 우리는 부끄러울 때 어떻게 해도 우리 자신으로부터 거리를 둘 수 없음에서 생기는 어떤 것을 떠맡는다.

그는 이런 부끄러움의 등가물을 주체성의 기원적 구조와 관련해서 자기촉발과 관련짓는다. 칸트에 따르면 시간('내감의 형식')에서 "우리는 우리 자신에 의해서 내부적으로 촉발될 때에만 우리 자신을 직관한다"(Kant, B153). 그런데 이처럼 시간이 자기 촉발(Selbstaffektion)이라는 점 때문에 역설이 생긴다. 촉발됨이라는 수동성과 스스로 촉발하는 능동성이 하나로 연결되어야 하기 때문이다. 우리는 우리 자신에 대해서 수동적인 것으로 태도를 취해야 한다(같은 곳).

수동성은 단순히 수용성, 외적인 능동적 원리에 의해서 변용되는 것이 아니다. 모든 것이 주체 안에서 일어나면서도 능동성과 수동성이 일치해야 한다. 수동적 주체는 그 자신의 고유한 수동성과 관련해서 능동적이어야 한다. 그는 자기 자신과 마주 해서(gegen uns selbst) 수동적인 것으로서 스스로에게 행위 해야만 한다. 자기촉발과 관련된 수동성은 자기 자신을 경험하는 수용성이고, 자기 자신의 고유한 수동성에 의해서 겪음을 당하는(appassiona) 것이다(같은 책, 101~2). 이처럼 능동성-수동성의 측면이 상관적이라면 어떻게 능동성만을 떼어 내거나 그것을 최대화하는 방식으로 자기 긍정에 이를 수 있는가?[33]

그러한 긍정의 끝에는 무엇이 있는가? 긍정은 긍정적인가? 어떠한 결핍도 없는 긍정, 어떠한 수동성도 없는 능동성이 가능한가? 소박하게 질문하자. 강한 자와 약한 자 가운데 누가 더 인간적인가? 슬픔 속에서 기쁨을 취할 역량이 없는 자들에게 더 큰 역량을 요구할 것인가? (레비나스가 타자라고 부른) 고아, 과부, 헐벗은 자,

---

33) 아감벤은 비-잠재성의 고유한 측면에 주목해서 '~않을 잠재성'의 틀로 긍정적 힘의 이면을 사고한다. 이런 측면은 들뢰즈의 사고와 다른 측면에서 잠재성-현실성을 해석하는 길을 연다.

차별받는 타자화된 자들을 긍정성의 틀로, 역량의 크기와 관련해서 파악하기는 어렵다. 한 이탈리아 작가의 말을 들어 보자.

"(…) 누구든 살면서 한 번 정도는 아픈 적이 있을 것이다. 자기 안에 있는 병이라는 그 이방인을 알고, 그 이방인에 대한 자신의 무능을 알고, 자신과 비슷한 사람을 이해할 수 있을 것이다.

하지만 모든 사람이 사람인 것은 아니다. 그리고 모든 인류가 인류인 것은 아니다. 누군가 빗속에서 찢어진 신발을 신고, 찢어진 신발 속으로 물이 들어오고, 자신에게 특별히 애정을 쏟는 사람도 없고, 자신의 특별한 삶도 없고, 자기가 한 일도 없고 또 할 일도 없고, 두려워할 것도 없고, 더 이상 잃을 것도 없고, 그리고 자신 너머에서 세상의 대량학살을 볼 때, 그런 의혹이 생길 것이다. 한 사람은 웃고 다른 사람은 운다. 둘 다 모두 사람이다. 웃는 사람도 아픈 적이 있을 것이다. 그렇지만 그가 웃는 것은, 다른 사람이 울기 '때문이다'. 그는 박해를 하고, 대량학살을 할 수 있다. 또 다른 사람은, 희망 없이, 그가 신문과 신문의 성명서에서 웃는 것을 보고, 웃는 그 사람과 함께하지 못하고, 다른 우는 사람과 함께 정적 속에서 운다. 그렇다면 모든 사람이 사람인 것은 아니다. 한 사람은 박해를 하고, 다른 사람은 박해를 받는다. 그리고 모든 인류가 인류인 것은 아니다. 오로지 박해받는 자만이 인류이다. 어떤 사람을 죽여 보자. 죽은 자가 더 사람일 것이다. 그렇기 때문에 병든 자, 굶주린 자가 더 사람이며 굶주려 죽은 자들이 더 인류이다"(Vittorini, Conversazione in Sicilia, 3부 27장 249~250).

참고문헌

김은주(2005), 「알튀세와 들뢰즈를 통해본 스피노자 철학의 문제」, 수록처: 『트랜스토리아 5호』, 박종철 출판사. pp.51-92.

김진석(2005), 「미시 파시즘론의 함정」, 『니체연구』 8집.

김재인(2008), 「들뢰즈의 스피노자 연구에서 윅스퀼의 사상」, 철학논구 36집.

박기순(2006), 「스피노자의 역량의존재론과 균형 개념」, 철학사상 22집.

서동욱(2002), 『들뢰즈의 철학』, 민음사.

양운덕(1997), 「스피노자에 관한 현대적 해석 — 들뢰즈의 새로운 독해, potentia 원리로 본 기쁨과 긍정의 철학」, 『시대와 철학』 15호, pp.84-127.

_____(2003), 「들뢰즈: 차이와 생성의 철학」, 『프랑스 사상의 이해』, 류종열 外. (공저) 한국방통신대학교출판부, pp.243-263

_____(2005), 「욕망의 사회적 동학으로 조명하는 공적 합리성」, 『새로운 공적 합리성의 모색』, 철학과 현실사. pp.232-275.

_____(2009), 「침묵의 증언, 불가능성의 증언」, 『인문학 연구』, 조선대학교 인문연구원 37집, pp.83-131.

진태원(2001), 「스피노자의 현재성: 하나의 소개」, 모색 2, 갈무리편집부.

_____(2004), 『신학정치론』에서 홉스 사회계약론의 수용과 변용: 스피노자 정치학에서 사회계약론의 해체 I, 『철학사상』 19집, 서울대학교 철학사상연구소.

_____(2006), 「스피노자 철학에 대한 관계론적 해석」, 서울대학교 박사학위 논문.

B. Spinoza(1972), *ETHICA in: SPINOZA OPERA IIth* Heidelberg/ Carl Winters Universitaetbuchhandlung(E.로 표기함).

_____(1997), *Etica e Trattato teologico-politico*(tr: Cantoni, R & Fergnani),

Utet.

_____(1999), *Éthique*(Bilingue Latin – Français, tr: Pautrat, B.), Seuil.

_____ B. D. *SPINOZA OPERA*(J. Van Vlotens & J. P. N. Land) *volumens prius. Martinum Nijhoff.*

TRACTATUS THEOLOGICO – POLITICUS(TTP로 표기), pp.367 – 610.

TRACTATUS POLITICUS(TP로 표기), pp.279 – 366.

Agamben, G.(1995), *Homo Sacer 1: Il Potere sovrano e la nuda vita*, Einaudi.

_____(1998), *Quel che resta di Auschwitz: L'archivio e il testimone,* Bollati Boringhieri.

_____(1999), *Potentialities*, Standford Univ.

Aristoteles, Metaphysica, The Loeb Classical Library, Aristoteles, v. XVII Harvard, 1933/1968.

Balibar, E.(1985/2005), *Spinoza et la politique*, PUF.

_____(1997), La crainte des masses, Galilée.

Bové, L.(1995), *La stratégie du conatus: affirmation et resistance chez Spinoza*, Vrin.

_____(2006), "ÉthiqueⅢ", Pierre – François Moreau et al., *Lectures de Spinoza*, Ellipses.

Deleuze, G.(1962), *Nietzsche et la philosophie*, P.U.F.(NP로 표기함).

_____(1968), *Spinoza et le problème de l'expression*, Minuit(SE로 표기함)(『스피노자와 표현의 문제』, 이진경, 권순모 옮김, 인간사랑, 2003).

_____(1981), *Spinoza: Philosophie pratique*, Minuit(SPP로 표기함)(『스피노자: 실천철학』, 박기순 옮김, 민음사, 1999).

_____& Parnet, C.(1996), *Dialogues*, Flamarion(D로 표기함).

_____& Guattari, F.(1972), *L'Anti – OEdipe*, Minuit(AO로 표기함).

_____(1980), *Mille Plateaux*, Minuit(MP로 표기함)(『천개의 고원』, 김재인 옮김, 새물결, 2001).

_____(1991), Qu'est – ce que la philosophie? Minuit(QP로 표기함).

Hobbes, T.(1985), *Leviathan*, Penguin Classics.

_____(1983), *De Cive*, Clarendon Press.

Lazzeri, Ch(1998), *Droit, pouvoir et liberté: Spinoza critique de Hobbes*, PUF.

Macherey, P.(1992), *Avec Spinoza*, PUF.

_____, *Introduction* à *l'Ethique de Spinoza*, v. 1(1998), v. 2(1997a), v.

3(1995), v. 4(1994), v. 5(1999), P.U.F.

_____(1996), The Encounter with Spinoza: in *Deleuze: A Critical Reader* (ed) P. Patten, Blackwell, pp.139 − 161.

_____(1997) *La crainte des masses: politique et philosophie avant et apres Marx*, Galilee(『대중들의 공포: 맑스 전과 후의 정치와 철학』, 최 원, 서관모 옮김, 도서출판b, 2007).

_____(2003), *Hegel ou Spinoza*, François Maspero.

_____(2005), *Spinoza et la politique*, PUF.

Manent, P.(1994), *An intellectual History of Liberalism*(R. Balinski(tr)), Prinston Univ.

Matheron, A.(1988), *Individu et communauté chez Spinoza*, Minuit, Montag W. et al(1998), *The new Spinoza*, University of Minnesota Press.

Moreau, P − F.(1994), *Spinoza: L'expérience et l'éternité*, P.U.F.

Negri, A.(1981), *L'anomalia selvaggia: Saggio su potere e potenza in Baruch Spinoza*, Giangiacomo Feltrinelli Editore, Milan.

Nietzsche, F.(1887), *Zur Genealogie der Moral,* Leipzig.

Ramond, Ch.(1995), *Qualité et quantité dans la philosophie de Spinoza*, PUF.

_____(2002), *Spinoza et la pensée moderne*, L'Harmattan.

_____(2005), "Introduction: La loi du nombre(ou la démocratie comme régime absolu")(Spinoza, *Traité Politique*, (tr) Ch. Ramond, PUF.

Sévérac, P.(1998), Passivité et désir d'activité chez Spinoza, in: *Spinoza et les affects,* (ed) F. Brugère & P. − F. Moreau, PUF, pp.39 − 54.

Strauss, L.(1953), *Natural Right and History*, The University of Chicago.

Vittorini, E.(1988/2000), Conversazione in Sicilia, Biblioteca universale Rizzoli.

Uexküll, J. v(1965), *Monde animaux et monde humain*. (tr) Muller Ph., Streifzuege durch die umwillen von Tieren und Menschen, 1956, Denoël.

Zourabichvili, F.(2002a), *Le conservatisme paradoxal de Spinoza: Enfance et royauté,* PUF.

_____(2002b), *Spinoza: une physique de la pensée,* PUF.

_____(2004), *Le vocabulaire de Deleuze*, Ellipses.

자본주의 신체미학과 자아정체성
: '미적 실존'에서 '감성적 실존'으로*

이승환

* 이 논문은 학술진흥재단 기초학문 공동연구 과제(KRF 2005-079-AM0016)의 지원을 받아서 이루어졌음.

1. 왜 '신체미학'인가

신체는 다양한 차원에서 고려될 수 있다. 급정거하는 자동차 안에서 앞으로 쏠리는 다른 물체들과 마찬가지로, 신체는 먼저 물리학적 차원에서 고찰될 수 있다. 배가 고프면 먹잇감을 찾는 다른 동물들과 마찬가지로, 신체는 생물학적 차원에서 고찰될 수도 있다. 그러나 물리학적 차원과 생물학적 차원의 신체는 아직 인간만이 지닌 고유한 특성을 드러내 주지 못한다. 인간의 신체는 물리학이나 생물학에서 다루는 '사물'의 차원을 넘어 주체가 지닌 '정신성'을 드러내 주는 지표가 된다. 예를 들어 로댕의 <생각하는 사람>이나 미켈란젤로의 <묶여 있는 노예>에서는 뒤틀리고 왜곡된 신체를 통하여 부자유한 실존의 상황에서 고통받는 주체의 '정신성'을 재현해 내고 있다. 이런 점에서 신체는 그저 살과 뼈로 이루어진 '살덩어리(Körper)'가 아니라, 내면의 정신성이 육화되어 밖으로 내비치는 '몸(Leib)'으로 파악될 필요가 있다.[1] '주체'로서 몸은

---

1) '살(Körper)'과 '몸(Leib)'의 구분에 대해서는 이승환, 「눈빛·낯빛·몸짓」, 『감성의 철학』(민음사, 1996년) 참조.

'기하학적 이성'에 의하여 선분의 비례나 균형과 같은 연장(延長)적 특징을 계산하고 끝내 버릴 수 있는 '물질적인 것(das Dingliche)'이 아니다. '주체'로서 몸은 살아 움직이면서 내면의 감정과 느낌을 토해 내는 전(全)인격적 '몸성(Leiblichkeit)'으로 이해되어야 한다.

인간의 실존은 '창 없는 단자'로서의 고립된 삶이 아니라, 타자와의 끊임없는 상호 작용을 통하여 '인정(Anerkennung)'을 추구해 나가는 역동적 과정이다. 이 과정에서 인간의 신체는 소통을 위한 매개가 된다. '의식'은 몸을 통하지 않고서는 상대방에게 전달되거나 읽힐 수 없다. 표정과 같은 안면근육의 움직임은 단순한 생리·물리적 운동이 아니라 내면의 정신성이 밖으로 드러난 '표현(Ausdruck)'이며, 말이나 글과 같이 '이성'을 전달하는 '행위(Handlung)'조차도 일차적으로 '몸'을 경유하지 않고서는 불가능하다.[2] 근대 이래 이성적 의사소통은 '몸성'과는 아무런 상관관계가 없는 것으로 여겨지고, 심지어는 '몸성'을 탈피하면 탈피할수록 인간은 더욱 이성적으로 될 수 있다고 여겨져 왔다. 하지만 최근의 인지심리학적 연구들은 이성적 인지활동에도 감정적 동요가 수반되며, 나아가서는 이성적 인지 이전에 감성적 파지(把持)가 선행한다는 경험적 보고서를 내놓고 있다.[3] 이러한 연구는 그간 근대철학이 주장해 온 '탈신체적 이성'보다 훨씬 더 우리의 숙고된 판단에 부합한다.

인간이 처한 상호주관적 실존의 상황, 그리고 상호주관적 의사소통을 가능케 하는 매체로서의 몸은 필수적으로 '신체의 미학화'를

---

2) '표현(Ausdruck)'과 '행위(Handlung)'의 구분에 대해서는 이승환, 「눈빛·낯빛·몸짓」, 『감성의 철학』(민음사, 1996년) 참조.

3) 스탠리 캐블(Stanley Cavell)은 '감응(Affiziertheit)'의 모델을 통하여, 이성적 인지에 앞서 감성적 파지가 선행함을 논증한다. 악셀 호네트, 강병호 옮김, 『물화』(나남, 2006), 56~62쪽 참조.

요청한다. 더럽고 불결한 몸은 이성적 의사소통이 시작되기 이전에 이미 상대방에게 역겨움을 품게 한다. 공동의 문법에서 벗어난 일탈적 몸짓과 문화적 코드에서 벗어난 제스처는 이성적 의사소통이 시작되기 이전에 이미 상대방에게 모종의 편견과 방어감을 심어 준다. 그리고 공유하는 미감에서 벗어난 추한 용모는 상대방에게 거부감을 유발하기도 한다(추의 미학에 대해서는 뒤에서 다시 상술할 것임). 이런 점에서 상호주관적 조건 속에서 살아갈 수밖에 없는 인간은 자신의 신체를 최소한 이성적 의사소통에 장애가 되지 않을 만큼 미적으로 가꾸고 도야(Bildung)할 필요가 있다. 여기에서 '신체미학(Leib − Ästhetik)'이라는 개념이 성립한다.

2. 자본주의 시대의 '신체미학' :
'미'의 균질성과 개성의 상실

　도구적 합리성이 지배하는 소비자본주의 시대의 인간은 '동일성'
의 노예로 전락해 간다. 모든 것이 효율성이라는 획일적 잣대로 가
치를 인정받는 '물화(Verdinglichung)'된 사회에서 이 기준에 부합하
지 않는 모든 사고와 노동은 비효율적인 것으로 단죄된다. 마르쿠
제(H. Marcuse)는 이미 1960년대에 이러한 특징을 갖는 현대 산업
사회를 '일차원적 사회'라고 부르고 이에 상응하는 사유의 형태를
'일차원적 사고'라고 부른 바 있다. '일차원적 사고'의 특징은 가시
적인 것만을 믿는 태도, 효율성만을 유일한 가치의 척도로 여기는
태도, 그리고 이러한 현실의 부정성을 보지 못하고 오히려 이러한
현실을 자신에게 내면화하는 무성찰적 태도 등으로 요약된다.[4] 마
르쿠제가 진단하는 일차원적 사고는 현대의 문화현상 중 특히 신
체미학과 관련된 현상에서 두드러지게 목도된다.
　오늘날 성행하는 성형수술과 신체관리 프로젝트는 '일차원적 사

---

4) 허버트 마르쿠제, 박병진 역, 『일차원적 인간』(한마음사, 1988).

고'를 그대로 주체 자신에게 체현하는 일이다. 텔레비전과 영상매체에 등장하는 연예인들의 얼굴과 몸매는 시청자들에게 '미'의 정형으로 각인되고, 시청자들은 이를 모방하고자 수술실과 슬리밍 센터로 달려가 죄 없는 몸을 찢고-잘라내고-꿰맨다.[5] 외모 지상주의는 마르쿠제가 말하는 일차원적 사고와 정확하게 일치한다. 가시적인 것만을 믿으려는 태도, 효용성만을 지고의 가치로 여기려는 태도, 그리고 고통스런 현실에 대한 무성찰성 등이 그것이다.

성형수술이 오늘에 들어 갑자기 탄생한 기술은 아니다. 원시 부족사회에서 여성의 몸에 가해지는 할례, 입술 늘리기, 목 늘리기 등도 성형의 일종이며, 용맹스러움의 징표로 남성의 몸에 새겨지는 문신이나 인공적 상흔도 성형이기는 마찬가지이다. 뿐만 아니라, 맨 얼굴에 파운데이션을 바른 뒤 그 위에 볼연지와 립스틱을 바르고 속눈썹을 붙이는 화장술도 넓은 의미에서 '성형' 즉 '형태 만들기'라고 할 수 있다. 이런 점에서 성형은 이미 옛날부터 존재해 온 '이미지 변형'의 기술이라고 할 수 있다. 단지 소비자본주의 시대에는 발달된 의료기술 덕분에 원하는 대로 이미지를 변형하는 일이 가능해졌으며, 이와 더불어 아름답게 변형된 몸은 교환가치가 높은 '상품'으로 취급된다는 점이 고대와 다르다면 다른 점이다. 소비자본주의 시대 신체의 '상품화' 경향에 대해서는 보드리야르가 이미 『소비의 사회』에서 이미 상세하게 분석하였으므로 여기서 다시 되풀이할 필요는 없을 것이다.[6]

---

5) 이러한 문화현상에 관한 사회학적 통찰로는 크리스 쉴링, 임인숙 역, 『몸의 사회학』(나남출판, 2003); 브라이언 터너, 임인숙 역, 『몸과 사회』(도서출판 몸과 사회, 2002).

6) 장 보드리야르, 이상률 옮김, 『소비의 사회』(문예출판사) 제3부 2장 '소비의 가장 아름다운 대상: 육체'.

영상매체의 발달과 정보의 편재화는 '미'의 획일화를 초래한다. 텔레비전에 등장하는 연예인의 얼굴과 몸매는 '미'의 표준으로 각인되고, 시청자들(여성이건 남성이건)은 그 기준을 자기에게 적용시키려고 애쓴다. 갈수록 거세지는 모방의 물결은 '미의 균질화'를 초래한다. 근대 이전에 자연적 지형의 경계로 말미암아 정보의 전달이 용이하지 않았던 시절에는 기껏해야 초승달 같은 눈썹, 앵두 같은 입술, 복숭아 같은 뺨, 버들가지 같은 허리 등 개념이 이상적인 신체미의 기준으로 인식되었다. 하지만 매체의 발달로 인해 정보의 편재화가 이루어진 오늘에는 실존하는 몇몇 연예인들의 얼굴이나 신체가 '미'의 보편적 전범으로 간주된다. 매체의 발달은 신체미의 균질화뿐 아니라, 생활세계 전반에 깔려 있는 사물들(예를 들어 도시건축, 주거, 의복, 생활용품 등)에 대한 미적 균질화를 초래한다.

균질화된 '미'는 이미 '미'라고 할 수 없다. 세상 사람들이 모두 비슷한 얼굴과 엇비슷한 몸매로 변해 간다는 것은 끔찍한 일이다. 자기의 고유성을 버리고 타자와 같아지는 일은 사물화의 길이다. 똑같은 사물에는 고유명사를 붙이지 않고 보통명사로 부른다. 사이보그1호, 사이보그2호, 사이보그3호…처럼. 매체의 대중화가 가져오는 위험 가운데 한 가지는 고유한 문화가 사라지고 지역의 특색이 없어지며, 심지어 사람의 모습(얼굴, 신체, 의복 등)마저 비슷해져 간다는 데 있다. 문화와 문화 간에, 지역과 지역 간에, 그리고 사람과 사람 간에 너무나 많은 균질성과 획일성이 확산되어 가고 있는 것이 현대의 상황이다.

체코의 프라하를 찾는 사람들이 그 아름다움에 경탄하며 '시적

(詩的) 도시'[7]라고 칭송하는 이유는 프라하만이 지니고 있는 개성과 스타일 그리고 고유성과 정체성 때문이다. 세계의 대도시라면 어디서나 볼 수 있는 콘크리트 빌딩가는 개성과 역사를 결여한, 아무런 향수와 동경도 불러일으키지 않는 그저 엇비슷한 복제품들이다. 역사와 향수, 추억과 동경, 꿈과 희망을 불러일으킬 수 있는 도시야말로 개성 있는 도시이며 정체성을 간직한 도시이다. 사람의 경우에도 마찬가지이다. 자기만의 개성 있는 얼굴을 갖는 일은 그래서 중요하다.

'개성'은 그 자체로 존립하고 타자와 공유하지 않는 고유한 것을 말한다. 개성은 세계 안에서 나의 위상을 규정하고 나로 하여금 본래적 내가 되게 만드는 것이다. 개성은 나의 본질을 형성하며, 그런 점에서 개성은 유일한 것이며 타자와 교환되거나 동일성으로 환원될 수 없다.[8] 개성의 자유로운 발전은 인간의 실존과 문명에 있어서 없어서는 안 될 요소이자 조건이다.[9] 개성이 상실되고 균질적인 미감이 지배하는 소비자본주의 시대의 문화적 상황과 관련하여 필자가 제기하고자 하는 문제는 "자본주의의 물신성에서 벗어난 신체미학은 어떻게 가능한가?" 그리고 "매체가 산포하는 획일성에서 벗어난 미적 자율성은 가능한가?" 등의 물음이다.

'미적 자율성'에 관한 물음은 조금 더 깊게 파고들면 아름다워지

---

7) 하이데거의 '포이에시스(poiesis)' 개념을 통하여 프라하를 '건축현상학'의 관점에서 조명한 탁월한 글로는 이종관, 「공간, 시적 건축, 프라하의 비밀」, 『철학과 현상학 연구』(2002).

8) Schleiermacher, F. D. E. *Über die Religion. Reden an die Gebildeten unter ihren Verächtern*, 최신한 역, 『종교론: 종교를 멸시하는 교양인을 위한 강연』(기독교서회, 2002), 218쪽.

9) John Stuart Mill, *On Liberty*, ed. with an introduction by Elizabeth Rapaport(Hackett Publishing Company, 1978)의 제3장 '잘 삶의 한 요소로서 개성에 관하여(Of Individuality as One of the Elements of Well-Being)' 참조.

고 싶어 하는 욕망 그 자체에 대한 물음으로 소급된다. 아름다움에 대한 욕망은 과연 아름다워지고 싶어 하는 주체 자신의 것인가? 아니면 매체의 영향이나 타자의 시선에 의해 무의식적으로 주입받고 내면화된 '자기 안의 타자성'일까? 일단 아름다워지고 싶어 하는 욕망 그 자체는 대중매체의 영향과는 무관한 나르시시즘적 자기애로 해석할 수도 있을 것이다. 그러나 아름다움의 욕망을 실현하기 위한 '미적 기준'이 과연 타자의 시선과 무관하게 자기 안에 본구(本具)되어 있는지에 대해서는 좀 더 많은 논의를 필요로 한다.

과연 비례·균형·조화와 같은 미의 기준은 밖으로부터의 학습이나 매체의 영향과 무관하게 '감성의 선천적 형식'으로 날 때부터 주어진 것일까? 한 믿을 만한 보고서에 의하면, 전통 한국여성들의 얼굴은 가로:세로의 비율이 평균 1:1.3이다. 흔히 우리는 한국인의 얼굴이 넓적하다고 생각하고 이를 촌스럽다고 여기지만, 1:1.3이라는 비율은 달걀의 가로:세로 비율로서 전형적인 미인형의 비례에 속한다. 이에 비하여 현대 한국인의 이상적 미인관을 반영하는 미스코리아의 평균 얼굴비는 1:1.5로서 달걀보다 훨씬 갸름하다. 이는 우연하게도 밀로의 비너스상과 일치하는 비례이고, 서양여성 얼굴의 평균비이기도 하다.[10] 이는 현대 한국인들의 신체미에 대한 기준이 서구 중심적으로 변화하고 있음을 의미한다. 이로 볼 때, 아무리 나르시시즘적 자기애를 위한 외모 가꾸기라 할지라도, 주체의 내면에는 이미 밖으로부터 투사된 미의 기준이 영향을 미치고 있다고 보아야 할 것이다.

10) 조용진, 『우리 몸과 미술』(사계절, 2001), 101쪽 참조.

욕망은 항상 자신을 바라보는 타자의 '시선'11)을 자신에게 투사함으로써 발생한다. 아름다운 신체에 대한 기준을 만들어내고 이를 은연중 시청자들에게 세뇌하는 대중매체, '몸성(Leiblichkeit)'보다 관상학적 도상(physiognomisches Ikon)에만 몰입하는 탐미주의적 미감, 그리고 이에 무의식적으로 동조하는 소비대중은 외모지상주의를 확산시키는 공모자들이다.

아름다운 신체는 바라보는 사람에게 심미적 만족감을 제공한다. 그러나 '살덩어리'로서 신체를 바라보는 일과 '몸'으로서 신체를 바라보는 일은 구별될 필요가 있다. 성형수술을 통한 신체의 교정은 선분의 비례와 균형을 교정한다는 점에서 일단 '심미화(Ästhetisierung)'라고 할 수 있다. 그러니 이러한 심미화가 곧 한 주체가 지닌 '몸성'을 고양시키는 일과는 무관한 것이 분명하다. 성형수술에 의한 비례의 교정은 관상학적 도상을 수정하는 것이지 몸을 통하여 드러나는 내면의 '표현(Ausdruck)'과는 무관한 일이기 때문이다. 쌍꺼풀 수술을 한다고 해서 '영혼의 창'인 눈이 내면의 느낌을 상대방에게 더욱 잘 전달하게 될 리는 만무하며, 보조개 우물을 판다고 해서 무뚝뚝한 심성의 소유자가 곧 명랑하고 사교적이 될 리는 만무하다. 이러한 관상학적 교정은 단지 살덩어리(Körper)에 대한 교정이지, 웃고 울며 느끼고 감응하는 몸(Leib)에 대한 교정은 아니다. 보드리야르는 정신이 증발된 '관상학적 도상'의 아름다움에만 몰입하는 소비자본주의 시대 신체미학의 단편적인 예를 패션모델의 눈동자에서 찾는다. "넋을 빼가기도 하며 넋을 잃기도 하는 멍한 눈

11) 여기서 '시선(le regard)'은 라캉의 용어임.

동자, 욕망을 과도하게 느끼게 하면서도 욕망을 전혀 가지고 있지 않은, 어디를 보는지 알 수 없는 눈빛, 의미도 없이 빛나면서 검열을 환영하는 듯한 눈…. 쾌감 때문에 거무스레해지는 것이 아니라 유행하는 아이섀도에 의해 거무스름해진 눈 속에서 육체의 의미 그 자체, 육체의 진실이 최면술에 걸려 사라진다. 이 현상이 진행됨에 따라, 육체 특히 여성의 육체는 일련의 사물들과 동류적인 사물이 되고 만다."12)

---

12) 장 보드리야르, 이상률 옮김, 『소비의 사회』(문예출판사), 199~200쪽 참조.

3. '타자의 시선'을 의식지 않는 '미'는 가능한가

동일성은 억압을 초래한다. 동일성에서 벗어난 개별자들은 동일성을 지향하는 '체계'에서 배제되고 소외받기 마련이다. 헤겔 『미학』에서 보편정신의 상징으로 등장하는 '예수의 얼굴'은 다양한 감성을 지닌 개별자들에게 정신적 통제와 문화적 규율을 행사하는 '동일화의 기제'로 작용해 왔다.[13] 소비자본주의 시대에 '예수의 얼굴'은 몇몇 연예인의 얼굴로 대체되어 또 다른 동일화를 촉진하는 무의식적 기제로 작용한다. '연예인 닮기'는 개성화를 촉진한다기보다 '붕어빵 미인'을 양산한다는 점에서 개성보다는 오히려 균질화를 초래한다. 왜 사람들은 균질적인 아름다움을 얻기 위하여 고통과 비용을 무릅쓰고 성형외과로 달려가려 하는가? 왜 사람들은 개별자로서 지닌 고유한 개성과 용모를 버리고 표준미인과 동일해지고 싶어 하는가?

일단 손쉬운 대답은 가시적인 것의 효용성 때문일 것이다. 소비

---

13) 헤겔 『미학』에 나오는 '예수의 얼굴'이 지닌 동일화의 기제에 관해서는 이지훈, 「미학의 관점에서 본 헤겔 철학의 비판과 반비판: 얼굴의 의미에 관하여」, 『헤겔연구』 제16호.

자본주의 사회에서 신체는 이미 '인격'이 아니라 '상품'으로 취급받는다. 취업시장과 결혼시장에서 관상학적 미감을 자아내는 신체는 그렇지 못한 신체에 비해 더 높은 교환가치를 지닌 상품이 되기 때문이다. 그런 기준에서 벗어난 몸을 가진 사람은 자신의 몸을 불만족스럽게 생각하고 콤플렉스에 빠지게 됨으로써 지속적으로 성형을 꿈꾸게 된다. 그러면 이미 취업이나 결혼문제에 신경 쓸 필요가 없는 사람들의 표준미인에 대한 집착은 어떤 방식으로 설명이 가능한가? 일단은 외모지상주의의 대중적 열풍에 대한 무성찰적 동조화로 이해해 볼 수 있을 것이다.

자신이 무성찰적 동조자로 분류되기를 원치 않는 사람들은 종종 자신의 외모에 대한 집착을 '자기애'라고 변명하곤 한다. 그러나 아무리 나르시시즘적 자기애라 할지라도 거울(또는 타자의 시선)을 의식지 않는 순수한 자기애란 가능한 것일까? 아기는 거울을 통하여 자신의 존재를 확인하지만, 이러한 확인은 먼저 엄마의 '승인'을 거쳐야 한다. "저 거울에 비치는 게 바로 너야!"라는 엄마의 승인을 통하여 아기는 차츰(상상적으로) 자신의 정체성을 구성하게 된다. 아직 엄마의 승인을 거치지 않은 거울이미지는 아름답지도 추하지도 않은 또는 아직 기의가 부과되지 않은 순수기표로서의 어떤 '것(thing)'에 불과하다. 거울에 비친 어떤 '것'은 엄마의 승인을 통하여 기의로서의 자격을 획득한다. 즉 자기의식이 탄생하게 되는 것이다. 자기의 아름다움은 발견되는 것이 아니라 자기 밖(어머니)의 '승인'에 의하여 부여되는 것이다. 아기가 유아기를 벗어나 '상징계'로 진입하면서 자기 바깥에 존재하는 법과 규범 그리고 문화적 코드나 사회적 관습과 같은 '타자의 시선'은 자아를 구성하는 중요한 요소가 된다.

아름다워지고 싶은 욕망이 아무리 자기애에 근거한 것이라 할지라도, 아름다움을 확인하기 위해서는 거울을 필요로 한다. 거울은 유리로 된 반사경일 수도 있지만, 상징계 안에서의 '타자의 시선'이야말로 나를 비추는 진짜 거울이다. 은밀하게 자신을 훔쳐보는 타자의 시선을 모르는 척 감지하면서, 자기도 자신을 응시하는 타자의 시선을 은밀하게 훔쳐본다. 이처럼 보이는 자로서의 나는 나를 바라보는 타자의 시선을 통하여 나르시시즘의 쾌감에 도취한다. 자기에의 도취과정은 마치 공중으로 던지면 제자리로 되돌아오는 부메랑 놀이와도 비슷하다.[14] 하물며 나르시시즘적 자기애가 아닌, 타자의 시선을 의식하며 자발적으로 타자의 시선에 맞추어 외모를 가꾸려는 '순응적 인간(homme docile)'[15]일 경우, 매체에서 산포하는 외모 지상주의의 열풍으로부터 자신을 지켜 내기란 더더욱 쉬운 일이 아닐 것이다. 과연 관상학적 미감이 지배하는 사회에서 타자의 시선을 거부하고 '미적 자율성'을 확보하는 일은 가능한가? 과연 물화된 사회에서 스스로 사물로 전락하지 않고 살아갈 수 있는 길은 가능할 것일까?

호네트(A. Honneth)는 자기정체성의 형성과 관련하여 미드(H. Mead)의 사회심리학에 주목한다. 그에 의하면, 주격 '나(Ich)'는 타자가 나에 대해 가지고 있는 어떤 '상(ein Bild)'이나 기대를 인지하면서 목적격 '나(Mich)'에 대한 심상을 얻게 된다. 즉 자기정체성은

---

14) 이승환, 「후기근대적 신체주체의 부박함에 대하여」, 영남대 인문과학 연구소, 『인문연구』 47호(2004.), 8쪽.

15) 이는 푸코의 개념이다. 미셸 푸코, 박홍규 역, 『감시와 처벌』(강원대 출판부, 1993).

나에 대한 타자의 관점이 나에게 내면화됨으로써 가능해진다. 호네트의 정체성 형성과 관련된 통찰은 라캉의 것과 그리 멀리 떨어져 있지 않다. 라캉에 의하면 인간은 세계의 무대 속에서 바라다보이는 존재이다.[16] 즉 '나'라는 주체를 형성하는 동인은 '나' 자신이 아니라 '타자의 시선'이라는 뜻이다. 주체는 태어나는 순간부터 죽는 순간까지 타자의 시선에 의해 지배된다. 주체의 자율성을 부인하는 듯한 호네트와 라캉의 진술은 우리의 주제인 '미적 자율성'과 관련하여 절망적인 묵시론적 예언처럼 들린다. 과연 언제까지나 타자의 시선에 사로잡힌 피감시자의 삶을 살아야 하는 것이 나의 운명인가? 타자의 시선에서 벗어나 자율적으로 미적 실존을 영위하는 일은 불가능한 일인가?

---

16) 양석원, 「응시의 저편: 자끄 라캉 이론에서의 주체와 욕망」, 영미문학회, 『안과 밖』(2003), 55쪽 ; 김현진, 「시선을 중심으로 본 주체와 욕망의 메커니즘 : 자크 라캉의 시각이론을 중심으로」, 한국 뷔히너학회, 『뷔히너와 현대문학』(2006), 370쪽 참조.

4. '시선'의 억압에서 벗어나기 위한 시도들

현대에 들어 '타자의 시선' 또는 '체계'의 억압에서 벗어나 미적 자율성을 추구하려는 움직임은 페미니스트 진영에서 여러 가지 형태로 포착된다. (이 글의 목적이 전적으로 여성주의 미학에 대한 탐구는 아니지만, 미적 자율성의 가능성을 탐색하기 위한 모범적인 사례로서 여성주의 신체미학의 몇 가지 유형을 살펴보기로 한다.) 첫 번째 논의의 대상으로 삼을 만한 시도는 '미적 금욕주의'이다. 타자(특히 가부장적 미학)의 시선에서 벗어나려고 시도하는 일부 여성들은 신체미의 탈성별화를 감행한다. 브래지어를 벗어 던지고, 짧게 자른 머리에 화장기를 지우고 무채색의 남성복 같은 슈트를 입은 채 담배를 물고 거리를 활보하는 행위는 가부장적 시선에서 벗어나고 싶어 하는 저항의 일환이라고 보인다. 이러한 행위는 아름다워지고 싶어 하는 욕망을 자발적으로 포기한다는 점에서 '미적 금욕주의'라고 부를 만하다. 이러한 시도는 자신을 '성적 대상'으로만 바라보는 가부장적 시선으로부터 자유로워지고자 하는 욕망의 표현이지만, 동시에 아이러니컬하게도 아름다워지고 싶어 하는 다른 여성들의 '심미적 욕망'과 '미적 권리'를 억압할 수 있다.[17] 뿐만 아니라 이러한 실천은, 비록 실천에 참가하는 당사자는 가부장적 시선으로부터 자유로워질 수 있겠지만, 이러한 실천에 동참하지 '않는' 또는 동참할 여건이 '못 되는' 나머지 여성들을 여전히 가부장적 시선의 포로로 남겨둔다는 점에서 근본적인 한계를 내포한다. 이런 점에서 미적 금욕주의는 '시선의 정치학'을 근본적으로 전복시키는 전략이 되기는 어렵다.

'시선의 정치학'을 전복시키기 어렵다고 간파한 사람들은 대안으로 '나르시시즘의 미학'을 역이용하고자 한다. 즉 응시하는 '주체'만이 권력을 가지는 것이 아니라 역으로 응시되는 '대상'도 권력을 가질 수 있다고 여기는 것이다.[18] 메두사가 자신을 바라보는 사람들을 돌로 만들어 버렸듯이, 관능미로 무장한 신체는 자신을 바라보는 가부장적 시선들을 매료시켜 노예로 만들어 버릴 수 있다고 보는 것이다. 나르시시즘을 여성주의적 전략으로 제시하는 사람들은 여성미의 강력한 매력이 '보는 자'와 '보이는 자' 사이의 위계적 관계를 전복시킬 수 있다고 여긴다. 그렇다면 여성이 자기애에 도취해서 신체를 아름답게 가꾸는 일은 여성적 신체미의 표준을 제시하고 이를 강요해 온 가부장적 미학과 어떻게 다른 것일까? 수잔 보르도는 타자의 시선에 의해 길들여진 신체미와 자기애를 위해 가꾸어진 신체미의 정치적 의미는 다르다고 본다. 여성에게

---

17) 김주현, 「여성의 몸과 외모가꾸기」, 『미학』 제47집(2006), 42쪽 참조.

18) Ann Cvtkovich, "The Power of Seeing and Being Seen: Truth or Dance, Paris is Burning", *Film Thoeoty Goes to the Movies*, (New York: Routledge, 1993), 김주현, 위의 글, 44쪽 참조.

주어진 매력적 자산인 신체미는 오히려 남성을 정복하고 지배할 수 있는 권력이 될 수 있다고 여기는 것이다. 하지만 이러한 주장은 아름다운 외모를 지닌 여성과 그렇지 못한 여성 사이에 위계질서를 심화시키고, 아름다운 외모를 지니지 못한 여성을 다시금 소외와 배제로 몰아넣는 '성별내의 차별'을 초래할 수 있다.[19] 뿐만 아니라 늙어 가면서 형편없이 비대해지거나 아니면 바람 빠진 풍선처럼 쪼글쪼글해져 가는 중년 이상의 여성들은 "이 세상은 젊고 탱탱하고 예쁜 것들만의 잔치란 말인가!"라고 불만을 토로할지도 모른다.

보이는 '대상'으로서의 신체는 여성이거나 남성이거나 회피할 수 없는 실존의 운명이다. 어차피 타자의 시선에 노출될 수밖에 없는 것이 실존의 명령이라면, 이제 제3의 대안은 '아름다움의 신화'의 그늘에 감추어진 실존의 추한 모습을 보여주는 작업으로 옮겨 간다. 화장기로 단장하고 화려한 장신구로 치장한 '아름다운 몸'만이 주체의 전부는 아니며, 억압받고 훈육되어 온 신체의 추한 면이 주체를 구성하는 또 다른 부분임을 적나라하게 드러내 보여줄 필요가 있다. 이런 이유에서 코스마이어(C. Korsmeyer)와 크리스테바 (J. Kristeva)는 '여성적 숭고미'와 '그로테스크'를 가부장적 미학의 대안으로 세안힌다. 그로테스크 미학은 절단되거나 훼손된 신체, 부패하거나 분비물로 더럽혀진 신체 등의 기괴한 형상을 통하여 통상적으로 여성에게 기대해 온 '미적 이상(das ästhetische Ideal)'의 신화를 폭로한다. 여성의 몸은 그저 향기 나는 아름답고 부드러운

---

19) 김주현, 위의 글, 52쪽 참조.

살덩어리(Körper)가 아니라 교미, 임신, 낙태, 출산, 배설, 분비, 노화, 훈육 등을 통해 고통스러움과 비천함이 각인된 실존으로서의 몸(Leib)임을 보여주자는 것이다. 그로테스크 미학은 기존 미학에서 추구해온 비례·균형·조화와 같은 미적 동일성을 거부하고, 부조화·불균형·무질서의 미를 지향한다는 점에서 '이질성의 미학(para-aesthetics)'20)이라고 부를 수 있다.

그러나 이러한 기획에는 여전히 두 가지 문제가 남는다. 첫째는 이러한 그로테스크 미학이 실제 현실 속에서 억압받는 여성들의 삶을 얼마나 변혁시켜 줄 수 있는지에 대한 물음이다. 사진·필름·회화 등의 예술은 갤러리에서 관심 있는 사람들을 위한 퍼포먼스를 제공할 수 있지만, 과연 이러한 일회성 퍼포먼스가 '체계'를 송두리째 뒤흔들 수 있는 동력으로 연결될 수 있는 것일까? 그리고 두 번째 의문은 과연 그로테스크와 같은 '반미학적 미학(eine Anti-Ästhetik)'은 보는 자에게 미감 대신 혐오감을 불러일으킴으로써 그동안 별다른 편견이 없이 살아오던 사람들에게 오히려 거부감을 갖게 하지 않을까 하는 우려가 제기될 수 있을 것이다.

---

20) '이질성의 미학(para aesthetics)'은 리타 펠스키의 용어다. Rita Felski, "Why feminism doesn't need an aesthetic and why it cannot ignore aesthetics", in James O. Young, ed., *Aesthetics: Critical Concepts in Philosophy*(New York: Routledge, 2005), Vol.III, 230쪽 참조.

5. 동일성에 대한 저항으로서 '추의 미학'

공포감와 섬뜩함을 유발하는 추(Häßlichkeit)를 테마로 삼는 그로 테스크 미학은 동일성에 저항하는 '실천'으로서 의미를 지닌다. 전통적으로 미/추는 배타적인 대립 항으로 인식되어 왔다. '미'는 질서와 조화 그리고 균형과 절제를 의미하는 반면, '추'는 몰형식성과 부정확성 그리고 변형이나 기형으로 규정되어 왔다. '미'가 하나의 절대이념으로서 완전성의 표상이라면 '추'는 불완전성 또는 존재의 결핍을 의미하는 것이다. 이런 점에서 로젠크란츠(Karl Rosenkranz)는 '추'를 '미'의 부정으로 간주한다. '미'는 감성의 형식에 조화롭게 드러나는 정신의 자유이지만, '추'는 감성의 형식에 부조화로 드러나는 부자유와 정신의 파열이라고 여기는 것이다.[21]

'추'에 대한 전통미학의 관점과 달리 아도르노는 '추'가 지니는 해방적 기능에 주목한다. 동일성의 사유가 지배하는 '체계' 속에서 비동일적인 것은 동일성의 범주 안으로 귀속되도록 강요받고, 개별

---

21) 박상선, 「아도르노 미학에 있어서 추(das Häßliche)의 문제」, 경희대 현대미술연구소, 『현대미술연구소 논문집』(2004), 56쪽 참조.

자들은 보편자 속으로 추상화됨으로써 미메시스는 대립적 타자로 추방된다. 특히 자본주의 체제는 모든 사물을 획일적 교환가치로 환원함으로써 동일성을 확산하는 데 기여한다. 동일성의 사유가 같지 않은 것들을 사상시키듯, 교환 원리는 개별적이고 질적인 차이를 평균치로 환원시킨다. 이러한 동일화의 메커니즘 속에서 인간은 합리적 계산과 교환을 통해 '사물'로 전락하게 된다.[22] 현대예술에서 자주 등장하는 '추'의 모티브는 이렇게 보편적 평균화와 억압적 동일화가 진행되는 '체계'의 이면에 간직된 부조리와 소외감에서 배태된다. 저항적 실천으로서 예술은 바로 그러한 왜곡된 현실이 가져오는 추함, 혐오감, 구토감 등에 대한 미메시스를 통하여 동일화에서 빚어지는 부조리를 고발한다. 앙포르멜한 것(das Informelle) 또는 부조화(die Dissonanz)로서 '추'는 동일성의 형식으로 포섭될 수 없는 '차이'를 환기시킨다. 따라서 아도르노에 있어 '추'는 '미'의 범주 못지않게 역동적인 가치로서, 부조리한 실존의 상황을 표현하는 '고통의 표현(Ausdruck des Leidens)'이다. 실존의 부면(負面)에 감추어진 고통을 드러내고 미학적으로 주제화하는 일은 동일성의 원리에 의해 억압받고 배제되어 온 '차이'를 인정하는 계기가 될 수 있다고 여기는 것이다.[23] 이처럼 아도르노에 있어서 '추'는 단순한 미학적 범주를 넘어 지배관계와 억압관계를 부정하고 고발하는 실천철학적 범주이다. 획일적인 '미의 형식'에서 벗어나 차이와 개별성을 회복하는 일이야말로 예술의 기능이라고 여긴다는 점

---

22) 이창남, 「미·추의 변증과 문화비판: 아도르노 '미학이론'의 추, 미, 기술의 카테고리를 중심으로」, 『헤세연구』, 제12집, 542쪽 참조.

23) 박상선, 「아도르노 미학에 있어서 추(das Häßliche)의 문제」, 경희대 현대미술연구소, 『현대미술연구소 논문집』(2004), 57쪽 참조.

에서, 페미니즘의 '그로테스크 미학'은 아도르노의 '추의 미학'과 유형적으로 비슷한 문제의식을 공유한다.

'추의 미학'은 꼭 후기근대 서양에서 새롭게 등장한 것이 아니다. 기원전 3~4세기를 살았던 장자(莊子) 역시 꼽추와 추남 그리고 절름발이와 장애인 등을 소재로 삼아 '체계'의 동일성에 저항하여 개별자의 자유를 꿈꾸는 '추의 미학'을 선보였다.[24] 한국 현대 문학에서 '추의 미학'을 실천의 계기로 삼는 작가로는 천운영을 들 수 있다. 그녀는 '체계'에서 소외된 채 억압적 삶을 살아가는 여성을 그리기 위하여 비천하고 그로테스크한 몸을 마이크로 기법으로 재현해 낸다. "툭 튀어나온 광대뼈와 꼽추를 연상케 할 정도로 둥그렇게 붙은 목과 등의 살덩이, 눈살을 찌푸리게 하는 목소리, 뭉뚝한 발가락….."[25] 천운영의 소설에 등장하는 여성은 『장자』의 주인공들처럼, 늙거나 젊거나 하나같이 신체적 장애를 가지거나 추한 몸으로 묘사된다. 그녀의 소설은 단지 가부장적 시선에 의해 기대되어 온 '아름다움의 신화'를 깨는 데 그치지 않고, 오히려 남성보다 더 거칠고 마초(macho)적인 여주인공들을 통해 남성을 깔아뭉개면서 가부장제의 전복을 시도한다. 여주인공들은 수동적이기를 거부한 채 짐승처럼 사나우며, 가냘프고 아름다운 대신에 거칠고 그로테스크하다. 성차의 경계를 아슬아슬하게 넘나들면서 통상적으로 기대된 여성상에서 탈주함과 동시에 가부장적 남성성의 전복을 꿈꾸는 그녀의 소설은 '추의 미학'을 여성주의적으로 훌륭하게 전

---

24) 장자의 '추의 미학'에 대해서는 이승환, 「눈빛·낯빛·몸짓」, 『감성의 철학』(민음사, 1996년) 제6장 '도가의 유가적 낯빛 비판'을 보시오.

25) 천운영, 『바늘』(창작과 비평사, 2001).

용(轉用)한 경우라 할 수 있다.[26)]

이제 앞서 제기했던 질문으로 되돌아가 보자. 그로테스크 미학은 과연 어떤 방식으로 사회적 실천과 연계될 수 있을까? 공포감과 혐오감을 유발하는 예술작품은 오히려 보는 자에게 거부감이나 불러 일으키게 되지 않을까? 그로테스크 미학이 '그네들만의 잔치'로 그치지 않기 위해서는 다양한 형태의 사회적 실천으로 연계되지 않으면 안 된다. 이미 우리나라에서도 실행되고 있는 '분만실에 동참하기'는 실상 그로테스크 미학이 현실 속에서 실행되고 있는 단적인 예로 해석될 수도 있을 것이다. 피를 흘리며 찢어진 자궁 사이로 외계인같이 쭈글쭈글한 새 생명이 허연 분비물을 뒤집어쓴 채 고무장갑을 낀 무감각한 손에 의해 끄집어져 나오는 광경은 그로테스크와 더불어 여성적 숭고미를 체험하게 해주는 계기가 된다. 이 밖에도 양로원에 가서 치매노인의 배설물을 처리해 주고 목욕시켜 주기와 같은 프로그램도 '살덩어리' 숭배의 신화를 깨고, 쾌락과 고통 그리고 미와 추가 공존하는 '몸성'의 전모에 대해 진지한 성찰의 기회를 제공하는 계기가 된다. 미학과 현실을 연결시킬 수 있는 다양한 프로그램이 개발되어 교육과 봉사의 형태로 실행된다면 '체계'의 부조리를 변화시킬 수 있는 잠재적 저항군의 수는 점차 늘어나게 될 것이다.

---

26) 천운영의 소설에 대한 여성주의적 평론으로는 김양선, 「빈곤의 여성화와 비천한 몸: 천운영과 배수아의 작품을 중심으로」, 『여성과 사회』(2004).

6. '심미화'에 수반된 실재에 대한 '무감각화(Anästhetisierung)'

　　동일성에 저항하는 '추의 미학'은 보는 사람 또는 듣는 사람으로 하여금 고통과 구토를 자아내게 한다. 사진·필름·회화와 같은 시각예술(예를 들어, 캐롤리 슈니만의 '체내 두루마리')도 그렇지만, 음악과 같은 소리예술(예를 들어, 아놀드 쇤베르크의 '바르샤바의 생존자')의 경우에도 마찬가지이다. 이러한 작품을 감상하는 사람들은 소름 끼치는 역겨움과 섬뜩한 공포감에 사로잡히게 된다. 감상자가 느끼게 되는 이러한 불쾌감은 역으로 우리의 (일상적인) 미감이 얼마나 아비투스(habitus)[27]에 사로잡혀 있는지 반증해 주는 증거가 된다. 존재의 밝은 면과 어두운 면 가운데 쾌감을 자아내는 밝은 면에만 주의를 집중히도록 감각이 길들여지는 것이 바로 '미감의 인습화'이다. 통상적이고 동일화된 미적 형식에 길들여진 '인습화된 미감'은 여기서 벗어난 '존재의 어두운 면'에 대해서는 낯설게 반응하거나 대상이 야기하는 고통스러움 때문에 외면하려고

---

[27] 이는 브르디외(P. Bourdieu)의 용어이다. 피에르 브르디외, 『자본주의의 아비투스』(동문선, 2002).

하기 마련이다. 미감의 인습화는 존재계의 한쪽에만 시선을 집중하고, 그 나머지에 대해서는 '무감각해지는(Anästhetisierung)' 결과를 초래한다. 특히 영상매체의 보급과 소비자본주의의 확산으로 인해 생활세계 전반에 획일적인 심미화가 진행되는 과정에서 '무감각화'는 심각하게 우려할 만한 현상으로 대두된다. 벨슈(Wolfgang Welsch)는 이러한 문화현상을 진단하고 교정하기 위한 학문으로 '무감각학(Anästhetik)'[28]을 제안한다.

벨슈에 의하면 '무감각(Anästhesie)'은 느낄 수 있는 감지능력이 지양되어 있는 상황으로서, 육체적 무감각으로부터 시작해서 정신적 맹목에 이르기까지 감수성이 상실되거나 작동 불가능해진 상황을 가리킨다. 그는 '미학'의 어원인 아이스테시스(Aisthesis)가 지닌 원래적 의미에 주목한다. 원래 아이스테시스는 지각(Wahrnehmung), 인식(Erkenntnis), 육감(Empfindung), 감정(Gefühl) 등 다양한 함의를 갖는다. 그러나 전통 미학에서는 이 가운데 지각이나 인식과 같은 인지적 측면에만 관심을 집중하고, 감지나 감정의 문제는 도외시해 왔다. 이러한 반성에 근거하여, 벨슈는 감지와 감정의 문제를 미학의 영역으로 재편입시킴으로써 아이스테시스가 원래 지녔던 중층적 함의를 복원하고자 한다. 그의 이러한 시도는 단지 미학의 명칭에 대한 어원학적 관심에서 나온 것이 아니라, 후기 자본주의 사회에서 매체의 확산과 더불어 초래되는 무감각화 현상에 대한 성찰에서 비롯된 것이다. 그에 의하면, 매체화된 이미지가 현실보다 더 실재처럼 여겨지는 상황에서 예술은 이미지인 동시에 '창 없는 단

---

28) 김윤상, 「지각학으로서의 미학? 최근의 미학논의들에 대한 비판적 검토 및 보충」, 『독일문학』 제100집, 112쪽 참조.

자'로 변형되어 간다. 예술이 외부로 연결되지 못하고 고립된 단자로 변형되어 가는 이유는 사회적 현실로부터 고립된 채 물화된 삶을 살아가는 개인들에 의해 예술이 생산되기 때문이다. 비본래적이고 부차적인 것으로 전락해 버린 '본래적인 것'에 대한 접촉 부재 또는 무감각한 상태는 현대 예술이 직면한 위기이자 새로운 미학의 가능성의 조건이기도 하다.[29]

이미지가 실재처럼 여겨지고, 현실적인 것은 허구로 느껴지며, 오히려 본래적이고 실재하는 것에 대해 무감각해지는 후기 근대적 '무감각의 문화'를 철학적으로 주제화하는 것이 벨슈의 '무감각학'이 노리는 지점이다. 벨슈의 문제의식과는 약간 다를 수는 있겠지만, 그가 지적하는 '심미화'와 더불어 진행되는 '실재에 대한 무감각화'의 가까운 예로는 마광수의 '예쁜 여성 예찬'을 들 수 있다. 그는 MBC 백분토론 <몸의 시대: 살빼기와 성형열풍>(2005.08.11.)이라는 프로그램에 출연해서 "예쁜 애들이 공부도 잘한다"는 발언을 하여 물의를 빚기도 했지만, 그 후에도 「무엇이 여성을 섹시하게 만드는가?」라는 글에서 이렇게 말한다.

> 불편한 것, 불편해 보이는 것, 아니 일부러 불편하게 한 것은 모두 섹시하다. 엄청나게 길게 길러 휘어진 손톱, 무지무지하게 높은 하이힐, 너무 좁고 꽉 껴 걸어 다니기도 불편할 정도의 조미니 타이드스커트, 팔을 움직이기 힘들 정도로 무거운 팔찌, 모가지가 기형적으로 가늘고 긴 여인, 그 여인의 목에 꽉 조이게 매어 있어 목을 마음대로 돌릴 수 없을 만큼 무겁고 폭이 넓은 개목걸이, 두 발목 사이를 체인으로 이어놓아 불편하긴 하지만 우아한 걸음걸이를 도와주는 족쇄 모양의 발찌.[30]

---

29) 김윤상, 위의 논문, 112~114쪽 참조.

30) 마광수, 「무엇이 여성을 섹시하게 하는가?」, 『연두』(연세춘추가 만드는 웹진, Yonsei Digital Opinion),

신체를 바라보는 마광수의 시선은 심미적인 차원을 넘어서 탐미적이며, 탐미적인 차원을 넘어 가학적이기까지 하다. 그에 의하면 여성은 섹시해 보이기 위해서 불편함을 감내해야 한다. "목에 꽉 조이게 매어 있어 목을 마음대로 돌릴 수 없을 만큼 무겁고 폭이 넓은 개목걸이"는 물론이고, 심지어는 "두 발목 사이를 체인으로 이어놓아 불편하긴 하지만 우아한 걸음걸이를 도와주는 족쇄 모양의 발찌"를 차는 것이 좋다. 만약 그가 송대의 중국에 살았더라면 당연히 '전족(foot-binding)' 예찬론자가 되었을 것이다. 섹시함을 위해서는 개목걸이와 족쇄모양의 발찌를 차는 고통까지도 감내할 수 있어야 한다는 그의 주장은 '심미화'와 동시에 진행되는 '무감각화'를 보여주는 전형적인 경우라고 할 수 있을 것이다. 여성의 신체를 바라보는 미적 지각은 탁월할지 몰라도, 응시의 대상이 감내해야 할 고통에 대해서 그는 너무도 '무감각'하다.

관상학적 도상으로서 살(Körper)은 지각할 수 있어도 몸성(Leiblichkeit)에 대해서는 무감각하며, 존재의 표피(이미지)는 볼 수 있어도 존재 그 자체(본질)는 보지 못하는 마광수의 미감은 벨슈의 표현을 빌자면 '지독히도 무감각한(sehr anästhetisch)' 것이라고밖에 달리 표현할 길이 없다. 혹시 그는 사람을 마네킹으로 착각하고 있는 것은 아닐까? 이미지에 갇혀서 실재를 보지 못하고, 관상학적 도상이 가져다주는 아름다움에 취해 본래적인 것에 무감각해지는 경향은 단지 마광수 혼자만의 것은 아닐 것이다. 이러한 경향은 이 시대를 사는 많은 남성들의 것이며 적지 않은 여성 자신의 것이기도 하다.

2007년 9월 17일자.

7. '미학'에서 '감성학'으로

'심미적 무감각화(ästhetische Anästhetisierung)'를 초래하는 아이러니컬한 사태는 미적 지각만 문제시하고 감성적 지각은 도외시해 온 근대 정신주의 미학의 산물이라고 할 수 있다. 슈투트가르트 발레단의 프리마 발레리나 강수진의 발은 근대미학이 처한 '미적 지각'과 '감성적 지각' 사이의 분열증적 균열을 보여주는 상징적 징표라고 할 수 있다.

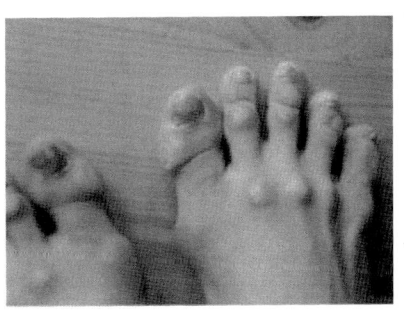

뭉개지고 갈라진 발톱, 옹이처럼 튀어나온 뼈, 버섯 모양으로 퍼진 엄지발기락. 피멍이 들어 기괴하게 일그러진 발을 보는 사람은 누구나 그

발레리나 강수진의 발[31]

---

31) 사진출처:
http://search.empas.com/search/img.html?q=%B0%AD%BC%F6%C1%F8%C0%C7+%B9%DF&ef=0&e=1&tq=Y&tc=0&wi=34&n=0&fv=V&n=10&cw=91

로테스크한 전율을 느끼게 된
다. 누가 이 발이 세계적인 발
레리나 강수진의 발이라고 상
상할 수 있겠는가? 나비 날개
같은 망사옷을 휘날리며 비너
스처럼 가뿐하게 하늘로 비상
하는 그녀의 발가락이 문둥병
환자의 그것과 같을 줄 누가
예측하겠는가? 하루에 19시간

강수진의 발레 동작[32]

씩 연습을 하며 1년에 토슈즈를 1천여 컬레씩 바꿔 신어야 하는 그
녀의 발은 물집이 잡히는 건 기본이고, 사시사철 발톱이 빠지고 살
이 짓무르면서 피가 난다고 한다. 쉽게 아물지 않는 상처 때문에
고름이 흐르기 일쑤다. 토슈즈를 벗을 때면 생살을 떼는 것 같은
아픔을 느낀다. 피와 고름 그리고 살가죽이 슈즈에 함부로 엉켜 붙
기 때문이다. 오죽하면 발가락 사이에 쇠고기를 끼워 고통을 줄이
려 했을까? 그녀가 아침에 눈을 뜨면서 가장 먼저 느끼는 것은 통
증이다.

　무대 위에서 보여주는 아름다운 신체와 몸동작이 그녀의 한 부
분이라면, 뭉그러진 발은 그녀의 또 다른 부분이다. 감상자들은 그
녀의 한 부분(신체 이미지)이 가져다주는 아름다움을 포착하는 데
전념하지만, 그녀의 숨겨진 다른 부분(발)이 감내해야 할 고통에 대

---

32) 사진출처:
　　http://search.empas.com/search/img.html?q=%B0%AD%BC%F6%C1%F8&ef=0&e=1&tc=0&
　　wi=38&n=0&fv=V&n=7&cw=835

해서는 무감각하다. 감상자들은 이미지로서의 '살'은 지각하지만 '몸
성(Leiblichkeit)'에 대해서는 무감각하며, 존재의 표피에는 관심을
기울이지만 존재의 본질에 대해서는 맹인이 된다. 미적 지각과 감
성적 지각이 분리된 '심미적 무감각화'의 징표를 나는 발레를 바라
보는 감상자들의 시선에서 발견한다.

미적 지각만을 주제로 삼아 온 종래의 미학은 이제 '감지'나 '감
정'까지도 문제로 삼는 포괄적 학문으로 변모할 필요가 있다. 즉
에스테틱(Ästhetik)이라는 개념은 좁은 의미의 '미학'에서 탈피하여
보다 원의에 가깝고 포괄적 범주인 '감성학'으로 확장될 필요가 있
는 것이다.[33] 살(Körper)이 지니는 미적 형태에 대한 '인지'뿐 아니
라 몸(Leib)의 '감각'까지도 관심의 대상으로 삼는 '감성학'은 자연
스럽게 윤리적 문제의식으로 연결되기 마련이다.

미적 지각은 선이나 색깔 그리고 형태나 소리 등에 내재한 비례
와 조화에서 아름다움을 지각하는 능력을 말하지만, 감성적 지각은
'전체'라는 지평에서 직접적이고 분산되어 있는 지각의 내용을 통
합적으로 평가한다. 이러한 차원에서 '피아노 노빌레(piano nobile)'[34]
라고 부를 만한 새로운 종류의 쾌 즉 순수하게 반성적인 차원의 쾌/
불쾌가 생겨난다. 이것이 바로 '심미적 감성'의 발생지이다. '심미
적 감성'은 시다/짜다 또는 뜨겁다/차갑다 등의 1차적 지각을 넘어

---

33) 근대적 학문으로서 Ästhethik의 창시자인 바움가르텐(A. G. Baumgarten)은 Ästhethik을 '감성적 인
   식의 학문(scientia cognitiones sensitivae)'으로 규정한 바 있다. 이처럼 에스테틱은 본래 '미학'이
   아니라 '감성학'으로부터 출발하였다. 이선, 「감성학으로서 에스테틱」, 『동서철학연구』 제47호(2008),
   259쪽 참조.
34) 피아노 노블(piano noble)은 유럽식 건물에서 지층(basement)의 바로 위층(우리식으로는 2층)에 자리
   한 집주인이 거주하는 층을 말한다. 심미적 감성은 1차적/직접적/분산적인 지각의 내용을 반성적으로
   통합하는 능력이므로 지층보다 한층 높은 곳에 거주하는 집주인에 비유될 수 있다.

반성적 기준, 즉 아름다움/추함, 만족스러움/역겨움 등의 평가적 감정을 산출한다. 감성적 인식은 이렇게 심미적 지각의 차원을 넘어 평가적 감정까지 함축한다.[35]

　벨슈는, 바움가르텐에서 실러로 이어지는 전통미학에서는 감성적인 것을 미학의 범주에서 추방하고 배제해 왔다고 비판한다.[36] '감성학'의 구상 아래서 그는 미학과 윤리학이 결합된 형태인 '미－윤리학(Ästhet/hik)'의 새로운 가능성을 탐색한다. 벨슈는 미학과 감성학이 윤리학의 토대이자 열쇠라고 보는 누스바움(M. Nussbaum)의 견해에 대체로 동의한다. 하지만 그는 미학이나 감성학이 종래의 윤리학을 보충하거나 보완할 수 있지만, 미학이나 감성학이 윤리학을 대체할 수 있다는 극단적 입장을 취하지는 않는다. 그는 미－윤리학의 정립을 위한 '심미적 의식'의 규약을 다음과 같은 몇 가지로 제시한다. 각각의 심미적 성향이 갖는 특수성에 주의를 기울일 것, 각각의 패러다임을 절대화하지 말 것, 타자성에 대한 인정과 공존에 대해 고려할 것, 의미 없다고 여겨지는 배제된 것들에게 깨어 있는 주의를 기울일 것, 아직 요구가 인지되지 않은 것과 익숙한 질서에서 벗어나 있는 것을 있는 그대로 인정할 것, 다양한 관점과 가치에 대해 공정하게 대할 것 등이 그것이다.[37] 어찌 보면 호네트의 '인정(Anerkennung)' 이론을 심미적 관점에서 그대로 옮겨 놓은 듯한 벨슈의 심미적 규약들은 나름대로 미－윤리학의 성립을 위한 기본 공리로 기능할 수 있다고 여겨진다.

---

35) 볼프강 벨슈, 심혜련 역, 『미학의 경계를 넘어』(향연, 2005), 118~119쪽 참조.
36) 볼프강 벨슈, 위의 책, 119~129쪽 참조.
37) 볼프강 벨슈, 위의 책, 141~142쪽 참조.

벨슈가 제시하는 규약들은 '미적 실존'의 한계를 자각하면서 '미적 실존'과 '윤리적 실존'을 동시에 가능케 하는 포괄적 원칙이 될 수 있다. 벨슈 자신이 기대하듯이, "이러한 원칙에 충실한 문화는 배제와 소외, 개별성과 타자성에 예민한 문화일 것이다. 이는 가시적인 것, 명백한 것, 번쩍이고 찬란한 것에 대한 숭배에 전념하는 것이 아니라, 억압된 것, 텅 빈 지대, 틈새들, 그리고 변화성에 민감하게 될 것이다."38) 벨슈가 기대하는 것처럼, 타자성과 차이에 민감한 감성적 문화는 윤리적 공정성을 제고하는 데 기여할 수 있을 뿐 아니라, 동일성에서 소외된 타자에 대한 감응과 공감을 통하여 상호 인정을 이끌어 내는 계기가 될 수 있을 것이다.

---

38) 볼프강 벨슈, 위의 책, 143쪽.

8. '미적 실존'에서 '감성적 실존'으로

인간은 '창 없는 모나드'가 아니라 끊임없이 타자와의 소통을 통하여 인정을 추구하고, 타자와 자기의식의 작용/반작용에 의하여 자기상(Bild)을 구성한다. 이러한 과정에서 감성적 지각은 이성적 인식에 앞서 '인정'을 위한 예비적 지평을 마련한다. 즉 언어적·이성적 인식 이전에 '상호 감응(Affiziertheit)'[39]을 통한 감성적 인정이 선행한다는 뜻이다. 감성은 언어나 사유보다 직접적이고 근원적이다. 감성은 양화된 계산법이나 기하학적 이성으로는 인식될 수 없으며, 도구적 이성이 아닌 '감응'이라는 형태의 이해방식을 요구한다(물론 그렇다고 해서 감성적 파지가 이성적 인식을 전적으로 대체할 수 있다고 여기는 것은 아니다. 감성을 무시하는 이성은 독단이기 쉽고, 이성을 거부하는 감성은 모호할 수 있다. 이 둘은 선순환적 보완의 관계로, 즉 동양적 표현을 빌자면 정리원융情理圓融의 관계로 파악될 필요가 있다).

---

[39] '감응(Affiziertheit)'은 스텐리 캐블과 사르트르의 개념을 호네트가 원용한 것이다. 악셀 호네트, 강병호 옮김, 『물화』(나남, 2006), 56쪽.

감성적 지각은 미적 지각이 지닌 한계를 넘어 윤리적 지각으로 상승될 수 있는 포괄적인 몸의 능력이다. 인간을 부분(이미지)으로 파악하려는 미적 지각의 능력은 인간을 전체(몸)로 감지하려는 미－윤리학으로 재정립될 필요가 있다. 이러한 기획은 '시선의 정치학'이 지닌 억압적 성격을 변화시키는 결정적 계기로 작용할 수 있다. 앞에서 살펴보았듯이, 타자의 시선(특히 가부장적 시선)에서 벗어나고자 하는 페미니스트 미학은 응시의 대상인 자신을 탈성별화하거나, 나르시시즘적 관능미로 무장하거나, 아니면 실존의 어두운 측면을 드러내 보이는 그로테스크 미학의 전략을 취함으로써, 여전히 자신을 바라보이는 대상으로 간주하는 관점에서 벗어나지 못한다. 기존의 페미니스트 미학은 타자의 시선 앞에 "나를 어떤 방식으로 드러내야 하는가?" 하는 전략에 치중할 뿐, 타자의 시선을 바꾸는 일에는 성공하지 못한다. 타자의 시선을 다른 곳으로 돌리는 일은 실존의 조건상 원천적으로 불가능하기 때문이다. 인간은 어차피 서로 바라보고/바라보이는 상호작용을 통하여 자기상을 구성해 나가기 때문이다.

　눈은 대상을 바라보지만 동시에 대상으로부터 바라다보이기도 한다. 손은 대상을 만지지만 동시에 대상으로부터 만져지기도 한다. 내부와 외부가 분리될 수 없는 '상호 신체성'이라는 실존의 조건은 미적 자율성 또는 자아의 정체성과 관련하여 다른 형태의 이해방식을 요구한다. '정체성'은 뫼비우스의 띠처럼 내면과 외면이 꼬이면서 타자의 시선과 자기의식이 미끄러지며 맞닿는 지점에서 발생하는 긴장관계에서 생겨난다. 띠의 바깥쪽을 지향하면 지향할수록 자아는 정체성이 결여된 타율적 존재로 전락하게 되고, 띠의 안쪽에만 머물려고 할 경우 자아는 나르시시즘에 빠진 유아론적 삶을 살게 된다. 띠의 안과 밖이 꼬이는 지점에서 발생하는, 즉 타자의 시선과 자기의식이 맞닿는 지점에서 발생하는 긴장관계를 어떻게 조율할 것인가 하는 문제는 자기정체성을 이해하는 관건이 된다.

타자의 시선이 피할 수 없는 실존의 명령이라면, 타자의 시선에 수반된 억압적 성격에서 벗어나기 위해서, "시선 앞에 나를 어떻게 드러낼 것인가?" 하는 물음도 하나의 전략이 되겠지만, 대안으로 "시선은 어떻게 도야(Bildung)될 수 있을 것인가?" 하는 물음도 고려해 볼 만하다. 즉 바라다보이는 '대상'인 자기를 변모시키는 작업 대신, 바라다보는 '시선'을 고양시키는 방안도 고려해 볼 만하다는 뜻이다. 미학을 '감성학(또는 미-윤리학)'으로 확장하는 일은 이런 전략을 위한 이론적 토대가 된다. 즉 주체가 지닌 미적 지각의 능력을 대상의 감정과 느낌까지도 감지할 수 있는 감성적 능력으로 고양시킴으로써, 관상학적 도상이나 표피적 이미지에만 머무는 '미학적 시선'은 상대방의 몸에 새겨진 느낌과 감정에 공감하는 '감성적 시선'으로 바뀌게 될 것이다. 공감능력의 배양을 통하여, 사물 같은 것(das Dinghafte)으로서의 신체는 온전한 몸(Leib)으로 복권될 수 있으며, 몸의 복권을 통하여 동일성의 시선에서 배제되어 온 '차이'와 망각되어 온 '개별성'은 그 고유한 지위와 가치를 인정받게 될 것이다. 자기에 대한 배려와 더불어 타자에 대한 배려, 심미적이면서도 동시에 타자의 고통에 예민하게 감응할 수 있는 미-윤리적 감수성, 이러한 능력이 온전하게 갖추어진 감성적 인간(homo aestheticus)이야말로 사물화와 균질화로 무감각해져 가는 이 시대가 요청하는 새로운 인간형이라고 할 수 있을 것이다.

참고문헌

〈단행본〉

게오르그 헤겔, 두행숙 역, 『헤겔미학』(나남, 2004).

메를로 퐁티, 오병남 역, 『현상학과 예술』(서광사, 2006).

볼프강 벨슈, 심혜련 역, 『미학의 경계를 넘어』(향연, 2005).

브라이언 터너, 임인숙 역, 『몸과 사회』(도서출판 몸과 사회, 2002).

악셀 호네트, 강병호 역, 『물화』(나남, 2006).

악셀 호네트, 문성훈·이현재 역, 『인정투쟁』(동녘, 1996).

엘리자베스 그로츠, 임옥희 역, 『뫼비우스의 띠로서 몸』(여이연, 2001).

라마자노글루, 최영 역, 『푸코와 페미니즘』(동문선, 1998).

장 보드리야르, 이상률 역, 『소비의 사회』(문예출판사).

조용진, 『우리 몸과 미술』(사계절, 2001).

천운영, 『바늘』(창작과 비평사, 2001).

허버트 마르쿠제, 박병진 역, 『일차원적 인간』(한마음사, 1988).

크리스 쉴링, 임인숙 역, 『몸의 사회학』(나남출판, 2003).

페터 비트머, 홍준기·이승미 역, 『욕망의 전복: 자크 라캉 또는 제2의 정신
　　분석학 혁명』(한울 아카데미, 1998).

피에르 브르디외, 최종철 역, 『구별짓기: 문화와 취향의 사회학』(새물결, 1996).

피터 부룩스, 이봉지·한예경 역, 『육체와 예술』(문학과 지성사, 2000).

Adorno, Theodor, *Aesthetic Theory*. Gretel Adorno and Rolf Tiedemann, editors,
　　newly translated, edited, with a translator's introduction by Robert Hullot--
　　Kentor(Minneapolis, Minn.: University of Minnesota Press, 1997).

Cvtkovich, Ann, "The Power of Seeing and Being Seen: Truth or Dance, Paris is Burning", *Film Thoeoty Goes to the Movies*(New York: Routledge, 1993).

Eze, Emmanuel, *Race and the Enlightenment: A Reader*(New York: Blackwell, 1997).

Felski, Rita, "Why feminism doesn't need an aesthetic and why it cannot ignore aesthetics", in James O. Young, ed., *Aesthetics: Critical Concepts in Philosophy*(New York: Routledge, 2005).

John Stuart Mill, *On Liberty*, ed. with an introduction by Elizabeth Rapaport(Hackett Publishing Company, 1978).

Schleiermacher, F. D. E., *Über die Religion. Reden an die Gebildeten unter ihren Verächtern*, 최신한 역, 『종교론: 종교를 멸시하는 교양인을 위한 강연』 (기독교서회, 2002).

Welsch, Wolfgang, *Undoing Aesthetics*, tr. by Andrew Inkpin(London: Thousand Oaks, 1997).

〈논문〉

김양선, 「빈곤의 여성화와 비천한 몸: 천운영과 배수아의 작품을 중심으로」, 『여성과 사회』(2004).

김윤상, 「지각학으로서의 미학? 최근의 미학논의들에 대한 비판적 검토 및 보충」, 『독일문학』 제100집(2006).

김종갑, 「공동체 구성 원리로서 아름다운 몸과 추한 몸: 메리 셸리의 <프랑켄슈타인>」, 『영어영문학』 제51권 1호(2005).

김주현, 「여성의 몸과 외모 가꾸기」, 『미학』 제47집(2006).

김홍희, 「페미니즘 비디오 미술에 나타난 나르시즘과 그로테스크」, 『서양 미술사학회 논문집』(1998).

김현진, 「시선을 중심으로 본 주체와 욕망의 메커니즘: 자크 라깡의 시각이론을 중심으로」, 한국 뷔히너 학회, 『뷔히너와 현대문학』(2006).

마광수, 「무엇이 여성을 섹시하게 하는가?」, 『연두』(연세춘추가 만드는 웹진, Yonsei Digital Opinion), 2007년 9월 17일자.

문성훈, 「물화(Verdinglichung)와 인정망각」, 『해석학연구』 제20집(2007).

박상선, 「아도르노 미학에 있어서 추(das Häßliche)의 문제」, 경희대 현대미술연구소, 『현대미술연구소 논문집』(2004).

양석원, 「응시의 저편: 자끄 라캉 이론에서의 주체와 욕망」, 영미문학연구회,

『안과 밖』(2004).

이병진, 「문화비판적 관점에서 본 아도르노의 예술이론」, 『뷔히너와 현대문학』(2003).

이선, 「감성학으로서 에스테틱」, 『동서철학연구』 제47호(2008).

이승환, 「눈빛·낯빛·몸짓」, 『감성의 철학』(민음사, 1996년).

_____, 「후기 근대적 신체주체의 부박함에 대하여」, 영남대 인문과학 연구소, 『인문연구』 47호(2004).

이지훈, 「미학의 관점에서 본 헤겔 철학의 비판과 반비판: 얼굴의 의미에 관하여」, 『헤겔연구』 제16호(2004).

이창남, 「미·추의 변증법과 문화비판: 아도르노 '미학이론'의 추, 미, 기술의 카테고리를 중심으로」, 『헤세연구』 제12집(2004).

최준호, 「심미적인 것과 문화: 칸트, 아도르노, 니체」, 『니체연구』 제7집(2005).

놀이하는 몸(homo ludens)
: 자연과 인공의 경계에서

1. 산수유기(山水遊記)란 무엇인가?

1) 문제제기

도시에 컴퓨터의 정보 환경이 상징하는 현대의 생활환경을 크게 넓히는 것에는 일의 효율을 높이고 생산을 더 많이 늘리기 위해 피할 수 없는 부분이 있다. 이러한 환경은 사람들이 자연이나 다른 사람들과 마음을 주고받을 수 있는 기회를 줄이고, 마침내 사람들과 어울리지 못하고 살아가는 외톨이나 사람들과 교류 없이 살아가는 폐쇄적인 사람들을 만들어 내기에 이르렀다. 더구나 모든 것이 갑자기 바뀌는 '접속'의 시대는 '바깥과 확 뚫린 공동 공간'이라는 '자연(자연 공간)'에서 하는 놀이가 아니라 '바깥과 끊어진 개인 공간'이라는 '인공(사이버 공간)'에서 하는 놀이를 더 많이 늘려 왔다. 이러한 공간에 갇혀 있는 개인들이 지금의 지루하고 답답한 삶에서 벗어나 보다 자유로운 삶을 얻으려면 '놀이' 문화의 목표를 새롭게 밝히는 일은 무엇보다도 중요하다. 이는 사람들이 만들어

놓은 규칙에 따라서 똑같이 하는 놀이 문화가 아니라 자연과 친하고 화목하게 어울리는 놀이 문화를 짜임새 있게 하여 현대에 어울리게 하는 작업을 가리킨다고 할 수 있다.

그럼 우리는 어떠한 놀이 문화로 그러한 작업을 해낼 수 있는가? 지금 사람들을 더욱 외톨이로 만들어 가는 환경과 가벼운 도시의 메마름 때문에 현대를 살아가는 개인의 삶은 물론 대다수 사람들의 삶까지도 그 균형과 조화를 잃어 가고 있다. 지금 사회는 이 균형과 조화를 이루면서 살아가는 삶을 사람들이 마땅히 구해야 하는 것으로 받아들이고 있다. 물론 여기에는 그러한 삶을 어떻게 구할 수 있는가 하는 문제가 여전히 남아 있다. 이제 우리는 그 문제를 모두 잘 마무리 지을 수 있는 것은 아닐지 몰라도, 고려시대와 조선시대에 살았던 유학자들이 산수 자연에서 노닐면서 보고 들은 것을 직접 글로 쓴 '산수유기(山水遊記)'에 나타나는 '자연과 친하고 화목하게 어울리는 놀이 문화'와 그 정신세계를 현대 사회에 어느 정도 되돌리면서 잘 마무리 지을 수 있다고 본다. 따라서 본 논의는 '산수유기'의 작가들이 '산수'를 어떠한 공간으로 이해했고, 그곳에서 어떻게 '즐거움'을 얻었는가에 집중될 것이다. 여기서는 고려시대에서 조선시대를 거치면서 창작된 수많은 '산수유기'의 작품 중에서 몇몇 작품에 한정하여, 각 시대에 나타나는 산수 '놀이'의 의의와 그것이 그들의 마음과 몸에 어떠한 영향을 미쳤는가에 중점을 두고 살펴볼 것이다.

2) 산수유기란?

'산수유기'는 무엇이고, 어떠한 내용을 담고 있는가?[1] 한 연구에 의하면, "고려 중엽에 처음으로 나타났고, 조선 시대에 들어와서 활발하게 지어졌던 산수유기는 기행문학(紀行文學)과 산수문학(山水文學)이라는 두 부분을 동시에 가지고 있다. 즉 산수를 찾아가 노닌 사람이 직접 쓴 글이기 때문에 그것은 기행문학이며, 산수의 세계와 그 아름다운 모습에서 느껴지는 그윽한 분위기[情趣]를 대상으로 하고 있기 때문에 그것은 산수문학을 가리킨다는 것이다."[2] 이런 점에서 일반적으로 '산수유기'가 무엇이라고 또렷이 말할 수는 없더라도, 크게 보면 그것은 "작가가 산수를 찾아가 노닐면서 직접 보고 들은 것을 글로 쓰고, 산수가 계절에 따라 바뀌는 아름다운 모습을 그려 낸 작품"이라고 할 수 있다.[3]

'산수유기'의 작가들은 대부분 산놀이의 동기와 과정, 산의 위치 및 산세, 산에 남아 있는 역사 문화유산, 산을 오르며 느낀 즐거움을 글로 표현했다.[4] 여기서 고요한 사물(山)과 움직이는 사물(水)을

---

1) 尹南漢, 『雜著記說類記事索引』(한국정신문화연구원, 1982)에 수록된 자료로서 '遊○○山記' 혹은 '遊○○山錄'만을 보면, 조선 시대의 작품으로는 약 560여 편이 있다. 그중 17세기 전반까지가 60편이고, 그 이후가 500편이다(이혜숙 외, 『조선 중기의 유산기 문학』, 집문당, 1997, 15쪽 참조).

2) 이혜순 외, 같은 책, 11쪽 참조.

3) 진필상, 『한문문체론』(심경호역, 이회문화사, 1995), 105쪽 참조[정민에 의하면 山水遊記는 특정 지역에 있는 산수를 있는 그대로 설명하고 보고하는 성격이 강한 글인 山水記와 다르고(「韓國歷代山水遊記聚編에 대하여」, 『韓國歷代山水遊記聚編 1』, 민창문화사, 1996)]. 이혜순 외에 의하면 山水遊記는 작가가 직접 체험하지 않았더라도 산수를 자신의 정신세계를 드러내는 상징으로 사용했던 山水詩와 다르다는 것이다(같은 책, 11쪽). 한편 심경호는 산수유기를 "감정을 경치 속에 융합시켜 산수와 인간 세상과의 관계를 표현하는 문학 양태"라고 보고(「퇴계의 산수유기」, 188쪽), "산천 景色을 묘사하였지만 작가가 스스로 여행하여 본 것이 아닌 경우에는 이것과 구별하여 山水記라 칭할 수 있다. 하지만 山水記라는 용어를 遊記와 함께 협의의 山水記까지 포괄하는 보다 상위의 개념으로 사용하여도 무방할 듯하다"(같은 논문, 170쪽).

4) 이혜순 외, 같은 책, 114쪽.

지칭하는 '산수'는 모든 자연물을 담고 있는 개념일 뿐만 아니라 그것에 딸린 신화·전설·인문·고적들까지도 모두 담고 있는 개념이라고 할 수 있다.[5] 이러한 '산수'는 역사적으로 사람들의 삶에서 나타나는 마음과 몸의 모든 갈등과 모순에서 벗어나 그것의 균형과 조화를 찾을 수 있는 공간으로 인식되었다. 이러한 인식에서도 뚜렷하게 '산수'를 바라보는 인식의 차이가 드러났다. 이 차이는 '산수'를 어떠한 공간으로 인식하느냐 하는 것이었다.

본디 단순한 자연물에 지나지 않았던 '산수'는 최치원의 시대부터 아름다움을 구하는 대상이자 현실로부터 몸을 피하는 공간으로 형상화되면서 점차 객관화되었다.[6] 고려 시대 중기에는 '산수'에 현실에서 좋은 때를 만나지 못한 사람들의 처지가 반영되어 현실을 벗어나려고 산수를 찾는 사람들이 나타났다. 여기서 '산수'는 현실의 고통을 해소하는 공간, 특히 은둔을 실천하는 공간으로 이해되었다.[7] 고려 말기에는 '산수'에 성리학의 이념이 어느 정도 반영되어 관인(官人) 의식을 드러내거나 산수의 아름다운 모습을 사실적으로 묘사하려고 산수를 찾는 사람들이 나타났다. 여기서 '산수'는 단순히 경치를 보고 즐기는 대상에 머물지 않고 자신들을 반성하고 풍속을 살펴서 가르치는 장소로 이해되었다.[8] 이러한 '산수'에 대한 이해는 조선시대 초기부터 16세기 후반까지 그 영향을 미쳤다. 이 시기에는 '산수'에 성리학의 이념이 깊게 반영되어 마음과 몸을 닦으려고 산수를 찾는 사람들이 나타났다. 여기서 '산수'

---

5) 박희병, 「한국산수기 연구」(『고전문학연구』 8, 한국고전문학연구회, 1993), 216~225쪽 참조.

6) 임형택, 『한국문학사의 시각』(창작과 비평사, 1994), 386~390쪽을 참조 바람.

7) 林椿의 「東行記」와 李仁老의 「靑鶴洞記」가 대표적이다.

8) 李穀의 「舟行記」와 「東遊記」가 대표적이다[고려 후기의 '산수유기' 연구에는 남현희의 『高麗後期 山水遊記 硏究』(성균관대학교 석사학위논문, 1998)가 있다].

는 개인은 물론 전체의 삶의 방식까지 제시하는 '구도(求道)의 장소'이자 '도체(道體)가 깃든 공간'으로 이해되었다.[9] 이러한 경향은 17세기 전반기에 이르러 큰 변화를 보이기 시작했다. 이 시기에는 '산수'에 어지러운 현실을 잠시 잊게 하는 동경의 대상이라는 의미가 반영되어 벼슬살이의 과중한 업무로부터 잠시 벗어나 흥취(興趣)를 얻으려고 산수를 찾는 사람들이 나타났다.[10] 여기서 '산수'는 '산수의 아름다운 찾아다니면서(探勝)' '시를 짓고 노래와 춤을 즐기며 멋스럽게 노는' 유흥과 풍류의 공간으로 이해되었다. 17세기 후반기에는 '산수'에 유흥과 풍류를 넘어서야 한다는 의식이 반영되어 '산수'의 아름다움 모습을 있는 그대로의 모습으로 표현하려고 산수를 찾는 사람들이 나타났다. 여기서 '산수'는 자신만의 세계를 질서화 하는 공간으로 이해되었다.[11] 그 뒤의 시대에서는 '산수'에 민족의식과 역사의식이 반영되어 역사의 사실을 다시 확인하고 원래대로 회복하려고 산수를 찾는 사람들이 나타났다. 여기서 '산수'는 민족을 상징하는 존재이자 역사와 문화를 전하는 인간의 공간으로 이해되었다.[12] 이와 같이 '산수'를 이해하는 동기가 어떻든 목적이 어떻든 간에, 결국 '산수'는 사람들에게 현실에서 나타

---

9) 李穑의 「遊金剛錄」, 李滉의 「遊小白山錄」, 曺植의 「遊頭流錄」, 洪仁祐의 「關東日錄」, 李山海의 「月夜訪雲住寺記」, 鄭逑의 「遊伽倻山錄」, 鄭曄의 「金剛錄」, 權好文의 「遊淸凉山錄」 등이 대표적이다[조선 전기에서 16세기까지의 '산수유기' 연구에는 호승희의 「조선전기 遊山錄 연구」(『한국한문학연구』 18, 한국한문학연구회, 1995), 심경호외 「退溪의 山水游記」(『퇴계학연구』 10, 단국대 퇴계학연구소, 1996), 이혜순 외의 『조선 중기의 유산기 문학』(집문당, 1997) 등이 있다].

10) 李廷龜의 「遊三角山記」와 「遊松嶽記」가 대표적이다.

11) 金壽增, 金昌協, 金昌翕 등이 대표적이다[17세기 전반기의 '산수유기' 연구에는 노경희의 「17세기 전반기 官僚文人의 山水遊記 硏究」(서울대학교 대학원 석사학위논문, 2000)가 있고, 17세기 후반기의 연구로는 고연희의 『조선후기 산수기행 예술연구』(일지사, 2001), 강혜선의 「17·8세기 金剛山의 문학적 형상화에 대한 연구」(『관학어문연구』 17, 1992), 김주미의 「조선후기 山水遊記의 전개와 특징」(성균관대 석사학위논문, 1994) 등이 있다].

12) 17~18세기에 걸쳐 지어진 金指南의 「北征錄」, 洪世泰의 「白頭山記」, 朴琮의 「白頭山遊錄」 등이 대표적이다.

나는 여러 가지 문제로 '무겁고 어두워진 마음과 몸'을 '가볍고 밝은 마음과 몸'으로 바꾸어 주는 장소이자 그러한 마음과 몸이 즐겁고 자유롭게 노닐 수 있는 공간으로 이해되었다고 할 수 있다.

이상으로 본다면, '산수유기'에 나타나는 '산수'는 우리가 영원히 머무는 곳이 아니라 자신들에게 주어진 현실을 잠시 동안 벗어나 몸과 마음을 편하게 쉬는 공간이자 우리의 삶을 되돌아보고 자세하게 살펴보는 공간이었다. 이러한 공간에서 '산수유기' 작가들은 '산수'에서 노닐면서 깊은 생각에 잠겨 세상의 근심과 걱정을 잊기도 했으며, '산수'의 아름다운 모습에 자신의 감정을 옮겨 넣기도 했으며, 산수에 있는 사물 하나하나에서 인간의 질서나 자연의 이치를 이끌어 내기도 했다. 따라서 모순과 소외 현상이 점점 깊어지고 있는 지금의 세상에 둥지를 틀고 있는 우리들이 산수에서 노닐면서 자신들의 삶을 진실하고 솔직하게 이야기하고 있는 '산수유기' 작가들의 산수 자연을 바라보는 태도들을 살펴보는 것은 매우 뜻 깊은 일이 아닐 수 없다.

2. 산수유기에 나타난 놀이(遊)[13]의 즐거움

1) 놀이와 일

'산수유기'에서 말하는 '놀이(遊)'는 구체적으로 무엇을 가리키는 가? 거듭 말하지만, '산수유기'는 '산수를 찾아가 노닌 사람이 그 과정 중에 보고 들은 것을 직접 글로 써서 남긴 작품'이다. 때문에 이름난 산수를 찾아가서 노닐든지, 이름나지 않는 산수를 찾아가서 노닐든지, 자신의 주변에 있는 산수를 찾아가서 노닐든지, 즉 어떠한 곳을 찾아가서 노닐든지 간에 그 '놀이'는 자신의 취향에 맞게 산수의 일부분을 훼손하거나 인위적으로 조작하여 마음과 몸을 노닐게 하는 것이 아니었다. 그것은 어떤 조작도 없이 있는 그대로의 산수에서 마음과 몸을 즐겁고 자유롭게 노닐게 하는 것이었다. 그렇다면 '산수유기'의 작가들은 '산수'가 아닌 다른 곳에서도 충분

---

13) 유(遊)의 글자는 명사로는 '놀이'·'노닒'로, 동사로는 '이리저리 다니다', '떠돌다', '유람하다', '사귀다', '교제하다', '교유하다', '내왕하다', '이동하다', '자유롭게 움직이다' 등 의미로 나타난다. 여기서는 '놀이'와 '노닐다'로 통일한다.

히 노닐 수 있었는데, 왜 굳이 산수를 찾아가 마음과 몸을 노닐었는가? 조식(1501~1572)은 청량산을 오르는 중에 "다만 한스러운 것은 우리들이 수행에 힘쓰지 않아 한 늙은 벗을 보호해서 함께 지기석(支機石: 천상의 선녀가 베틀을 괴는 데에 사용했다는 돌) 위에 앉아 창자에 가득한 티끌을 토해 내고 금화산의 무한한 정기를 호흡하여 늘그막의 절반 양식으로 하지 못했다는 점이다"[14]라고 말했고, 채제공(1720~1799)은 관악산을 오르기 전에 "한번 그 위에(관악산) 오르러 마음과 눈을 씩씩하게 하고 산을 우러르는 마음을 깃들이고자 하여 오랫동안 간절하게 계획을 품어 왔지만, 속세의 때를 벗지 못하여 실행하지 못하였다"[15]고 말했다. 이렇듯이 산수를 찾는 이유는 속세의 '일'로 인해 우리의 마음과 몸에 계속해서 쌓인 속세의 때를 훌훌 떨어 버리고 산수의 정기를 자신의 마음과 몸에 받아들여 그 본래의 모습을 회복하고 그곳에서 즐겁고 자유롭게 노닐기 위한 것이었다.

그럼 '놀이'는 어떻게 이해되고 '일(업무)'은 어떻게 이해되는가? 일반적으로 '놀이'와 '일'은 자신의 꿈(희망)을 이룰 수 있는 기회가 주어지는 인간의 의식 활동이라는 점에서 공통점이 있다. 하지만 그 둘에는 아주 큰 차이가 있다. 먼저 '놀이'는 '생존'과 관련이 있는 활동이나 '일'에 들어가는 활동과는 다르게 '즐거움'을 얻기 위해 스스로 참여하는 활동이나 사람들의 마음과 몸의 활동을 모두 담고 있다고 할 수 있다. 다시 말해 '놀이'는 마지못해서 하는

---

14) 曺植, 「遊頭流錄」(『南冥集』 卷2, 「錄」), "只恨吾輩修行無力, 不能護一老友, 共坐支機石上, 泄吐滿腔塵土, 吸盡無限金華, 以作桑楡一半糧料也."

15) 蔡濟恭, 「遊冠岳山記」(『樊巖集』), "一欲登其上, 以壯心目, 以寓山仰, 耿耿有宿計, 澳澺莫之果矣."

것이 아니라 스스로 참여하는 활동이기 때문에 '즐거움'을 주는 사람들의 가장 자유로운 활동이고, 우리에게 정서의 공감력과 정신의 만족감을 주는 활동이며, 삶을 제한하는 것들로부터 우리를 해방시켜 주는 활동이라는 것이다. 우리는 이러한 놀이를 통하여 현실의 삶에서 나타나는 마음과 몸의 고통과 갈등을 벗어 던지고 생활의 의욕을 높여 나갈 수 있다. 특히 류운룡(1539~1601)의 시를 차운(次韻)한 정숙이 "…흥겨워 와서 반석에 앉아/긴 휘파람 소리 구름을 뚫고 날아가네/지난날 속세의 생각들은/말끔히 모두 없어져 버리니/어느 해에 다시 산에 오려나/산승은 이별을 이야기하네", "산색은 맑은 계곡에 비치고/다락은 구름 가에 우뚝 솟았네/오가며 아름다운 모습을 가슴에 품으니/해가 서쪽 하늘에 있음도 깨닫지 못하네"[16]라고 읊은 것에서 보면, 스스로 참여하는 놀이가 우리의 마음과 몸을 현실에서 나타나는 고통과 갈등으로부터 얼마나 멀리 벗어나게 해 주는가를 충분히 짐작할 수 있다.

다음으로 '일(업무)'은 주로 마지못해서 참여하는 활동이다. 이러한 '일'은 앞서 말한 '일의 효율을 높이고 생산을 더 많이 하는 것'과 아주 가깝다. 오직 사회가 개인에게 요구하는 목적을 이루기 위하여 마음과 몸의 고통과 갈등을 참아 가며 제한된 현실의 상황에서 참여하는 활동일 뿐이다. 예컨대, 17세기 '산수유기'의 작가들이 오랜 벼슬살이의 과중한 업무에서 오는 삶의 고달픔과 무기력감을 해소하기 위해 아름답고 훌륭한 산수를 찾아가 노닐면서 마음껏 흥취를 추구했던 이유도 여기에 있었다. 그들에게서 '일'은 마음과

---

16) 柳雲龍, 「遊金剛山錄」(『謙菴集』 卷5, 「雜著」), "靜叔次之日,…興來坐盤石/長嘯雲欲裂/昔日塵界念/瀟灑俱磨滅 /何年重入山/山僧話昔別", "山色映淸溪/樓光聳雲低/去曷 來含勝景/不覺日天西".

몸의 활동을 모두 담고 있지만, 정작 그것은 그 자신들의 몸과 마음에 더 많은 고통과 갈등을 일으켜서 생활의 의욕을 잃어버리게 할 뿐이었다. 그렇다면 '일'은 우리에게 어떠한 '즐거움'도 주지 못하는가? 물론 그렇지는 않다. 그것은 경우에 따라서 우리에게 '놀이' 못지않은 즐거움을 주기도 한다. 하지만 그 즐거움은 '놀이'처럼 현실의 삶에서 나타나는 마음과 몸의 고통과 갈등을 없애 버릴 때에 오는 '내면의 즐거움'이 아니라 그 일을 이룬 결과에 따른 보상에서 오는 '외형의 즐거움'이다. 예컨대, 그것에는 사회적으로 어떤 일의 성공에 따른 지위의 보상에서 오는 즐거움도 있을 수도 있고, 경제적으로 어떤 일의 성과에 따른 금전의 보상에서 오는 즐거움도 있을 수 있다. 따라서 마지못해서 참여하는 활동인 '일'은 우리의 마음과 몸을 '자연에서 하는 놀이'로부터 계속해서 철저하게 멀어지게 하는데, 즉 그것은 오직 우리의 마음과 몸을 더욱 얽어매어 삶을 텅 비게 할 뿐이다.

이렇듯이 우리는 항상 마지못해서 참여하는 활동인 '일'의 공간에서 마음과 몸이 구속받지 않고 스스로 참여하는 활동인 '놀이'의 공간을 확보하여 마음과 몸을 즐겁고 자유롭게 노닐게 해야 한다. '놀이'가 한편으로 속세의 삶으로부터 벗어난 잠깐 동안의 활동일지라도, 또 한편으로 그것은 우리를 사회에서 바라는 도덕의 의무감으로부터 벗어나게 하고, 물질이나 육체가 주는 한계를 뛰어넘어 하나의 정신 경계에 들어가게 할 수도 있다. 즉 홍인우(1515~1554)가 관동지방에서 노니는 중에 "이날 밤에는 산 위의 달이 빛을 발하면서 모든 곳이 다 고요하여 정신과 육체가 서늘하게 맑았다. 문을 열고 고요히 앉아 있으니, 밤이 깊어도 잠을 이룰 수가 없었다.

만약 이날 밤의 밝고 맑은 기상을 보존하여 기를 수 있으면 마침내 사람의 욕심을 깨끗이 다 씻어버리고 하늘의 이치를 널리 퍼지게 하는 경계에 이를 수 있을 것이다"[17]라고 말한 것이 그것이다. 바로 '산수유기'의 작가들이 거의 다 산수를 찾아가서 자신들의 마음과 몸을 그곳에 노닐게 했던 이유도 여기에 있었다고 할 수 있다.

따라서 '산수유기'의 작가들에게서 산수 '놀이'는 남에게 자랑하거나 개인의 성취욕 때문에 높은 산을 오르는 것 또는 이름이 널리 알려진 산수의 아름다운 모습을 구경거리로 삼아 산을 오르는 것, 그리고 그러한 모습에만 흠뻑 취하려고 산을 오르는 것들과는 그 수준이 달랐다. 이러한 '놀이'가 산수의 아름다운 모습과 마주 했을 때, 산수에 자신의 마음과 몸을 빼앗기면서까지 노니는 '놀이'라고 한다면, '산수유기'에 나타나는 '놀이'는 산수와 친하고 화목하게 어울리어 자신의 마음과 몸이 즐겁고 자유롭게 노니는 '놀이'인 것이다. 바로 '산수유기'의 작가들이 산수에서 노니는 중에 사물을 끊임없이 주의 깊게 살펴보면서도 '가지고 놀던 물건에 자신의 마음을 빼앗기는' '완물상지(玩物喪志)'[18]를 경계했던 이유도 여기에 있었다.

---

17) 洪仁祐,「關東錄」[附](恥齋遺稿』卷3), "況是夜, 山月生輝, 萬境俱寂, 魂骨冷淸. 開戶靜坐, 夜深不能寐. 若得養此夜淸明之氣像, 竟做去人欲淨盡, 天理流行境界."
18)『書經』, 第四「周書」33,「旅獒」, "玩人喪德. 玩物喪志."

2) 놀이(遊)의 즐거움

'산수유기'에 나타나는 '놀이(遊)'의 공간 범위는 우리가 살고 있는 가까운 곳의 산수에서 노니는 것뿐만 아니라 먼 곳의 산수를 찾아가서 노니는 것까지 모두 담고 있다. 이러한 산수 '놀이'는 오늘날 '바깥과 끊어진 공간(닫힌 공간: 인공)'에서 하는 놀이와는 또렷이 나누어지는 '바깥과 확 뚫린 공간(열린 공간: 자연)'에서 하는 놀이이다. 흔히 "놀이를 왜 하는가?"라고 묻는다면 '닫힌 공간'에서 놀이를 하든지, '열린 공간'에서 놀이를 하든지 간에, 사람들은 거의 다 "마음과 몸의 즐거움을 얻기 위해서이다"라고 말할 것이다. 또한 "즐거움은 왜 얻으려고 하는가?"라고 묻는다면, 전자의 경우든 후자의 경우든 사람들은 거의 다 "마지못해서 참여하는 활동인 '일' 때문에 지치고 피로해진 마음과 몸에 살아 움직이는 힘을 다시 불어넣어 삶의 목표를 새로 마련하여 정하기 위해서이다"라고 대답할 것이다. 이렇게 본다면, 기본적으로 '놀이'를 하는 이유는 현실의 삶에서 나타나는 마음과 몸의 고통과 갈등을 벗어 던지고 마음과 몸을 즐겁고 자유롭게 노닐게 하는 데에 있다고 할 수 있다.

하지만 닫힌 공간에서의 '놀이'가 '바깥과 끊어진 공간(인공)'에서 이루어진다는 점에서 보면, 이때의 즐거움은 다른 사람과 함께 하지 못하는 즐거움이자 자신의 삶 안에도 들어오지 못하고 겉도는 즐거움이다. 이 '놀이'는 우리의 마음과 몸을 느슨하게 해서 활발하게 움직이지 못하게 하고 더욱 따분하게 만든다. 반면에 열린 공간에서의 놀이가 '바깥과 확 뚫린 공동 공간(자연)'에서 이루어진다는 점에서 보면, 이때의 즐거움은 다른 사람과 함께하는 즐거움이자 자신의 삶 안에 녹아드는 즐거움이다. 이 놀이는 우리의 느슨해진 마음과 몸을 모아 주어 활발하게 움직이게 하고 더욱 산수에서 즐겁고 자유롭게 노닐게 한다. 여기서 우리는 이전에 느껴 보지 못한 마음과 몸의 '즐거움'을 마음껏 누릴 수 있다. 마치 산수에서 얻은 즐거움은 '병중이라도 즐거워하지 않을 수 없다'는 이규보(1168~1241)의 솔직한 고백이나 '산이 산이 되고 물이 물이 되는 근원을 알아서 마음에 얻는 것이 있을 때에 나타나는 즐거움은 세상의 어떠한 귀중한 것과도 바꿀 수 없다'는 정엽(1563~1618)의 굳센 의지에서 보듯이, 산수유기의 작가들은 산수에서 얻은 즐거움을 그 어떤 즐거움보다도 가장 소중한 즐거움으로 여겼다.

　　그 앞에 기암괴석이 있는데 호랑이가 걸터앉고 곰이 쭈그리고 있는 형상이었다. 내가 두건을 벗고 비스듬히 기대 자못 강호의 즐거움을 얻었다. 비록 병중이라도 즐거워하지 않을 수가 없었다. 하물며 매일 곱게 화장한 여인을 끼고 좋은 악기를 연주하면서 마음대로 노닌다면 그 즐거움은 어찌 다 말할 수 있겠는가?[19]

　　비록 그렇지만 우뚝 솟은 것은 나도 그것이 산일 줄 알며 흐르는 것은 나도 그것이 물인 줄 안다. 다만 그것이 산이고 물인 줄만 알 뿐이고 그렇게 된 까닭을 모르는 것은 옳은가? 참으로 그렇게 된 까닭을 알아 마음에서 얻는 것이 있다면 자신도 모르게 춤추고 뛰면서 (한 수레에 네 마리 말이 끄는) 천 개의 수레나 아주 많은 녹봉이 있더라도 그 즐거움을 바꿀 수 없을 것이고, 대그릇에 담긴 보잘것없는 음식과 거칠고 해진 옷이 있더라고 그 즐거움을 고칠 수 없을 것이다. 서푸른 산과 흰 돌은 바깥의 사물일 뿐이니 즐기는 것이 과연 여기에 있는가, 여기에 있지 않은가?[20]

___

19) 李奎報, 「尙州紀行」(『東國李相國集』), "前有奇巖怪石, 如虎距熊蹲. 予岸幘涉倚, 頗得江湖之樂, 雖病中不可以不樂. 況乎日擁紅粧, 彈朱絃, 得意而遊, 則其樂曷勝道哉."

20) 鄭曄, 「金剛錄」(『守夢集』) 卷3, 「雜著」), "雖然, 峙者吾知其爲山, 流者吾之其爲水矣. 往知其爲山爲水, 而不知其所以然, 可乎. 苟能知其所以然而有得乎心者, 則自知手之舞足之蹈, 千駟萬鐘

그럼 그 즐거움은 어떻게 얻는가? 정약용은 수종사를 찾아가는 길에 "어린 시절에 노닐던 곳을 어른이 되어 이르게 되면 이것은 하나의 즐거움이다. 힘들었던 시절에 지나던 곳을 뜻을 이루어 이르게 되면 이것은 하나의 즐거움이다. 외롭게 홀로 오가던 곳을 아름다운 손님들과 좋은 벗들을 이끌고 이르게 되면 이것은 하나의 즐거움이다"[21]라고 말했다. 이렇듯이 지난날에 갔던 곳을 다시 가는 것도 하나의 큰 즐거움인데, 한 번도 가 보지 못한 산수를 마음으로만 그리워하다가 찾아가게 되면 이 또한 얼마나 큰 즐거움이겠는가? 즉 이황은 40년 동안 마음으로만 올라갔던 소백산을 풍기 군수로 부임하면서 그 소원이 이루어진다는 생각에 아주 즐거워했다.[22] 길을 걸어가는 중에 만나는 산수의 아름다운 모습에 자신의 감정을 옮겨 놓게 되면 이 또한 얼마나 큰 즐거움이겠는가?[23] 산수와 마음을 주고받고, 동류(同類)와 마음을 주고받고, 앞사람들의 발자취를 따라가다가 그들과 마음을 주고받게 되면 이 또한 얼마나 큰 즐거움이겠는가? 즉 김중청(1567~1629)은 청량산에 깃든 퇴계를 자취를 그리워하고 퇴계에서 노닐면서 퇴계를 읊는 것을 자신의 즐거움으로 삼았고,[24] 박종(1735~1793)은 청량산 곳곳에 깃들어 있는 퇴계의 자취를 살피면서 퇴계의 뜻과 절개, 그리고 자태를

而不能易其樂, 簞食褊袍而不能改其樂. 彼靑山白石, 外物耳, 所樂者果在於此耶, 其不在乎此耶."

21) 丁若鏞, 「遊水鐘寺記」(『與猶堂全書』第一集, 「詩文集」卷13, 「記」, "幼年之所遊歷, 壯而至, 則一樂也. 窮約之所經過, 得意而至, 則一樂也. 孤行獨往之地, 携佳賓摯好友而至, 則一樂也."

22) 李滉, 「遊小白山錄」(『退溪集』卷7, 「雜著」第41), "余自少往來榮豐間, 其於小白, 擧頭可望, 投足可至. 而侫侫然惟夢想神馳者, 四十年于玆矣. 去年冬, 握符來豐, 爲白雲洞主. 私竊喜幸, 以謂宿願可償, 而冬春以來, 嘗以事至白雲洞, 輒不得窺山門而返者三矣."

23) 이는 뒤의 '探勝의 즐거움'이란 장에서 자세하게 논의할 것이다.

24) 金中淸, 「遊淸凉山記」(幷序)(『苟全集』卷5), "以故土之遊者, 不于淸凉而于退溪, 不吟弄乎淸凉而吟弄乎退溪....雖或陪杖屨於洞天, 討詩書於山房, 亦無非遊退溪吟弄退溪."

하나하나 되새기고 퇴계의 덕을 구하는 것을 자신의 즐거움으로 삼았다.[25] 산수와 마음을 주고받을 때에 자신의 내면을 깊이 살펴보고 사물의 이치를 깨닫는 데에 이르게 되면 이 또한 얼마나 큰 즐거움이겠는가?[26] 산수에서 자신의 처지나 불운한 현실의 삶에서 나타나는 마음과 몸의 고통과 갈등을 벗어 던지고 삶의 참된 모습을 그리게 되면 이 또한 얼마나 큰 즐거움이겠는가?[27] 우리의 모든 근심과 걱정이 사라지고 진정으로 마음과 몸이 즐겁고 자유롭게 노닐게 되면 이 또한 얼마나 큰 즐거움이겠는가? 즉 류운룡(1539～1601)은 금강산에서 노니는 중에 속세의 떠들썩함이 안개가 자욱하고 달과 별이 비치는 바다에 녹아 없어졌다는 감흥에 잠겨 스스로 흥취를 일으켜 일렁이는 물결에 배를 띄워 술잔 속에 비친 달을 마시고 춤도 추고 시도 지으면서 즐거움을 얻었다.[28]

이렇듯이 '산수'에서 마음과 몸이 노니는 '즐거움'은 '바깥과 끊어진 공간'에서 나타나는 마음과 몸의 표면적이고 감각적인 '즐거움'이 아니라 '바깥과 확 뚫린 공간'에서 나타나는 마음과 몸의 정화에 따른 내면의 '즐거움'이다. 즉 김종직(1431～1492)은 지리산에서 노닐고 집에 돌아와서 "나가서 노닌 날이 겨우 5일밖에 되지 않았는데도 가슴속이 개운하고 정신이 맑아진 느낌이 든다. 처자나 아진들도 나를 보니 전날과 같지 않은 모양이다"[29]라고 말하였고,

---

25) 朴琮, 「淸凉山遊錄」, "而今山岳依舊, 聲光莫追, 則逐處想像, 却恨生晚百代, 未得操几杖於山光水聲之中矣, 然而瞻萬丈之巑壁, 則可以見先生不可屈不可犯之志節矣, 臨萬壑之淸流, 則可以見先生不可濁不可滓之胸襟矣, 孤雲住壁, 明霞棲谷, 則先生蕭灑幽絶之趣在矣, 草樹蔥蒨, 苔花掛老, 則先生淳厖蒼古之態存焉."

26) 이는 뒤의 '觀物窮理의 즐거움'이란 장에서 자세하게 논의할 것이다.

27) 이는 뒤의 '불운한 삶을 해소하는 공간'이란 장에서 자세하게 논의할 것이다.

28) 柳雲龍, 「遊金剛山錄」(『謙菴集』 卷5), "煙霧橫空, 月星耀影, 鏡面如拭, 塵喧復寂. 乘興, 使漁人連二船, 凌萬頃. 擧杯飮月, 就醉起舞, 昨一絶."

이산해(1538~1608)는 운주사에서 노니는 중에 "하늘이 더욱 높고 땅이 더욱 넓으며 우리 눈이 더욱 밝아졌고 우리 가슴이 더욱 트이는 것을 알 수 있었다"[30]라고 말하였다. 이것은 산수에서 얻은 즐거움이 우리의 마음과 몸에 어떤 변화를 가져오는지를 충분히 보여준다. 따라서 '산수유기'에 나타나는 '산수'는 오직 아름다운 모습을 보고 즐기거나 시를 짓고 노래를 부르고 춤을 추면서 멋스럽게 노는 유흥(遊興)과 풍류(風流)의 공간만이 아니라 현실에서 나타나는 고통과 갈등을 해소하는 공간이자 자신을 뒤돌아보고 사물의 이치를 궁리하는 공간이기도 했다. 이런 가운데 '놀이'는 산수의 아름다운 모습에 마음과 몸을 빼앗기면서까지 노니는 것이 아니라 삶과의 유기적 관계에서 세속의 틀에 갇힌 마음과 몸의 겉껍질을 벗어 던지고 산수에서 마음과 몸이 즐겁고 자유롭게 노니는 것이었다. 이것이 '산수유기'에 나타나는 '놀이'의 즐거움이라고 할 수 있다.

---

29) 金宗直, 「頭流紀行錄」(『佔畢齋集』, 「文集」 卷2, 「說」), "出遊纔五日, 而頓覺胸次神觀, 寥廟蕭森, 雖妻孥吏胥視我亦不似舊日矣."

30) 李山海, 「月夜訪雲住寺記」(『鵝溪遺稿』 권6, 「記類」), "但覺天益高, 地益闊, 吾眼益大, 吾胸益豁."

3. 마음과 몸의 자유로운 자연 공간: 산수(山水)

1) 불운한 삶을 해소하는 공간

산수는 현실에서 소외되고 불운한 삶을 해소하고 은둔을 실천하는 공간이다. 고려 중기의 임춘(?～?)은 '무신의 난'이라는 정치의 혼란기에 간신히 살아남아 오랫동안 세상의 이곳저곳을 떠돌아다니면서 생활을 했다. 특히 그는 구경 오는 사람이 적고 사냥꾼이나 어부조차도 거의 거들떠보지 않고 지나쳐 버리는 동쪽의 한 외진 곳을 찾아갔는데, 그곳이 자신과 같이 궁핍하고 근심하는 사람들을 위해서 하늘이 숨겨 두었던 공간이라는 심경을 드러냈다. 드디어 그는 자신이 명에나 벼슬에 얽매어 있었다면 산수의 기이하고 아름다운 모습을 끝까지 체험하여 평소의 뜻을 이루지 못했을 것이라는 말로 산수 유람을 마친다.[31] 이처럼 그에게서 산수는 하나의

---

31) 林椿, 「東行記」(『西河集』卷5), "自余東邁, 車轍馬迹之所及多矣. 淸絕之地莫有過此者, 如近置於京邑, 則貴遊必日增千金而爭買矣. 以僻在荒壤, 人罕能至, 時時有獵夫漁老過而不顧. 此必天將祕之, 以待吾輩窮愁之人爾....余若桎梏於名檢之內, 則必不能窮其奇擅其異, 以賞其雅志也."

도피처로, 현실에서 소외된 자신의 처지를 해소하는 공간이었다.

이인로(1152~1220)는 속된 세상을 등지고 현실의 모순이 해소된 공간인 '청학동'을 찾아가고 싶다는 소망을 드러냈다.[32] 그에게서 '청학동'은 '무릉도원'[33]과 같은 세상이었기 때문에 그가 찾아가는 길 주변의 아름다움 모습은 모두 인간이 사는 세상이 아닌 신선이 사는 세상에 가까웠다. "온갖 바위는 빼어남을 다투고, 온갖 골짜기는 다투어 흘러가며, 대울타리에 초가들이 복숭아와 살구나무 사이로 은은하게 비치니, 거의 인간 세상이 아니었다."[34] 이와 같이 그는 자신이 찾으려고 한 '청학동'을 그 아름다움 모습에 흠뻑 빠져 즐거움을 얻기 위한 공간이 아니라 현실의 불운한 삶을 해소하거나 세속의 명예와 이익에서 벗어나기 위한 공간으로 묘사했다. 하지만 그는 청학동을 끝내 찾지 못한 채, 자신의 마음을 한 수의 시에 담아 바위에 남기고 돌아올 수밖에 없었다.

> 두류산 아득한 곳 저녁 구름 나지막한데
> 온갖 골짜기와 온갖 바위는 아름답기 회계산 같구나!
> 지팡이 짚어가며 청학동을 찾으려니
> 수풀 너머 부질없이 들여오는 흰 원숭이 울음소리
> 누대에서 아득하게 삼신산(三神山)은 멀리 보이고
> 이끼 끼어 어렴풋한 네 글자의 글귀뿐
> 묻노니 신선 사는 곳 그 어디 있느냐.

---

32) 李仁老, 「靑鶴洞記」(『破閑集』), "昔僕與堂兄崔相國, 有拂衣長往之意, 乃相約尋此洞, 將以竹籠盛牛犢兩三以入, 則可以與世俗不相聞矣."

33) 東晋의 太元 시기(376~395)에 武陵(지금의 湖南省 桃源縣)에 살던 어느 어부가 강을 거슬러 오르던 중 복사꽃이 피어 있는 수풀 속으로 잘못 들어갔는데 숲의 끝에 이르러 강물의 수원이 되는 깊은 동굴을 발견했다. 그 동굴을 빠져나오니 평화롭고 아름다운 별천지가 펼쳐졌다. 그곳의 사람들은 秦나라 때의 전란을 피해 이곳으로 왔는데 그때 이후 수백 년 동안 세상과 단절된 채 지내왔다는 것이다 (陶淵明, 「桃花源記」).

34) 李仁老, 같은 곳, "千巖競秀, 萬壑爭流, 竹籬茅舍, 桃杏掩映, 殆非人間世也."

떨어지는 꽃과 흐르는 물이 사람의 정신을 혼란하게 하는구나.[35]

이인로에서 '청학동'이나 '무릉도원'은 하나같이 이상향의 공간이 아니라 현실의 공간이었다. 왜냐하면 그에 의하면 '무릉도원'이 이상향의 세계로 그려지거나 전해진 것은 사람들이 '무릉도원'의 기록을 잘 살피지 않았기 때문이었다.[36] 따라서 그에게서 '청학동', 즉 산수는 그 자신의 불운한 삶을 해소하는 한층 실질적이고 구체적인 현실 공간이었다.[37]

2) 마음과 몸을 닦는 공간

산수는 그 외형의 아름다운 모습을 찾아서 구경하고 즐기고 노니는 유흥의 공간이 아니라 산수에 깃든 도체(道體)를 알기 위해 마음과 몸을 닦는 공간이다.[38] 특히 조선시대의 이원(李黿: ?~

---

35) 李仁老, 같은 곳, "頭留山逈暮雲低, 萬壑千巖似會稽, 策杖欲尋靑鶴洞, 隔林空聽白猿啼, 樓臺縹渺三山遠(지리산은 三神山의 하나인 方丈山으로 불렸다), 苔蘇微茫四字題,(雙磎寺 입구에 있는 '雙磎' · '石門'으로 추정된다. 『靑丘風雅』의 注에는 "世言, 雙磎寺 · 斷俗寺, 有崔致遠遺書跡"로 되어 있다) 試問仙源何處是, 落花流水使人迷."

36) 李仁老, 같은 곳, "後世, 丹靑以圖之, 歌詠以傳之, 莫不以桃源爲仙界, 羽車飈輪, 長生久視者所都, 盖讀其記未熟耳. 實與靑鶴洞無異.")

37) '武陵桃源'을 현실의 공간으로 인식한 경우는 몇몇 사람에서도 보인다. 특히 金宗直은 「遊頭流錄」에서 "닭이나 개나 소를 끌고 들어와서 나무를 쳐내고 밭을 개간하여 서속 · 지장 · 삼 · 콩 등을 심으면 저 武陵桃源에 못지않을 것이다. ...'아, 언제나 그대와 함께 은둔하여 이곳에서 놀아볼거나.' 말을 하고 나서 바위에 낀 이끼를 갉아내게 하고 그 위에 이름을 썼다."(『佔畢齋文集』 卷2, 「說」, "若携鷄犬牛犢以入, 刊木墾田, 以種黍稯麻菽, 則武陵桃源, 亦不多讓也. 余以杖叩潤石, 顧謂克己曰, 嗟乎. 安得與君結契隱遁, 盤旋於此耶. 使之刮苔蘚, 題名于巖腹.")라고 하였다. 周世鵬은 「遊淸凉山錄」에서 산마을을 지나치면서 농사를 짓고 있는 모습을 보고 武陵桃源 같다고 하면서 자신도 태평한 시대를 만나지 못했으면 그곳에서 농사를 지었을 것이라 하여 속세와 대비되는 공간으로 파악하였다(『武陵雜著』 卷7, 「雜著」, "往往有山村, 髣髴桃源. 其耦而耕者, 類沮溺, 閱巖耕者, 類子眞, 老而鋤者, 疑龐德公. 顧謂諸生曰, '不逢堯舜君, 則雖抱犢入此, 木食澗飮而終身, 可也.'").

38) 이혜순 외, 같은 책, 84쪽.

1504)은 높은 산에 오르거나 강가에 가거나 산천을 보는 행동에서 성인들의 가르침을 찾아냈다. 즉 높은 산에 올라서는 『중용』의 "멀리 가는 사람은 반드시 낮은 곳에서부터 시작하라"는 뜻을 알았고, 물이 흘러가는 것을 보고는 공자의 "만물이 흘러가는 것이 이와 같다"는 뜻을 알았으며, 산천을 보고는 중도에서 포기하지 않거나 착함에 나아가지 않는 우유부단한 성격을 일으키고, 하나를 완성한 후에 또 하나씩 나아가는 가르침에 힘쓸 수 있었다. 왜냐하면 그에게서 산수는 기이하고 이름난 곳을 찾아가 구경하는 공간이 아니라 어짊과 지혜를 체득하고 사물의 이치를 궁리하는 공간으로 인식되었기 때문이다.[39)]

이원의 이러한 입장은 이이(1536~1584)에도 보인다. 그는 홍인우의 금강산 유기에 발문(跋文)을 지으면서, 하늘과 땅 사이의 모든 물체는 리(理)가 있기 때문에 위로는 해·달·별에서 아래로는 풀·나무·산·물, 미세하기는 술찌끼와 깜부기 풀에 이르기까지 모든 것은 도체(道體)가 깃든 것이라고 하였다. 그래서 그는 선비 중에 금강산에서 노닐면서 눈으로만 볼 뿐이고 산수의 취향을 깊이 알지 못한다면 백성들이 날마다 사용하면서도 알지 못하는 것과 아무 차별이 없고, 또 산수의 취향을 알기만 하고 '도체'를 알지 못한다면 산수를 알더라도 귀할 것이 없다고 하였다.[40)] 이렇듯이

---

39) 李薲, 「遊金剛錄」(『再思堂逸集』卷1, 「雜著」), "噫, 仁者樂山, 智者樂水. 登高而知行遠自卑之意. 觀水而思逝者如斯之旨. 一以起半途自畫之懦, 一以勉盈科後進之學. 此豈探奇探勝, 而務觀遊哉. 體仁智窮事物之一助也."

40) 李珥, 「洪恥齋仁祐楓嶽錄跋」(『栗谷全書』卷13, 「跋」), "天壤之間, 物各有理, 上自日月星辰, 下至草木山川, 微至糟粕煨燼, 皆道體所寓, 無非至敎, 而人雖朝夕寓目, 不知厥理, 則與不見何異哉. 士之遊金剛者, 亦目見而已. 不能深知山水之趣, 則與百姓日用而不知者, 無別矣. 若洪丈可謂深知山水之趣者乎. 雖然, 但知山水之趣, 而不知道體, 則亦無貴乎知山水矣."

이이는 산수에서 노니는 것을 '눈으로 보기만 하는 것'과 '산수의 취향을 깊이 아는 것' 그리고 '산수에 깃든 도체를 아는 것' 등 세 가지로 나누었다. 여기서 첫째는 '산수'를 단순히 구경거리로 삼는 것이라고 말할 수 있고, 둘째는 산수에 자신의 감정을 옮겨 넣거나 시적 흥취를 일으키거나 풍류를 즐기는 것이라고 말할 수 있으며, 셋째는 마음과 몸을 닦는 공부로 이원이 말한 "산수에서 어짊과 지혜를 체득하고 사물의 이치를 궁리하는 것이다"와 같다고 말할 수 있다. 따라서 '산수'는 '도체'가 깃든 공간이자 그 '도체'를 알기 위해서 마음과 몸을 닦는 공간이었다.

그럼 우리는 어떻게 몸과 마음을 닦을 수 있는가? 권호문(1532~1587)은 청량산을 오르는 중에 세속의 시비를 벗어나 "내가 속인들을 대하던 눈으로 저 우뚝 선 산 빛을 마주 하고, 쓸데없는 의논을 듣던 귀로 저 잔잔한 물소리를 듣고자 하니, 또한 즐겁지 아니한가?"[41]라고 말하였다. 그리하여 그는 산수에 자신의 마음과 몸이 흩어져 제멋대로 가고 바깥의 사물에 이끌리는 것을 경계하여 마음과 몸을 닦아서 그 안에 내재해 있는 '도체'를 찾는 일에 더욱 힘을 썼다. 이는 바로 산수와 자신을 분리하거나 산수에 자신의 마음과 몸을 모두 몰입시키는 태도가 아니라 산수와 자신을 하나로 연결하여 하나의 몸으로 삼는 태도였다. 따라서 그에게서 산수는 자신의 감정을 모두 드러내지 않고 철저하게 절제하는 속에서 마음과 몸을 닦아 그 본연의 모습을 끝까지 잃지 않고 식견이 높고 사리에 밝은 데로 나아갈 수 있는 공간이었다.

---

41) 權好文, 「遊淸凉山錄」(『松巖集』 卷5, 「錄」), "吾欲以對俗人之眼, 對彼壁立之山色, 聽浮議之耳, 聽彼淙潺之澗響, 不亦樂乎."

홀로 서서 맑은 휘파람을 부니 호연지기가 절로 일어났으나 문득 기운이 산만하게 흩어져 제멋대로 되고, 밖으로는 들리고 보이는 것에 이끌릴까 두려워졌다. 산을 오르는 것도 오로지 이러한 마음 때문이고 물로 가는 것도 오로지 이러한 마음을 위해서이니, 마땅히 이를 살펴야 할 것이다. 그리하여 행가에게 이르기를 "사람의 심성에는 정해진 것이 있으니, 내 안에서 이를 굳게 지킨 뒤에야 바깥의 것을 맞아 응할 수 있다. 산을 보며 즐기는 것은 어진 사람의 일이요, 물을 보며 즐기는 것은 지혜로운 사람의 일이다. 이러한 심성을 닦아 끝까지 그것을 잃지 않으면 식견이 높고 사리에 밝은 데로 나아가는 것이 어렵지 않다. 이것은 나와 네가 마땅히 힘써야 할 것이다."[42]

결국 산수는 단순히 기이하고 아름다운 모습을 즐기면서 구경하는 탐승(探勝)의 공간이기보다도 그 안에 있는 도의 본질을 찾기 위해서 마음과 몸을 끊임없이 닦는 공간이었다. 따라서 산수에서 노니는 것은 마음과 몸을 닦는 공부의 연장이자 삶 그 자체였다.

3) 세속을 벗어나는 공간

산수는 일상의 각박한 삶에서 벗어나 휴식을 취하고 흥취를 추구하는 공간이다. 이정구(1564～1635)는 벼슬살이의 과중한 업무에서 오는 고단함과 세상살이의 번잡스러운 시비(是非)에서 오는 고달픔을 호소하면서, 세상을 피하여 산수에 숨고자 꿈꾸었으나 그것을 이루지 못한 자신의 처지를 한탄스러워하면서 시 한수를 읊었다.[43]

---

42) 權好文, 같은 곳, "淸嘯孤立, 浩氣自發, 旋恐散逸放蕩, 外役於耳目, 登山只是這箇心, 入水只是這箇心. 正可察也. 乃謂行可曰, 人之心性有定, 堅守在我, 然後能應接於外. 看山而樂者, 仁之事也. 看水而樂者, 智之事也. 修此心性, 終不失之, 則不難乎造高明. 此吾與汝所當勉者."

43) 金壽增도 '是非의 소리가 귀에 이르러 오는 것'을 막기 위해서 곡운에 은둔하였지만, (심경호, 『산문

표연히 외진 바닷가에 온 쓸모없는 사람/반세상 풍진 겪느라 머리털이 희었어라.
아득히 도원 생각해도 길 잃은 지 오래/장쾌한 유람 그 숙원을 오늘에 이루었도다.
이 신선 세계에서 행여 석상의 꿈 깬다면/여기 안개 낀 풍경(煙霞) 속에서 여생을 보내고 싶구나.44)
강가 마을에 나그네로 투숙하여/수레 멈추고서 한가히 산보하노라.
옷깃 나란히 시냇가 바위에 앉고/반가이 서로 만나 좋은 모임 연다.
중 략
물결 위 바람은 취한 얼굴에 불고/밤이 깊어지자 가벼운 추위가 엄숙해도
취흥에 젖어 돌아가길 잊은 채/좋은 구경 기쁘게 마음 흡족해라.
시를 지어 이날 밤을 기록하노니/속세의 번거로운 일이 섞여 들지 않도록 하라.45)

이정구는 산수에서 노니는 것을 속세의 고단함과 고달픔을 해소하는 하나의 방편으로 보았기 때문에 산수 자체에 대한 관심보다는 속세로부터의 일탈에 주목할 수밖에 없었다.46) 다시 말해 그는 산수에서 노니는 것을 통해 속세로부터의 해방감을 느끼는 것을 중요한 문제로 보았기 때문에 산수의 아름다운 모습에 대한 묘사에서는 오직 산수를 대하고 느낀 그 자신의 이미지와 흥취를 표현했을 뿐이었다. 따라서 그에게서 산수는 "이 신선 세계에서 행여 석상의 꿈 깬다면/여기 안개 낀 풍경(煙霞) 속에서 여생을 보내고 싶구나!"에서 보듯이, 이 세상에 존재할 것 같지 않은 환상적인 공

기행-조선의 선비, 산길을 가다」, 328쪽 참조) 그가 이정구와 다른 것은 實景에 입각하여 산수 경물을 사실적으로 묘사하였고, 더 나아가 景物에 명분 작업을 하며 絕俗한 의지를 표명하고 자신만의 세계를 질서화 하는 모습을 보였다는 것이나(황인건, 「곡운 김수증의 산수문학연구」, 36~53쪽 참조). 「칠월 그믐에 화음으로 돌아오다」 도성의 시끄러움과 먼지는 성정을 손상하기에/산으로 돌아오매 일신이 가벼움을 느끼겠다./문에 찾아오는 길손 없어 도리어 기쁘구나/시냇물 솔바람 그 소리가 귀에 가득하여라(金壽增, 「七月晦日 還華陰」, 城市囂塵損性情/歸山便覺一身輕/門前却喜無來客/潤水松風滿耳聲).

44) 李廷龜, 「戊戌朝天錄」上(『月沙集』卷2), "飄然窮海一畸人/半世風塵頭已皓/桃源緬思久迷津/壯遊如今諧夙好/仙區幸竄石上夢/一丘煙霞願終老."

45) 李廷龜, 「戊戌朝天錄」下(『月沙集』卷3), "客投河上村/停車散步屧/聯裾坐礪石/邂逅成勝集/중략/水風吹醉顏/夜久輕寒襲/陶然却忘歸/勝賞欣始愜/題詩記玆夕/勿使塵喧雜"

46) 노경희, 같은 논문, 12쪽.

간이었고, 그러한 공간에 벼슬살이의 과중한 업무에서 오는 울분을 모두 쏟아붓고 마음껏 흥취를 추구했던 것이다. 결국 그에게서 산수는 속세를 벗어나 순수한 놀이의 흥취를 추구하는 공간이었는데, 즉 이는 이인로의 경우처럼 현실을 벗어나 은둔을 실천하는 공간이 아니라 흥취를 마음껏 즐기되 언제든지 현실 세계로 되돌아올 수 있는 공간이었다.

4. 마음과 몸의 즐거운 놀이 문화 : 놀이(遊)

1) 관물궁리(觀物窮理)의 즐거움

겉으로 드러난 산수의 모습이 아니라 그 안에 담겨 있는 이치를 깊이 연구하는 것으로 자신의 즐거움을 삼는 사람들이 있다. 특히 고려시대의 안축(1287～1348)은 경포대에서 노니는 중에 겉으로 드러난 산수의 아름다운 모습만을 바라보는 데 그치지 않고 아무리 하찮거나 보잘것없는 작은 돌멩이나 나뭇가지라고 하더라도 그 안의 질서를 궁구하여 자연의 이치를 깨닫는 것으로 즐거움을 삼았다.

> 천하의 사물 중에서 무릇 형체를 가진 것은 모두 이치를 담고 있다. 큰 것으로는 산과 물에서부터 작은 것으로는 주먹 크기의 돌멩이와 손가락 굵기의 나뭇가지에 이르기까지 모두 그렇지 않은 것이 없다.[47]

---

47) 安軸, 「鏡浦新亭記」(『謹齋集』 卷1), "天下之物, 凡有形者, 皆有理. 大而山水, 小而至於拳石寸木, 莫不皆然."(안축의 주장과 비슷한 주장이 있다. 蘇軾은 "무릇 사물은 모두 볼 만한 것이 있고, 만약 볼 만한 것이 있으면 모두 즐길 만한 것이 있으니, 반드시 기이하고 화려한 것을 구할 필요는 없다.

이렇듯이 안축은 겉으로 드러난 산수의 아름다운 모습에 자신의 마음과 몸을 구속시키는 것이 아니라 그 내면의 세계에 주목하여 그 본연의 이치를 유추하여 내면의 즐거움을 얻었다. 이와 같이 이러한 사물 하나하나에 대한 세밀한 관찰을 통하여 즐거움을 얻는 태도는 성리학이 적극적으로 연구되었던 조선시대에 들어오면서 더욱 주목을 받았다. 특히 조식(1501~1572)은 산수에서 노닐 때에 일어난 일을 마음과 몸을 닦는 문제와 직접 연결시켜 논의하는 방식을 사용했다. 그리하여 그는 사물의 아름다운 모습에 감탄을 하기보다는 일마다 뜻을 두는 방식으로(隨事寓意) 팽팽한 긴장 속에서 산수의 사물들을 응시하고 치열하게 사물의 이치를 깊이 연구하여 어떤 깨달음을 얻기 위해 노력했다. 즉 그는 청량산을 오르는 중에 "살벌한 광경(光景) 속에서 매 순간 정의와 사사로운 이익을 구별하여 오로지 선(善)의 한 끝을 붙잡으려고 고투하는 산림 선비의 기개를 드러냈다."[48] 즉 '좋은 일을 좋아 하는 것을 산을 오르는 것에, 나쁜 일을 좋아 하는 것을 산을 내려가는 것'에 비유한 것처럼, 그는 산수에서 노니는 중에 감정에 휩쓸리거나 나태해지기 쉬운 자신의 마음과 몸에 대한 경계를 한순간도 잊은 적이 없었다. 이것이 그가 산수에서 노닌 즐거움이었다.

　　　잠시 후에 뒤편 언덕에 오르러 길을 더듬어 지장암을 찾아가니, 모란이 활짝 피어 있었는데, 한 송이가 한 말 정도가 되는 붉은 꽃이었다. 그곳에서 곧바로 내려가는데 한 번에 몇 리를 달려간 다음에야 비로소 한 차례 쉴 수가 있었고, 이

　　…사물은 크고 작거나를 떠나 그 내면에서 들여다보면 높고 크지 않은 것이 없다"라고 했다. 蘇軾, 『蘇軾文集』, 卷11, 「記」, 「超然臺記」, 凡物皆有可觀, 苟有可觀, 皆有可樂, 非必怪奇偉麗者也. … 物非有大小也, 自其內而觀之, 未有不高且大者也.)
48) 심경호, 「退溪의 山水遊記」, 183~185쪽.

윽고 양의 어깻죽지 고기를 삶을 정도의 짧은 시간에 문득 쌍계사에 도착하게
되었다. 처음 위쪽으로 오를 적에는 한 발짝을 내디디면 다시 한 발짝을 내딛기
가 어렵더니, 아래쪽으로 달려 내려올 적에는 단지 발만 들어도 몸이 저절로 흘
러 내려가는 형국이었다. 이것은 어찌 선을 좇는 것은 산을 오르는 것과 같고,
악을 좇는 것은 산을 내려가는 것과 같은 일이 아니겠는가?[49]

   그러나 이황(1501~1570)은 조식의 '산수에서 노니는 태도'를 그
리 탐탁하게 여기지 않았다. 왜냐하면 그는 조식이 산수에서 사물
의 이치를 찾아가는 길을 중시하여 재미있게 노니는 여유를 갖지
못한 기미가 있다고 보았기 때문이다.[50] 그리하여 그는 산수를 즐
기는데 현허(玄虛)를 좋아하고 고상함을 일삼기를 좋아하는 사람은
자기 몸만 깨끗이 하고 인륜을 어지럽히는(潔身亂倫) 잘못이 있어
서 새 짐승과 무리를 이루게 되고, 도의를 즐기고 심성을 기르기를
좋아하는 사람은 술지게미(糟粕)만을 좋아하는 것에 지나지 않는다
고 보았다.[51] 이러한 입장에서 그는 도산에서 세상을 피하여 사는
삶(隱逸)을 지향하기 이전에 산수에서 노닐며 몸으로 체험하고 마
음으로 사물을 깊이 관찰하는 자세를 견지했고, 자연 속에 드러나
는 조화의 자취를 진심으로 즐겼다. 즉 "산에 오르는 좋은 점이 반
드시 시력(視力)을 다해 멀리 바라보는 데 있는 것만은 아니다"[52]

---

49) 曺植,「遊頭流錄」(『南冥集』卷2,「錄」), "旋登後崗, 歷探地藏菴, 牧丹盛開, 一朶如一斗猩紅, 從
此直下, 一趨數里, 方得一戱, 纔熟羊胛, 便到雙磎. 初登上面, 一步更難一步, 及趨下面, 徒自擧
足, 而身自流下. 豈非從善如登, 從惡如崩者乎."(鄭述는「遊伽倻山錄」에서 조식의 위의 글을 "오
늘의 착제(著題: 주제에 딱 맞음)이다"라고 했다. "向夕下蘇利菴, 崎山區巖徑, 勞悴亦甚矣, 而其視
夫上之之難, 不啻九分之減, 信乎曹先生所喻從善如登, 從惡如崩者, 實爲今日之著題也.")
50) 심경호,「退溪의 山水遊記」, 185쪽.
51) 李滉,「陶山雜詠」(『退溪集』卷3,「詩」), "雖然, 觀古之有樂於山林者, 亦有二焉. 有慕玄虛, 事高
尙而樂者, 有悅道義, 頤心性而樂者, 由前之說, 則恐或流于潔身亂倫, 而其甚則與鳥獸同群. 不以
爲非矣. 由後之說, 則所嗜者糟粕耳. 至其不可傳之妙, 則愈求而愈不得, 於樂何有."
52) 李滉,「遊小白山錄」(『退溪集』卷41), "登山妙處, 不必在目力所窮之外矣."

는 말처럼, 그에게는 눈앞에 펼쳐진 산수의 아름다운 모습을 바라보는 것이 중요한 것이 아니라 기온이 차고 바람이 매몰차게 부는 곳에서 굳세게 고군분투하면서 조금씩 자라는 한 그루의 나무를 유심히 살피는 속에서 마음과 몸을 닦아 나가는 일이 그 나무처럼 얼마나 힘든 일인가를 깨닫는 것이 무엇보다도 중요했다. 따라서 그는 "산수를 정신적 가치의 상징물로 여겨 거칠지 않고 부드러우며 억세지 않고 유순한 정신 태도를 지켰다."[53] 이것이 그가 산수에서 노니는 즐거움이었다.

> 산 위는 기온이 매우 찼으며 매서운 바람이 불어대며 멈추지 않아서 나무들은 모두 동쪽으로 기울어서 자라나고 있었고, 가지와 줄기는 많이 굽어 있었으며, 왜소하고 모지라져 있었다. 4월 그믐에 숲의 나무들은 잎이 나니 1년 동안 자라는 것이 몇 푼이나 몇 치에 지나지 않으나 굳세게 비바람에 시달려 모두 힘써 싸우는 모양을 하고 있어서 깊은 숲속 큰 골짝에서 자라는 나무와는 크게 달랐다. 있는 곳에 따라 기상이 변하고 길러주는 데 따라 몸이 변하는 것은 식물과 사람이 어찌 다르겠는가?[54]

권호문(1532~1587)은 '산을 오르는 과정'을 '도를 실천하는 과정'에 비유하여 산수에서 노니는 즐거움을 드러냈다. 즉 그는 깎아지른 험한 곳에 이르게 되면 큰 용기로 힘을 내지 않고서는 나아갈 수 없는 것과 같이 도를 실천하는 것이 얼마나 어려운지를 토로했다. 또한 그는 산에 오르는 과정에서도 오르기가 어렵고 내려가기가 쉬운 것은 선을 행하기가 어렵고 악을 행하기가 쉬운 것과 같다

---

53) 심경호, 「조선 선비들의 산수유람기」(「산 절로 수 절로」, 『향토와 문화』(21), 대구은행 사회보, 2001. 12.), 7쪽.
54) 李滉, 같은 곳, "山上氣甚高寒, 烈風衝振不止. 木之生也盡東偃, 枝幹多樛屈矮禿. 四月之晦, 林葉始榮. 一年所長, 不過分寸, 昻莊耐苦, 皆作力戰之勢. 其與生于深林巨壑者大不侔. 居移氣, 養移體, 物之與人, 寧有異哉."

고 하여, 겉으로 드러난 산수의 아름다운 모습을 보는 것에 의미를 두기보다도 산을 오르는 한 걸음 한 걸음에 큰 의미를 두고 자신의 내면의 즐거움을 추구했다.[55] 또한 정구(1543~1620)는 산수를 그곳에서 노니는 사람이 즐겨 구경할 만하고 어진 사람이 반성할 만한 것으로 이해하고, 정원의 풀이나 산은 그 크기와 성쇠(盛衰)가 다르다 해도 군자가 사물을 보고 마음을 깃들이는 까닭은 한가지라고 보았다. 간단하게 말해, 산수는 아름다움을 즐겨 보는 공간이자 도를 깨닫는 공간이라는 것이다.[56] 하지만 그는 멋대로 걸어 다니며 즐겨 보는 것에만 빠져 산수의 아름다운 모습에 자신의 마음과 몸을 빼앗기는 것이 아니라 산수에 깃든 '도체'를 조용히 체득하여 자신의 신기(神氣)를 기르고 난 뒤에 천천히 감상하는 태도로 자신의 즐거움을 삼았던 것이다.[57]

결국 관물궁리의 즐거움은 단순히 물질적이고 감각적인 신변잡기의 취미 활동에서 벗어나 마음과 몸의 내면세계를 들여다보는 정신 활동에서 나온 즐거움이었다. 이러한 정신 활동 속에서 그들의 마음과 몸은 이전과 다른 상태에 도달할 수 있었다.

---

55) 權好文, 「遊淸凉山錄」(『松巖集』 卷5, 「錄」), "西行百步許, 尋夢想庵, 所向之逕, 峻嶒高絕, 欲進身退, 二僧挾我而上. 余喜曰, 此如學道者, 使敬義二者相挾持, 則要放下靉然, 不得, 只得向上去, 便達天德也. 到庵, 令阿男題名于窓楣, 浩嘯歸來. 何登之難而下之易也. 此所謂從善如登, 從惡如崩者也."

56) 鄭逑, 「遊伽倻山錄」(『寒岡集』 卷9, 「雜著」) "山之內外, 靑紫黃白, 散落成文, 各隨造物之天, 以寓生成之理, 初不知孰使之然, 而爛熳趣色, 混茫相映, 足以供遊人之賞, 而資仁者之反求."

57) 鄭逑, 같은 곳, "吾輩之來, 豈直如山遊之人, 縱步耽賞, 以爲景物之所役者哉. 今日登山, 所得亦已優矣. 盍亦從容體適, 以養神氣, 以後徐爲之者乎."

2) 풍류의 즐거움

현실에서 누려 보지 못한 흥취를 산수에서 마음껏 즐기며 노는 것으로 즐거움을 삼는 사람들이 있다. 이들은 현실의 모든 제약과 규제에서 벗어나서 마음과 몸의 즐거움을 얻어야 한다고 생각한다. 특히 고려시대의 이규보(1168~1241)는 '산수'에서 어떤 이치를 찾기보다 아름다운 모습을 보고 감흥에 겨워 술을 한잔하면서 배를 타고 시를 읊조리는 풍류놀이로 자신의 즐거움을 삼았다. 하지만 그는 그러한 놀이에 싫증을 내고 가냘프고 고운 손을 가진 아가씨를 불러와 아쟁을 타면서 놀고 싶다는 속내를 드러냈다. "매일 곱게 화장한 여인을 끼고 좋은 악기를 연주하면서 마음대로 노닌다면 그 즐거움을 어찌 다 말하겠는가?"[58] 이렇듯이 그는 '산수'를 세상살이에 지치고 곤궁해진 자신의 마음과 몸이 언제라도 가서 살며 마음껏 풍류를 즐길 수 있는 공간으로 이해했다. 그는 상주에서 노니는 중에 산수에서 풍류를 즐기고 노니는 즐거움을 한 수의 시로 남겼다.

> 푸른 하늘이 먼 강물 위에 떠 있는데/구름 속의 섬은 봉래 섬인가?
> 물결 아래 붉은 고기 잠기는데/안개 속에 흰 새가 다가오네.
> 여울 이름은 땅에 따라 바뀌지만/산색은 배를 따라 돌아오는구나.
> 강 마을에서 술을 사다가/유유하게 한 잔을 따르노라.[59]

---

58) 李奎報,「尙州紀行」(『東國李相國集』), "況乎日擁紅粧, 彈朱絃, 得意而遊, 則其樂曷勝道哉."
59) 李奎報, 같은 곳, "碧天浮遠水/雲島認蓬萊/浪底紅鱗沒/烟中白鳥來/灘名隨地換/山色逐舟迴/喚取江城酒/悠然酌一盃."

밤에 모래 벌에 배를 대고 푸른 암벽에 가까이 가서/배에서 우두커니 시를 읊조리느라 수염을 꼬노라.
물빛은 반짝반짝 뱃전을 흔들고/달그림자 하늘하늘 두건 아래 떨어지네.
푸른 물결 불어 외로운 언덕이 잠기는데/흰 구름 끊어진 곳에 짧은 봉우리 뽀족하네.
피리소리 울어 예는 것 차마 듣지 못하겠기에/가냘프고 고운 손을 가진 아가씨 불러와 아쟁을 타게 해야겠네.[60]

주세붕(1495~1554)은 청량산을 오를 때에 악기를 연주하고 노래를 부르고 춤을 추며 술을 마시는 등의 풍류놀이를 즐겼다. 그는 용수고개를 넘어 이현보의 집에 갔는데, 큰 여종에게는 거문고를 작은 여종에게는 아쟁을 타게 하고 <귀거래사>나 <귀전부> 등을 노래로 부르게 하면서 그 가락에 흥이 겨워 이문량과 함께 덩실덩실 춤을 췄다. 그러자 78살의 이현보가 일어나 주세붕과 같이 춤을 추었으니, 그들은 모두 그 풍류의 즐거움을 더욱 만끽할 수 있었다. 더욱 절정은 이현보가 조카(이국량) 편에 보낸 노래를 그가 즉석에서 복주의 피리에 맞춰 이국량에게 부르게 하고는 술을 마시면서 흥취를 일으킨 것이었다.

용수 고개를 넘어 온계를 지나 진사 오언의를 만나고, 분수의 집에 계시는 농암을 뵈었다. 공이 문밖에까지 나와 맞으시고 안으로 데리고 가서 바둑을 두었다. 밥을 차리게 하고 이어서 술을 내오게 했다. 큰 여종에게는 거문고를 타게 하고 어린 여종에게는 아쟁을 타게 하고는 〈귀거래사〉를 부르기도 하고, 〈귀전무〉를 부르기도 하고, 이하의 〈장진주〉를 부르기도 하고 소설당의 〈행화비렴산여춘〉을 부르기도 했다. 그 아들 문량은 자가 대성으로 옆에서 공을 모시고 앉아 있다가 또 〈수곡〉을 불렀다. 나와 대성이 일어나 춤을 추니 공도 일어나 춤을 추었다.

---

60) 李奎報, 같은 곳. "夜泊沙汀近翠巖/坐吟蓬低撚疎髯/水光激激瑤舡閣/月影微微落帽簷/碧浪漲來孤崖沒/白雲斷處短峰尖/管聲嗚咿難堪聽/須喚彈箏玉指纖."

공의 나이가 78세이니 나보다 나이가 많은데도 더욱 감동되어 목이 멜 정도였다. 공이 계신 곳은 매우 좁았으나 좌우에는 그림과 책이 있고 집 앞에는 화분을 죽 늘어놓았으며, 담 아래는 화초를 심었고 마당의 모래는 눈같이 깨끗해서 마치 신선의 집에 들어와 있는 것 같았다.[61]

그런데 주세붕에서 풍류놀이는 지나치게 감정을 드러낼 수 있었기 때문에 그것은 그 자신의 마음과 몸을 빼앗아 내면의 세계를 어지럽힐 가능성이 너무 컸다. 그리하여 그는 항상 자신의 마음과 몸이 풍류놀이에 빠져서 인사불성이 될 때까지 질탕하게 놀므로 인하여 그 균형을 잃어버릴 것을 경계하였다. 예컨대, 그가 이현보의 집에서 풍류놀이를 즐기면서 그 집을 신선의 집에 비유한 것이든지, 감정에 치우칠 것을 염려하여 기생 탁문아에게 『대학』을 읊게 하고는 마음이 편해졌다는 구절을 말한 것이나 『남악유산후기』를 인용하여 산수에서 시를 짓는 것이 감정을 격정(激情)시킬 수 있다는 것을 경계한 것을 보면, 그의 풍류놀이가 오늘날 오직 먹고 마시고 춤을 추는 등 감각적이고 유희적인 측면만을 풍류놀이라고 이해하는 것과는 아주 대조적이라는 것을 충분히 알 수 있다.

젊은 악사를 시켜 자민루에 올라 피리를 불게 하니 그 소리가 맑고 부드러워 달의 계수나무에까지 날아가 닿을 듯했다. 복스러운 기생 탁문아가 있었는데, 나와 동년생(乙之生)이다. 그녀는 선물로 한 항아리 술을 얻어 안고 와서 "오늘밤 어르신께서 몹시 흥이 나신 것 같은데, 저 역시 흥이 얕지는 않습니다"라고 말하였다. 드디어 우리는 술자리를 열어 크게 취하였다. 나는 있는 힘을 다해서 "네가

---

61) 周世鵬, 「遊清凉山錄」(『武陵雜稿』), "踰龍壽嶺, 歷溫溪, 見吳進士彥毅, 遂謁豐巖于汾水之宅, 公出迎門外, 引坐圍棋. 命之食, 繼之以酒. 使大婢按琴, 小婢撫箏, 或歌歸來辭, 或歌歸田賦, 或歌李賀將進酒, 或歌蘇雪堂杏花飛簾散餘春, 其子文樑字大成, 侍坐, 亦歌壽曲. 余與大成起舞, 公亦起舞. 公之春秋七十八, 乃吾先年也. 愈爲之興懷悲梗. 公所居殊隘狹, 然左右圖書, 堂前列置花盆, 墻下植花草, 庭沙如雪, 洒然若入神仙宅也."

『대학』을 읊지 않으면 감정에 치우칠까 두렵다"라고 말했다. 드디어 그녀에게 『대학』을 읊게 했는데, "그 마음이 편안하구나. 의로써 이로움을 삼는다"는 등의 구절에 이르러 세 번이나 반복하여 탄복하니, 옛사람에 대해 마음에 사무치는 느낌이 들었다.62)

결국 주세붕에서 풍류의 즐거움은 단순히 음악 가락에 자신의 마음과 몸을 내맡기는 것이 아니었다. 그가 비록 기생과 놀이꾼들을 대동하고 거창하게 풍류놀이를 즐겼지만, 그의 "드디어 선방에서 잠을 자는데, 환한 달빛이 방에 가득하고 폭포소리를 베고 누워 두견이 소리를 들으니, 이 몸이 속세를 멀리 벗어나 있는 것같이 느껴졌다"63)에서 보듯이, 산수의 정취를 느끼는 속에서 세상의 모든 시름을 잊는 풍류의 즐거움을 얻었던 것이다.

3) 탐승(探勝)의 즐거움

산수의 아름답고 훌륭한 곳을 찾아가 흥취를 추구하는 것으로 자신의 즐거움을 삼는 사람들이 있다. 이정구(1564~1635)는 벼슬길의 과중한 업무에서 벗어나 평소에 얻지 못한 흥취를 얻기 위해서 산수의 아름다움 모습을 묘사하는 데에 힘을 썼다. 물론 그것은 산수의 생기 있고 역동적인 모습을 그려 내는 것이 아니라 그 자신이 산수의 아름다운 모습을 보고 느낀 이미지를 그려 내는 것이었

---

62) 周世鵬, 같은 곳, "使小伶登字民樓, 吹笛, 其聲瀏瀏, 飛徹月桂. 有福妓卓文兒者, 與余同乙生, 貨得一樽抱來曰, '今夜, 老子似發高興, 老妓興復不淺.' 遂開酌大醉, 遺曰, '若不誦大學, 恐其流也.' 遂令誦大學, 至其心休休, 以義爲利等語, 輒三復永嘆, 有慨於前古也."

63) 周世鵬, 같은 곳, "遂宿禪房, 明月滿屋, 枕飛瀑聞杜鵑, 已覺此身超乎世外."

다. 왜냐하면 그의 최대 관심이 세속에 얽매어 있는 자신의 마음과 몸을 벗어나게 하여 산수에서 그 자신의 느낌과 감정을 마음껏 드러내고 노니는 것이었기 때문이다. 그리하여 그는 산수를 신선들이 사는 공간으로 이해하고, 그러한 공간을 찾아가 자신의 흥취를 추구하는 것으로 자신의 즐거움을 드러냈다.

> 이곳에 한 번 올라 바라보면 눈앞에 보이는 큰 들판이 넓어서 끝이 없고 운해가 하늘에 잇닿아 뒤섞이어 똑같은 빛을 이루어서, 마치 유유히 하늘의 맑은 기운과 더불어 노닐어서 끝 가는 데를 모르는 듯, 마음이 엉기고 눈이 어지러우며, 정신이 흐릿하여 스스로 안정할 수 없다. 다만 보이는 것은 펴져 나가는 안개와 구름, 날아다니는 짐승과 새들이 기쁘며 자득한 모습을 보니, 마치 노니는 사람들과 더불어 즐거워하는 것 같다.[64]

이렇듯이 이정구는 산수에서 노니는 즐거움을 만끽했기 때문에 그 안에 있는 사물들은 모두 그 자신의 흥취를 일으키는 아주 소중한 것들이었다. 이는 산수를 그대로 묘사하지 않고 자신의 흥취를 드러내기 위해서 산수의 아름다운 모습을 묘사하는 태도에서 충분히 알 수 있다.[65] 다시 말해 그는 산수에서 어떠한 이치를 구하거나 아름다운 모습을 보고 즐기기보다는 자신의 정감을 그 안에 옮겨 넣는 것에서 즐거움을 얻었다. "저녁이 되자 산기운은 적막하고 이지러진 달은 빛을 흘렸으며, 삼나무와 회나무가 빼곡하게 서서 바람에 흔들리며 소리를 낸다. 신단을 바라보니 하도 엄숙해서 사람의 혼백을 요동치게 만든다."[66]

---

64) 李廷龜, 「遊西嶽廟序」(『月沙集』 卷2, 「戊戌朝天錄」 上), "試登而望之, 則前臨大野, 浩無畔岸, 雲海接天, 混然一色, 悠悠乎與灝氣游而不知所窮, 心凝眼迷, 怳不自定, 但見煙雲之捲舒, 禽鳥之飛翔, 熙然自得, 似與遊者相樂."

65) 노경희, 같은 논문. 22~27쪽 참조.

이정구는 화창한 가을날 벗들과 함께 삼각산(三角山)에 올랐다. 그는 산을 오르면서 산수의 아름다운 모습에 자신의 정감을 옮겨 넣고, 평소에 얻지 못했던 흥취를 얻기 위해서 술을 마시고 춤을 추며 피리쟁이에게 피리를 불게 하였다. 그리고 그는 산수의 아름다운 모습을 "조금 있으니 달이 이미 앞산에 돋았다. 가을 하늘이 공활하여 한 점의 구름조차 없었다. 산은 텅 비고 골짜기는 고요한데 온갖 소리가 모두 멎어 있었다. 피리소리가 맑게 퍼져 나가니 마치 신선이 산다는 계령에서 들여오는 듯하다"[67]고 묘사했다. 또한 그는 "흥이 솟구쳐 기운 술병이 몇 병이나 되었다. 나는 술에 취해 노래하고 아들은 일어나 춤추었다. 피리소리가 바람에 실려 층진 하늘로 흩어져 들어가니 황홀함이 마치 유안(회남자의 저자)의 닭과 개소리가 흰 구름에 울리는 것과 같아 실로 삼청[신선이 산다는 옥청(玉清)·상청(上清)·태청(太清) 세 가지 궁] 세계에서 꿈결에 노니는 것 같았다"[68]라고 하였다. 이와 같이 그는 산수를 신선이 사는 세계로 인식하고, 그가 만나는 산수의 아름다운 모습에 자신의 이미지를 투사하고 자신의 온갖 흥취를 불러일으키는 놀이로 즐거움을 만끽하였다.

이정구는 산사의 승려들과 헤어지고 빼어난 경치를 자랑하는 개울을 따라 발길 닿는 대로 걸어갔다. 끊임없이 흘러나오는 개울물과 햇빛에 반짝이는 기이한 바위 그리고 푸른빛을 내뿜는 큰 소나

---

66) 李廷龜, 「遊松嶽記」(『月沙集』卷38, 「記」), "向夕, 山意寂寥, 缺月有光, 杉檜森立, 風動有聲, 望見神壇, 淨肅, 令人魄動."

67) 李廷龜, 「遊三角山記」(『月沙集』卷38, 「記」), "少焉月已上前峯矣. 秋天寥廓, 無一點雲. 山空谷靜, 萬籟俱沈. 笛聲淸徹, 如從繼嶺來."

68) 李廷龜, 「遊三角山記」, "興酣傾盡數壺. 余醉而歌, 子齊起舞, 笛聲隨風散入層霄, 恍似劉安鷄犬遺響白雲, 眞一三淸夢遊也."

무가 자신과 친구들의 마음속에 파고드는 것을 느꼈다. 그는 친구들과 물에 들어가기도 하고 바위에 걸터앉기도 하면서 음식과 고기를 먹고 물에 술잔을 띄우면서 술을 마시기도 하고 물고기를 잡아먹기도 하였다. 또한 어떤 사람은 머리에 단풍가지도 꽂기도 하였고, 이정구는 술잔에 국화꽃을 띄어 술을 마시기도 하였고, 술에 취하자 더욱 흥취를 일으켜서 거문고의 소리에 맞추어서 춤을 덩실덩실 추기도 하였다. 거문고를 연주하는 악사들도 더욱 흥이 나서 빼어난 연주 솜씨를 발휘하였다. 이정구는 친구들과 저물녘에 휘청휘청 어지럽게 춤을 추었고, 술에 취한 채 말을 타고 돌아왔다. 여전히 길에서도 피리소리가 그치지 않았고 거문고 또한 연주되었다. 지나가는 사람들이 이들의 모습을 보고 신선처럼 생각하였다. 달이 동쪽으로 떠오르자 다시 흥이 나서 말위에서 큰 술잔을 채워 마셨다.[69] 결국 그에게서 산수는 인간이 사는 공간이 아닌 신선이 사는 공간으로, 그 자신도 신선과 같이 속세의 과중한 업무에서 벗어나 그러한 공간에서 마음과 몸의 즐거움을 얻고 싶다는 소망을 드러냈던 것이다.

신익성[70]의 산수 놀이도 이정구와 크게 차이가 없었다. 그의 산

---

69) 李廷龜, 같은 곳, "逐別山僧, 緣溪信行, 爭流競秀, 應接不暇, 纔出洞門, 李樂師已抱琴迎拜, 時秋漲不盡, 水聲激激, 奇石嵌空, 玲瓏可愛, 長松掩映, 蒼翠襲人, 余與諸君, 赤足踏流, 解衣坐石, 行廚送薦, 肴核狼藉, 或流觴競飮, 或擧網得魚, 子齊折楓枝揷頭上, 余摘菊花泛酒杯, 醉後樂甚, 拍手蹈足, 淸絃妙曲, 較工爭奇, 皆千古希聲, 子方曰, 三人固是國手, 而今日更覺十分淸絶, 豈地勝而然耶. 三人曰, 非但地勝, 今日幸遇群仙之會, 俺等亦情興俱到, 音調自高, 若有神助也. 日暮群起, 偍偍亂舞, 醉後迸馬路上, 笛不輟而琴亦時奏, 行人望之如神仙. 少焉月從東上, 余復興發, 馬上引滿大白."

70) 申翊聖, 「遊金剛小記」(『樂全堂集』 卷7), "泛舟於三日浦, 摩娑丹書之壁, 觴于四仙亭, 酒酣, 太守李敬仁克甫請歌之侑之, 不覺歡暢, 余亦以一絶書扇頭以酬之....到淸澗亭, 月華與海濤相盪, 天無纖翳如白晝, 余獨登萬景臺, 枕石而臥, 夜久涼露沾衣, 淸氣襲骨, 奚奴從臺下吹簫, 魚龍皆蟄. 此夜此月, 天下共之, 亦無如我得意看.... 九月十五, 登鏡浦臺, 夕霞倒映, 湖海如纈錦, 俄壁月中天, 如錦者翻作水晶世界, 扶醉下臺, 駕小航載妓樂, 中流飮謔, 夜久涼生, 沆瀣淋漓, 覺凸遊也."

수 유람에서 산수의 아름다운 모습은 그리 중요한 것이 아니었다. 그는 금강산에서 노니는 중에 가다가 피곤하면 쉬면서 시를 쓰고 읊는 일이 끝나면 술을 마시는 등 산수에서 노니는 흥취를 불러일으켰다. 사선정에서 술을 잔득 마시고 태수 이극보의 노래에 흥이 돋아 즐거워한 것이나 만경대에 올라 돌을 베고 누웠는데, 밤이 깊어지자 맑은 기운이 뼈에까지 스며들었다는 것이나 만경대 아래에서 노복에게 피리를 불게 하자 어룡이 모두 솟아 올라올 것 같았다는 것은 그의 산수 놀이가 오직 자신의 흥취를 일으키는 데에 집중되었음을 보여준다.

신익성은 그러한 흥취 속에 경포대에 올랐다. 그는 저녁노을이 기꾸로 비쳐 울긋불긋한 비단 같다고 하고, 푸른 달이 하늘 가운데 뜨니 비단을 펼쳐 놓은 것 같던 호수와 바다가 이내 바뀌어 수정궁의 세계가 되었다고 하였다. 그리고 술에 취하여 경포대 아래로 내려가 작은 배에 기생을 태우고 물 한가운데서 술을 마시며 즐겁게 놀았다. 그는 이러한 놀이를 스스로 신선의 놀이라고 말했다. 때문에 그의 산수 놀이는 현실의 공간에서 행해지는 것이 아니라 현실을 벗어나 있는 공간에서 행해지는 것과 같았다. 따라서 산수의 아름다운 모습은 모두 그 자신의 흥취를 불러일으키는 아주 중요한 것이었다.

5. 산수 놀이의 현대적 접근

사람들은 왜 산수를 찾아가서 노니는 것인가? 이 물음은 많은 것을 생각하게 한다. 왜냐하면 산수가 하나의 외적 대상이기는 하지만, 산수에서 노닌다는 것은 우리가 산수와 일정한 거리를 두고 그 아름다운 모습만을 본다는 것이 아니라 그 안에 우리의 삶의 진솔한 모습을 풀어 놓는다는 의미를 함축하고 있기 때문이다. 그리하여 산수를 찾아간다고 할 때, 그 속에서 사물의 이치를 궁리하는 즐거움을 얻든 풍류의 즐거움을 얻든 탐승의 즐거움을 얻든 간에 우리는 산수의 아름다운 모습을 보는 것에서는 동일하지만 그 아름다운 모습에 우리의 삶을 어떻게 위치시킬 것인가에 따라서 많은 차이를 보인다. 즉 '산수유기'의 작가들은 "산수 유람을 통하여 자연의 청정한 아름다움, 온전한 조화를 발견하였으며, 때로는 장엄한 산하를 우러러보고 창조적 능력, 강인한 의지, 충만한 정신력을 회복하였다. 어떤 분들은 산수 속에 노닐어 불평을 떨어 버리고 새 감흥을 얻었으며, 생명이 약동하는 자연 속에서 자유로운 정신을 느끼고 자연을 노래하여 환희하고 경탄하였다. 경세(經世)의 뜻이 강하였던 분들은 실용적 관점에서 지리를 논하는 것을 잊지 않았다. 이들은 그 경험을 시와 산문으로 적어두고 때때로 다시 읽으면서 산수 유람의 감흥을 되새겼다."71) 이렇듯이 그들은 산수에서 노닐면서 자연과 친하고 화목하게 어울리는 놀이를 즐겼으며, 그것을 통해서 정신의 자유를 추구하였다.

'산수유기'의 작가들이 오르고 거쳐 갔던 수많은 '산수'는 오늘도 우리를 기다리고 있다. 산수에서 마음과 몸을 즐겁고 자유롭게 노닐었던 그들의 모습은 오늘날 산수를 대하는 우리에게 많은 생각을 하게 한다. 오늘날 사람들은 여러 이유로 산을 오르는데, 그들은 거의 다 산수유기의 작가들과 마찬가지로 마음과 몸의 고통과 갈등을 산수에 훨훨 날려 보내기 위해서 산을 오른다고 할 수 있다. 하지만 '산수'를 받아들이는 태도에서 오늘날 사람들과 '산수유기'의 작가들은 큰 차이를 보인다.

지금 남들이 가 보지 못한 산에 올라갔다는 것은 하나의 큰 자랑거리이다. 예컨대, "어디에 있는 산에 올라갔었지?" "몇 미터의 산에 올라갔었지?" "얼마나 아름다운 모습을 보았지?" 하는 것은 중요한 화젯거리이다. 아담하고 나지막한 산을 오르는 것은 거의 산을 오르는 것이 아닌 세상이 되었다. 하지만 '산수유기'의 작가들은 산수에서 노니는 것 자체를 즐겼고 그곳을 삶의 공간으로 삼았

---

71) 심경호, 「조선시대 산수유람풍속도」, 6쪽. (李山海에 의하면 산수에서 노닌 과정은 시간이 지나면 없어질 수 있기 때문에 반드시 글로 써서 후일에도 볼 수 있도록 남겨야 한다고 하였다. 李山海, 「月夜訪雲住寺記」(『鵝溪遺藁』卷6, 「記類」), "自古騷人墨客, 湖山詩酒之遊, 雖籍甚一世, 而不有翰墨之形容, 則時移事往, 如行雲過鳥, 無迹可尋. 況此僧房一夜之話, 瞥眼之間, 便至堙沒, 誰得以知之.")

기 때문에 큰 산을 오르든 작은 산을 오르든 간에 산을 오르는 것 그 자체가 하나의 큰 즐거움이었다. 특히 이정구가 그렇게 고대하던 금강산을 눈앞에 두고 오르지 못하게 되자 그곳에서 노니는 즐거움이 사라지는 것에 대한 허탈한 심경을 드러낸 것은 그러한 점을 잘 보여준다.

> 40년 동안 고대했던 계획이 실현될 기회를 만났는데 끝내 이루어지지 못하여 툴툴거리며 갔다. …나의 이번 행차는 처음부터 아주 기이하도록 약속되었나 보다. 드디어 조물주의 시기를 받아 뜻밖에 장애를 만났으니, 진실로 천 년에 한 번 있을 슬픈 일이다. 만약 산에 들어가지 못하고 속세로 돌아가 버린다면 한을 품고 저세상으로 떠나게 될 것이다.[72]

물론 조선 시대에 금강산은 아무나 갈 수 없는 곳이었기 때문에 그곳에 갔다 왔다는 것은 타인에게 크게 내세울 수 있는 개인의 자랑거리이자 큰 영광이었을 것이다. 하지만 그들은 종종 그러한 영광을 뒤로하고, 그곳에서 자신의 삶의 의미를 되새겨 보고, 직접 본 산수에 대한 객관적 서술로 글을 지어 평상시에 자신의 삶을 되돌아보고 깊이 살펴보는 지침서로 삼곤 하였다. 앞서 보았듯이, 비록 주세붕이 산수를 풍류의 공간으로 삼고 그 안에서 화려한 산수 놀이를 즐겼지만, 그 자체가 하나의 목적은 아니었다. 그는 항상 지나친 산수 놀이로 인하여 자신의 감정이 격정(激情)되고 마음이 그 본래의 모습을 잃어버릴 것을 경계하였다. 따라서 '산수유기'의 작가들에게서 산수에 있는 사물은 모두 그 자신들의 삶의 모습을 투

---

72) 李廷龜, 「遊金剛山記」(『月沙集』卷38, 「記」下, "四十年經營邂逅團成之計, 竟不入手, 咄咄而行. …吾行始焉約束太奇絕, 遂被造物者所猜, 意外魔障, 誠千古一慨. 若不得入山, 汩沒還塵, 則齎恨泉下矣.")

영하는 대상들이었기 때문에 산수 놀이는 그들의 삶 안에서 진행되었으면 되었지 그것을 뛰어넘어서면서까지 진행되지는 않았다고 할 수 있다.[73)]

오늘날 진행되는 산수 놀이는 대체로 개인의 마음과 몸에 '외형의 즐거움'을 줄지는 몰라도 내면의 즐거움까지 주지는 못한다고 할 수 있다. 정작 산수가 사람들의 무분별한 산놀이로 인하여 그 안과 바깥에 깊은 상처를 입고 병들어 가고 있다는 사실은 망각되고 있는 것이 지금의 현실이다. 사람들은 종종 왜 산수를 찾아가서 노닐어야 하는가에 깊은 물음을 스스로 배제해 버리고, 즉 산수와 마음을 주고받는 속에서 자신의 내면을 들여다보는 것을 배제해 버리고, 오직 먹고 마시고 춤을 추는 등 유희적이고 오락적인 놀이만을 위해서 산놀이를 하거나 남에게 과시하기 위해서 아주 떠들썩하게 산놀이를 하거나 친목 도모라는 명목 아래에 떼를 지어 다니면서 산놀이를 즐기곤 한다. 그리하여 고려 말기의 이곡은 자신의 '산수유기'에서 그 당시 일을 벌여 놓기를 좋아하는 사람들의 산수 놀이가 남긴 병폐를 경계하여 다음과 같은 기록을 남겼다.

> 이제 농사철을 맞아 노래 부른 사람과 춤추는 사람과 손님을 실으니 공급하는 물품을 장차 백 명이 왕복하는 것이 사흘이 지났으니, 이 얼마나 일을 벌이기를 좋아하는 것인가? …나는 이것을 기록하여 뒷날 일을 벌이기를 좋아하는 자의

---

73) 李滉이 洪仁祐의 金剛山遊記에 序文을 쓰면서 "깊고 오묘한 곳을 기뻐하고 그윽하면서도 고요한 것을 좋아하지만 玄虛에 떨어지지 않았으며, 기괴함을 좋아하고 이상하면서도 아름다운 것을 숭상하였지만 황탄함과는 이웃하지 않았다"(「洪應吉上舍遊金剛山錄序」(『退溪集』卷42), "悅奧妙, 耽幽闃, 而不墮於玄虛, 好奇怪, 尙詭瑋, 而不隣於荒誕.")고 말한 것이나 李珥가 跋文을 쓰면서 "그 글은 자세하면서도 번거롭지 않고 아름다우면서도 과장되지 않았다"(「洪恥齋遊楓嶽錄跋」(『栗谷全書』卷13, 「跋」), "其文詳而不繁, 麗而不誇.")고 하고 도체를 아는 경지에 이르렀다고 말한 것은 洪仁祐 자신이 산수에서 노닌 것을 자랑하지 않고 솔직담백하게 金剛山의 모습을 잘 표현해 냈기 때문이라고 할 수 있다.

경계로 삼고, 또 나의 잘못을 기억하려 한다.[74]

한송정에서 전별주를 마셨다. 이 정자 역시 네 명의 신선이 노닐던 곳인데, 고을 사람들은 노닐면서 구경하는 사람들이 많은 것을 귀찮게 여겨 집을 헐어 버렸고, 소나무들도 들불에 타 버렸다.[75]

　　이런 산놀이의 병폐는 오늘날에도 여전히 행해지고 있지만 '산수유기'의 작가들은 가고 싶을 때 아무 때나 산수를 찾아가서 노닌 것이 아니라 항상 백성들이 생업에 종사하는 시기를 피하여 산수를 찾아가서 노닐었으며, 놀이를 갔더라도 그 안에 살고 있는 사람들의 삶을 최대한 살펴보면서 노닐었다. 따라서 그들은 자신들의 감정이 최대한 발휘되는 감각적이고 유희적인 산수 놀이가 아니라 산수에서 백성들의 생업을 살피는 것은 물론 자신들의 감정을 최대한 절제하고 산수와 마음을 주고받는 산수 놀이로 '마음과 몸의 즐거움'을 추구했던 것이다.

---

74) 李穀, 「舟行記」(『稼亭集』卷5), "今乃當農月, 載歌舞盛賓客, 供給將百人, 往還踰三日, 其爲好事, 如何也. …余因記之, 以爲後來好事者之戒, 且志余過云."

75) 李穀, 「東遊記」(『稼亭集』 권5), "飮餞于寒松亭, 亭亦四仙所遊之地, 郡人, 厭其遊賞者多, 撤去屋, 松亦爲野火所燒."

참고문헌

韓國文集總刊, 민족문화추진회.

林　椿,『西河集』, 李仁老,『破閑集』.

李　穀,『稼亭集』, 金宗直,『佔畢齋集』.

李　耔,『再思堂逸集』, 周世鵬,『武陵雜著』.

曺　植,『南冥集』, 李　滉,『退溪集』.

李　珥,『栗谷全書』, 柳雲龍,『謙菴集』.

李山海,『鵝溪遺稿』, 洪仁祐,『耻齋遺稿』.

李廷龜,『月沙集』, 權好文,『松巖集』.

鄭　逑,『寒岡集』, 金壽增,『谷雲集』.

金昌翕,『三淵集』.

김지남 외,『조선시대 선비들의 백두산답사기』, 이상태 외 역, 서울: 혜안, 1998.

김창협 외,『명산답사기』, 민족문화 추진회 편, 서울: 솔, 2004.

남효온 외,『조선시대 선비들의 금강산답사기』, 김용곤 외 역, 서울: 혜안, 1998.

심경호,『산문기행-조선의 선비, 산길을 가다』, 서울: 이가서, 2007.

이광수,『금강산유기』, 서울: 실천문학사, 1998.

이종묵 편역,『누워서 노니는 산수』, 서울: 태백사, 2002.

정시한,『산중일기』, 신대현 역, 서울: 혜안, 2005.

홍인우 외,『조선시대 금강산유기』, 최상익 외 역, 춘천: 강원대출판부, 2000.

고연희,『조선후기 산수기행예술연구』, 서울: 일지사, 2001.

이혜순 외,『조선중기의 유산기 문학』, 서울: 집문당, 1997.

임형택,『한국 문학사의 시각』, 서울: 창작과 비평사, 1994.

진필상, 『한문문체론』, 심경호 역, 이회문화사, 1995.

강경범, 「唐代 山水遊記 연구」, 성균관대학교 대학원, 석사학위논문, 1991.

김주미, 「조선후기 산수유기의 전개와 특징」, 성균관대학교 대학원, 석사학위
　　　논문, 1994.

남현희, 「高麗後期 山水遊記 硏究」, 성균관대학교 대학원 석사학위논문, 1998.

노경희, 「17세기 전반기 官僚文人의 山水遊記 硏究」, 서울대학교 대학원, 석
　　　사학위논문, 2000.

박희병, 「한국산수기 연구」, 『고전문학연구』(8), 한국고전문학연구회, 1993.

심경호, 「退溪의 山水遊記」, 『退溪學硏究』(제10집), 檀國大學校 退溪學硏
　　　究所, 1996. 11.

이정희, 「두류산 유람록에 나타난 영남사림의 정신세계」, 경상대학교 대학원,
　　　석사학위논문, 1995.

이종묵, 「遊山의 풍속과 遊記類의 전통」, 『고전문학연구』(12), 한국고전문학
　　　회, 1997.

정 민, 「韓國歷代山水遊記聚編에 대하여」, 『韓國歷代山水遊記聚編1』, 민
　　　창문화사, 1996).

호승희, 「조선전기 遊山錄 연구」, 『한국한문학연구』(18), 한국한문학회, 1995.

「산 절로 수 절로」, 『향토와 문화』(21), 대구은행 사회보, 2001. 12월.

신체동학 – 심신 조율 그리고 예술치료
: 인도의 춤 미학을 중심으로

김재숙

1. 치유술(healing art)로서의 춤[1]

춤은 일차적으로 인간 신체의 움직임(bodily movement)을 통해 이루어진다는 의미에서, 즉 동자을 기표로 하여 의미를 드러내면서 관객과 소통한다는 점에서 넓게는 신체동학(동작학: kinesiology, kinesics)의 대상이 된다. 그러나 춤은 일반적 움직임이나 제스처와는 다른 해석이 무한대로 생성될 수 있으며, 춤이 신체 움직임이라는 기호로서 표현행위가 되었을 때 언어로는 드러낼 수 없는 감정의 내용과 의미가 분명하지 않고, 춤추는 사람의 창조적 행위라는 점에서 동작학과는 다소 차이가 있다.[2]

또한 춤은 개인적 성향이 강하고 문화적 정체성과도 밀접한 연

---

1) 할프린, 『치유예술로서의 춤』(임용자 · 김용량 역, 물병자리, 2002), 20~21쪽. "치료(curing)와 치유(healing)라는 낱말 사이에는 차이점이 있다. …'치료'는 육체적으로 질병을 제거하는 행위로, 암의 경우에는 외과수술이나 화학요법, 방사선이나 다른 치료법 등이 행해진다. '치유'는 감정적 · 정신적 · 영적 · 육체적으로 건강한 상태에 도달할 목적으로 동시에 여러 차원에서 작용한다. 치유는 심리적 차원은 물론 환자들이 활기찬 삶을 사는지 혹은 파괴적 삶을 사는지 등과 같은 믿음 체계에도 작용한다. 그러므로 말기 환자의 경우 치료는 되지 않더라도 치유될 수는 있다. 반대로 치료된 사람이 치유되지 않는 경우도 있다. 그러므로 치유 과정과 치료제를 이용한 치료 노력을 함께 묶어 삶의 확장과 연장에 기여할 수 있다."

2) 김지원, 『한국 춤의 코드와 해석』(한양대출판부, 2006), 31~39쪽.

관이 있다. 개인의 신체는 혼돈된 감정 속에서는 자유로운 움직임의 능력이 감소되고 방해를 받기도 하며, 또 내면 깊이 숨겨져 있는 무의식적 욕구를 언어 대신 몸짓을 통해 나타내기도 한다. 또한 공동체에 속하기 위해 사회적 관습에 젖어 있는 몸의 사회적 행위는 '몸의 자연성'에서 멀어지게 되며, 그 억압은 신체에 그대로 남아 있게 된다. 이런 상황에서 춤·동작은 역으로 신체에 대한 관점을 바꾸고 잘못된 마음의 상태를 바꾸게 할 수 있는 방법들 중 하나이다. 왜냐하면 춤은 신체의 움직임을 매개로 하는 예술 형태이지만 단순히 신체를 움직인다는 것에 그치는 것이 아니라 그러한 움직임을 일으키는 내면세계와의 감응 내지 일치에 따라 춤·동작이 표현되어 나오는 것이기 때문이다. 춤이란 인간의 신체와 마음의 상호작용을 전제로 하는 것인 만큼 춤에 대한 이해, 더 정확히는 '춤추는 몸'에 대한 이해는 바로 인간 몸에 대한 시각의 문제이며 또 시대에 따라 변하는 인간의 신체와 마음의 관계에 대한 문제이기도 하다.

이런 관계성을 무시한 철저한 이원론하에서는 춤은 '몸'만을 바라보게 한다. 춤이란 '몸의 움직임들' 그리고 그보다는 '움직임들의 관계'를 대상으로 삼기 때문에 몸 자체를 대상화하지는 않는 것이다. 춤은 '몸'이 아니라 '몸의 움직임'을 보는 것이다.[3] 춤추는 몸을 관능적 몸매의 감상으로 바라보게 한 산업자본주의의 병폐와

---

[3] 김채현, 「철학적 과제에 비추어본 춤 비평」(『아카필로』 6호, 철학아카데미, 2001), "몸 움직임을 대상화하는 태도와 몸을 대상화하는 태도는 다른 것으로 구분된다. 몸의 움직임을 갖춘 춤꾼일수록 춤에 대한 생각이 능동적이다. …이는 운동경기를 관람할 때 몸 움직임과 그 결과를 주시하는 경우와 유사하다. 보통 사람들은 움직임들의 관계에서 의미를 포착하지 못할 경우 혹은 그런 의미에 무관심할 경우 시선은 움직임으로 모이다가 다시 몸으로 옮겨가게 된다."

그리고 고도의 기교를 요구하는 직업적 무용수들만의 재즈나 발레 같은 특정 양식의 동작만을 춤으로 여기는 관습적 편견 등은 "몸의 움직임을 통해 심신의 일체감을 추구한다"는 춤 본래의 목적을 희미하게 만들었고, '춤·동작'이 가지고 있는 본연의 '치유력'을 잃어버리게 하였다.

예술치료의 관점에서 춤이 그 대상이 될 수 있는 것은 춤 개념의 변화와도 밀접하다. 일반적인 서구 중심의 발레 같은 무대 공연의 춤이 아니라 원시무용, 제3세계 민족무용, 농민무용 등의 재발견은 춤추는 몸에 대한 서양의 일반 관점과는 대조되는 춤에 대한 개념과 태도를 보여준다. 특히 춤추는 몸에 대한 인도와 유럽의 전통은 중대한 차이가 있다. 이런 점은 무용가의 연습훈련법에서도 그대로 드러난다. 현대 서구사회에서 신체 훈련은 대표적으로 체육을 매개로 생각되기에 발레의 수련양생법도 올림픽 경기의 육상·수영·빙상선수의 양생법에 견주어진다. 그러나 인도에서 신체수련은 심적·정신적 수련의 전제로 간주된다. 수련자들은 수련장에 들어서서 오른손으로 경건하게 바닥을 쓰다듬고 오른손을 이마 높이로 추켜올려 수호신에게 경의를 표한다. 수련이 진행되는 동안 그들은 호흡, 발성, 그리고 신체 움직임의 실질적 원천으로 간주되는 요추 부위에 모든 행동과 반작용을 집중시키기를 배운다.[4] 이같이 오늘날의 심리치료 분야보다 더 강력하게 심신통합을 역설했다고 할 수 있는 요가·명상의 고대 인도의 전통은 몇천 년이 되었지만 지금도 잘 이어져 오고 있다. 그들의 목적은 수련자에게 신체와 마음

---

4) 조너스, 『춤-움직임의 기쁨, 움직임의 힘, 움직임의 예술』(김채현 역, 청년사, 2003), 63~65쪽.

의 최상의 통합으로 인도하는 것이다. 기본적으로는 호흡, 움직임, 자세, 신체 자각으로 작업하는 기술들에 기반을 둔다. 이런 모든 접근법은 신체와 마음을 통합하기 위해 사용되고 있다.[5] 실제 행해지는 현대 춤·동작치료의 수련 테크닉들은 특히 인도의 사상과 요가, 명상법 등에서 영향받은 바가 많다.

본 글에서는 넓게는 신체동학의 대상이 되는 춤·동작을 통해 심신의 조율, 심신의 통합이 어떻게 가능한지를 인도의 춤의 미학과 연결지어 살펴보고자 한다. 다시 말해 춤에 대한 사회문화적 맥락이나 종교적 맥락에서가 아니라 심신조율을 위한 예술치료의 관점에서 다루는 글이다. 인도의 춤 정신에는 예술적 치유의 근원과 그 원리, 움직임의 원리와 심신 간의 영향관계를 전면적으로 드러내고 있지는 않지만 오늘날 춤·동작치료의 근거를 충분히 보여주고 있기 때문이다. 본 글에서 말하는 심의 개념은 심신이원론에서 말하는 이성(reason)의 범주를 넘어 감성, 초월적 영혼, 영성 등까지 포괄하는 폭넓은 개념이라 할 수 있다.

---

5) Aposhyan, *Body-Mind Psychotherapy*(W. W. Norton&Company, N.Y., 2004), 15쪽.

2. 춤의 근원: 심신통합의 원형

　치유적 기능을 가진 춤 행위는 고대 주술사들의 춤에서 그 기원을 엿볼 수 있다. 원시 제의에서의 집단적 춤은 참여자들에게 감정을 고양시키고 황홀경의 상태에 빠져들게 하여 현실의 억눌린 감정을 발산하게 하고 심리적 고통을 잊게 만든다는 점에서 가장 오래된 형태의 심리치료에 속하다고 할 수 있다. 이런 효과를 불러일으키는 것은 제의시의 음악과 술보다도 춤의 움직임이 가지고 있는 위력 때문이다. 춤에는 의식을 뛰어넘어 초탈의 경험을 얻을 수 있는 엑스터시(ecstasy 탈혼상태) 현상이 자리하는데,[6] 이 탈혼상태의 과정에서 춤에 참가하는 사람들은 일상규범과 정신적 금기에 갇혀 있던 몸을 자유롭게 풀어 주고 원하는 대로 표현하도록 허락

---

6) 랑게, 『춤의 본질』(최동현 역, 신아출판사, 1994), 142쪽. "혼수상태를 일으키기 위해서는 여러 기술이 사용되었으며, 그 주요한 수단의 하나로 언제나 춤이 있었다. 혼수상태에 이르는 수단으로서의 춤은 행위자의 뇌에 심리적 효과를 주며, 분열 상태를 조장한다. 소모도가 높은 춤 운동, 맴도는 춤 운동, 선회운동, 원운동, 회전운동 등 모든 운동은 평정과 균형 감각에 영향을 주고 마침내 현기증을 일으킨다. 이는 근본적으로 쾌락적인 경험과 관계가 있었다." 조너스, 앞의 책, 30쪽. "그러나 집단적 제의는 공동체 행사로서 일종의 안무가 포함되어 있다. 제의현장에 참가하는 초심자도 무아경에 도달하게 되는데, 여기에는 일정한 역할을 행하며 정상으로 복귀하게끔 도와주도록 서로가 명확히 정해진 역할을 맡는다. 무아경에 빠져드는 개인들을 공동체가 지지하고 인도하며 보호하도록 하는 것이다."

받는다. 나아가 춤은 개인의 삶 속에 담긴 충동·욕망·편견 등을 해소시키면서 개인적 차원을 초월해 집단무의식을 담고 있는 보편적 차원으로 결합하는 정도로까지 발전할 수 있다. 이 과정에서 몸은 우주 자연의 리듬을 실행하는 장소가 되고, 자연의 심신을 회복하게 된다. 이같이 춤에는 심신을 조율하고 몸과 마음의 통합을 경험하는 치료적 효과가 있었다. 이러한 춤·동작이 가지고 있는 심신통합의 경험은 원시 주술의 단계를 벗어나 고대 국가의 종교적 제의 속에 대폭 도입되어 제의 참가자에게 그 효과를 강화시켰다.

인도인에게 춤은 육체적 기교를 추구하는 것이 아니라 영적 힘을 위한 도구이다. 인도인들은 춤을 브라만신으로부터 받은 신성한 것으로 여기며, 인간의 몸을 신의 춤을 출 수 있는 신성한 용기(容器)로 본다. 각 지역은 춤의 기원에 관한 전설을 갖고 있고, 신들은 인간의 마음을 즐겁게 하고 고상한 아름다움을 명상하게 함으로써 인간의 영혼을 고양시키며 최고의 이상향과 윤리를 인간에게 심어주기 위해 춤을 창조했고, 귀중한 선물로 춤을 지상에 보냈다고 한다. 힌두교의 창조와 파괴의 위대한 신 시바신은 춤을 추고 있는 모습으로 형상화되어 있다. 시바신은 산스크리트어로 '춤의 왕'을 뜻하는 나타라자(Nataraja)로 청동으로 조각되어 있으며, '시바 나타라자(무용수의 왕 시바)'라고 불린다.[7] 시바 나타라자 조각상은 네 개의 팔을 휘두르고, 무릎을 구부린 채 한 발을 들어 올리고 다른 한 발은 땅을 딛는 것으로 형상화되어 춤추고 있을 때의 절정의

---

7) 신상미, 『몸짓과 문화: 춤이야기』(대한미디어, 2007), 124쪽. 그 모양은 머리에 6마리의 뱀을 감고 있고 머리털 속에는 초승달과 브라만의 5번째 머리 그리고 갠지스 강의 여신을 감추고 있다. 얼굴에는 두 개의 눈과 이마에 눈이 하나 더 있고, 오른쪽 귀는 남성귀걸이를, 왼쪽 귀에는 여성 귀걸이를, 몸에는 팔지, 보석, 허리띠, 발목 장식을 하고 있으며, 네 개의 손을 흔들고 있다.

한순간을 표현하고 있다. 연꽃 받침대에서 시작되고 있는 둥근 원 속에서 시바신은 춤을 춘다. 그 원에는 우주에너지의 상징인 불꽃 이 원둘레에 붙어 있다. 시바의 위쪽 오른손에는 창조 리듬인 공간 (akasa)의 진동을 표현하는 '작은북'을 들고 있으며, 위쪽 왼손에는 현재 창조되어 있는 세계를 파괴할 대화재의 상징인 '불꽃'을 보여 주고 있다. 아래쪽 오른손은 아바야 무드라[Avaya Mudra: 부처님의 시무외인(施無畏印)과 유사한 손가락 기회] 손 모양을 짓고 있는데, 공포에서 벗어나는 자유를 상징하는 무드라이다. 반면 그 아래쪽 왼손은 공중으로 들린 왼발을 가리키고 있고, 그의 오른발은 악마 인 난쟁이를 단단하게 누르고 있다. 몸통을 가로질러 들린 왼쪽 다 리는 세상의 근심을 벗어나는 해방을 의미한다.

우주는 그의 활동무대이다. 시바 나타라자는 우주의 역동적 운동 을 상징하는 우주의 춤을 춘다. 즉 우주의 창조·유지·파괴·해 방을 상징하는 춤이다. 그의 위대한 우주적 춤은 혼돈으로부터 율 동적으로 질서를 창조해 내는 것을 상징한다. 춤추면서 그는 다양 한 현상을 주재한다. 창조하고, 구별을 만들어 내고, 감추고, 드러 내고, 파괴하는 등 그는 존재의 안팎에 있는 세계를 춤추게 한다.[8] 네 개의 팔 동작과 악마의 등을 밟고 있느라 무릎을 구부린 오른다 리와 공중에 들어 올려진 왼다리의 모습은 춤동작의 격렬함과 정 교함을 보여주는 절정의 모습이다. 그런데 손과 발은 이렇게 격렬 하게 움직이고 있는데도 시바 나타라자의 얼굴에서는 어떤 감정을 읽을 수가 없다. 춤을 추느라 힘들어하는 표정도, 즐거워하는 표정

---

8) 무케르지, 『인도종교미술』(최병식 역, 동문선. 1995), 193쪽.

도 없고, 무심한 듯 고요한 평정함만이 나타나 있다.[9] '격렬한 춤동
작에 고요한 표정'을 짓고 있는 이 얼굴이 바로 춤이 가져오는 심
신통합의 최고 경지의 적정(寂靜)이 아닐까. 아마도 인도인들이 춤
을 통해 얻고자 했던 적정(寂靜) 라사의 경지에 이른 것일 것이다.

이런 자태와 몸짓은 베다 경전의 관점에서 주의 깊게 연구된 것
이고, 모든 몸짓은 한 가지 목적을 갖고 있다. 명상할 때 조용한 기
쁨을 주어 신의 진리와 영원한 가치를 표현함으로써 감정적으로
관객에게 마음의 감동을 준다는 점이다.[10] 이 같은 특성은 인도인
들에게 세계에서 가장 오래된 춤 경전인 『나티야 샤스트라(Natya
Sāstra: 무용극 교육)』를 쓰게 하였다.[11] 고대의 무용들은 대체로
시나 극적 대화가 있는 무용극이다. 이 책은 인도 고전극을 대표하
는 산스크리트 무용극이 아직 본격적으로 발전하기 전인 기원후 2
세기경에 브라만교의 승려인 바라타가 썼다고 말해지고 있다.[12] 내
용은 산스크리트어 고전 무용극에서 사용된 기법을 소개하고 분석
한 문헌이다. 당시 산스크리트어극은 교육받은 엘리트층을 위해 공
연된 춤극의 한 형태였다. 정교한 손짓 기호부터 분장과 의상의 구

---

9) 침머, 『인도의 신화와 예술』(대원사, 1995), 193쪽. 침머는 이 무심한 얼굴에 대해 "춤의 진기함과 일
부러 지은 듯한 무표정한 얼굴의 잔잔한 고요 사이에는 긴장이 맴돈다"고 말하고 있다.

10) 자리나, 『동양의 전통무용』(김인숙 역, 현대미학사, 1997), 20쪽.

11) 랑게, 앞의 책, 145쪽. "무용극은 처음에는 서사적 내용을 표현하고 전하기 위해 사용되었다. 상세한
인간의 특징은 차츰 신들에 바탕을 둔 것으로 치부되고, 원래 그것들을 표출하던 연기자들은 움직임에
의해서만, 즉 제의들의 기본적 요소였던 춤에 의해서만 모든 신의 특질을 표현했다. 제의 무용의 이야
기 구성이 더욱 복잡해짐에 따라 춤이라는 매개로써 그 구성을 전한다는 것이 더 이상 불가능하게 되
었다. 그리고 이야기의 내용을 더욱 분명하게 하기 위해서 몸짓과 언어를 포함시키지 않으면 안 되었
다. 이같이 해서 고대 문명의 제의무용극이 탄생했던 것이다. 그 최종적 세속화가 연극의 기원이 되었다."

12) 이 책에 대한 연대는 이설이 많다. "그러나 대략 기원전 2세기에서 기원후 2세기 사이로 추정되며, 내
용의 분석 결과 한 사람의 독자적 저술이 아니라 오랜 기간에 걸쳐 여러 사람들의 첨필과 수정을 통해
집대성된 것으로 밝혀졌다." 임미희, 「인도전통무용 바라타니티얌에 나타난 신화의 상징적 표현체계」,
『민족무용』 7호(세계민족무용연구소, 2005. 02), 245쪽. 특히 10세기에서 11세기 인도 캐시미르 지
역의 미학자인 아비나바굽타(Abhinavagupta)의 주석으로 유명하다.

체적 규정에 이르기까지 세세히 기록해 둔 일종의 공연예술교본 같은 것이다. 거기서 무용극을 비롯한 무용, 음악 등 공연예술 전반의 지침을 마련하고 있다. 이 책에서는 무용극이 무엇이며, 어떻게 창작하고 공연해야 하는가 하는 문제를 다각도로 자세하게 다루었다. 인도 산스크리트 무용극은 기원후 5세기에 이르러서야 전성기에 이르렀다. 이 무용극 공연에서는 정원이나 나무 등 무대장치를 사용하지 않는다. 모든 것을 대사와 동작으로 보여줄 따름이다. 무대장치도 없고, 장면 구성에 필요한 도구도 사용하지 않기 때문에 어떤 비약도 할 수 있다.[13] 또 그만큼 무용적 요소가 많이 개입되고, 동작의 상징성이 많이 요구된다는 것이다. 『나티야 샤스트라』에서는 춤의 탄생을 다음과 같이 기록하고 있다.

> 오 브라만신이여. …세상은 천박한 생활방식을 취하고 있습니다. …불행이 섞인 행복을 맛보고 있습니다. …그리하여 인드라를 우두머리로 하는 신들은 창조주인 브라만을 방문하여 말하길 "우리는 귀에 들리고 눈에 보이는 오락 소일거리를 갖고 싶습니다. 기존 베다들은 수드라가 이해하지 못하니 모든 사회계급에 공통되는 다섯 번째 베다를 만들어 주시길 바랍니다." …브라만은 결정을 내렸다. "나는 서사시와 신화의 모든 주제들이 배합되어 공정함과 정의, 풍요와 넉넉함으로 인도하는 '나티아(무용극)'라고 불릴 다섯 번째 베다를 만들 것이다. 그것은 명성을 가져다줄 것이며, 교육을 전파할 것이며, 격언의 모음으로 장식될 것이며, 미래의 세상에 모든 행동을 알릴 것이며, 모든 신성한 학문의 의미와 목표를 내포할 것이며, 모든 예술을 실행하고 번영케 할 것이다." 이처럼 모든 지식을 취합한 브라만은 자신의 의지에 따라 4베다에서 일부 특징을 취하여 『나티야베다』를 만들었다. 그는 『리그베다』에서 말을, 『사마베다』에서 멜로디를, 『아주르베다』에서 몸짓과 무언극을, 『아타르바베다』에서 미적 감흥(라사)을 취하였다. 그리하여 『나티야베다』가 창조되었다. 이를 바라타와 자신의 100명의 아들들에게 전하였다. 바라타는 남자만으로는 올바르게 행해질 수 없다고 보고, 우아한 형태의

---

13) 조동일, 『탈춤의 원리, 신명풀이』(지식산업사, 2006), 346쪽.

교육을 위해 요정을 만들고 악기와 악사로 음악적 보조를 덧붙여 주었다.

첫 시범은 인드라의 깃발 축제에서 이루어졌다. 바라타는 악령을 누른 신의 승리를 무용극으로 만들었다. 이에 악령들이 분노하여 공연을 방해하자 인드라가 자기의 깃발로 악령을 무찌르고 도망하게 한다. 공연이 더 이상 방해받지 않도록 브라만은 신들의 건축가로 하여금 극장을 짓게 하고 보호하였다. 그리고 장애물이 나타나는 것을 막는 역할을 담당한 브라만 자신은 무대 중앙에 자리를 잡았다. 그 후부터 매 공연이 시작될 때 무대 중앙에는 꽃이 바쳐지게 되었다.14)

예술은 창조주의 계시를 받았고, 무용극 전체가 신의 보호를 받고, 신들이 그 안에 존재하며 그들에게 바쳐지는 것이다. 무대는 제물을 바치는 제단과 같은 것이라고 볼 수 있다. 신에게 기원하는 제의절차에서 춤은 없어서는 안 될 요소였다. 인도인에게 몸은 정신적 각성에 대한 방해물로 비추기는커녕 몸은 보다 엄청난 통찰력과 각성을 성취하기 위한 방편으로 간주된다. 더 나아가 브라만은 무용극은 다음과 같은 효능이 있다고 말하고 있다.

> 무용극은 윤리적 규범을 어기는 자에게 정도(正道)를 가르치며, 사랑의 환희를 구하는 자들에게 희열을 주며, 규율을 지키지 않는 자들에게 자신을 통제할 수 있는 힘을 주고, 무력한 자에게 기력을, 비겁한 자에게 용기를, 영웅적 기질을 가진 자에게 정력을, 지적 능력이 모자라는 자에게 지적 능력을, 교양 있는 자에게 현명함을, 왕들에게 오락거리를, 슬픔에 빠진 사람에게 인내를, 이득을 구하는 자들에게 풍요로워지는 법을, 의지가 꺾인 자에게는 위안과 용기를 가져다준다.
>
> …이 무용극은 휴식을 주며, 비탄에 빠지고 지치고 의기소침하고 불행하고 고행의 길에 접어든 모든 사람들에게 적절한 위안을 가져다준다. 또한 모두에게 정의에 대한 감각과 명예·장수·부·지성의 진보·선들을 낳게 한다.15)

이같이 춤이 가지고 있는 근원적 치유력은 창조주 브라만신으로

---

14) 신명숙, 『인도무용의 손동작 언어 사전』(삼신각, 1990), 10~11쪽에서 재인용.
15) 신명숙, 앞의 책, 12쪽에서 재인용.

부터 주어진 춤의 기본요소인 것이다. 그 효능을 확실히 하기 위해 가장 미세한 제의적 몸짓에 이르기까지 세부에 대해서도 엄정한 주의가 기울여져서 공연되었다. 이들에게 인간의 몸짓은 신성에 이르기 위한 중요매개인 것이다. 즉 인도에서는 신을 향한 경건함을 표현하는 데 있어 음악과 시문 낭송과 동시에 신체로 표현하는 것이 신에게 감응하는 유일한 길이라 여기며 춤을 추는 것이다. 그들의 기원이 신에게 전해지려면 인간에게 지극한 마음이 있으면 통하고, 그 표현으로써 춤추는 것이 신과 감응할 수 있는 길임을 알고 있었다. 신체는 신을 현현하는 그릇이며, 춤은 인간 신체에 내재되어 있는 신성을 불러일으켜 주는 매체라고 할 수 있다.[16] 춤은 신의 몸짓이기 때문이다.

춤이 신의 행위가 되기 위해서는 무용가에게는 내재되어 있는 정신의 충실함이 요구된다. 신들의 에너지를 전하려면 춤동작 자체에 순수한 영혼의 정신적 충실감이 없으면 춤을 출 때 뚜렷이 나타나는 힘이 희박해지기 때문이다. 춤에는 그런 전달력이 있다.[17] 춤을 추는 것으로 신과의 교감을 느끼고, 그 후 비로소 심신에 새로운 생명력이 가득 차게 된다. 신과의 교감은 기도나 주문 같은 언어를 사용하는 것이 아니라 신체 움직임 그 자체로 표현하고자 한다. 고대 인도에서 '춤추는 몸'은 바로 브라만신과 인간 신체의 통합체인 것이다. 종교적 맥락에서 보자면 브라만신을 찬양하기 위한 의식(儀式) 무용이지만 신체동학의 관점에서 보자면 이는 몸 움직임을 통해 신성과 만나는 심신합일의 통로이다. 이러한 브라만신과

---

16) 미야오 지로, 『아시아 무용의 인류학』(심우성 역, 동문선, 2003), 160쪽.

17) 미야오 지로, 앞의 책, 99~102쪽.

의 신인합일은 우파니샤드의 범아일여(梵我一如)의 사상에 의해 곧 자기 자신 내부의 아트만(Atman)과의 합일이다. 이런 제의 춤의 역할은 현대무용의 영성에 영향을 주었다. 신화·제의·영성과 연결된 감정의 표현을 통해 규범과 형식에 얽매인 춤에서 벗어나 자유롭게 춤추는 몸을 보여주고 있다.

3. '몸짓의 거울'로서의 춤: 초언어적 신체 기호

춤은 일종의 비언어적 의사소통의 매체이다. 최근 비언어적 의사소통(non‒verbal communication)에 관심이 커지면서 춤·동작에 대한 연구도 활발해지고 있다.[18] 그동안 신체 움직임은 사고 작용이 없는, 열등한 신체가 하는 것이라는 이분법이 게재되어 있었기 때문에 언어적 소통보다 열등한 것으로 여겨져 왔었다. 사고는 언어를 통해서만 생기고, 인간의 사고는 언어와 함께 합리성과 결부되어 있다고 보는 관점이다. 이런 선입관은 언어를 합리적으로 구성해 내는 능력이 정신의 우월성을 보증하는 것이라고 생각하게 한다. 생각하는 것은 이성의 일인 데 비해 움직이는 것은 신체의 일이며 동시에 신체의 어떠한 움직임도 사고를 전혀 함유하지 않는

---

18) 언어기호를 제외한 커뮤니케이션, 즉 비구두 커뮤니케이션(nonverbal communication)은 몸짓, 몸동작, 신체언어, 얼굴신호, 시선, 접촉 등을 포괄한다. 비구두 커뮤니케이션은 신체행위에 기반을 둔 신체 코드, 옷이나 보석을 이용한 인공 코드, 미디어 조작과 관련한 매체 코드, 시공 내에서 비구두 기호를 사용하는 상황 코드 등으로 나눈다(Harroson, *Beyond Word*). "한 인간이 말하기를 멈추었다고 하더라도 그가 몸을 움직이고 있다면 커뮤니케이션을 멈춘 것이 아니다"(Patterson, *Nonverbal Behavior*); Birdwhistell, "The Kinesis level in the investigation of the emotion"(Symposium on Expression of the emotions in Man). 김지원, 앞의 책, 36~39쪽에서 재인용.

다는 철저한 이분법의 생각이다. 그러나 움직임에 있어서 사고는 전(前) 합리적이라기보다 오히려 합리성의 한 형태로 간주되고 있다. 그 기초에 있는 것은 '무언의 신체적 로고스(implicit bodily logos)'라 하겠다. 신체적 로고스에 의거한다는 것은 즉 '생각하고 있는 신체', 움직임을 향해 열린 신체를 말한다. 마치 그것은 움직임이 '정신이 있는 신체(mindful body)'에 의한 세계의 탐구 방법이 될 수 있는 것과 같다. 움직임은 신체의 자연스런 본연의 모습, 말하자면 생물이 지닌 끊임없는 감수성이기도 하다. 이와 같이 살아 있는 존재라는 점을 '움직임'으로 표명한 것이다.[19)]

고도의 상징기호로서의 인간 몸짓은 인도 전통춤에서 정밀하게 나타나고 있다. 인도춤의 큰 특징 중의 하나는 제스처의 전달체계에 있다. 인도 무용극은 손짓·몸짓·얼굴짓으로 표현하는 무언극이라 할 수 있는데, 시바의 신성한 무용에는 108개의 동작이 있다. 이 동작들은 인도 남부 치담바람에 있는 거대한 시바신전에 조각되어 있으며, 이곳은 무용가들의 성지 순례처로 유명한 곳이다. 카라나(karana: 2천 년 전 인도 춤의 고전문헌인 『나티야 샤스트라』에 언급된 춤의 기본단위체)라고 불리는 108개의 형태는 인도 춤의 기본형이다. 이 카라나는 주로 손과 발의 움직임을 구체화한 것이다. 『나티야 샤스트라』에 따르면 이 카라나는 머리·가슴·손·옆구리·허리·다리 등 동태를 짜 맞춘 자태로 특히 양손과 다리를 기본으로 한다. 『나티야 샤스트라』 8장에는 13가지 머리를 움직이는 방법, 36가지 시선 처리 방법, 8가지 안구 움직이는 방법, 9가지

---

19) Sheets-Johnstone, 「움직임이라는 형태의 사고」(심우성 역, 『신체의 미학』, 현대미학사, 1997), 146~156쪽. 165쪽.

눈꺼풀 움직이는 방법, 7가지 눈썹 동작, 7가지 코 동작, 6가지 볼 움직이는 방법, 6가지 아랫입술·턱·입이 움직이는 방법, 4가지 얼굴 화장 등에 대해 기술하고 있다. 108가지 카라나 석판상은 인간의 신체를 신이 창조한 마음과 신체의 원형 그대로를 표현하기 위해 필요한 유연운동의 자태이며, 의식적 모습이라 생각된다. 인도무용에서는 허리 부분의 각도가 일종의 형태를 표현하는 것에 중요성이 있는데, 여기에 손가락의 무드라 표현을 덧붙임에 따라서 어떤 말과 정서까지도 말해 준다.[20]

고대 인도 무용이론서로 알려진 난디케슈바라(Nandikesvara)가 고대 산스크리트어로 쓴 『아비나야 다르파나(Abhinaya Darpana: 몸짓의 거울)』에는 무드라(mudra)라고 불리는 다양한 손동작(정확히는 손가락 동작)들이 기록되어 있다. 손을 사용하는 것은 인도 전통에서 특히 두드러진 양상이다. 손동작은 하나의 언어를 이루고 있다. 이 손동작의 어휘는 모방적 동작뿐 아니라 피상적 동작, 상징적 동작, 순수하게 관례에 따른 동작으로 구성되어 있다고 한다. 얼굴표정과 함께 손동작이 탁월한 표현수단을 이루기 위해서는 안면근육의 움직임에 대해서도 철저하게 숙련된 기술을 보유해야 한다. 얼굴 외에 신체의 가장 정신적 부분을 이루는 것이 손이라고 할 수 있다. 그리하여 문학적 언어와 버금가는 완벽한 손의 언어를 개발하였다. 예를 들어 한 손만을 쓰는 '파타카(pataka)' 손짓은 엄지손가락만 접혀 있고 나머지 네 손가락은 곧게 뻗는 모양인데, '깃발'을 상징한다. 그러나 문맥에 따라 깃발처럼 만질 수 있는 물체를

---

20) 미야오 지로, 앞의 책, 233~37쪽, 249쪽.

나타내기도 하고, '가루로 부수다' 같은 행동을 의미하기도 하며, '거만'이나 '기쁨' 등의 자세와 감정을 나타내기도 한다.[21] 또한 트리파타카(tripataka) 손동작은 파타카 동작에서 넷째 손가락도 접혀 있을 때를 말한다. 이 손가락 모양으로 팔을 머리에 올리면 왕관을 의미하고, 옆으로 벌리면 나무를, 머리 위로 올리면 인드라신과 번개를, 앞으로 모으면 꽃·비둘기를, 둥글게 모으면 '돌아가다'를 의미한다. 인도 전통춤에서 가장 강력한 남성적 힘을 보여주는 카타칼리춤에서는 800여 가지가 넘는 식별 가능한 의미 전달을 하고 있다고도 한다. 양손의 손가락을 맞추어서 여러 표현을 언어 대신 사용하는 무드라는 단순한 손짓일 뿐만 아니라 인간사이의 전달매체로서 비언어적 기능을 가능하게 했다.[22]

우리가 보통 많이 사용하는 '합장'의 손짓이 의미하는 것은 명상을 위한 정신통일이다. 코앞에서 손을 맞추고, 손을 맞춘 곳에 시선을 집중하고, 그때 보이는 중심축이 신체의 중심축과 하나가 되도록 기(氣)를 합치기 위해 손을 모아야 하며 그러면서 상반신에 기가 충만하게 되어 무엇인가 응집하는 느낌이 들도록 하는 것이다. 그러면 상체와 하체에 전기가 천천히 흐르는 것처럼 내면에 에너지가 넘쳐흐르게 된다. 이렇게 손동작이 강조되는 것은 "손이 가는

---

21) Mukund Lath, "Tandu: the First Theoretician of Dance"(Katz ed., *The Traditional Indian Theory and Practice of Music and Dance*, E. J. Brill, Leiden, N.Y. Köln, 1992). / 신명숙, 앞의 책, 22~23쪽. 그러나 한편 이 파타카는 '무용의 시작, 구름, 숲, 거절, 가슴, 밤, 강, 신들의 세계, 말, 썰다, 바람, 잠자다, 앞으로 나아가다. 명성, 달빛, 무더운 열기, 문 열다, 파도, 운명에 뛰어들다, 평등, 기름 바르다, 약속, 침묵, 종려나무 잎, 방패, 물체에 손대다, 바다, 말 걸다, 검을 지니다, 일 년, 비, 쏠다, 던지다 등'의 매우 복잡한 의미망을 가지고 있어서 각 동작의 상징을 다 알아야 하고, 또 무용극의 전체적 맥락을 알아야 춤을 이해하게 되는 혼란스러움이 있다.

22) 조동일, 앞의 책, 338쪽. 극장이 너무 크면 배우의 표정이나 연기를 잘 볼 수 없기 때문에 크기가 중간 정도인 극장이 좋다고 『나티아샤스트라』에서 명시하고, 그 치수까지 세밀하게 정해 놓았다. 이들 연극들은 귀족들을 위해서 공연하는 소규모의 연극이었다.

곳마다 시선이 따라가고, 시선이 가는 곳에 정신이 향하며, 정신이 머무는 곳에 영혼의 상태가 떠오르고, 영혼의 상태가 강렬해지는 곳에 근본적 환희(라사)가 솟아오른다고"[23] 생각했기 때문이다.

움직임 내에서도 상반신의 움직임과 하반신의 움직임을 바라보는 이분법이 존재해 왔다. 인체의 상징적 분류에서 후하게 대접받는 것은 상반신, 즉 배꼽에서부터 위쪽, 정신이 깃들었다고 생각되는 머리, 의미와 미가 나타나는 얼굴, 특권적 장식의 머리카락 등 인체의 중심점인 배꼽에서부터 윗부분이었다. 이에 반해 하반신은 인체의 비이성적 부분의 담당자이며 표현의 매체로서는 지나치게 강렬하고, 일상생활의 전달체계 속에 머물러 있지도 않으므로 접촉할 수 없는 계급의 처급을 받으며 은폐되었었다.[24] 보통 민속무용이나 아프리카나, 인도 등지에서의 춤은 발을 매우 강조하는데, 발은 얼굴이나 손처럼 세밀하게 분절화가 진행되지 않았지만 오히려 이런 특성이 한편으로는 표현력 있는 힘을 갖게 했다. 발은 심층의 감성과 결부될 수 있고, 또 신체의 다른 부분에서는 불가능한 대지의 힘을 신체의 상부구조로 전하는 매체이다. 손과 비교할 때 손은 그 분절 표현에 있어서 적응도가 높기에 의미작용에서 발보다 훨씬 유효하지만 '서다·앉다'처럼 존재의 깊은 부분에 뿌리를 내린 동직의 매체가 될 수 없다. 발은 동적 측면에서 신체의 다른 부분보다 강하고, 인간을 우주론적 문맥으로 이동시키는 힘을 갖고 있다.[25]

23) 『몸짓의 거울』(신명숙, 앞의 책, 13쪽에서 재인용).
24) 마사오(山口昌男), 「발로 표현된 세계」(심우성 역, 『신체의 미학』, 현대미학사, 1997), 189쪽.
25) 마사오, 앞의 글, 193~196쪽, 214쪽.

발의 동태는 자신의 신체를 중심축으로 삼고 하늘과 대지를 오르내린다. 사람들은 이 동태에 따라 보이지 않는 에너지가 대지로 향하고, 대지의 에너지가 변화하면 그에 호응하여 하늘의 에너지도 변화한다고 믿었다. 인도 북부의 카탁이라는 전통춤은 발목에 100 여 개의 방울을 달아 감각적으로 발을 움직이는 것이 특징이며, 인도의 대표적 춤인 바라타나티얌 춤은 발목에 감은 방울소리를 내기 위해 탄력적이고 강하면서 빠른 발동작을 하고 있다. 또한 인도 남부에서 행해지는 기우제 춤인 쵸우 춤은 바로 대지를 밟고 높이 뛰어오르는 것이 특징인데,[26] 발이 대지의 에너지를 호흡하여 그것이 하늘을 향해 신체를 이동시킬 수 있게 해준다고 생각했다. 그 움직임은 대지를 향해 힘차게 발로 밟고 하늘로 날아오른다. 신체는 하늘 땅 사이를 아래위로 움직이고 그 혼은 하늘과 땅의 에너지를 불러일으킨다. 더 높이 뛰어오르기 위해서는 그 순간 거의 본능적으로 영혼의 에너지가 대지를 향해 작용하여 단숨에 발바닥 전체로 에너지를 흡수해 들여야 한다. 이렇게 응집된 에너지의 동력은 위쪽을 향해 발돋움한다. 그때 신체의 근육긴장은 이완되고 해방되며, 대지에서 흡수한 에너지는 하늘과 땅으로 확산된다. 이 에너지는 신체를 주축으로 삼아 하늘과 땅 사이로 확산되어 간다. 그같은 형태로 천지에 흐르는 에너지는 자연계의 변화를 불러들여 마침내 비를 뿌리게 된다는 것이다.

---

26) 미야오 지로, 앞의 책, 156~57쪽. "인도에 쵸우라는 가면무용에 차리(Cari)라는 걷는 방법의 기본 동태가 있다. 이 동태를 배우는 것이 훈련의 시작이다. ...이런 동태를 연기할 때 정신통일이 중요하다는 것을 강조한다. 우선 6형태의 차리를 살펴보면, 앞뒤로 걷기, 경사진 면에서 걷기, 호랑이 걷는 법, 하늘에서 신들이 내려올 때의 걷는 법, 학의 걸음걸이, 소가 오줌을 싸면서 걸어가는 법이 있다. ...그 신들을 신답게 표현하는 데 있어서 이 쵸우는 먼저 발의 모습에서 표현을 구하고 있다. ...이 신의 표현 행위는 연희자의 정신 그 자체를 나타낼 수밖에 없다."

이것은 단지 신체의 동태가 일으키는 현상이 아니라 신체를 조절하는 영혼의 에너지가 하늘과 땅을 향해 작용하는 것이다. 거기서 신체의 동태와 반복하는 리듬이 자연과 호응하지 않으면 안 된다. 이 리듬이란 발의 수축과 확산이 만들어 내는 우주의 소리이기도 하다. 리듬은 어쨌든 인간의 호흡과 유리될 수 없는 것이다. 호흡을 생명의 실체로 삼는 것은 우주도 마찬가지로 호흡하고 있기 때문이다. 호흡에는 일정한 리듬이 있다. 이 호흡을 내부에서 조절함에 따라 다양한 우주리듬을 표현하는 방법을 자연에서 터득한다.27) 춤의 강력한 힘은 결국은 우주 자연으로부터 생겨난다. 자연계의 규칙적 리듬이 인간의 행동 리듬을 생겨나게 한다. 모든 자연이 호흡하고 있다. 그 미묘하고 눈으로 볼 수 없는 자연의 호흡은 인간이 숨을 들이마시고 내뱉는 것과 대응하고 있다. 맥박과 호흡이 언제나 바른 리듬을 지니는 것도 자연과 함께 존재하는 탓일 것이다. 이런 측면에서 보자면 신체가 표현하는 춤은 실제로 우주의 동태이며, 우주의 신체화라고 할 수 있다. 다시 말하자면 그것은 우주를 비추는 '몸짓의 거울'이기도 하다. 무용은 성스러운 것, 진실한 것의 거울, 즉 몸짓의 거울이다. 춤을 보고 있는 사람은 춤에 비춰지는 성스러운 것의 몸짓을 보는 것만으로도 신들과 감응하게 된다.28)

우리 몸은 신체 각 부분의 움직임이 상호 연결되어 있는 유기체이다. 비언어적 의사소통의 신체언어는 단지 얼굴표정이나 몸통의 몸짓만으로가 아니라 신체 각 부분으로도 나타낼 수 있다. 춤을 춤

---

27) 미야오 지로, 앞의 책, 132쪽.
28) 미야오 지로, 앞의 책, 87쪽, 270쪽.

으로써 몸의 각 부분에 의식적 초점을 두게 되고, 우리 몸 안에서 일어나고 있는 것을 목격하는 능력과 자각능력을 계발할 수 있다. 몸은 '알아차림'의 매개이다. 춤·동작 예술은 서서히 그러나 민감하게 몸에 다시 집중하게 하고, 자신의 느낌과 연결시킬 수 있게 하는 수단이다. 그리하여 자신의 몸과 정서, 마음에서 일어나고 있는 것들에 대한 생생한 자각을 더 의도적으로 담아낼 수 있다. 심신심리치료에서 비언어적 행위를 관찰할 수 있는 능력은 자신의 신체자각의 발달로부터 시작된다. 이런 훈련을 통해 자신의 신체에 대한 민감성은 활성화되고 자연스럽게 타인의 비언어 경험을 관찰하는 감수성도 증가시킬 수 있다.[29]

---

29) Aposhyan, 앞의 글, 14쪽.

4. 심리치료와 심신조화의 평정(平靜)

심신통합의 원형으로서의 춤, 초언어적 신체기호로서의 춤 등의 이론이 춤·동작지료의 이론근거가 된다면 그 실제 효과는 심리적 정서 상태와 밀접하다. 춤·동작치료는 보다 완벽하고 아름답게 움직이는 것에 주안점이 있는 게 아니라 말로써 표현할 수 없는 내적 감정들에 접근하는 것에 더 초점이 가해진다.[30] 즉 춤·동작치료는 몸과 마음이 지속적 상호작용 상태에 있다는 가정과 그 둘 사이의 교량이 감정·정서라고 보는 데 그 기본 관점을 두고 있다. 이런 점에서 융(Jung)의 이론은 참고할 만하다. 그는 정신과 신체 사이의 교량 역할이 바로 정서라고 보았다. 정서는 우리로 하여금 춤

---

30) 류분순, 『무용·동작치료학』(학지사, 2007), 23~29쪽. "일반 신체요법(요가·에어로빅·태극권·단전 등과 생체에너지 요법 등)들은 그 동작의 특별한 형태들이 계몽이나 신에 대한 자각같이 어떤 특정 동작을 행하는 기준에 도달하도록 하는 것이며, 신체를 활발하게 조종하여 움직이게끔 한다. 이에 반해 무용치료법은 감정적 고통에 대비할 수 있는 보다 효율적인 방법들을 개인이 개발하도록 도와준다. 신체치료사들이 동작을 규정하고 활발하게 이용하는 반면 춤 치료사는 환자 자신이 동작을 만들도록 한다." "신체 움직임을 그 수단으로 하는 춤·동작치료(dance movement therapy)는 1950년대 이후 주로 심신심리치료(body-mind psychotherapy)의 하나로 시작되어 나타났으며, 예술치료 분야 중 춤·동작을 심리 치료적으로 사용하여 개인의 감정·정신과 신체를 통합시키는 것을 목표로 한다. 그런 만큼 심리적 이론을 도입할 뿐 아니라 예술에 기초를 두고 있다. 그러나 창의적 무용 활동과는 차이가 있다."

을 추도록 하는 원천이며, 우리에게 에너지를 주는 것이다. 억압된 신체 때문에 개발되지 못한 정서적 생활이 신체적으로 나타나듯이 융에게 정서는 정신의 토대이고, 콤플렉스의 원천이다.[31] 인간의 동작은 기쁨·흥분·슬픔·공포·화·경멸·수치·놀람 등 기본 정서들과 관련되는데, 그 정서가 억압되고 부인될 때 그것이 신체를 제약하고 왜곡시킬 수 있다. 내적 감정들은 우리가 관심을 갖고 보살피고 존중해 주길 바라기 때문이다.

전통 심리치료가 주로 언어상징에 의존하는 데 반해 특히 몸심리학에서는 신체의 움직임에 주목한다. 실제언어(the language of words)보다 동작언어(the language of movement)를 사용할 때 다른 종류의 이미지와 감정 등이 일어나게 되는데, 이들은 대개 마음을 조정하거나 검열하느라 잠깐 머물다 사라질 뿐이다.[32] 그러나 여기에는 발화된 언어가 드러내지 못하는 심층적 의미가 내재되어 있고, 그리고 움직임 표현은 언어 표현보다 감정 표현을 덜 왜곡된 방식으로 수행할 수 있다.[33] 언어 중심이 아닌 '몸 중심 심리요법(body-centered psychotherapy)'이란 이렇게 억압되고 분열된 자아에 접근하는 수단으로서 몸의 움직임을 이용하는 임상치료이다. 무의

---

31) 초도로우, 『춤·동작치료와 심층심리학』(임용자 외 역, 물병자리, 2004), 92~96쪽. 콤플렉스는 환경에 의해 자극받아 형성된 정서적 반응들이 외부로 나타날 수 없어서 형성된 것으로, 일단 생긴 콤플렉스는 없어지지 않는다. 대신에 무의식 속에서 무의식에 의지하며 살아간다. 즉 콤플렉스는 의식적 심리의 통제를 벗어난 외부에 존재한다. 프로이트가 성적 외상(sexual trauma)이 억압의 근본원인이라고 한 것과 달리 융은 성적 외상이 그 원인일 때도 있지만 정서적 외상이 그 원인이라 주장하고 있다.

32) 할프린, 앞의 책, 47쪽.

33) 류분순, 앞의 책, 34~35쪽. 일반적으로 심리학에서는 성격장애나 정신질환의 근본은 생후 첫 3년간의 경험, 즉 언어를 통한 경험이 아닌 몸의 감각이나 소리, 상징적 물체, 동작 등의 비언어적 형태로 이루어졌다고 본다. 최초의 관계는 주로 언어라는 매체 없이 이루어지는 것이다. 그러므로 춤 치료의 역할은 피 치료자의 내면세계 혹 과거의 경험을 잇는 다리 역할뿐 아니라 언어 미분화상태인 유아시절의 상태로 안전한 퇴행을 가능하게 하는 데에도 있다.

식이나 분열·위축되어 왔던 자아는 통증, 만성병, 습관화된 자세로 나타난다. 자신의 신체적 습관에 중독되면 그 과정이 거칠수록 느낌의 강도를 줄이기 위해 우리는 몸을 외면하게 된다.

몸심리학(somatic psychology 또는 신체심리학)은 심리학의 한 분야로 비교적 최근의 용어이다.[34] 심리치료에서 신체의 역할을 재조명하는 몸심리학의 기본적 이론가는 라이히(Wilhelm Reich)라고 할 수 있다. 라이히는 신체의 자세, 제스처, 동작은 적개심이나 성욕, 불안감들을 막아 내는 '방어적 무장'이라 말했다. 그는 억압된 정서와 정신적 경직성이 만성적 근육긴장과 근육경련으로서 신체에 축적된다는 '근육갑옷' 개념을 제기했는데, 실제 임상치료에 획기적 진전을 이끌어 내었다. 또한 신체는 유년기의 상처에 대한 흔적을 보여주고 있는데, 그것은 신체가 자신이 알지 못하는 어떤 기억을 간직하고 있기 때문이다. 몸에는 어릴 적 충격과 상처가 몸에 저장되어 있기 때문에 몸을 혐오하게 되고 감각을 잃어버리게 된다.[35] 커다란 상처를 입으면 신체조직은 생존 자체를 위해 자신의 행복이나 창조성 같이 당장 급해 보이지 않는 부차적인 것을 포기

---

34) Aposhyan, 앞의 글, 6쪽. somatic은 Thomas Hanna의 치료 문맥에서 처음 사용되었다. 그리스어 soma(body)에서 유래. Hanna는 soma를 "신체에 대한 무의식적인, (정신을) 육체에서 분리시키는, 기계론적 인식과 반대되는 것으로서 우리의 bodily selves의 의식적 경험"으로 지시한다. 몸 심리학은 일반적으로 body-psychotherapy와 body-centerd psychotherapy, body-oriented psychotherapy와 동의이이다.

35) 할프린, 『동작중심 표현예술치료』(김용량 외 역, 시그마프레스, 2006), 58쪽. "라이히의 총체적 관점에서 보면 개인의 전체 역사는 신체적 구조와 기능 안에 보관되어 있으며, 외상적 사건이 근육의 수축을 유발하고, 그것이 모든 삶의 기본이 되는 원초적 우주적 에너지인 오르곤 에너지(orgone energy)의 흐름을 억압한다. 이 에너지의 흐름이 얼어붙는 과정을 라이히는 '성격 무장(character armoring)'이라고 말했다." Aposhyan, 앞의 글, 19쪽. "그는 '성격'을 생물학적 현상으로 보았는데, 정서(emotion)를 유형의 생물물리학 에너지(biophysical energy)의 혈장 운동으로 보았다. ...이러한 자연과학의 실험과 관찰로부터 그는 성격 무장론을 발전시켰다. 나아가 라이히는 정신과정과 우주적 에너지의 역동적 반영으로서 몸을 연구하기 시작하였으며, 의식 에너지를 활성화시킴으로써 정신과정의 반영뿐 아니라 건강으로 되돌리는 통합된 측면으로 몸에 나타난 에너지의 자유로운 흐름과 막힘을 연구했다."

하는 작업부터 시작한다. 자기 감각경험을 거부하고, 다른 것에 투사하고 자기합리화를 해버림으로써 본래의 치유능력을 잃어버리게 된다.[36] 이러한 이론은 보다 더 적극적인 신체활동인 춤·동작치료로 활용되어 심신심리치료의 중요한 부분으로 자리잡아가고 있다. 몸심리학 외에도 융(Jung)의 심리학에 영향을 받은 춤·동작치료학의 선구자인 화이트하우스(Marie Whitehouse)는 '진정한 움직임(authentic movement)'이라 불리는 심리학적 탐구과정을 발전시켰다. 이 접근법은 자연발생적이고 계획 없이 일어나는 움직임의 표현들을 내적으로 깊이 경청하는 과정을 말한다.[37] 심리적 상처와 장애는 항상 몸의 어떤 부위에 남아 있다. 신체는 마음을 연구하는데 우수한 지렛대인 것이다.

몸의 회복은 감각 각성에서부터 시작된다. 먼저 몸이 느낌에 대한 용기가 되도록 훈련한다. 구체적으로 몸에서 회복해야 할 것은 감각, 호흡, 움직임이다. 강렬한 느낌의 수용체가 되기 위해 심호흡을 연습하고, 신체를 기계로 간주하는 것에서 벗어나 신체의 움직임에 귀 기울이게 되는 태도를 가져야 한다.[38] 호흡은 에너지의 흐름을 몸 중심에서부터 북돋우고 '몸 알아차리기'에 기여한다. 특히 춤출 때 에너지가 없는 움직임은 관객에게 투사되지 못한다. 자각

---

36) 콜드웰, 『몸으로 떠나는 여행』(김정명 역, 한울, 2007), 30쪽. 몸심리학의 관점에서는 우리가 겪는 고통의 대부분은 에너지가 억압된 결과이다. 에너지가 통제 불능이거나 잠재적 위험에 있다고 판단될 때는 몸이 미리 스스로를 보호하는 상태로 전화된다. 즉 미움이나 두려움을 일으키는 에너지는 우리를 무감각하거나 부자연스럽게 만듦으로써 순간적으로는 자신을 보호하지만 궁극적으로는 왜곡되고, 상처로 남게 되는 것이다. 우리 몸은 일종의 에너지 순환체계이다. 몸에서 일어난 사건은 내면의 에너지 흐름을 자극한다. 이 에너지는 신체구조와 밀도에 미치는 영향을 통해 해석된다. 라이히는 특히 현대사회가 우리 핵심에너지를 억압하고 왜곡하는 주요 요인 중 하나라고 보았다.

37) 초도로우, 『춤동작치료와 심층심리학』(임용자 외 역, 물병자리, 2004), 53쪽.

38) 할프린, 앞의 책 참조.

과 생동감으로 움직인다는 것은 몸의 각 부분을 호흡으로 채우는 것을 의미한다. 호흡은 막혀 있는 몸의 지점에 에너지를 풀어 주는 것이기도 하다. 호흡 작업은 요가에서 없어서는 안 될 필수요소이기도 하다. 요가는 호흡을 느리게 해서, 폐의 용량을 확장시키고, 에너지를 흐르게 하기 위해 사용된다. 호흡은 몸 치료 시스템의 주요 부분이다. 호흡은 신체를 에너지화(energize)하기 때문이다.[39] 움직임의 훈련을 통해 몸의 감각 열기와 호흡이 수반된다. 이로부터 신체는 세상과 감응하기 시작한다. '감응'이란 심리적 상처 주변에 자신이 세운 정교한 방어선의 일부가 소멸되는 것이다.

이 같은 춤·동작과 심리적 감정 상태와의 밀접한 관계는 일찍부터 주목받아 왔다. 인도에서도 춤을 통해 자기에게 있는 감정을 조절하여 평정한 심리정서를 회복할 수 있다고 보았다. 인도에서 무용극 공연의 목표는 관람자에게 '라사(rasa)'를 불러일으키는 데 있다.[40] 원래 라사는 느낌, 감정이라는 말인데, 감정을 뜻하는 다른 말 바바(bhava)와 구별된다. 『나티야 샤스트라』에서는 라사에 관해 논하면서 작품 밖의 감정은 바바라고 해서 라사와 구별하고 있다. 무용극 이전에 이미 있는 무용극 밖의 감정을 바바라 하고, 무용극 안으로 가져와서 예술표현물로 재창조해서 얻어지는 감정을 '라사'라고 한다. 무대 밖의 바바가 무대 안에서는 라사가 되는 관계에

---

39) S. C. Minton, *Dance, Mind & Body*(Human Kinetics Press, IL.USA, 2003), 69쪽.

40) "라사에 관한 논의를 처음으로 전개한 『나티아 샤스트라』에서는 연극에서 미감을 어떻게 구현할 것인가 하는 실제적 문제에 관심을 가졌을 따름인데, 그 뒤에 관심의 확대와 변이가 나타났다. 산스크리트 연극이 쇠퇴한 9세기 이후에는 라사를 시론 또는 예술일반론의 원리로 확대해서 해석하고 거기다가 종교적 배경을 가진 정신적 의미를 크게 부여하는 작업을 거듭해 왔다. 인간의 예술 활동을 모두 포괄해서 궁극적 이론을 라사를 근거로 해서 마련하고 있다. 인도인들은 카타르시스와 라사의 논쟁을 벌여 라사를 옹호하는 등의 작업을 하고 있다." 조동일, 앞의 책, 279~85쪽.

있다.[41] 이는 각각 '감정'과 '미적 감흥·미적 쾌'에 해당된다. 『나티야 샤스트라』에서는 바바와 라사의 관계를 음식의 재료나 양념과 그것들을 사용해서 만들어 낸 요리의 관계에 견주어서 말하고 있다. 작품 밖의 정감을 작품 속의 '미적 감흥'으로 옮겨 놓으려면 요리법에 해당되는 치밀하게 계산된 과정을 거쳐야 하고, 그래서 이루어진 결과물은 이미 감정의 차원을 넘어서서 감정과 지성이 합일된 상태를 보여준다고 할 수 있다.

라사는 평범한 일시적 정서가 아니라 관객 개개인들 체험에서 공통적인 '보편적' 정서를 말한다. 『나티야 샤스트라』에서는 여덟 가지 라사, 즉 사랑 라사·유머 라사·비애 라사·분노 라사·용맹 라사·공포 라사·혐오 라사·경이 라사를 말하고 있다. 이 여덟 가지 라사는 33가지의 '일시적' 감정(낙담·무기력·시샘·의기양양 등)과는 구분된다. 미적으로 세련된 라사는 개인적이지 않은 반면, 이 33가지 일시적 감정들은 개인적인 것들이다. 『나티야 샤스트라』에서는 "미식가가 여러 다른 양념이 된 요리들을 기쁘게 음미하듯 세련된 관객들은 작가에게서 구체화되어 연극적 몸짓으로 나타내어지는 지속적 감정의 맛을 음미한다"라고 말하고 있다. 그리하여 관객을 정신적으로 고양시켜 감정의 평정에 이르게 한다. 11세기 후반 인도의 최고의 미학자 아비나바굽타는 그 최고의 라사를 평정 라사(또는 적정(寂靜) 라사)라고 하여 아홉 번째 라사로 첨가하였다. 이 평정 라사가 나머지 라사를 모두 포괄한다고 보았

---

41) 조동일, 앞의 책, 279~85쪽. 조동일은 이를 각각 '정감(情感)'과 '미감(美感)'으로 번역하고 있다. 라사는 영어로 직역하면 sentiment 또는 feeling이다. bhava도 영어로 직역하면 emotion이 될 수 있어서 영어로 번역해서는 바바와 라사는 구별되지 않는다.

다. 이같이 라사가 지니고 있는 정신적 고양의 의미를 살펴볼 때 라사는 감정이나 지성이니 하는 구분을 넘어서서 있는 통일개념이며, 사람의 일과 신의 일을 하나로 연결시키는 신인합일의 경지를 지칭하는 의미도 지니고 있다고 할 수 있다.[42]

무용극이 주는 매력에서 비롯되는 라사의 쾌는 관객들이 이미 자신 내부에 무의식 상태로 갖고 있는 감정을 깨우는 데서 시작된다. 무용극의 지속적 감정은 관객의 정신에 투입되어 동화작용을 통해 지속된다. 이 라사는 전신에 스며들고 다른 모든 것을 배척하는 마술적 힘을 갖고 있으며, 지고의 영혼과 일체가 될 때 느끼는 행복과 유사한 행복을 느끼게 한다.[43] 라시카(rasika: 식견 있는 관객)는 절정에 달하면 신을 관조하는 지복과 유사한 미적 체험 저변의 조화력에 관심을 기울인다. 이를 통해 라시카는 무용극을 통해 우파니샤드의 범아일여(梵我一如)의 신인합일을 느끼며, 심신조화의 적정 라사 경지에 들 수 있는 것이다.

---

42) 조동일, 앞의 책 참조.
43) 신명숙, 앞의 책, 16쪽.

5. 맺음말

춤·동작치료는 심신 불균형으로 인한 주체성 상실에서 벗어나기 위한 치료법으로 신체 움직임을 심리치료에 이용하는 방법이다. 춤은 고대사회로부터 그 치유적 기능을 이미 내포하고 있었다. 본 글에서는 춤 자체가 가지고 있는 심신통합의 기능에 대해 인도 춤의 미학적 관점을 빌려 그 원리에 접근해 보았다. 인류 역사상 가장 오랜 춤의 역사를 가지고 있고, 가장 오래된 춤의 경전을 가지고 있는, 신들도 춤을 추는 인도의 춤 정신은 이미 춤 예술치료의 근거와 원리를 내재하고 있다고 할 수 있다. 인도에서는 말보다 신체로 표현하는 것이 신에게 감응하는 유일한 길이라 여기며 춤을 추었다.

춤은 고대로부터 심신통합의 원형이었다. 그리고 인간 '몸짓의 거울'로서 무한한 상징적 기호로 작용하여, 언어가 담아내지 못하는 또 다른 영역의 의미를 제시해 주고 있다. 또한 춤을 통해 심리적 상처에서 벗어나 자기 몸을 혐오하지 않고, 생명의 감수성과 움직임의 기쁨을 누리게 한다. 탈일상 속에서 행해지는 춤·동작은 우리가 일상의 습관 속에 잃어버린 '몸에 깃들어 있는 정신과 영혼'을 일깨운다. 탈일상 공간에서의 춤은 신체의 움직임을 주시하게 하며, 의도적으로 의식을 집중시켜 움직일 때 손·발 하나하나의 미세한 움직임에도 자각의 알아차림을 가지면서 움직임과 의식의 통일성을 느끼게 한다. 자기 호흡을 느끼면서 몸의 감각을 회복한다는 것은 몸의 확장을 통해 자아가 확대되고 평정을 되찾는 것과 연관된다. 그리하여 춤·동작 심리치료를 통해 사람은 무의식에서 일어나는 동작과 상상을 억압받지 않고 창조적으로 표현해 낼수 있으며, 신체경험이라는 심리학적·신체적 자아 개념을 주체적으로 통합할 수 있게 된다. 관습에 젖어 있는 몸을 조율하는 오랜수련을 통해 자기 몸을 조화롭게 할 수 있게 되고 잃어버린 몸의 '자연'을 회복하게 된다. 그리하여 자기 신체에 대해 왜곡됨이 없이 주체성을 갖게 되며, 나아가 그들의 감정적·인지적·사회적 통합조정 과정에 좀 더 깊이 참여할 수 있게 된다.

인간은 혹독한 일, 힘든 일 후에도 춤을 출 수 있다고 한다. 일하는 동작과 춤추는 동작은 그 운동의 조립방식이 다르기 때문에 무용행위는 작업행위에 대해 심리적으로뿐 아니라 육체적으로도 직접적으로 균형을 잡게 해 주는 것으로 여겨진다. 춤의 육체적 표출의 배후에는 매우 강한 정신적 배경이 있다는 것이다. 춤의 원리를 연구한 라반(Laban)에 의하면 일상생활의 골치 아픔과 욕구불만 뒤에 사람들은 자기의 균형을 회복하기 위해서 다른 세계를 찾으려는 욕구를 느낀다고 한다. 그리하여 자기 상상력에서 나오는 예술로 향하는 것인데, 원시적 단계에 있어서는 이것이 춤이었으며, 이것에 젖어들려고 하는 욕구는 '심신의 균형을 계속 살리려고 하는 뿌리 깊은 욕구'에서 나오고 있는 것이다. 그 뿌리 깊은 욕구는 2천 년 전 인도 춤 경전에서도 나타나 있다. 춤·동작에 기초한 "표현예술치료는 단순한 혼합물이나 이전의 명료한 이론들을 재구성한 것이 아니며, 또한 다양한 예술작업을 뒤범벅 만들어 놓은 것도 아니다. 차라리 이 '새로운 학파'는 현대적 생활과 배경 안에 서양과 동양의 전통들과 치유예술의 고대적 실제라는 것을 들여놓은 것"이라고 할 수 있다.[44]

---

44) 할프린, 앞의 책, 82쪽.

참고문헌

김지원, 『한국 춤의 코드와 해석』, 한양대출판부, 2006.
랑게, 최동현 역, 『춤의 본질』, 신아출판사, 1994.
류분순, 『무용·동작치료학』, 학지사, 2007.
무케르지, 최병식 역, 『인도 종교미술』, 동문선, 1995.
미야오 지로, 심우성 역, 『아시아무용의 인류학』, 동문선, 2003.
신명숙, 『인도무용의 손동작 언어사전』, 삼신각, 1990.
신상미, 『몸짓과 문화: 춤이야기』, 대한미디어, 2007.
심우성 편, 『신체의 미학』, 현대미학사, 1997.
자리나, 김인숙 역, 『동양의 전통무용』, 현대미학사, 1997.
조너스, 김채현 역, 『춤 - 움직임의 기쁨, 움직임의 힘, 움직임의 예술』, 청년
    사, 2003.
조동일, 『탈춤의 원리 - 신명풀이』, 지식산업사, 2006.
초도루우, 임용자 외 역, 『춤·동작치료와 심층심리학』, 물병자리, 2004.
침머, 『인도의 신화와 예술』, 대원사, 1995.
콜드웰, 김정명 역, 『몸으로 떠나는 여행』, 한울, 2007.
할프린, 김용량 외 역, 『동작중심 표현예술치료』, 시그마프레스, 2006.
할프린, 임용자·김용량 역, 『치유예술로서의 춤』, 물병자리, 2002.
김채현, 「철학적 과제에 비추어본 춤 비평」, 『아카필로』 6호, 철학아카데미, 2001.
임미희, 「인도전통무용 바라타나티얌에 나타난 신화의 상징적 표현체계」, 『민
    족무용』 7호, 세계민족무용연구소, 2005. 02.
Aposhyan, *Body -Mind Psychotherapy*, W. W. Norton & Company, N.Y., 2004.
Katz ed., *The Traditional Indian Theory and Practice of Music and Dance*, E. J.
    Brill, Leiden, N.Y., Köln, 1992.
S. C. Minton, *Dance, Mind & Body*, Human Kinetics Press, IL. USA, 2003.

미적 실존의 조건들[*]

임홍빈

* 이 논문은 2005년 정부(교육인적자원부)의 재원으로 한국 학술 진흥 재단의 지원을 받아 수행된 연구임 (KRF-2005-0-79-AM0016).

1

미적 실존은 삶의 형식적 조건들이 법과 도덕을 비롯한 다양한 규범체계에 의해 질서 지어지고, 또한 그와 같은 규범체계의 기능적 정당성이 도덕 지향적 담론에 의해 반복적으로 재생산되는 이 시대에 상당히 유혹적인 제안처럼 들린다.[1] 그것은 당위와 의무, 책임, 법적 강제, 국가주의와 이데올로기로부터 해방된 삶의 모험을 약속해 주는 것처럼 들린다. 특히 예술은 원래 일상적인 삶으로부터의 일탈을 별다른 제약이나 죄의식 없이 가능케 해주는 해방의 지평이기도 하다. 그러나 미적/감성적 실존이 모든 형태의 형식으로부터 해방된 삶을 의미하는 것은 아니다. 외적 조건들이나 상황으로부터 비교적 자유로운 상태에서 자신의 삶에 개체성과 개인성을 부여하는 경우에도, 삶 자체는 자연적 실재와 구별되는 구성

---

1) 미학과 감성이라는 'aesthetic'의 개념적 중첩성이 단순한 번역상의 문제로 국한되지 않는다는 사실은 주목할 만하다. 'aesthetic/aesthetisch'란 표현은 맥락에 따라, 미적으로 혹은 감성적으로 혹은 병기를 통해서 그 의미의 파편이 '부적절한 방식으로' 재조합될 수밖에 없는데, 이 같은 불편함은 무엇보다 이 개념의 역사적 기억을 공유하고 있지 않은 문화권으로 이 개념의 의미가 일대일로 대응하는 방식으로 재현되거나 재구성될 수 없다는 사실과 맞물려 더욱 가중될 수 있다.

된 질서이자 형상으로서만 '실존'으로 이해될 수 있기 때문이다. 물론 미적 실존을 추구하는 과정에서 단순히 특정한 작품으로 현상하는 '예술'이나 그 어떤 정형화된 지표가 전제될 필요는 없다. 무엇보다 먼저 미적/감성적 실존은 이성의 질서에 의해 수렴되고, 제도화된 훈육을 통해 길들여진 삶의 방식에 저항하는 일종의 대항적 이념으로도 설정될 수 있기 때문이다.

'삶의 기술'에 대한 일반적인 관심은 사회의 거시적 구조에 대한 논의가 퇴조하기 시작한 것과 그 맥락을 같이한다고 추정할 수 있을 것이다.[2] 세계화의 과정과 관련해서 광범위하게 확산되고 있는 정당한 불만에도 불구하고, 이데올로기나 유토피아에 기댄 정치적 체제변혁의 전망은 오히려 불투명해지고 있다는 전망이 설득력 있게 다가온다. 더구나 계몽주의 이후 지속되고 있는 탈종교화의 과정은- 일부 문화권에서 목격할 수 있는 종교근본주의로의 회귀현상에도 불구하고- 삶의 형식에 대한 '세속적인' 관심을 고조시키는 원인으로 간주될 수 있다. 더구나 20세기의 주류 도덕이론으로 간주할 수 있는 동기중심의 칸트주의나 결과론적 공리주의와 같은 당위론 역시 '도덕' 자체의 '도덕성'에 대한 니체의 '계보론적인'

---

2) 20세기 철학에서 삶의 형식으로서의 철학에 대한 관심을 고조시킨 대표적인 계기들 중의 하나는 푸코의 80년대 작업이다. 그리고 이 같은 작업이 주로 고대 그리스철학에 대한 새로운 이해로부터 출발한다는 것은 당연하다. Michel Foucault, *Le gouvernement de soi et des autres*, Gallimard, Seuil, Paris 2008. 삶의 기술에 대한 일반적 관심의 배경과 최근의 저술동향에 대해서는 다음 문헌을 참조. Ludger Luetkehaus, In der Zeitgeistfliale, in *Die Zeit* 2008. 1. 24. Nr. 05. 20세기에 이와 관련해서 "삶의 방식으로서의 철학"은 바로 Hadot의 대화록을 묶은 책의 제목이기도 하다. Pierre Hadot, *La philosophie comme manière de vivre: Entretiens avec Jeannie Carlier et Arnold I. Davidson*, Albin Michel, Paris 2001. 참조. 영미권에서는 Julia Annas,, *The Morality of Happiness*, Oxford University Press, New York, Oxford, 1993. Martha C. Nussbaumm T*he Therapy of Desire*, Princeton University Press, Princeton NJ, 1996. 보다 역사적인 서술은 다음 문헌을 참조. William V. Harris, *Restraining Rage, The Ideology of Anger Control in Classical Antiquity*, Harvard University Press, Cambridge, Mass., 2001. 독일어권에서는 다음 문헌을 참조. Wilhelm Schmid, *Philosophie der Lebenskunst*, Suhrkamp, Frankfurt am Main, 1998.

분석이나 이를 뒤이은 푸코 등의 작업들에 의해서 새로운 이론적 재성찰의 요구에 직면하고 있다. 바로 이와 같은 맥락에서 행위의 동기나 결과보다 더 근본적인 의미에서 행위자 자신의 내적 자기 구성에 주목하는 '고대철학'이나 '스토아주의' 혹은 '공동체주의' 등이 대안적인 삶의 형식의 가능성과 관련해서 보다 많은 주목을 받고 있는 것이다.

그렇다면 미적 실존이란 무엇인가? 그것은 도덕과 아름다움의 궁극적인 조화를 지향하는 것인가? 아니면 감성적 표현을 통한 실존만이 진정한 인간성의 구현을 약속하는가? 그러나 미적 실존을 감성적 실존과 동일시하는 견해가 항상 환영받거나 동의를 구할 수 있었던 것은 아니다. 가령 고대철학자들은 이성과 감성, 영혼과 몸의 조화가 미학적 범주에 의해 논의될 수 있다는 견해를 견지함으로써, 미적 실존을 통합주의적 관점에서, 즉 이성적·도덕적 자기정체성의 연장선상에서 이해한다. 이 같은 고전적 관점은 근대의 한복판에서도 완전히 포기되지 않았다. 18세기 후반에서 19세기 초까지 회자된 '아름다운 영혼(die schöne Seele)'이란 형상을 중심으로 전개된 독일 낭만주의 논쟁은 하나의 대표적인 사례에 이해된다. 특히 쉴러(Friedrich Schiller)는 '미적 실존'의 한 전형을 이성과 감성, 지연과 자유, 정서와 의지가 조화된 상태로 파악하고, 이를 통해서 칸트 철학의 이원론적인 이론형식이 안고 있는 문제도 해소될 수 있다고 생각했다. "아름다운 영혼은 인간의 모든 지각들로 구성된 인륜적 감정이 궁극적으로 다음과 같은 수준, 즉 의지가 발동하는 과정에서 거리낌 없이 자신의 정서(Affekt)에 스스로를 내맡길 수 있고 (의지의) 결단이 내려질 때 어떤 모순에 처할 위험도 없는 수준에 확실히 도달했음을 일컫는다. 따라서 아름다운 영혼에서는 원래 개별적인 행위들이 인륜적인 것이 아니라, 총체적 성격이 그러한 것이다… 아름다운 영혼에서 감성과 이성, 의무와 충동은 조화되고, 그 같은 영혼은 우아한 모습으로 표현된다."[3] '아름다운 영혼'은 분명 고전적이며 '건축술적인' 조화와 균형의 이상을 인격적 성숙의 궁극적인 범형으로 설정하고 있다.

그러나 미적 실존의 현대적 논의는 그 어떤 조화와 통일성, 전일성 등과 같은 '형이상학적' 이념에 의해서 설명될 수 없다. 가령 오늘날 미적 실존은 - 푸코의 경우처럼 - 자신의 삶에 독창적인 예술작품과 같은 일정한 스타일(Style)을 부여하는 작업으로 간주되는 경향이 없지 않다.[4] 실제로 푸코나 로티의 자유주의적 아이러니즘(liberal ironism)이나 니체의 '미학주의적 해석'에 기댄 니하마스(Nehamas)의 입장은 스타일의 창출을 통해 삶과 문학적 표현양식 혹은 예술작품의 특징적 측면을 동일한 차원에 설정함으로써 종교와 도덕, 이데올로기, 형이상학 등의 관념으로부터 자유로운 삶의 가능성을 추구한다고 볼 수 있다.[5] 이 점에서 미적 실존이 우상파

---

3) Friedrich Schiller, 〉*Über Anmut und Würde*〈, in: Friedrich Schiller, *Sämtliche Werke*, Band 5, Theoretische Schriften, Hanser, München, 1962, 468. Internet에 전문이 게시된 텍스트(Volltext)에서 인용함. 이 글은 원래 1793년 Neue Thalia, Jg. 1793, Heft 2.에 발표됨. Schiller의 이 같은 관점은 칸트철학에서 발견되는 이성 중심적 인간관이나 도덕과 인식, 예술을 상대적으로 자율적인 담론의 체계로 분리, 분석하는 방법적 태도에 대해 불만스러워했던 Herder나 Hamann 등에 의해서도 발견된다. 또한 Schiller의 사상적 형성과정에서 Shafesbury나 Winckelmann 등 조화 지향적 표상의 영향력을 간과할 수는 없을 것이다. 이에 대해서는 다음 평전을 참조. Käte Hamburger, "Schillers ästhetisches Denken", in: Friedrich Schiller, *Über die ästhetische Erziehung des Menschen*, Reclam, Stuttgart, 131~150.

4) 인간적 실존이 예술이나 스타일로(comme art et comme style) 구성될 수 있는 가소성을 지닌 일차적 소재로 간주될 수 있다는 관점은 다음 문헌을 참조. M. Foucault, *Dits et écrits II*, 1976~1988, Gallimard, 2001, 1448~1449.

5) Alexander Nehamas, *Nietzsche: Life as Literature*, Harvard University Press, Cambridge, Mass, 1985. Richard Rorty, *Contingence, irony, and solidarity*, Cambridge University Press,

괴적인 의도를 감추지 않았던 계몽주의의 치열한 전개과정과 분리될 수 없다는 사실이 드러나며, 나아가서 이는 미적 실존의 주제화 자체가 문화 정치적 맥락의 구체성으로부터 이해되어야 한다는 사실을 가리키기도 한다. 종교의 궁극적 존재를 포함하는 모든 형태의 형이상학적 초월주의에 대해 적대적인 한에서 미적 실존은 전투적이라고까지 볼 수는 없을지라도 최소한 저항적인 개념이다. 이점에서 당연한 언급이지만 푸코의 시도는 역시 단순한 의고주의나 특정한 삶의 방식을 지지하는 도덕주의적 동기들과 확연히 구별된다. 개체존재의 특이성에 대한 로티나 푸코의 존경심은 니하마스에 의해서도 반복된다. 더구나 자유주의적 삶의 방식이 개인주의를 넘어서 인식론적 다원주의와의 근친적 관계 속에 설정되는 것은 자연스럽다. 특히 니하마스는 니체의 텍스트에서 미적 감성주의(Aestheticism)와 관점주의(Perspectivism)의 깊은 연관을 구성하는 데 적지 않은 노력을 기울이는데, 이는 니체의 사상이 일련의 상호 연관된 메타포들과 관념들의 앙상블로 이해될 수 있는 가능성이 있기 때문이다. 뿐만 아니라 이는 삶의 방식, 즉 미적 감성주의에 기댄 삶의 방식은 무엇보다 정형화된 삶의 구성을 배제한 해석들의 다양성을 전제한다는 것을 말한다. 해석의 다원성은 삶 자체가 근본적으로 미완성일 수밖에 없음을 가리킨다. 이는 삶의 목적이 그 어떤 당위성을 지닌 실체적 목적에 의해 확정적으로 규정될 수 없다는 자유

Cambridge, 1989. 참조. 니하마스(Nehamas)는 니체의 철학을 일종의 미학적 감성주의(Aestheticism)으로 이해하고, 그의 영원회귀론및 관점주의(Perspectivism)와의 연계성을 강조한다. 이에 대한 라이터(Leiter)의 비판은 니체를 자연주의 철학으로 규정함으로써 미국 내 니체 논쟁의 또 다른 대척점을 형성한다. 나는 니체의 철학을 미학적 감성주의나 자연주의로 규정하려는 시도들이 모두 니체 사상의 전개과정의 특정한 단계를 확대해석하고 일반화함으로써만 가능하다고 주장할 것이다. 니하마스에 대한 비판은 이 글의 Ⅱ장과 함께, 다음 문헌을 참조. Brian Leiter, "Notes and Discussions, Nietzsche and Aesthericism", *Journal of the History of Philosophy* 30, 2. Apr. 1992, 275~290.

주의 문화의 맥락에서 별 거부감 없이 수용될 수 있을 것이다.

정합성과 규범적 적합성, 일관성과 같은 원리 혹은 로티가 비판적인 관점에서 부각시키고 있는 것처럼 모든 원리적이며 최종적 근거에 대한 확신 등은 정식화된 삶이나 목적론적인 방향성에 의해 특징지어진다. 보다 극단적으로 말하자면 그 같은 삶은 연역적 규칙성과 함께 삶의 모든 표현들이 일련의 형식적 틀에 의해 정돈된 복제 가능한 삶의 방식과 유사할 것이다. 이는 개인적 수준에서 대부분의 일상적인 삶의 방식을 가리키기도 하지만 사회적 통합과 특정 규범문화의 재생산을 유리하게 만들어 주는 조건으로 간주될 수 있기 때문이다. 우리가 일반적으로 이해하는 도덕적 삶의 방식은 바로 이 같은 규칙 준수적 행위와 판단의 일관성에 대한 근본적인 신뢰에 의존한다. 반면에 삶의 독특한 유형을 지향하는 미학주의는 실존적 정체성이 공적·사적 삶의 모든 지평을 관통하는 원리적 의미를 지니는 확신과 결부되어야 한다고 보지 않는다. 삶의 주권적 해석에 근거한 새로운 유형을 창출함으로써 비로소 자아의 의미가 구현된다는 것은, 자아가 그 어떤 실체로서가 아니라, 일련의 행위와 욕망, 사유에 의해 구성되는 실험적 과정일 뿐이라는 주장과 그다지 멀리 떨어져 있지 않다. 우리는 이 같은 실험적 사유의 가능성이 그 어떤 철학자에게서보다 니체에 의해서 천착되었음을 부인하기 어려울 것이다.[6]

---

6) 니체의 사상적 전개과정에서 나타난 일련의 변화들은 우리 주제의 이해와 직결된다고 판단되는 한에서만 고려되었다. 따라서 이 글의 기본적 성격은 어디까지나 '재구성적인(reconstructive)' 작업임을 밝히는 바이다. 재구성주의적 니체해석의 문제에 대해서는 다음 문헌을 참조. Volker Gerhardt, ≪Experimental -Philosophie≫ Versuch einer Rekonstruktion, in: Volker Gerhardt, *Pathos und Distanz*, Reclam, Stuttgart 1988, 163ff.

2

니체는 "즐거운 지식"에서 "자신의 성격에 '양식을 부여하는 것'
은 위대하고 드문 '예술'이라고 주장한다."[7] 삶에 일정한 형식을
부여할 수 있기 위해서는 당연히 자신이 지닌 힘과 약점에 대한 포
괄적 인식을 물론, '오랜 단련과 매일 반복되는 작업'이 긴요하다
는 것이다.[8] 물론 훈련과 수양, 금욕주의와 같은 삶의 자기구성 방
식은 고대에서 현대에 이르기까지 내적 초월의 방식으로 혹은 영
혼의 질병에 대한 치유적 효과와 함께 주목을 받아 왔다. 그러나
니체는 그 어떠한 자기단련과 금욕주의적 태도도 삶의 바깥에 대
한 사유, 나아가서 사유 자체의 한계에 대한 사유를 배제한 채 가
능할 수 없다고 주장한다. 여기에 비학주의와 자연주의, 자연과 자
유의 관념적 대립을 넘어서는 단초들이 위치한다. 다시 말해 니체

---

7) 니체의 저작은 주로 다음 판본(Nietzsche, *Werke. Kritische Gesamtausgabe*, Hrsg., von Giorgio
Colli und Mazzino Montinari, Walter de Gruyter, Berlin/New York, 1967ff.)을 인용했으며, 관행에
따라 KGW로 약했음. 또한 수고집에 한해 필요한 경우 동일한 출판사에서 간행된 Friedrich Nietzsche,
Sämtliche Werke, Kritische Studienausgabe in 15 Bänden, Berlin/New York, 1980. (KSA로 약
함) KGW V 2, *Fröhliche Wissenschaft, Viertes Buch* 290. 210.

8) Ibid.

에게 예술이나 삶, 힘에의 의지 등은 그 어떤 종결의 형이상학과 무관한 존재와 무(Nichts) 사이를 영원히 반복하는 실존적 자기변형의 지표들로 이해된다. 가령 예술적 창조(Schaffen) 역시 삶의 자기고양을 지향한다고 여겨지지만, 이는 궁극적인 삶의 완성태나 목적과 거리가 멀다. 왜냐하면 삶은 아름다움과 형식, 질서, 진리 등과 마찬가지로 세계의 보다 근원적 사태인 혼돈(Chaos)과 죽음의 필연성에 의해 포섭되기 때문이다. 필연적 사태와 실존의 관계는 '즐거운 지식'의 지속적인 주제이기도 하다. 가령 "우리는 죽음이 삶과 대립한다고 말하는 것을 피해야 한다. 살아 있는 것은 단지 죽음의 한 유형, 그것도 아주 드문 유형에 지나지 않는다"[9]는 말은 미적 실존이 궁극적으로 죽음과 필연성이라는 포괄적 맥락에서만 가능함을 말해 준다. 모두에서 언급한 대로, 미적 실존은 필연적인 사태들을 수용하고 긍정하는 태도를 전제한다. 그렇다면 '미적 실존'은 실존의 조건으로 전제되는 '자유의지'나 '자유로운 정신'의 허구에 대한 숙명론적인 인식을 요구하는가? 실존의 가능성은 실존의 불가능성에 대한 인식, 즉 실존의 역설에 대한 '적극적인' 해석에 의해서만 가능한가? 그러나 유한한 존재의 한계에 대한 거듭된 고백은 단순한 염세주의와 거리가 멀다. 허구의 필연성에 의한 인식은 한계에 대한 긍정적 태도와 무관하지 않기 때문이다. 따라서 미적 실존은 여러 다양한 삶의 방식들 중에서 선택할 수 있는 하나의 가능성이 아니라, 오히려 삶에서 허구와 가상, 기만의 숙명적인 필연성에 대한 긍정적 태도를 함축한다.

---

9) KGW V2, *Fröhliche Wissenschaft, Drittes Buch*, 146.

    그 결과 니체에게 '비관주의적인 예술'은 원칙적으로 모순이자 성립할 수 없는 개념으로 간주되는데, 이는 "예술이 현존재의 긍정이자, 축복이며, 신격화인"[10] 한에서 당연한 귀결이다. 무엇보다 니체는 쇼펜하우어의 비극에 대한 해석에 대해 동의하지 않는데, "우상들의 황혼"의 다음 구절은 니체의 '비극적 인간'이 근본적으로 자기극복의 삶이란 긍정적인 인간관과 불가분의 관계임을 말해 준다. "유기체는 넘쳐흐르는 삶과 힘의 감정으로서, 그 내부에서는 고통마저도 자극제(Stimulans)로 작용하는데, 이 유기체의 심리학은 나에게 비극적인 감정의 개념에 대한 열쇠를 제공해 주었다. 그것은(비극적인 감정: 논자 주) 아리스토텔레스나 특히 우리 시대의 비관주의자들에 의해 오해되어 왔다."[11] 니체가 자신의 사상적 초기 단계에서부터 이미 '철학자'의 삶 자체를 '예술작품'과 같은 것으로 간주했음을 감안할 때, '즐거운 지식'의 언급은 심지어 그다지 새로운 전개로 간주될 필요가 없는 것처럼 여겨진다.[12] 그런 까닭에 니체의 다음 표현은 단순한 '삶의 기술'에 대한 실용주의적 주장 이상의 의미를 함축한다. "우리는 그러나 우리가 존재하는 바대로, 그러한 사람이 되기를 원한다…. 새로운 존재, 유일무이한 존재, 비교가 불가능한 존재, 스스로 법칙을 부여하는 자, 스스로를 창조하는 자로 변화되기를 원한다."[13] 그런데 철학자의 삶이 당대는 물론 미래의 인류에게도 전범이 될 수 있는 유일무이한 '예술작품'이

---

10) KGW Ⅷ3, 14(37), 33.
11) KGW Ⅵ 3, *Götzendämmerung: Was ich den Alten verdanke 4*, Nr. 5, 154.
12) KGW Ⅲ4, 29(205) 320. 참조.
13) KGW Ⅴ 2, *Fröhliche Wissenschaft*, Viertes Buch 335, 243.

어야 한다는 주장은 일종의 영웅주의적 시도로 이해될 수 있다. 심지어 우리는 이 같은 표현의 '비유적' 의미를 액면 그대로 받아들일 수도 있다. 하지만 여기서 '예술작품'으로서의 삶이 반드시 특정한 장르의 예술을 가리키는 것은 아니다. 가령 니하마스(Nehamas)는 니체의 미학적 감성주의(Aestheticism)의 범형이 문학적 텍스트를 가리킨다고 주장하는데, 이는 다분히 전자에 대한 확대해석이거나 오해를 초래할 가능성이 없지 않다. 미학적 감성주의는 분명 그의 주장대로 해석으로부터 완전히 자유로운 사실 자체의 실증주의적 이해에 대해 비판적이며, 아울러 같은 맥락에서 관점주의가 이해될 수 있을 것이다. 니하마스는 니체의 인간학적 관념이나 도덕에 대한 태도들이 전형적으로 문학적 텍스트나 그 속에 등장하는 인물들에 대한 서술방식과 유사하다는 전제하에서 상당히 흥미 있는 결론을 도출해 내고 있지만, 부단한 자기극복의 과정을 통해 구성되는 삶이 반드시 문학작품과 같은 유형의 구조와 상응할 필요는 없을 것이다.[14)

니체의 미적·예술적 감성의 세계가 20세기 포스트모던주의의 텍스트주의와 동일시될 수 없다는 것은 '아폴론적인 것'과 '디오니소스적인 것'의 관계에 대한 니체의 성숙한 입장에서도 드러난다. 또한 "우상들의 황혼"에서 시각적 비전의 도취상태를 지칭하는 '조형예술'과 '총체적 정서—체계(das gesammte Affekt-System)'를 분출·

---

14) 니하마스의 문학적 텍스트를 중심으로 설정한 미학주의적 니체해석의 비판은 다음 글을 참조. 그러나 라이터(Leiter)의 그에 대한 비판은 상당부분 자연주의적 니체해석이 전적으로 타당하다는 전제하에서 시도되고 있다. 자연주의적 니체해석 일반에 대한 간략한 비판은 아벨의 다음 논문을 참조. 아벨은 모든 유기체의 형성과정이 이미 "지속적인 해석(forwährendes Interpretieren)"을 전제한다는 논거를 제시하고 있다. Günter Abel, "Logik und Ästhetik", in: *Nietzsche Studien*, 122.

표현하는 예술과의 대조는 니체의 '미학주의'가 곧 문학적 텍스트주의(Textualism)와 동일시될 수 없음을 보여준다. 마찬가지로 '아폴론적인 것'과 '디오니소스'적인 것을 특정한 '조형예술'과 '음악'과의 관계로 대비하는 것 역시 예술의 장르들이 분화되지 않은 시대의 예술인식에 대한 오해를 부추길 수 있을 것이다. '음악'은 '정서들의 총체적 자극과 발산'으로 이해되지만, '보다 충만한 정서적 표현―세계의 한 잉여물(Überbleibsel)'에 불과하다는 니체의 인식은, 이 두 가지 '미학적인' 범주가 근대 이후 형성된 예술작품의 장르별 유형화의 과정이 전개되기 이전에 형성된, 정서의 원초적 발현과 감응의 체계를 가리킨다는 것을 분명히 해준다.[15] 예컨대 건축은 '힘에의 의지'가 가시적인 형상으로 표현된 것으로 디오니소스적인 상태나 아폴론적인 상태를 표현하고 있는 것은 아니라는 것이다.[16] 니하마스가 강조하고 있는 '스타일(Style, Styl)' 역시 건축물과 같은 힘의 적극적인 표현에 대해서도 적용되고 있기 때문에 미학적 감성주의가 곧 문학적 텍스트와 관련해서 적절하게 포착된다고 볼 수 없는 것이다. 니체의 미학적/감성적 관점은 그러나 의식적 수준에서만 작동하거나, 개인의 깨어 있는 삶의 결단과 같은 계기를 요구하지 않는다. 그것은 오히려 개인의 주체성을 넘어선 유기제적인 수준에서 혹은 사회체계의 형성과정에서도 반복적으로 구현될 수 있기 때문이다. 따라서 우리는 얼마든지 '예술가 없이 현상하는 예술작품'을 상정할 수 있으며, 유기체적 논리성과 감성의 발현인 '몸이나 사회적 조직(프로이센의 장교단, 예수이트

---

15) KGW Ⅵ3, *Götzen-Dämmerung, Streifzüge eines Unzeitgemässen*, Nr. 10, 111~112.
16) Ibid. Nr. 11, 112.

교단)'과 같은 경우에도 동일한 서술이 적용될 수 있다는 것이다.[17]

'텍스트주의'나 '실존주의'의 시각에 의존할 때 니체의 도덕비판과 함께 허무주의의 근원적 문제성이 간과될 가능성이 있는 것이다. 니체의 '미적 삶의 방식'에 대한 인식은 초기부터 일관된 도덕/종교비판에서부터 그 단초가 제공되었다 해도 무방한데, 우리는 그 단서를 미적인 삶과 '관점주의(Perspektivismus)'의 관계에 대한 니체의 인식을 통해서도 확인할 수 있다. "왜냐하면 모든 삶은 가상, 예술, 착각, 광학, 관점과 오류의 필연성에 근거하기 때문에" 엄격한 도덕에 근거한 기독교적 삶의 해석만큼, 순수하게 미적인 방식으로 세계를 해석하고 정당화하는 것과 대립하고 있는 세계관은 상상할 수 없다는 것이다. 따라서 '비극의 탄생'에서부터 예술가적이며 동시에 디오니소스적인 삶의 해석은 전적으로 반독기교적인 관점과 결부되어 있다.[18] 니체는 "비극의 탄생"을 새로 출간하면서 "자아비판의 시도"란 글을 모두에 덧붙였는데, 이는 예술이 도덕적 삶의 방식과 대립적인 구도하에서 이해되고 있음을 분명히 보여준다. 여기서 미적 삶의 방식은 고전주의적 형이상학의 전제하에 모색된 미와 도덕의 궁극적인 화해나 통일성을 배제한 비판적인 이념이다. 예술이야말로 "인간의 본래적으로 형이상학적인 활동성"이며 삶을 긍정하고 고양시킬 수 있는 유일한 가능성이라는 것이다. 여기서 삶은 기독교적인 도덕에 의해서 배척되거나 억압된 다른 차원들을 포괄하거나 최소한 깊은 관련을 맺고 있다. 예술적 형이상학(artistische Metaphysik)은 동시에 반기독교적 형이상학(antichristliche

---

17) KGW Ⅷ 1, 2(114), 116~117.
18) KGW Ⅲ1, *Die Geburt der Tragödie, Versuch einer Selbstkritik*, 12~13.

Metaphysik)이며, 이는 인간의 신체와 정서, 감성과 아름다움에 대한 적극적인 긍정을 지향한다. 그렇다면 예술적 창조를 통한 도덕비판은 도덕 일반에 대한 부정인가? 이 같은 물음은 니체가 자신만의 또 다른 역시 '도덕적인' 전제나 이념을 비판의 암묵적 준거로 설정하고 있다는 의구심에서 비롯한다. '자아비판의 시도'는 도덕일반에 대한 부정이라기보다는 '특히 기독교적인, 말하자면 절대적 도덕'을 겨냥한다.[19] 그러나 니체의 도덕비판에 대한 제한적 해석은 '삶 자체가 무언가 본질적으로 비도덕적(etwas essentiell Unmoralisches)'이라는 언급에 의해 재검토될 필요가 있다. 여기서 니체의 도덕비판이 단순히 또 다른 규범적 관점의 타당성을 전제한 또 하나의 다른 '독단적' 관점을 은폐한 인식이 아님을 알 수 있다. 다시 말해서 감성적/미적 삶의 방식은 도덕적 삶의 방식과 표면적 수준에서 대립·갈등하는 것이 아니라, 전자는 후자의 '가능성의 조건'으로 파악되고 있는 것이다. 실제로 니체는 미적 판단을 포함하는 감성적 판단들은 '도덕적 판단들의 근거'라고 주장하는데 이 말은 도덕이 근본적인 의미에서 감성적 사태들을 모종의 '원리'에 의해서 환원함으로써 형성되었다는 사실을 가리킨다.[20] 그렇다면 미학적/감성적 가치판단의 기준은 무엇인가? 니체는 "잘 정렬된 것과 포괄적으로 파악할 수 있는 것, 경계가 분명히 설정된 것, 그리고 반복"[21] 등에 대한 쾌감을 근거로 제시하면서, 실상 도덕적 판단의 근저에 그보다 '오래된' 미적/감성적 판단이 작용한다고 주장한다. "미적/

---

19) Ibid. S. 13.
20) KGW V2, 11(77), 11(78), 11(79), 369. 참조.
21) KGW Ⅶ 3, 35(3), 231.

감성적 판단들(아름다운 것, 구토를 불러일으키는 것 등등)은 가치들의 도표에서 그 근저에 설정되어야 한다. 이들 판단들은 한편으로 도덕적 판단들의 근거이기도 하다."[22] 따라서 '아름다움'은 예술가에게 모든 위계질서의 바깥에 있는 그 무엇이다. 왜냐하면 아름다움 속에서 대립하고 있는 것들이 억제되고, 그것은 힘의 최상의 기호, 즉 상호 대립하고 있는 것들의 상위에 있는 것이기 때문이다.[23]

그런데 삶의 한 본질적 표현이자 긍정으로서의 축제와 잉여, 변용 혹은 자기승화(Verklärung)의 문제는 근대의 자기 극복이란 주제와 분리되지 않는다. 근대의 계산적, 도구적 합리성은 보다 포괄적이며 근원적인 의미에서 생산적인 미적·감성적 세계해석에 의해서 그 고유의 한계가 드러나기 때문이다. 미적 근대는 기능적 질서의 한 부분으로 편입된 미적 세계의 자기 정합성을 전제한 칸트주의적 미적 합리성이 아니라, 끊임없는 자기 극복과 자기변형, 자기초월의 순간 속에서 자신의 정체성을 체험하고 필연성 속에서 운명적인 자아의 가능성을 발견하는 존재의 자기표현으로만 성립하기 때문이다. 따라서 미적·감성적 삶의 조건들은 그 자체로서 근대의 자기 극복, 다시 말해서 근대의 초월적 자기지양 혹은 축복처럼 다가오는 잉여적 계기의 구현이다. 이로써 우리는 미적·감성적 삶의 형식이 명시적으로 그 어떤 사회정치적 실천의 청사진을 제시하지는 않는다고 하더라도, 그것이 바로 실존적 개체의 주체성의 차원에 제한된 기획이거나, 반사회적·반정치적인 아방가르드의

22) KGW V 2, 11(78), 369.
23) KGW VIII1, 7(3), 266.

선언과 동일시될 수 없다는 점을 알 수 있다. 미적 실존의 조건은 바로 이 같은 조건들 자체가 삶의 객관적 질서의 문법 아닌 문법으로 실현될 것을 이론 자체의 자기일관성의 차원에서 요구한다.

같은 관점의 연장선상에서 볼 때, 도덕비판이 시대 전체에 대한 진단, 즉 허무주의 시대의 삶의 가능성에 대한 물음과 직결되는 것은 필연적이다. 미적 실존의 문제는 근본적으로 허무주의의 극복이라는 니체의 시대진단과 그 '철학적' 처방에 대한 집요한 관심의 연장선상에서 이해되어야 하는 것이다. 결국 미적·감성적 삶의 형식은 단순히 여러 가능한 삶의 방식 들 중의 한 매력적인 대안이 아니다. 무엇보다 미적·감성적 삶은 허무주의를 극복할 수 있는 진정한 가능성으로 다가오는 것이다. 도덕이나 종교, 이성 중심의 삶은 우리가 직면할 수밖에 없는 허무주의의 시대적 조건하에서 무기력할 수밖에 없다는 것이 니체의 시대인식이다. 궁극적으로 허무주의를 극복할 수 있는 전망은 삶 자체의 필연성과 신체와 대지에 충실하며 디오니소스적인 세계 속에서 자신을 부단히 재창조하는 과정을 통해서 제시되고 있는 것이다. 즉 인간의 미적 실존은 스스로의 삶 자체를 영원한 극복과 지양의 대상으로 간주하는 실험적인 삶 자체를 통해서만 열린다는 것이다.

3

앞 장에서도 드러난 것처럼, 흔히 미학주의적으로 혹은 실존주의적으로 이해되어 온 니체의 여러 언급들은 일상적 의미에서 회자되는 '삶의 기술'보다 더 근본적인 통찰에 근거한다. 왜냐하면 '인간적인, 너무도 인간적' 삶의 조건들이 이미 항상 그 심층적인 발생과정에서부터 감성적/미적 방식에 연유하기 때문이다. 또한 일반적인 의미에서의 '미학'이나 도덕, 종교, 형이상학과 같은 상징적 체계가 성립할 수 있는 '가능성의 조건'으로서 이미 항상 '감성적/미적' 세계이해의 '해석과정'이 작동한다는 것이다. 따라서 미적 실존의 궁극적 이해는 인간의 실존 자체를 가능케 하는 발생론적·계보론적 맥락을 유기체적 수준에서부터 추적할 것을 요구한다. 자연과 문화, 행위와 인식을 가로지르는 삶의 조건, 다시 말해서 자연주의와 미학주의와의 대립을 넘어서는 사유 이전의 삶의 운동과 신체형성에 역학관계에 대한 인식이 요구되는 것이다. 삶 자체가 감각기관 자체의 미적·감성적 활동성에 의해서 유지·확장된다는 것은 인간이 가장 원초적 수준에서부터, 즉 의식이전의 상태에서부터 일정한 자기조직의 '형식'과 '법칙성'에 의존하고 있음을 가리킨다. 이 같은 맥락 위에서 다음 인용문은 단순한 비유 이상의 의미를 지니고 있다. "우리의 눈은 무의식적인 시인이자 동시에 논리학자이기도 하다."[24] 니체는 여기서 두 가지 구별 가능한 '논리적인 것'의 층위들을 전제하고 있다. 감성적 직관의 활동성은 '단순성과 포괄적인 이해가능성, 규칙성, 명징성에 대한 우리들의 쾌감'에서 드러난다는 것이다. 이때, "바로 이 '논리적인 것(Logische)', 즉 이 '예술적인 것(Künstlerische)'은 우리들의 지속적인 행위"로 이해되고 있다.[25]

미적/감성적 본능의 특이성은 담론적 질서와의 대비를 통해서 드러난다. 후자는 주지하다시피 사유의 선형적 구조화를 통해서 의식주체들 상호 간의 의사소통을 가능케 하는 핵심적 조건이기도 하다. 우리의 일상적 문법과 이에 근거한 판단의 형식이 사유의 선형적인 흐름에 의존하는 반면, 직관과 감성에 근거한 아날로그적 세계이해의 가능성은 배제될 가능성이 농후하다는 것이다.[26] 이 같은 미학적 감성주의의 경향성은 니체의 후기사상에서 '힘에의 의지'를 중심으로 더 첨예하게 드러난다. "힘에의 의지는 **해석을 한다**. 유기체의 형성과정에서 관건은 해석이다. 그것(의지: 논자 첨가)은 경계를 확정하고, 계급과 힘의 상이성들을 규정한다. 단순한 힘의 상

---

24) KGW V2 15(9), 535.

25) KGW Ⅶ 3, 34(49), 155.

26) 아날로그와 디지털의 대비를 통한 해석과 함께 이 글의 Ⅲ장은 여러 면에서 앞서 인용한 아벨(Abel)의 탁월한 다음 논문의 도움을 받았음을 밝힌다. 아날로그 등에 대한 언급은 Abel의 앞의 글, 146쪽을 참조.

이성들은 바로 그러한 존재로서 자신을 지각하지는 못할 수 있다. 성장을- 원하는 그 무언가가 거기 존재해야만 하는데, 그것을 모든 다른 성장을- 원하는 그 무언가가 전자의 가치와 관련해서 해석해야만 하는 것이다. …실제로 **해석은 그 무엇에 대해 지배자가 되는 수단 그 자체이다. (유기체적 과정은 지속적인 해석을 전제한다.)"27)** 그러나 현존재(Dasein)가 해석하는 존재로서 이해된다고 해서 이같은 인간학적 관점 자체가 그 어떤 초월적 지위를 지니는 확고한 규정으로 정당화될 수 있는 것은 아니다. 이점에서 관점주의 자체의 자기정당화에 수반되는 문제, 즉 자기준거(Selfreference/ Selbstreferenz)의 역설은 이 세계가 "무한한 해석들을 그 자체의 내부에 포함한다"28)는 언급을 통해 표명되고 있다. 따라서 미적/감성적 관점주의는 고정된 이론적 입장이 아니라, 일종의 자기 자신을 그 대상에 포함하는 자기 준거적 비판의 실천을 함축한다.

아벨(Abel)은 감성적인 것의 구체적 계기들을 '(개념적 사유와 구별되는) *직관*, (인지적 경험과 구별되는) *감성*, (말하는 행위와 구별되는) *스스로 보여주는 것*, (개념적인 분류와 구별되는) *형식들과 형상들의 형성*, (선후관계와 선형성, 판단에 전제된 문법의 담론성과 구별되는) 총체성, 즉 동시성' 등을 언급하고 있는데,29) 이는 니체의 미학적/감성적 인간이해에 근본적인 의미에서의 비판적 태도가 전제되고 있음을 가리킨다. 즉 존재하는 사물들의 세계가 일정

---

27) KGW Ⅷ 1, 2(148), 137~138.

28) 따라서 '모든 현존재가 본질적으로 해석하는 현존재인가'의 문제는 궁극적으로 그 해답이 주어질 수 없는 아포리아이기도 하다. KGW Ⅴ 2, *Die fröhliche Wissenschaft, Fünftes Buch No. 374*, 308~309쪽에서 인용.

29) Abel의 앞의 글, 114에서 인용.

한 논리적 형식과 실체와 술어, 주체와 객체와 같은 의미론적/통사적 구조에 의해서 인식된다는 '고정관념'에 대한 비판이 그것이다.[30] 물론 이 같은 고정관념은 이미 근대 이후 여러 사상가들에 의해 '형이상학비판'의 구도하에 해체되어 왔다. 대부분의 실체론적 형이상학이나 소박실재론, 진리상응성 등에 대한 문제제기는 한결같이 언어와 실재의 대응이나, 실재의 언어적 표상에 대한 불만을 토로하고 있기 때문이다. 이 점에서 니체의 인식은 근세 이후 전개된 철학적 계몽, 즉 급진적 계몽주의의 전통을 계승하고 있다고 볼 수 있다. 그렇다면 이는 미적/감성적 실존과 어떤 관련이 있는가? 감성적/미적 실존은 결국 자신의 세계 이해가 이미 특정한 개념의 틀과 언어형식에 의해서 '구성된' 실재임을 통찰함으로써, 논리와 개념체계, 담론적 질서를 포함하는 언어에 대한 근본적인 회의를 통해서만 구체화될 수 있다. 즉 미적/감성적 실존은 이 점에서 단순한 실존적 자기표현과 결단으로 특징지어지는 주관적 선택이라기보다 언어와 실재, 사회적 규정성 등의 계기들이 어떠한 발생적, 계보론적 연관을 허다한 '우연적인 조건들을' 배경으로 구축해 왔는지에 대한 통찰에 근거한다.[31]

지금까지의 논의는 니체에게 미적 실존이 단지 자신의 삶에 양식과 성격을 부여히는 외시저 수준의 행위이기에 앞서, 보다 근본

---

30) 이에 대해서는 KSA Bd. 12, 389~390 참조.

31) 감성적/예술적 상태는 '언어의 원천(die Quelle der Sprachen)'(KSA 13, 296.)으로 설정되어 있을 뿐만 아니라 사회적 맥락과 관련해서 이해되고 있다. "기호를 창출해 낸 인간은, 일단 사회적 동물(sociales Thier)로서 자기 자신을 의식하는 것을 학습한다. ..."(KGW V 2, *Fröhliche Wissenschaft* Fünftes Buch 354, S. 274. 참고로 이에 대한 흥미로운 비판적 분석은 Dieter Thöma, *Erzähle dich selbst*, Suhrkamp, Frankfurt am Main, 2007, 147~165 참조. 그는 예술작품에 대한 니체의 입장이 그의 다원주의, 즉 집단주의적인 주장과 배치된다고 말한다. 특히 앞의 글에서 161쪽 참조).

적인 차원에서 인간의 자기이해를 수반한다는 점을 분명히 해준다. 한마디로 인간은 유기체적 수준에서부터 아름다움뿐만 아니라, 보다 근원적인 감성적 기준들, 가령 추악한 것과 고난 역시 인간적인 힘의 감정을 표현해 주는 감성적 본능의 범주로 체화하게 된다는 것이다. 따라서 위대한 시대야말로 '쾌감으로서의 고난'을 형상화한 작품에 대한 깊은 관심을 보일 수 있다.[32] 미적·감성적 본능은 이 같은 가치들이 삶의 자기보존을 넘어 힘의 확장을 가능케 하는 계기로도 작동한다. 이 같은 힘의 형이상학은 예술작품을 단순한 분석과 미적 관조의 대상으로 설정하는 무차별적이며 무관심성의 태도와, 아름다움을 직접 창조(Schaffen)함으로써 '자신의 존재에 대한 감사'를 표현하는 적극적인 삶의 방식을 구별하는 기준이기도 하다.[33] 존재에 대한 적극성은 운명에 대한 사랑(amor fati), 즉 "필연적인 것을 사랑하라"는 명령으로 구체화된다.[34] '운명에 대한 사랑'은 신에 의한 해방, 즉 인간의 모든 고난들이 무의미하지 않은 은총의 목적론적 구도하에서 정당화되는 전통적인 기독교의 삶에 대한 해석과 근본적으로 대립한다. 인간은 따라서 자신의 현재적 삶을 그 어떤 형이상학이나 종교, 철학 등 외재적 질서에 구속되지 않는 자신의 내면적인 의지의 필연성에 근거한 자기극복의 과정으로 이해할 때, 비로소 삶의 의지 자체를 긍정할 수 있게 된다는 것이다.[35] 그러나 여기서 간과할 수 없는 것은 삶의 긍정과 부단한

---

32) KGW Ⅷ2, 10(168) 222.

33) KGW Ⅷ2, 10(168) 223.

34) KGW V2, *Die fröhliche Wissenschaft*, 15(20), 541.

35) 이 같은 삶의 해석을 카울바흐는 '디오니소스적 이성'으로 칭하고, 초기의 '비극의 탄생'에서 제시된 야생적이며 거친 '디오니소스적인 것'과 구별한다. 니체는 원래 디오니소스적인 것을 통해서 삶을 구획 짓고, 구속하는 모든 경계들을 파괴·해체하려고 시도했으나 후기에는 이를 넘어서는 극복과 초월의

극복이 필경 고난과 결별, 파괴와 절망을 삶 자체의 필연성으로 동시에 파악하고 이 모든 역경을 '사랑'할 수 있어야 한다는 것이다. 따라서 니체의 '비극적 인간'은 바로 가장 강한 인간이며, 나아가서 저세상이 아닌 이 세상에서의 존재 자체를 신성한 대지와 세계로 끌어안는 존재이기도 하다. "나는 항상 더 배우고자 한다. 즉 사물들에서 필연적인 것을 아름다움으로 바라보려 한다. ─ 그래서 나는 사물들을 아름답게 만드는 사람들 중의 하나가 되려 한다. 운명에 대한 사랑(Amor fati): 그것이 이제부터 나의 사랑이다!"[36] 이 지점에서 운명에 대한 사랑이 니체의 심오한 사상인 '영원한 귀환의 사유(der Gedanke der ewigen Wiederkunft)'와 필연적으로 동일한 맥락 위에 위치한다는 것이 드러난다. 삶은 근본적인 의미에서 영원히 반복되는 '실험'의 연속이며, 이야말로 미적이며 감성적인 창조의 근본적 성격을 더 이상 적절하게 표현해 줄 수 있는 가능성은 존재하지 않기 때문이다.[37] 카울바흐(Kaulbach)의 표현대로, '실험─철학'으로서의 미학/감성학은 곧 인간의 근본적인 자기인식의 작업으로서의 의미를 지닌다. 자기인식과 삶의 구체적 형식이 하나의 통일된 맥락에서 다루어진다는 것은 그가 이론과 실천, 인식과 행위의 관계에 대한 종래의 이원론적인 해석을 거부한다는 것을 말한다. 니체는 우리에게 "이론과 실천/숙명적인 구별, 마치 별도의

필연성을 제시했다는 것이다. 그러나 경계의 해체는 종종 자기 극복의 한 계기로 요청된다고 볼 수 있다. 다시 말해서 초기와 후기의 사상적 전개과정은 근본적인 의미에서 내적 발전으로 간주될 수 있다는 것이다. Friedrich Kaulbach, *Nietzsches Idee einer Experimentalphilosophie*, Böhlau Verlag, Köln/Wien, 1980. 296ff. 참조.

36) KGW V 2, Viertes Buch, 276, S. 201. 역시 이와 관련해서 앞의 Kaulbach, 298 참조.

37) 니체의 철학을 '실험적 사유'로 이해한 중요한 업적은 앞에서 언급한 Kaulbach에 의해 시도되었다. 다음 문헌도 역시 같은 전통을 계승한다. Gerhardt(182) 참조.

고유한 인식충동이 존재하는 것처럼, 즉 효용과 피해에 대한 물음을 고려하지 않은 채, 맹목적으로 진리를 향해서 달려 나가는 것처럼, 그리고 이와 분리된 실천적 관심의 모든 세계가 마치 존재하는 것처럼…"[38] 생각하는 경향이 있다는 것이다.

---

38) KGW Ⅷ3, 14(142), 117.

4

이제 우리는 마지막으로 미적 실존에 대한 일반적인 오해의 몇 가지 유형들을 검토함으로씨 이 같은 관념의 성격을 보다 더 구체적으로 파악할 수 있을 것이다. 실상 미적/감성적 실존은 그것이 필경 지니게 되는 실험적 성격만큼이나 실패의 위험을 안고 있는 것이 사실이다. 더구나 미적/감성적 실존이 여러 유형의 퇴행적 삶의 방식들로 전락할 가능성을 지니고 있다는 것은 당연하다. 도식화된 관념적 감성주의나 유기체적이며 자연적인 맥락으로부터 추상된 미학주의가 그 대표적인 경우에 해당한다. 이 같은 일탈과 왜곡은 예술이 허무주의에 대해 지니는 태도에 의해서도 설명된다. 에컨대 데카당스 시대의 에술가들은 "근본적으로 삶에 대해 허무주의적인 관점에 서 있으며, 형식의 아름다움 속으로 도피한다"는 것이다.[39] 허무주의적인 데카당스 예술가들과 미학주의적인 관점은 모두 한 가지 공통점을 보이는데, 그것은 바로 현실로부터의 도

---

39) KGW VIII2, 10(168) 223.

피로 규정된다.[40] 즉 예술은 삶의 현실과 분리된 자기목적적인 행위로 관념화됨으로써 예술은 마치 인식이나 도덕과 마찬가지로 '신격화'되거나, '우상화'되는 경향성이 있다는 것이다. 이러한 비판적 인식은 감성적/미적 실천이 철저한 자기비판적인 행위를 수반한다는 것을 의미한다. 영원한 자기극복과 자기변형은 바로 부단한 자기비판의 필연성에 대한 또 다른 표현으로 간주될 수 있다. 그렇다고 이 같은 회의주의적 비판은 회의 자체에 의해서 그 목적이 달성되는 것이 아니라, 궁극적인 '삶의 고양'과 같은 새로운 가치의 창출에 의해 구체적인 의미를 지니게 된다.[41]

미적 실존에 수반되는 또 하나의 오해는 '창조'의 의미와 관련해서 발생할 수 있다. 왜냐하면 미적인 삶의 방식이 반드시 예술의 영역에서만 실현되는 것은 아니기 때문이다.[42] 가령 과학이나 철학은 세계해석을 창출하는 구성적 행위인 한에서 예술의 창조적 작업과 근본적인 의미에서 구별되지 않는다. 아니 보다 구체적으로 말하자면 과학과 철학 등의 개념적 사유는 그 자체로서 예술적 창조의 차원을 내재하고 있으며, 이 후자가 비로소 전자를 진정한 의미에서 삶을 고양시키는 활동으로 규정하게 만들어 주는 것이다.[43] 여기서 다시 한 번 강조할 수밖에 없는 것은 니체가 염두에 두고 있는 예술이해가 근대

---

40) KGW Ⅷ2, 10(194) 238.

41) 실험-철학의 이념에서 회의와 비판이 지니는 제한적 의미에 대해서는 게르하르트(Gerhardt)의 앞의 글(174)을 참조.

42) 과학 자체의 '미적' 구성성에 대해서는 다음 글을 참조. 임홍빈, 「예술, 진리, 과학적 인식」, 『새로 보는 과학기술』, 과학문화재단, 2007, 133-140.

43) 약동하는 삶의 은유는 '차라투스트라는 이렇게 말했다'에서 춤추는 신과 '무거움의 정신(Geist der Schwere)' 간의 대비에서도 등장한다. 1권의 첫 번째 발언에 해당하는 '세 가지 변신들에 관해(Von den drei Verwandlungen)'에서 무거운 짐을 경외심으로 감당하는 낙타에서부터 이 작품의 마지막 부분에 이르기까지 삶을 고양시키는 생명력과 인간의 삶을 억누르는 무거운 짐의 대비는 반복된다. KGW Ⅵ 1, 25ff, 135ff, 237ff. 등 참조.

이후 강화된 특정한 관점과 구별된다는 것이다. 후자의 경우 예술은 삶과 세계에 대한 다른 해석들과 구별될 수 있으며 비교적 자율적으로 작동하는 상징체계로서 간주되지만, 니체는 그 같은 분석적 서술 방식을 여러 동기와 이유들에 근거해서 거부하고 있는 것이다. 다른 한편으로 만약 모든 예술행위와 작품들이 삶을 고양시키는 것으로 설정되고 있다면, 그 같은 태도는 예술물신주의에 지나지 않을 것이다. 니체의 '근대적 예술가(der moderne Künstler)'에 대한 비판은 바로 이 같은 물음과 관련해서 중요한 단서를 제공해 준다. 즉 전자의 경우를 니체는 예술가라기보다는 배우(Schauspieler)와 같은 존재로 평가절하한다. 왜냐하면 근대적 예술가는 자신에게 부여된 다양한 역할 속에서 스스로의 성격적 결험을 노출시키는데, 이는 자신만의 고유한 개성과 힘을 지닌 의지의 표현이기를 포기한 상태에 놓여 있기 때문이라는 것이다. 그 결과 근대적 예술가는 모든 가능한 삶의 형식들을 있는 그대로 흉내 내거나 수용함으로써만 일반 대중의 환상적인 것에 대한 욕구를 충족시키는 것으로 자신의 역할을 소진하고 있다는 것이다. 동일한 맥락에서 니체는 정서적 만족이나 심리적 보상으로서 예술을 '소비'하는 '교양 있는 천민(der gebildete Pöbel)'에 대해서도 비판적이다.[44] 니체가 추구하는 '다른 예술(eine andre Kunst)'은 '형식들과 음정들, 던이들을 숭배하는 자들',[45] 즉 가상(Schein)의 표면에 대해 충실한 자들에 의해 실현되며, 이들은 가상의 이면에 있다고 추정되어 왔던 형이상학적 진리의 세계를 철저하게 부정한다는 것이다. 여기서도 니체의 '미학적 관점'이 철저하게 형이상학비판의 맥락과

---

44) KGW V 2, *Die fröhliche Wissenschaft, Vorrede zur zweiten Ausgabe* Nr. 4., 19.
45) Ibid. 20.

분리될 수 없음을 알 수 있다. 예술가에게 '형식'은 단순한 형식이 아닌 '내용'으로 지각되는데, 이는 '음정'이나 '단어'의 경우도 마찬가지다. 단어는 사유를 표현해 주는 수단이나 매체의 차원을 넘어서 그 자체가 고유의 표현내용으로 인식되기 때문이다. 음정이나 색 역시 그 자체의 고유한 내적 질서와 세계를 보유하고 있는 것이다. 이 같은 정황은 다음 인용문에서 더욱 뚜렷하게 드러난다. "사람은 다음과 같은 대가를 치러야만 예술가로 존재하는데, 그것은 모든 비예술가들이 형식으로 칭하는 것을 내용으로, 즉 사태 자체로서 지각하는 것이다. 이로써 그 사람은 필경 전도된 세계에 속하게 된다."[46]

궁극적으로 미적/감성적 본능(der ästhetische Instinkt)을 포기하거나 망각한 삶은 삶 자체의 의미가 유실된 상태를 초래한다.[47] 미적/감성적 삶 자체는 도덕과 종교, 형이상학 등과 같은 여러 선택 가능한 삶의 형식들 중의 하나로서가 아닌, 삶 자체의 진실성과 직결된 사태로 이해되고 있다. 따라서 허무주의는 그 어떤 정태적 상태나 시대의 증후이기에 앞서서 개인들이나 집단의 삶에 대한 특정한 '해석'에 의해서 확대, 재생산된다. 미적 실존의 형식은 일종의 은유이며, 실천을 통해서 드러나는 해석의 사건이지만, 이 같은 과정은 보다 근본적인 유기체적 수준에서도 반복된다. 미적·감성적 해석의 과정은 결국 문화와 자연, 상징적 해석과 물리적 힘의 질서를 가로지르는 인간형성의 한 중요한 차원으로 인식되고 있는 것이다.

---

46) KSA 13, 18(6) 533.

47) 아벨은 이를 다음과 같이 함축적으로 표현하고 있다. "만약 감성적/미적인 것이 결여된다면, 사유와 함께 의미의 논리적 경계가 공허하게 된다." 아벨(Abel)의 앞의 글, 145쪽에서 인용.

참고문헌

임홍빈, 「예술, 진리, 과학적 인식」, 『새로 보는 과학기술』, 과학문화재단, 2007, 133~140.

Günter Abel, "Logik und Ästhetik", in: *Nietzsche Studien*, 112~148.

Julia Annas,, *The Morality of Happiness*, Oxford University Press, New York, Oxford, 1993.

Michael Foucault, *Dits et écrits II*, 1976~1988, Gallimard, 2001, 1448~1449.

Michel Foucault, *Le gouvernement de soi et des autres*, Gallimard, Seuil, Paris, 2008.

Volker Gerhardt, *Pathos und Distanz*, Reclam, Reclam, Stuttgart, 1988.

Pierre Hadot, *La philosophie comme manière de vivre: Entretiens avec Jeannie Carlier et Arnold I. Davidson*, Albin Michel, Paris, 2001.

Käte Hamburger, "Schillers ästhetisches Denken", in: Friedrich Schiller, *Über die ästhetische Erziehung des Menschen*, Reclam, Stuttgart, 131~150.

William V. Harris, *Restraining Rage, The Ideology of Anger Control in Classical Antiquity*, Harvard University Press, Cambridge, Mass, 2001.

Friedrich Kaulbach, *Nietzsches Idee einer Experimentalphilosophie*, Böhlau Verlag, Köln/Wien, 1980.

Brian Leiter, "Notes and Discussions, Nietzsche and Aesthericism", *Journal of the History of Philosophy* 30, 2. Apr. 1992, 275~290.

Ludger Luetkehaus, In der Zeitgeistfliale, in *Die Zeit* 2008. 1. 24. Nr. 05.

Alexander Nehamas, *Nietzsche: Life as Literature*, Harvard University Press, Cambridge, Mass, 1985.

Friedrich Nietzsche, Werke, Kritische Gesamtausgabe, Hrsg., von Giorgio Colli und Mazzino Montinari, Walter de Gruyter, Berlin/New York, 1967ff.

(KGW로 약함)

Friedrich Nietzsche, Sämtliche Werke, Kritische Studienausgabe in 15 Bänden, Berlin/New York, 1980. (KSA로 약함)

Martha C. Nussbaumm, *The Therapy of Desire*, Princeton University Press, Princeton NJ, 1996.

Richard Rorty, *Contingence, irony, and solidarity*, Cambridge University Press, Cambridge, 1989.

Friedrich Schiller, >*Über Anmut und Würde*<,in: Friedrich Schiller, *Sämtliche Werke*, Band 5, Theoretische Schriften, Hanser, München, 1962, 433 ~ 489. (Internet Volltext)

Wilhelm Schmid, *Philosophie der Lebenskunst*, Suhrkamp, Frankfurt am Main, 1998.

Dieter Thöma, *Erzähle dich selbst*, Suhrkamp, Frankfurt am Main, 2007.

문화산업에 의해 물화된 몸과
그 비판으로서의 아도르노의 몸*

최준호

* 이 논문은 한국 학술진흥재단의 지원을 받아 수행된 연구임(KRF-2005-079-AM0016).

1. 들어가는 말

정신의 고양과 무관한 감각적 쾌의 대상으로서의 몸이 숭고한 것이 돼 버린 듯하다. 육체의 부당한 억압이 아니라, 정신의 황폐화를 걱정해야 할 지경이다. 이러한 사태는 문화산업(culture industry)에 대한 고찰을 결여할 경우 적절하게 성찰될 수 없다.[1] 문화산업은 '훈육을 통해 문화를 형성해 가는 것'과 '그러한 과정과 무관하게

---

[1] 문화산업(culture industry)이라는 말은 아도르노와 호르크하이머가 『계몽의 변증법』에서 그 말을 쓴 이후로 널리 회자되었다. 그들은 문화가 사고팔리는 사물로 변해 버린 사태, 즉 문화가 상품화된 사태를 비판하기 위해서 이 용어를 쓰고 있다. 그들이 보기에 문화와 산업은 길항적인 것이었다. 그러나 후기 자본주의 사회에 와서 그 둘은 하나로 묶였다. 이러한 사태를 비판하기 위해서 그들은 이 용어를 쓰고 있다. 아도르노와 호르크하이머에 따르면, 문화산업이 지배하는 삶의 조건에서 모든 것들은 교환가치의 논리에 종속되며, 그 생산물을 수용하는 대중들은 수동적 존재에 불과하다. 그러나 오늘날 많은 철학자, 사회학자, 문화비판 이론가들은 그들의 견해에 동의하지 않는다. 문화의 산업화가 상품화에만 기여하는 것이 아니라, 경우에 따라서는 삶을 새로운 방향으로 이끌기도 하고, 혁신시키기도 한다는 것이다. 게다가 대중들 역시 그저 수동적인 존재라고 그들은 보지 않는다. 요컨대 오늘날의 문화산업은 더 이상 아도르노 호르크하이머 당시의 문화산업이 아니라는 것이다. 그래서 이들은 culture industry라는 표현 대신에 cultural industries라는 표현을 쓴다(David Hesmondhalgh, *The Cultural Industries*, SAGE Publications, London, 2002. 15~17쪽 참조.). 이와 관련된 구체적 비판은 이 논문에서는 유보해 두고자 한다. 다만 그 표면적인 모습이 달라졌다고 하더라도, 문화산업의 논리가 야기하는 근본적인 효과들은 소름끼치도록 똑같다는 점을 분명히 하고자 한다. 아도르노와 호르크하이머가 문화산업의 목표에 대해서 과도하게 비판한 점이 있다고 하더라도, 그들이 그것을 통해서 의도했던 것은 '교환가치의 논리에 종속된 개별자들의 해방'을 말하고자 했던 것이고, 바로 이 점에서 모더니즘 예술(고급 예술)의 기획을 옹호하고자 했던 것이다. 그리고 이 점에서 그들의 논의는 여전히 시의성을 지닌다고 말할 수 있다(이러한 견해와 관련해서는 다음을 참조할 것. J. M. Bernstein(ed.), *The Culture Industry*, Routledge, 2003, Introduction). 논문은 이러한 인식에서 출발한다는 점을 밝혀 둔다.

물질적 향락을 추구하는 것' 간의 경계를 철저하게 허물면서 그저 보기에 좋은 몸을 이 시대 최고의 가치를 지닌 것으로 만들고 있는 것처럼 보이기 때문이다.

그렇다면 몸을 문화산업의 결박으로부터 자유롭게 하는 것이 과연 오늘날 가능한가? 또 그것은 어떤 의미를 지니는가? 예를 들어 몸을 문화산업으로부터 해방시키는 것이 상실된 몸의 본래 모습을 회복하는 것을 의미하는가? 몸의 본래 모습은 물질적인 어떤 것으로 실체화될 수 있는 것을 의미하는가?

이러한 물음과 관련하여 논문은 아도르노와 호르크하이머의 『계몽의 변증법』에 주목하고자 한다.2) 현대 사회에서 인간의 자연성 (Naturhaftigkeit)의 상실과 억압에 대해서 아도르노만큼 근본적으로 비판한 사상가도 드물다. 『계몽의 변증법』에서 언급되고 있는 '계몽의 개념'과 '문화산업'에 대한 성찰은 그러한 비판의 기본이 되는 내용을 담고 있다. 삶이 문화산업에 의해 관리되는 현대사회에서, 우리는 자연이나 타인은 물론이고, 자신의 몸마저도 단순한 물질적 향락의 소재로 간주하거나 혹은 교환가치로 환원 가능한 것으로만 간주하는 일을 서슴없이 행한다고 그는 진단한다.3)

---

2) 주지하다시피 『계몽의 변증법』은 아도르노와 호르크하이머의 공동저작이다. 그러나 이 글에서는 그것을 아도르노의 사상, 특히나 몸에 대한 아도르노의 견해에 초점을 맞추어 고찰하고자 한 까닭에, 거기서 언급되고 있는 내용을 소개할 때, "아도르노와 호르크하이머의 견해에 따르면" 혹은 "라고 아도르노와 호르크하이머는 주장한다"라고 표현하지 않고, "아도르노의 견해에 따르면" 혹은 "라는 것이 아도르노의 견해이다"라고 표현했다.

3) 물론 아도르노에 따르면, 이러한 일이 우리가 흔히 계몽주의라고 일컫는 시기 이후에 비로소 시작된 것은 아니다. 그러한 일은 계몽 이전의 시기, 이를테면 신화의 시기에서도 확인된다고 그는 본다. 신화와 계몽은 한데 엉켜 있다는 것이 그의 주장이다. 이렇게 보자면 인간이 자신의 자연성을 상실한 채 살아온 것이 어제오늘의 일이 아니다. 그러나 이러한 사실에도 불구하고, 본격적인 계몽 이전과 본격적인 계몽 이후 간에 차이가 없는 것은 아니다. 아래의 논의에서 좀 더 구체적으로 설명되고 있는 것처럼, 아도르노는 신화와 계몽이 뒤엉켜 있다는 사실을 부각시키지만, 그와 동시에 그 양자 간에 차이가 있다는 점 또한 분명하게 지적한다.

그렇다면 문화산업에 의해 물화된 몸으로부터 벗어나서 진정한 몸에 이를 수 있는 가능성에 대한 아도르노의 생각은 무엇인가? 잘 알려져 있는 것처럼, 아도르노는 '과거로의 회귀'를 통해서 그 가능성을 모색하지 않는다. 그에게 회복되거나 되돌릴 수 있는 때 묻지 않은 순수한 시간은 존재하지 않는다. 그는 몰역사적인(ahistorical) 태도에 대해서 철저하게 비판적이다.[4] 그가 보기에 그러한 주장은 몸을 문화산업의 상품으로 간주하는 태도의 한 변형에 불과할 것이다. 그렇다고 해서 왕왕 추측되곤 하는 것처럼 그 가능성이 전혀 없는 것도 아니다. 그러한 주장 역시 몸을 교환가치로 환원시키려는 사유의 또 다른 형태에 다름 아니라고 할 수 있다. 그러한 주장은 교환가치의 위력에 억압된 몸이 그 억압으로부터 벗어날 수 있는 가능성을 회피함으로써, 그 억압을 조장하고 확장시키는 데 기여한다고 볼 수 있기 때문이다.

그렇다면 그 가능성은 어디에 있는가? 아도르노에 따르면 몸은 일단 정신적인 것으로 다 환원되지 않는 육체적인 것이다. 이 점에서 아도르노는 상투적인 의미의 관념론적인 몸의 이해를 비판한다. 다른 한편 몸은 단순한 물질의 덩어리, 그것도 감각적 쾌락의 덩어리로 환원되지 않는다. 아도르노에게 몸은 질료의 덩어리로 환원되지 않는, 다르게 말해 동질적인 것으로 환원되지 않는 비동일적인 것의 메타포이다. 이 점에서 아도르노는 속류 유물론의 몸의 이해를 비판한다. 이런 까닭에 아도르노의 몸은 이 두 편향된 입장의

---

4) 아도르노가 훗설의 현상학과 프로이트의 정신분석학으로부터 큰 영향을 받고 있음에도 불구하고, 궁극적으로는 그들을 비판하는 이유도 여기에 있다. Lisa Yun Lee, *Dialectics of the Body Corporeality in the Philosophy of Adorno*, Routledge, 2005, 17쪽, 25쪽 참조.

몸의 이해에 대한 비판을 통한 부정의 과정 속에 놓인 것이며, 그 몸은 정의하기 어렵고, 붙잡아 풀어헤치려면 사라져 버리는 특성을 지닌다.

이 글은 『계몽의 변증법』을 중심으로 몸에 대한 아도르노의 견해를 살펴봄으로써, 몸에 관한 담론이 일상의 차원에서뿐만 아니라 학문적 차원에서도 광범위하게 전개되고 있지만 실상은 '상품으로서의 몸' 혹은 '물질적 쾌락의 상징으로서의 몸' 그 이상의 몸에 대한 성찰이 적절하게 이루어지고 있지 않는 상황에서 아도르노의 비판적 사유와 그러한 사유에 바탕을 둔 몸 개념에 담긴 의미를 헤아려 보려는 데 그 목적이 있다. 글의 순서는 다음과 같다. 먼저 계몽에 대한 아도르노의 견해를 살펴볼 것이다. 다음으로 계몽의 역리를 첨예한 형태로 보여주고 있는 문화산업과 그 문화산업의 지배하에 놓인 몸에 대한 아도르노의 생각을 고찰해 볼 것이다. 그 다음으로는 문화산업에 결박된 몸이 그 결박으로부터 벗어날 수 있는 가능성에 대한 아도르노의 견해에 대해서 고찰해 볼 것이다. 그리고 마지막으로는 오늘날의 몸 담론들과 관련하여, 몸에 대한 아도르노의 견해가 함축하고 있는 의의에 대해서 간략하게 언급할 것이다.

2. 자연 배반으로서의 계몽:
인간의 자연 본성의 상실

『계몽의 변증법』은 역사의 진보와 몰락에 관한 거대 서사를 담고 있지 않다. 그 책은 부제가 암시하듯 일련의 철학적 단상들(philosophische Fragmente)로 이루어져 있다. 그리고 그 단상들은 철저하게 현재로부터 출발하고 있다. 현재와 같은 사태가 펼쳐지기 위해서는 어떤 일들이 벌어져야 했는가를 아도르노는 묻는다.[5] 이를테면 삶이 점점 더 정량적인 것으로 환원되고, 숫자가 삶의 경전이 되어 가는 상황이 가능하기 위해서는 어떤 일들이 벌어져야 했는가를 그는 묻고 있다. 이 물음에 대한 답이 신화는 이미 그 자체 계몽이며, 계몽은 신화로 전환한다는 것이다. '고대적인' 것과 '현대

---

5) Simon Jarvis, *Adorno A Critical Introduction*, polity press, 1998, 20 – 21쪽 참조. 이러한 점은 『계몽의 변증법』 개정판 서문의 언급을 통해서도 확인된다. Max Horkheimer und Theodor W. Adorno, *Dialektik der Aufklärung Philosophische Fragmente*(이하 DA), Frankfurt am Main 1969, IX – X. 이런 까닭에 『계몽의 변증법』은 원초적 역사에 기초해서 계몽의 자기비판의 역사를 서술하려고 한 토대주의의 한 형태라는 비판은 타당하지 않다. 이를테면 아도르노에서 인간의 자연성은 어떤 토대로서의 자연성을 의미하지 않는다는 것이다. 『계몽의 변증법』이 토대주의의 한 형태라는 비판과 관련해서는 다음의 글을 참조할 것. Hauke Brunkhorst, "the Enlightenment of Rationality: Remarks on Horkheimer and Adorno's Dialectic of Enlightenment", in: *Theodor W. Adorno*, Vol.III, Sage Publications, 2004, 121 – 129쪽.

적인' 것은 분리된 범주가 아니라는 것이 그가 찾아낸 답이라 할 수 있다.[6] 신화가 과거에 일회적으로 일어난 일이라는 주장은 기만이며(DA, 28), 계몽은 신화로 되돌아간다고 그는 본다. 그에 따르면 문화산업에 대한 설명은 신화에 대한 설명이며, 호메로스에 대한 독해는 현대의 합리성에 대한 설명이다. 그래서 그는 "신화가 이미 계몽을 수행한 것처럼 계몽은 매 단계 더욱더 깊이 신화 속으로 빠져들어 간다"고 말한다(DA, 14). 요컨대 신화와 계몽은 뒤엉켜 있다는 것이다.

이러한 답변은 역사에 대한 두 가지 편향된 관점을 벗어나게 해준다. 아도르노가 보기에 호메로스를 초역사적인 휴머니즘의 담지자로 간주하는 입장이나 고대 그리스와 현대 간의 공약불가능성을 주장하는 입장은 내적으로 서로 순환적이다. 아도르노의 이러한 진단은 고대와 현대의 동일성과 차이를 인식하게끔 해준다.[7] 이에 따르면 계몽은 특정한 역사적 시기, 이를테면 '데카르트부터 칸트까지의 시기'를 의미하지 않는다. 계몽은 '세계의 탈주술화'(DA, 7)로 지칭되는 일련의 지성적·실천적 작용을 의미한다. 흥미로운 점은 계몽이 신화로 전환하는 것은 바로 그러한 작용을 통해서라는 사실이다.[8]

아도르노는 탈주술화로서의 계몽을 자연이 조작 가능한 질료로 바꾸는 과정, 즉 자연지배의 과정이라 말한다. 그는 이러한 과정을

---

6) Simon Javis, 앞의 책, 22쪽.

7) Simon Javis, 앞의 책, 24쪽.

8) 이에 대해 그것은 검증 불가능한 계몽에 대한 견해를 펼치고 있는 것이라는 반론이 있을 수 있다. 그러나 그러한 반론이야말로 아도르노가 계몽으로 간주했던 것의 한 예라 할 수 있다. Simon Javis, 앞의 책, 26쪽.

'인간 지성'과 '자연 사물' 간의 '가부장적 결혼'에 비유하고 있다 (DA, 8). 그리고 이러한 자연지배의 과정은 자연지배뿐만 아니라 인간에 대한 지배와 불가분의 관계에 놓여 있다고 본다. 자연지배의 과정을 통해서, "인간이 자연으로부터 배우려는 것은 자연과 인간을 완전하게 지배하기 위해서 자연을 응용하는 것이다."(같은 곳) 더 나아가 그것은 인간이 자기 자신을 지배하는 것, 달리 말해 인간이 스스로 소외되는 것과 떼어 놓고 생각될 수 없다는 것이 아도르노의 진단이다. 오디세우스가 사이렌의 유혹에서 벗어나기 위해서 사용한 전략에서 이점은 잘 확인된다고 아도르노는 본다. 오디세우스는 사이렌의 유혹을 벗어나는 과정(자연지배의 과정)에서, 노 젓는 사람들의 귀를 밀랍으로 막고, 돛대에 자기 자신을 묶음으로써 인간의 지배와 자기지배를 완수한다. 이렇게 보면 자연지배는 늘 타인에 대한 지배 및 자기지배와 함께 진행된다.[9]

이러한 자연지배로서의 계몽은 모든 것을 계량화하는 것을 의미하며, 이에 따라 자연의 질적 고유성이 박탈되는 것을 의미한다. "물질은 마침내 그것이 어떤 지배하는 힘이나 은폐된 특성들을 지니고 있다는 환상 없이 지배되어야 한다"고 여겨지며, "계산가능성과 유용성이라는 척도에 맞지 않은 것은 계몽에게는 의심스러운 것으로 간주된다"(DA, 9). 동시에 이는 주체의 통일성이 확립됨으로써, 자연이 주체로 환원되는 것을 의미한다. 이를테면 칸트는 순수 오성의 도식(Schmatismus des reinen Verstandes)을 통해서 보편적인 것과 특수한 것의 동질성(Homogenität)을 설명하고 있는데, 이

---

9) Simon Javis, 앞의 책, 27쪽 참조.

는 지각(Wahrnehmung)을 오성에 맞게 구조화하는 지적 메커니즘의 무의식적 작용이라는 것이다(DA, 75 참조).

이러한 질의 파괴, 계량화는 시민사회에 와서 등장한 것은 아니지만 시민사회를 지배하는 원리가 된다. 이와 관련하여 아도르노는 다음과 같이 말한다. "그러한 동일화가 시민사회의 정의와 상품교환을 지배한다"(DA, 10). "시민사회는 등가에 의해서 지배된다. 시민 사회는 '동일하지 않은 이름(Ungleichnamiges)'을 추상적인 크기들로 환원시킴으로써, 그것을 비교 가능하게 만든다"(DA, 11).

아도르노는 자연을 단순한 객체로 전락시키는 계몽과 자연사물의 관계가 독재자와 인간의 관계와 같다고 언급한다. 독재자는 인간을 조작할 수 있는 한에서 인간을 안다. 과학적 인간은 그가 과학을 할 수 있는 한에서 사물을 안다. 이로부터 사물은 사물 그 자체에서 인간을 위한 사물이 된다. 이러한 변화 속에서 사물의 본질은 늘 동일한 것으로, 지배의 기체(Substrat)로 나타난다. 이러한 동일성이 자연의 통일성을 구성한다(DA, 12).

심각하고도 중요한 사실은 이러한 인간의 자기보존으로서의 계몽의 과정은 곧 인간의 자기파괴, 인간의 자기상실과 결합되어 있다는 점이다. 인간 내부의 자연성이 부정됨과 함께 자연지배라는 목적뿐만 아니라 인간의 삶의 목적 또한 파괴되고 불투명해진다. 인간이 자기 자신이 자연이라는 의식과 이별하는 순간, 그가 삶에서 견지해 왔던 모든 목적들은 아무것도 아닌 것이 된다(DA, 51 참조). 결국 자연지배로서의 계몽, 인간의 자기보존으로서의 계몽의 과정은 인간의 자연성을 파괴하고 지배하는 과정이자 인간이 자기 스스로를 소외시키는 과정과 동전의 양면이라 할 수 있다. 그리고 이러한 사실은 인간의 삶이 철저하게 자연적이라는 주장은 물론이고, 철저하게 문화적이라는 주장이 타당하지 않음을 함축한다.[10]

그러나 이러한 사실에도 불구하고, 즉 계몽과 신화는 한 데 뒤엉켜 있음에도 불구하고, 문화산업이 등장하고, 그것이 삶의 중심에 놓이게 된 후기 자본주의에 이르러 계몽의 자기모순은 첨예한 형태로 전개된다는 것이 아도르노의 주장이다. 후기 자본주의의 시대를 살아가는 현대인들은 이른바 교환가치의 논리에 압도된 채, 자연과 문화의 차이가 거의 소멸된 또는 문화와 산업 간의 차이가 거의 소멸된 상황이 코앞에서 펼쳐지고 있는 것을 목격하고 있다는 것이다. 달리 말하면 자연지배, 인간에 의한 인간의 지배, 그리고 인간의 자기지배가 일상화된 삶을 살고 있는 것이 우리의 모습이라는 얘기다. 이러한 시대상에 대한 아도르노의 비판의 핵심에 놓인 개념들 중 하나가 바로 몸, 더 정확하게 말하자면 후기 자본주의 사회에서 고통 속에서 노동하는 몸이라 할 수 있다. 교환가치의 논리가 삶의 구석구석까지 파고듦으로써, 각자 각자의 고유성이 심각하게 훼손되고, 인간의 사물화가 끝 모르게 진행되는 상황에서, 삶의 그와 같은 비인간화에 저항하는 아도르노적인 비판적 사유의 출발점이 되는 개념이 바로 몸 개념이라 할 수 있다는 것이다. 이에 대한 아노르노의 견혜를 아래에서 좀 더 구체적으로 살펴보기로 하자.

---

10) Simon Javis, 앞의 책, 49쪽 참조.

3. 문화산업에 의해 물화된 삶:
교환가치에 결박된 몸

아도르노는 문화가 산업이 된 상황을 계몽의 자기 배반이 첨예화된 상태로 진단한다. 나치즘이 계몽의 본질이 드러난 첨예한 한 형태인 것과 마찬가지로, 문화산업 역시 계몽의 본질이 첨예하게 드러난 한 형태라고 본다. 달리 말하자면 나치즘과 문화산업은 표면상의 확연한 차이에도 불구하고, 둘 모두 다 비동일적인 것을 철저하게 배제하고 모든 것을 동질화시키는 데 그 본래의 모습이 놓여 있다는 것이다.[11]

『계몽의 변증법』 이전에도, 문화에 주목한 여러 상이한 입장들이 존재했던 것은 사실이다. 그럼에도 불구하고 『계몽의 변증법』 이전에, 문화가 산업에 의해서 지배됨으로써 다른 여타의 물건들과 마찬가지로 시장에서 사고팔리는 하나의 상품이 되었다는 사실에 주목했던 경우는 없었다고 해도 지나치지 않다. 문화를 보편주의적

---

11) 아도르노는 아우슈비츠는 절대적 통합(die absolute Integration)이며, 사람들이 획일화되는 곳이면 어디서든지 등장한다고 말하고 있다. Th. W. Adorno, *Negative Dialektik*, Frankfurt am Main, 1982, 355쪽.

관점에서 조망하든 혹은 상대주의적 관점에서 조망하든 문화와 산업은 길항적인 관계에 있는 것으로 간주되어 왔다고 말할 수 있다. 이 점이 명시적으로 언급되고 있지 않다고 해서 문화와 산업을 긴밀한 관계에 놓여 있는 것으로 보았다고 말하기는 어렵다. 설사 문화를 보편주의적 관점에서 조망하고자 한 경우에도, 특정 문화의 특정한 문화 산물이 다른 어떤 문화의 문화 산물과 상품처럼 서로 교환될 수 있다거나 혹은 특정 문화 속에 존재하는 여러 가지 문화 산물들이 상품처럼 서로 교환될 수 있다고 여겨지지는 않았다.

그러나 아도르노에 따르면 문화가 산업에 의해서 규정되게 됨으로써, 다시 말해 문화가 끊임없이 교환가치의 증식을 추구하는 자본의 논리에 의해 지배됨으로써, 위와 같은 생가은 더 이상 유효하지 않게 되었다. 그가 보기에 삶이 문화산업에 의해 지배되는 사회에서, 문화는 모두 다 유사하다(DA, 108). 이런 상황에서 삶은 철저하게 동일성의 논리, 더 정확히 말하자면 교환가치의 논리에 의해 조정되고 소모된다. 대중들에게, 차이가 있는 문화산업의 결과물들이 제공되지만, 그것은 빈틈없는 양화(Quantifizierung)에 기여할 뿐이다(DA, 110). 구별의 산출은 더 많은 동질화를 위한, 더 많은 교환가치의 실현을 위한 것에 불과하다고 말할 수 있다는 것이다.

아도르노는 이러한 상황이 특정 사회이 문화 현상에만 국한된 것이라고 보지 않는다. 오히려 "전 세계가 문화산업이라는 필터를 통해서 걸러진다"(DA, 113)고 보고 있다. 그리하여 인간 자체가 문화산업에 의해 재생산된다고 보고 있다(DA, 114). 이런 상황에서 문화의 산물로 간주되는 모든 것들은 문화자본에 의해 승인되어야 한다(DA, 115). 따라서 이러한 상황에서의 진정한 양식은 '문화산업에 의한 지배'의 '미학적 등가물'과 다르지 않다고 말할 수 있다 (DA, 116). 문화에 대해서 이야기하는 것이 이미 문화에 반하는 것이다. 문화라는 공통분모에는 문화를 관리의 영역 안으로 포함시키는 목록과 분류가 담겨 있다(DA, 118).

이러한 문화산업은 자유주의의 산업 국가들에서 생겨나는 것이며, 문화산업의 매체들의 진보는 자본의 법칙에 상응한다(DA, 119). 자본의 법칙에 순응하지 않는 자에게는 무능력자라는 낙인이 찍힌다. 자본주의적 생산은 그것이 생산한 생산물을 소비자들이 육체적으로나 정신적으로 저항 없이 받아들이게끔 한다. 생산자들도 '항상 동일한 것(das Immergleichhen)'을 재생산하는 데 만족한다. 문화산업에 의해 문화가 상품으로 생산되는 대중문화의 단계에서 새로운 것이 있다면, 그것은 새로운 것을 배제한다는 것이다(DA, 120). '대량복제'(Massenreproduktion, DA, 122) 이외에 새로울 것이 전혀 없는 '문화산업은' 그렇기 때문에 "문화산업의 소비자들에게 약속했던 것을 늘 기만한다"(DA, 125).[12] 문화산업은 대중들에게 새로운 것을 제공해 줄 것처럼 약속하지만, 항상 똑같은 것을 보여주는 데 그칠 뿐이라는 얘기다.

이러한 "문화산업의 위치들이 확고해지면 질수록, 문화산업은 소비자들의 욕구를 더욱더 간단하게 다룰 수 있게 된다. 문화산업은 그 욕구를 산출하고, 조종하고, 훈련시키며, 위안(慰樂) 자체를 폐기시킬 수 있다"(DA, 129). 그리고 문화산업에서 모든 인간은 다

---

12) 앞서 언급했듯이 이러한 점에서 문화산업의 긍정적 측면을 옹호하려는 입장과 아도르노의 입장은 분명하게 갈린다. Lambert Zudeivaart, *Adorno's Aesthetic Theory The Redemption of Illusion*, The MIT Press, 225~240쪽 참조.

른 사람에 의해 대체 가능하다. 개인(Individuum)으로서의 각자는 절대적으로 대체 가능한 것이다(DA, 131). 문화산업에서 개인이라는 것은 환상이며, 외관상 자유 속에 놓은 것 같은 개인은 사회의 경제적·정치적 장치의 산물이다(DA, 139). 이처럼 삶이 문화산업에 의해 지배되는 사회에서는 인간마저도 교환가치로 환원되는 상품에 지나지 않는다. 그리고 이러한 사회, 이른바 후기 자본주의 사회에서 "문화는 하나의 역설적인 상품이다. 문화가 전적으로 교환법칙 아래 놓이게 되면, 문화는 더 이상 교환되지 않는다. 달리 말해 문화는 맹목적으로 소비되며, 그래서 문화를 더 이상 소비할 수 없게 된다"(DA, 145).

이러한 문화산업에 관한 아도르노의 진단에 의거하면, 문화가 교환가치의 논리에 철저하게 포섭되는 이와 같은 현상, 즉 이른바 물화 현상은 '몸'을 둘러싸고 가장 극명한 형태로 전개된다. 아도르노가 이 같은 말을 명시적으로 하고 있는 것은 물론 아니다. 그러나 그의 논의를 잘 들여다보면 아도르노가 몸의 물화 현상을 대단히 심각하고도 중요한 문제로 인식하고 있음을 알 수 있다.

아도르노가 보기에 몸은 주체의 영역으로 환원되지 않는 본능적이고, 감각적인 것이지만, 그간의 역사에서, 특히 유럽의 역사에서 이 점이 부당하게 억압되어 왔다. 아도르노는 이 점을 '육체에 대한 관심(Interesse am Körper)'이라는 표제어가 붙은 『계몽의 변증법』 부록에서 분명하게 지적하고 있다. 유럽의 역사를 통해 육체에서 본능(Instinkt)과 욕정(Leidenschaft)이 제거된 육체가 진정한 육체를 대신해 왔다는 것이다(DA, 207).

이러한 사실은 유럽에서 육체는 악으로, 정신은 최고선으로 간주되어 왔다는 것을 함축한다(DA, 208). 그리고 이로부터 유럽의 근대문화의 바탕에 놓인 육체에 대한 모순적인 태도, 즉 그것을 '애증적인 것(die Hassliebe)'으로 간주하는 태도가 싹트게 되었다고 말한다. 육체는 열등하고 예속된 것으로 경멸받고 거부되면서도 이와 동시에 다른 한편으로는 육체는 여전히 갈구의 대상이 되었다는 것이다(같은 곳). 그런데 이는 사실상 인간에게서 육체를 떼어 내고자 한 지배 권력에 의해 야기된 것이며, 문명(Ziblilization)의 성과들은 이로부터 얻어진 산물이라고 아도르노는 보고 있다(DA, 209).

이러한 언급에서 아도르노에게 몸은 일차적으로 감각적이고 본능적인 쾌의 실현과 떼어 놓고 생각할 수 없는 물질적인 것임을 알 수 있다. 더 나아가 그것은 동일성 사유의 지배에서 벗어난 혹은 동일성 사유로 환원되지 않는 비동일적인 것을 함축하고 있음을 알 수 있다. 달리 말해 현실에서 고통받고 있는 몸이 제대로 표현되지 않은 몸 혹은 몸에 관한 담론은 적어도 아도르노에게 진정한 몸 혹은 진정한 몸에 관한 담론일 수 없음을 함축하고 있음을 알 수 있다. 왜냐하면 지배 권력의 유지와 몸에 대한 부당한 억압은 이제껏 결합돼 왔기 때문이다. 그리고 바로 이 점에서 아도르노에게 몸을 제대로 표현하는 것은 동일성 사유의 지배에 대한 저항의 의미까지도 담고 있다고 말 할 수 있을 것이다.

그런데 문화산업은 몸에 담긴 이와 같은 의미를 철저하게 배제시킨다. 문화산업에 의해 조장되는 몸은 거기에서 생동감이 느껴지는 살아 있는 몸이 아니다. 그것은 단지 질료 덩어리이며, 그것도 본능적인 쾌의 실현을 약속하는 것 같지만, 사실상은 그것을 기만하고 있는 단순한 질료 덩어리이다(DA, 125 참조). 즉 그것은 교환가치로 환원된 몸, 다시 말해 철저하게 물화된 기만된 몸에 다름 아닌 것이다. 결국 문화산업의 몸에 대한 관심, 그것도 과도한 관심은 사실은 교환가치로 환원될 수 있는 것에 대한 관심이며, 몸을 철저하게 그러한 메커니즘에 가두어 두려고 한다고 말할 수 있다. 문화산업에 노출된 몸은 언제든 다른 몸에 의해 대체 가능한 몸, 다시 말해 특정 단위의 화폐로 환원 가능한 물화된 몸이며, 따라서 그것은 이미 그 고유성을 상실한 몸, '기만된 몸'인 것이다.

그렇다면 교환가치의 법칙이 삶 일반을 지배하는 상황에서, '기만된 몸'이 '진정한 몸'에 이르는 길이 존재하는가? 만일 존재한다면, 그것은 구체적으로 어떤 것인가? 이에 대한 아도르노의 답은 무엇인가? 또 그것은 어떤 의미를 담고 있는가?

4. 동일성 사유에 대한 비판의 출발점으로서의
아도르노의 몸 : 변용된 몸

문화산업에 결박된 몸으로부터 벗어나는 길에 대한 아도르노의 견해를 구체적으로 살펴보기 전에 다음과 같은 물음들을 먼저 던져 보자. '기만된 몸'이나 '진정한 몸'이라는 말이 아도르노 자신의 입장과 배치되는 말들이 아닌가? 이런 물음을 던지는 것은 자연스러워 보인다. 왜냐하면 아도르노는 역사성과 매개되지 않은 원초적인 것 혹은 근원적인 것을 부정하고 있는데, '진정한(authentisch)'이라는 표현은 어떤 근원적인 것을 상정하고 있는 것처럼 보이기 때문이다. 아도르노는 '감각적이고 본능적인 인간·육체를 지닌 인간'에 주목하지 않은 서구의 전통적인 철학에 대해서 비판적인 입장을 취하며, 살아 숨 쉬는 생생한 인간을 논의의 중심에 놓고자 하는 철학을 긍정적인 눈으로 바라본다. 그럼에도 불구하고 그는 그러한 철학을 비판하곤 한다. 그 철학이 사회적·역사적 현실에 놓인 인간에 주목하고 있지 않다는 데 그 이유가 있다.[13] 이러한

---

13) 앞서 각주 4)에서 지적했듯이 훗설의 현상에 대한 아도르노의 비판이 이에 해당한다.

까닭에, '아도르노에서 진정한 몸이란 어떤 것인가' 운운하는 게, 적어도 아도르노의 논의 내재적으로 볼 때 자기 모순적인 것이 아닌가라는 물음을 던지는 것은 조금도 이상스러운 것이 아니다.

그러나 몰역사적인 것을 승인하지 않는 태도와 '진정한' 어떤 것을 주장하는 것은 양립 불가능한 것은 아니다. 어떤 것이든 그것이 역사적 상황과 매개되어 있다고 해서, 특정한 역사적 상황에서 등장하는 현상들에 대한 가치평가가 무의미한 것은 아니라는 말이다.

'우리들 모두는 다른 어떤 것으로, 특히나 어떤 정량화된 사물로 환원될 수 없는 자신만의 고유성을 지니고 있다'는 사실을 아마도 누구든 부정하지 않을 것이다. 인간의 어떤 원초적 상태를 상정해야만 그러한 생각을 갖는 것은 아니다. 만일 누군가가 이에 의문을 제기한다면, 다음과 같은 반문을 던지는 것만으로도 그 의문에 대한 충분한 답변이 될 수 있을 것이다. "당신은 당신의 지문이 이 세상 어떤 다른 사람의 지문과 똑같을 수 있다고 생각하는가?" "그리고 똑같지 않음을 받아들인다고 해서, 역사적 상황과 무관한 때 묻지 않은 원초적 자연 상태를 상정해야만 하는가?"

이처럼 다른 어떤 것으로 환원되지 않는 개인의 고유성을 주장하는 것, 이를테면 몸의 고유성을 주장하는 것과 '인간의 삶의 혹은 인간의 몸의 어떤 원초적이고 근원적인 것을 상정함으로써 몰역사적인 태도로 귀결되곤 하는 것'은 관계가 없다. 그러나 문화산업이 삶 전반을 좌우하는 상황에서는 그러한 고유성이 심각하게 억압받게 된다. 각 개인들의 고유한 가치는 교환가치로 환원되기 일쑤이고, 한 개인이 다른 개인에 의해 언제든지 대치될 수 있는 삶이 삶의 기본 양식인 상황에서 살아가고 있기 때문이다. 우리의 몸은 언제든 다른 무엇으로, 그것도 정량화된 사물로, 교환가치로 환원될 수 있는 상황에서 살아가고 있는 것이다. 요컨대 몰역사적인 태도에 대한 비판을 철저하게 견지하면서도, 문화산업에 의해 지배되는 사회에서 조장되는 몸은 '진정한' 몸과는 거리가 먼 '기만된' 몸이라는 주장을 하는 것이 가능하다는 것이다. 달리 말하자면 아도르노가 '진정한'이라는 용어를 사용할 때, 그 말은 역사적인 사태에 대한 논쟁으로부터 생겨나는 것을 의미하는 것이자, 그러한 논쟁을 둘러싼 갈등으로부터 생겨나는 것을 의미하는 것이지, 역사적인 사태로부터 동떨어져 있는 어떤 것을 의미하지 않는다는 얘기다.[14]

그렇다면 이제 후기 자본주의 사회에서 살아가고 있는 우리들이 그러한 기만된 몸으로부터 벗어나서 진정한 몸에 접근해 가는 길을 아도르노는 구체적으로 어떻게 제시하고 있는가에 대해서 좀 더 구체적으로 살펴보기로 하자. 이와 관련하여 무엇보다도 중요한 것은 철학에 대한, 예술에 대한, 삶에 대한 아도르노의 가장 기본적인 생각을 분명히 하는 것이다. 다시 말해 비판철학, 부정 변증법의 철학 등으로 일컬어지는 그의 사상의 기본적인 생각을 명확하게 하는 것이 중요하다는 얘기다.

아도르노가 일관되게 추구했던 것 중 하나는 실제의 세계를 마음의 세계로 다 귀속시켜 버리는 입장과 모든 지적 추출물을 감각적인 것으로 다 환원시키는 입장을 넘어서려고 한 것이다. 그가 보기에 그러한 두 입장은 사실상 서로 다를 바 없다. 아도르노의 이

---

14) Lisa, Yun Lee, 앞의 책, 17쪽 참조.

러한 생각은 몸과 관련해서도 일관되게 견지되고 있다고 할 수 있다. 그리고 이것은 앞서도 언급했던 것처럼 어떤 문제를 철저하게 역사적 현실의 문제로 파악하는 것을 함축한다. 이를테면 칸트(Kant)의 도덕성이 인간의 욕망과 본능을 이성의 법칙에 종속시키고 있다면, 사드(Sade)의 감각성은 인간의 이성적 사유의 능력을 감각적 쾌에 종속시키고 있으며, 이 점에서 표면적으로 대립됨에도 불구하고 사실상은 서로 통한다고 아도르노는 진단하고 있다.[15] 즉 그러한 두 입장 모두 몸의 한 측면만을 절대화하여 부각시킴으로써, 결국에는 몸을 탈역사적으로 파악하고 있다는 것이다.

사실 아도르노에서 몸이 명료하게 정의되기 어려운 이유도 이와 같은 그의 철학적 입상에서 기인한다고 할 수도 있다. 몸에 대한 그의 철학적 견해는 두 편향된 입장들에 대한 비판과 관련하여 다양한 형태로 언급되고 있다고 말할 수 있다. 그는 때때로 몸을 육체성(physicality) 혹은 물질성(materiality)과 결부시킨다. 이러한 몸은 노동하는 몸, 예를 들면 노를 갖고 오디세우스의 배를 젓는 사람의 몸을 의미하기도 하고, 상처 입은 유대인들의 몸을 의미하기도 한다. 다른 한편 그것은 동일성 사유에 대한 저항의 의미를 담고 있는 메타포로서의 몸을 의미한다.[16]

문화산업에 결박된 몸을 그로부터 벗어나게 하는 것이 어떠한

---

15) Lisa Yun Lee, 앞의 책, 30~36쪽 참조. 이러한 관점에서 칸트와 사드의 유사성을 밝히고 있는 또 다른 경우로는 다음을 참조할 것. David Martyn, *Sublime Failures The Ethics of Kant and Sade*, Wayne State univ. Press, 2006, 171－216쪽. 한편 예술과 관련하여 아도르노의 이러한 태도는 '사회비판과의 무관함을 주장하는 순수예술'에 대한 비판과 '이데올로기로 변질된 사회비판의 예술'에 대한 비판으로 나타난다. Ch. Menke, *Souveränität der Kunst*, Frankfurt am Main, 1989, 20~22쪽 참조.
16) Lisa Yun Lee, 앞의 책, 4쪽 참조.

것인가에 대한 아도르노의 견해 역시 그의 이러한 입장으로부터 구해질 수 있다. 그것은 '문화산업에 결박된 몸의 해방은 몸에 대한 편향된 입장들에 대한 비판적 사유과정을 통해서만 가능하다'는 것으로 요약될 수 있다. 그리고 이러한 까닭에 아도르노에게 굴레에서 벗어난 몸이 시간적으로 특정한 시점과 공간적으로 특정한 지점에 의해서 정의될 수 있는 것을 의미하지 않는다. 그에 의하면 문화산업으로부터 자유로워진 몸이란 미래의 어떤 곳에 정해진 몸일 수 없다. 그에게 그 굴레에서 벗어난 몸은 편향된 입장들에 대한 비판적 사유과정에 의해서 '변용된 몸(verklärter Leib, transfigured body)'[17]인 것이다.

이런 점에서 몸에 대한 아도르노의 견해는 그가 문화와 자연의 화해는 자연에 대한 문화의 최종적 승리에 대한 희망이나 자연과 문화의 무차별적 통일에 대한 희망과는 다른 희망이라는 주장[18]에 상응하는 것이기도 하다. 또 다음과 같이 말할 수도 있다. 아도르노가 칸트의 도덕성과 사드의 감각성을 비판하고 있지만, 그 비판을 통해서 그는 그들의 전면적 부정으로 나아가고자 했다기보다는 그들의 견해에 암묵적으로 담겨 있는 유토피아적 계기를 보고자 했다.[19] 바로 이러한 점에서 아도르노의 변용된 몸은 그의 사상에서 자주 등장하는 용어인 행복의 약속(promesse de bonheur)과 밀접하게 결합되어 있다. 즉 그에게 몸이란 그가 실패한 사회로 비판하고 있는 후기 산업 사회의 질곡으로부터 벗어난 사회에 대한 희망의

17) Th. W. Adorno, *Negative Dialektik*, Frankfurt am Main, 1982, 393쪽.
18) Simon Javis, 앞의 책, 33쪽 참조.
19) Lisa Yun Lee, 앞의 책, 35~36쪽 참조.

출발점인 것이다.[20]

문화산업에 대한 아도르노의 평가는 불충분하고 과도하게 단순화되어 있다고 비판받아 왔다. 또 문화산업에 대한 그의 분석은 상품물신성에 대한 맑스의 견해를 적용한 것 이상의 의미를 담고 있지 않다고 얘기되기도 한다. 그러나 이러한 견해들을 통해서는 문화산업에 대한 아도르노의 생각을 적절하게 파악하는 데 이르지 못한다.

아도르노의 시선은 "문화산업은 현실에서 노동하는 몸, 즉 고통과 아픔을 경험하면서 노동하는 물리적인 몸을 표현하고 있지 않다"는 데로 향하고 있다. 그리고 문화산업에 의해 조장되는 쾌는 이러한 사실을 알아차리지 못하게 하는 기제로 작동한다고 아도르노는 본다. 문화산업의 "쾌는 늘 어떤 것에 대해서 생각하는 것을 의미하는 게 아니라, 고통을 잊는 것, 그것도 그 고통이 보이는 곳에서조차 그것을 잊는 것을 의미한다."[21] 그렇기 때문에 그 쾌는 겉치장만 번지르르한 쾌로써, 사카린을 바른 사탕과 같다고 말할 수 있는 것이다. 문화산업은 대중기만이라고 말할 수 있는 이유도 여기에 있다. 결국 문화산업에 대한 아도르노의 일관된 비판은, 문화 산업이 잘못된 쾌를 조장함으로써 '진정한 행복에 이르는 출발점으로서의 노동하는 몸'이 후기 자본주의 사회에서 어떤 상태에 놓여 있는가를 잊게 만든다는 사실을 분명히 인식할 때 적절하게 파악될 수 있다는 것이다.[22]

---

20) Lisa Yun Lee, 앞의 책, 9쪽 참조.
21) DA, 130쪽.
22) Lisa Yun Lee, 앞의 책, 36~39쪽 참조.

물론 앞서도 언급했듯이 아도르노에게 몸은 그 물리적 특성으로만 환원될 수 있는 것이 아니다. 그는 몸의 물리적 특성을 격찬하는 것의 위험성에 대해서 잘 알고 있었다. 그에게 몸은 사람들이 소유할 수 있는 사물을 의미하지 않는다. 그렇게 하는 것은 몸을 죽은 사물, 즉 시체로 만드는 것에 다름 아니다.[23] 그는 몸을 격찬하는 사람들은 언제나 살인행위에 가장 근접해 있다고 주장한다.[24] 그가 보기에 후기 자본주의에서 고통 속에 노동하는 몸을 은폐한 채, 생생한 질료적 몸을 강조하는 것은 그 의도와는 다르게 본래적인 몸으로부터 벗어난 기만된 몸일 수밖에 없다. 그러한 몸은 자연적인 몸, 살아 있는 몸이 아니라 질료의 덩어리에 불과한 죽은 몸에 다름 아닌 것이다. 이런 점에서 아도르노에게 몸은 사물화를 비판하는 메타포인 것이다. 그에게 몸은 몸의 육체성을 경멸의 대상으로 보는 것에 대해서는 물론이고 갈망의 대상으로만 보는 것에 대해서도 비판하는 과정에서 적절하게 파악될 수 있는 몸이라는 사실이 망각되어서는 안 된다.

---

23) DA, 208쪽 참조.
24) DA, 210쪽.

5. 넘쳐나는 몸 담론 속의 '아도르노적 몸 담론'

    오늘날 몸 담론은 넘쳐나고 있다고 해도 조금도 지나치지 않아 보인다. 어딜 가든 그리고 언제든 몸의 중요성을 강조하는 주장들을 쉽게 접할 수 있기 때문이다. TV, 신문, 잡지, 인터넷 게시물들은 물론이고, 학문의 영역에서도 몸 담론은 사실 차고 넘친다. 그리고 그러한 몸 담론의 상당 부분은 육체를 터부시 했던 과거의 관습, 제도, 사상 등에 대한 비판에 기반하고 있다. 그렇기 때문에 몸에 관한 그러한 담론들, 특히나 적어도 학문의 영역에서 벌어지고 있는 몸에 관한 여러 담론들은 시대의 요구에 부응하는 담론들이라는 생각을 하기 쉽다.

    그러나 과연 그러할까? 그러한 담론들이 곁으로 보기에는 시대의 흐름에 잘 조응하고 있는 담론들인 것처럼 보이지만 사실상은 그렇지 않은 게 아닐까? 이러한 물음에 대해서 많은 사람들은 그러한 담론들이 적어도 뒷걸음질 치는 주장을 하고 있다고 생각하지는 않을 것이다. TV 광고물이나 대중 잡지 등에 실린 것들이라면 모를까,

적어도 학문의 영역에서 활성화되고 있는 몸 담론이 시대에 뒤처진 내용을 담고 있다고 볼 수는 없지 않겠는가라고 생각하기 쉬울 거라는 얘기다. 모르긴 해도 십중팔구 그렇게 생각할 것이다.

그러나 아도르노의 논의에 기초해서 보자면, 학문의 영역에서 전개되고 있는 몸에 관한 담론들, 특히나 이른바 포스트모더니즘 혹은 포스트구조주의의 관점에서 수행되고 있는 담론들의 경우 그들의 의도와는 무관하게 몸을 상품화하는 데로 귀결될 수 있다는 점에 주목하게 된다. 마치 본능적·감각적 쾌를 실현하고자 하는 몸에 대한 무차별적인 옹호와 무감각한 거부가 표면적으로는 전혀 다른 입장인 것처럼 보이지만, 사실은 동전의 양면일 수 있는 것처럼, 대중문화에 의해 물화된 몸과 그러한 몸과는 무관한 것처럼 보이는 포스트모더니즘에 의해 뒷받침되는 몸이 한 곳으로 수렴될 수도 있다는 것이다.

앞서 살펴본 것처럼 아도르노의 몸은 주체의 동일성 사유에 의해 정신적인 것으로 환원되지 않는 물질적인 것이며, 본능적·감각적인 쾌를 실현하고자 하는 몸이다. 그와 동시에 그것은 고통 속에서 그것을 견뎌 내며 노동하고 있는 몸이다. 그렇기 때문에 몸을 정신적인 것으로 소거시켜 버리고자 했던 전통적 입장에 반대해서, 몸의 감각적이고 본능적인 측면을 실체화하고자 하는 입장은 문화산업에 의해 물화된 몸의 변형에 불과하다고 말할 수 있는 것이다. 이는 후기 자본주의의 논리를 구체화하는 것과 다를 바 없는 것이며, 이른바 포스트모더니즘이나 후기 구조주의의 이름 아래 수행된 몸에 관한 많은 논의들의 귀결점이라는 것이다. 그러한 논의들은 전통적인 합리주의자들의 언저리를 맴돌았으며, 그로부터 귀결된

몸은 가장 물화된 형태의 몸이었다는 것이다.[25]

포스트구조주의나 포스트모더니즘의 입장에서는 몸이 생물학적으로 주어지는 것이라는 전통적 생각에 의문을 제기한다. 그것은 선천적으로 주어지는 것이 아니라, 사회적·정치적으로 구성되는 일종의 텍스트임을 강조한다. 다시 말해 그것은 자연적 혹은 본래적 의미를 지니는 어떤 것이 아니라, 해석될 필요가 있는 '문화적으로 구성된 하나의 인공물'이라는 것이다.[26]

이러한 입장에서 여성의 정체성을 확보하려는 대표적인 사람 중한 명이 쥬디스 버틀러(Judith Butler)이다. 버틀러는 법(혹은 법 구조)에 의해 부여되고, 그렇게 됨으로써 자연적으로 주어지는 것이라고 간주되는 여성의 정체성을 비판하면서, 그것이 무한한 가능성과 선택 속에서 구성되는 것임을 강조한다. 이러한 관점에서 버틀러는 다음과 같이 말한다. "젠더의 표현 배후에 놓인 젠더 정체성은 존재하지 않는다. 그 정체성은 말해짐으로써 결국 젠더 정체성으로 귀결되는 표현에 의해서 수행적으로(performatively) 구성된다."[27]

그런데 문제는 이러한 주장에는 자본주의적 소비 사회의 근본 수사(修辭)와 결합된 사고가 엿보인다는 점이다. 이를테면 여성 정체성을 구성하는 가장 근본적인 요소라 할 수 있는 가부장제에 대한 비판과 저항의 출발점을 분명히 하지 않은 채로, 젠더 선택에 대한 수사를 늘어놓음으로써, 젠더 개념과 선택 개념 모두를 물화시키고 있다는 것이다.[28]

---

25) Terry Eagleton, *The Illusion of Postmodernism*, Blackwell, 1996, 24~25쪽 참조.
26) Lisa Yun Lee, 앞의 책, 128쪽.
27) Judith Butler, *Gender Trouble: Feminism and the Subversion of Identity*, Routledge, 1990, 25쪽.

바로 이러한 점에서 포스트모더니즘이나 포스트구조주의에서 고려되고 있는 몸은 사실상 문화 산업에 의해 물화된 몸과 크게 다르지 않으며, 그 논의는 문화 자본의 논리로 빠져들지 않으면서 '몸을 통해 사고하려는 시도', 즉 아도르노의 논의와 구별된다고 말할 수 있다. 포스트구조주의나 포스트모더니즘 일반에서 고려되고 있는 몸은 기껏해야 향유와 육체적 쾌락으로 향하고 있는 데 반해서, 아도르노에서 몸은 표현할 수 없는 고통과 억압을 명백히 하고 있다는 것이다.[29] 달리 말해 현실에서 고통받고 있는 몸을 분명하게 언급할 때에만 몸에 관한 담론은 후기 자본주의의 문화산업에 의해 일상적으로 조장되고 있는 물화된 몸에 관한 허상에서 벗어날 수 있다는 것이다. 이에 반해 학문의 영역에서 수행되는 몸에 관한 담론들, 특히나 포스트모더니즘과 포스트구조주의의 이름으로 수행되는 담론들에서는 그러한 사실이 분명하게 직시되지 않음으로써, 결국에는 그 담론들이 감각적이고 육체적인 쾌를 실체화하지만 생생한 살아 있는 몸이 아니라, 질료의 덩어리 그 이상도 이하도 아닌 죽은 몸을 부축하는 문화산업의 몸, 즉 교환가치로서의 몸의 변주곡만을 연주할 뿐이라는 주장이 가능할 수 있는 것이다.[30]

---

28) Lisa, Yun Lee, 앞의 책, 같은 곳.

29) Lisa, Yun Lee, 앞의 책, 131쪽.

30) 한편 몸에 관한 이러한 아도르노의 입장을 '신학적 유물론(theological materism)'으로 규정하고자 하는 경우가 있다. 이러한 주장의 핵심적 논거는 주체의 개념으로 환원되지 않는 물질 혹은 질료로서의 몸을 상정하는 경우, '그러한 것에 대한 주체의 믿음에 근거한 존재론'을 전제해야 한다는 것이다. (Patrice Haynes, "To rescue means to love things: Adorno and the re-enchantment of bodies", in *Critical Quarterly*, Vol.47/No.3, 2005) 이와 관련된 자세한 논의는 본 논문의 영역을 넘어 선 주제이다. 그럼에도 불구하고 한 가지 비교적 분명하게 언급할 수 있는 것은 위와 같은 견해는 각주 1)에서 지적했던 점, 즉 아도르노의 시선이 기본적으로 어디로 향하고 있는가 하는 점을 간과하고 있다는 점이다.

6. 맺음말

　앞서 살펴본 것과 같이 아도르노의 관점에서 보자면 몸을 육체성과 무관한 것으로 만들어 버리는 것은 물론이고, 질료의 덩어리로 다 환원시키는 것 역시 문화 산업에 의해 물화된 몸으로부터 진정으로 벗어나는 길이 아니다. 달리 말해 아도르노에 따르면 우리의 몸에서 육체적인 것을 완전히 소거시키고자 하는 것과 육체적인 것을 실체화하고자 하는 것 모두 이른바 도구적 합리성에 의해 뒤틀어진 몸에서 자유롭게 되는 것이 아니다. 이러한 언급이 몸에 대한 아도르노의 생각을 제대로 파악한 것이라고 한다면, 그의 견해는 편향된 관점에서 벗어나서 몸 담론을 전개시킬 수 있는 가능성을 담고 있는 것처럼 보인다. 그리고 그러한 한에서 아도르노의 견해가 대단히 매력적으로 보이는 것이 사실이다.

　그러나 이러한 사실에도 불구하고 어려움은 여전히 남는다. '뭘 성취한다는 것'은 특정 시점에 특정 지점에 도달함으로써만 가능한 것이라는 생각에 우리는 너무도 익숙해 있다. 아도르노의 관점에서 보자면 이른바 동일성 사유는 그렇게 생각하게끔 우리를 끊임없이 유도한다. 그런 우리들에게, 동일성 사유에 은폐된 모습을 들추어내면서 비동일적인 것을 옹호하고자 하는 아도르노의 사유는 낯설게 여겨지는 것이 어찌 보면 당연해 보인다. 달리 말해 동일성 사유로부터 벗어나는 것이 불편하기 이를 데 없게 여겨지는 것이 사실이다. 문제는 아도르노 자신이 인정하고 있듯이, 인간이 자기 정체성을 유지하고자 하는 한에서는 그와 같은 일이 불가피한 것이라는 데 있다. 아도르노의 철학에는 출구가 없고, 그렇기 때문에 그의 사유는 우울하다고 말하는 이유도 이 때문이라 할 수 있다. 그리고 몸에 대한 그의 견해 역시 이러한 문제로부터 자유롭지 못한 것이 사실이다.

참고문헌

Adorno, Th. W. and Horkheimer, M., *Dialektik der Aufklärung*, Frankfurt am Main, 1969.

Adorno, Th. W., *Negative Dialektik*, Frankfurt am Main, 1982.

Adorno, Th. W., *Minima Moralia*, Frankfurt am Main, 2003.

Bernstein, J. M(ed.), *The Culture Industry*, Routledge, 2003.

Brunkhorst, Hauke, "the Enlightenment of Rationality: Remarks on Horkheimer and Adorno's Dialectic of Enlightenment", in: *Theodor W. Adorno*, Vol. Ⅲ, Sage Publications, 2004.

Bürger, Peter, *Theorie der Avantgarde*, Frankfurt am Main, 1980.

Butler, Judith, *Gender Trouble*: Feminism and the Subversion of Identity, Routledge, 1990.

Butler, Judith, 『의미를 체현하는 육체 *Bodies That Matter*』(김윤상 옮김), 인간 사랑, 2003.

Eagleton, Terry, *The Illusion of Postmodernism*, Blackwell, 1996.

Garbrecht, Oliver, *Rationalität der Moderne —Adorno und Heidegger*, München, 1999.

Haynes, Patrice, "To rescue means to love things: Adorno and the re-enchantment of bodies", in *Critical Quarterly*, Vol.47/No.3, 2005.

Hesmondhalgh, David, *The Cultural Industries*, SAGE Publications, London, 2002.

Jarvis, Simon, *Adorno A Critical Introduction*, polity press, 1998.

Litvak, Joseph, "Adorno Now", in: *Victorian Studies*, Vol.44/No.1, 2001.

Lee, Lisa Yun, *Dialectics of the Body Corporeality in the Philosophy of Adorno*,

Routledge, 2005.

Martyn, David, *Sublime Failures The Ethics of Kant and Sade*, Wayne State Univ. Presss, 2006.

Menke, Ch., *Souveränität der Kunst*, Frankfurt am Main, 1989.

Zuidervaart, Lambert, *Adorno's Aesthetic Theory The Redemption of Illusion*, The MIT Press, Cambridge, 1994.

아우슈비츠 以後의 倫理學
: H. 요나스에서 身體의 存在論과 責任의 生醫 倫理[*]

김종국

* 이 논문은 2005년 정부(교육인적자원부)의 재원으로 한국 학술 진흥 재단의 지원을 받아 수행된 연구임 (KRF-2005-079-AM0016).

1. 들어가는 말: 요나스 책임 윤리의 토대로서의 '反그노시스적 유기체 철학'

이 글에서 나는 현대 생명 윤리의 대표적 입장 중의 하나인 한스 요나스의 책임 윤리의 객관적 토대를 그의 유기체 철학에서 확인하여, '심신 통일적 유기체 해석의 生醫 윤리적 의의'를 부각시키려고 한다. 『유기체와 자유』(1973, 나중에 『생명의 원칙』이라는 제목으로 1997 재출간)라는 저작에 나타난 요나스의 '생명 철학'은 그의 '책임 윤리'에 비해 상대적으로 주목받지 못했다. 그러나 책임 윤리의 존재론적 토대는 그의 생명 철학이다. 그에 의하면 윤리학은 정신철학에 속하고 정신철학은 자연철학에 속하기 때문이다.[1] 이 글에서는 특히 그의 유기체 철학이 현대 생의 윤리상의 문제에 대한 그의 대응에서 어떻게 관철되고 있는지를 살펴보려고 한다. 『책임의 원칙』(1979) 이후 발표된 그의 저서 『기술, 의학, 윤리』(1987)는 그의 말대로 책임의 원칙의 인간에 대한 '적용론'[2]에 해당한다. 그렇다면 요나스 의료 윤리의 토대를 그의 유기체 철학에서 확인

1) H. Jonas, *Organismus und Freiheit*, Göttingen, 1973, 341.
2) H. Jonas, *Technik, Medizin und Ethik*, Frankfurt am Main, 1987, 13 참조.

하는 일은 생명 철학과 윤리학 양자를 관통하는 작업이 되는 셈이다.

그런데 책임 윤리의 토대가 되는 유기체 철학은 요나스의 학문적 이력의 출발점이었던 그노시스 연구 대한 '자기 반성적 비판'의 산물이라는 점이 주목되어야 한다. 내가 보기에 전기에서 중기에로의 요나스의 이러한 '전회'의 배후에는 '아우슈비츠'로 대표되는 시기에 대한 체험이 자리 잡고 있다. 그래서 요나스의 책임 윤리는 이 시기의 체험이 반영된 그의 유기체 철학 위에 선 윤리학이므로 말하자면 '아우슈비츠 이후의 윤리학'[3]이다. 이 글은 그노시스적 세계관에 대한 요나스의 입장 변화를, 그의 유기체 철학의 특징을 부각시키는 데 도움이 되는 한에서, 다룸으로써 시작할 것이다.

---

3) 요나스에서 '아우슈비츠'는, 그의 저작 『아우슈비츠 이후의 신 개념』(1987)이 말해 주는 것처럼, 주로 신학적 맥락에서 다루어진다. 이 저작에서 요나스는 아우슈비츠 참사 기간 내내 침묵한 신을 전통적 신정론의 반증사례로 보고 이러한 '침묵'과 양립 가능한 신 개념을 모색한다. 이에 대해서는 J. Kim, Moralität in der Gott-verlassenen Welt. Theodizeefrage bei Kant und Jonas, in: *Kant und Berliner Aufklärung. Akten des IX internationaler Kant-Kongresses*, Bd. 3, Berlin, 2001. 참조. 그런데 이 저작에서 요나스는 신의 침묵의 귀결로 '생명의 모험'이라는, 말하자면 형이상학적 대안을 제시하는데 이 '모험의 주체로서의 생명' 개념(요나스에 의하면 이 모험의 성패는 오늘날 '생명의 최고 표현으로서의 책임능력'의 소유자인 인간에 달려 있다)은 '필연과 짝하는 자유(가사성과 함께하는 자유)'로 압축되는 그의 유기체 철학에서 확립된 것이다. 요컨대 나는 요나스의 '아우슈비츠 이후의 신 개념'이 그의 '아우슈비츠 이후의 생명 개념'에 기반하고 있다고 본다.

2. 실존주의: 길 잃은 그노시스

요나스가 그노시스를 연구하게 된 계기는 초기 하이데거(실존주의자 하이데거, 정확히 말하면 『존재와 시간』期의 하이데서)의 입도적 영향하에 있던 시기에 그노시스가 '실존주의의 보편적 진리'[4]를 입증하는 한 증거가 될 수 있다고 생각한 때문이었다. 고대 후기(BC 1~3세기)의 초기 기독교적 사유와 그리스 철학의 결합[5]으로 나타난 그노시스주의에서 인식(그노시스)은 '개인과 우주를 구원으로 이끄는 지식'을 의미한다. 요한복음 첫머리의 빛과 어두움의 대조에서 보이듯이 그노시스에 고유한 것은 급진적 이원론, 즉 신체와 영혼, 인식과 무지, 세계와 신의 극단적 대립에서 보이는 이원론이다. 이 시기의 요나스는 하이데서의 실존 해석을 그노시스의

---

4) 그래서 하이데거의 보편적 현존재인식은 요나스의 그노시스 독해의 방법이 된다. H. Jonas, *Gnosis und spätantiker Geist. Von der Mythologie zur mystischen Philosopie. Erste und Zweithälfte*, Göttingen, 1993, 10. 참조.

5) 그노시스주의는 헬레니즘, 유대교 및 초기 기독교 그리고 고대 후기의 동방(바빌로니아, 이란, 이집트)사상의 혼합물이다. 그래서 요나스가 보기에 "그노시스는 사이비 기독교 그룹의 사상이 아니라 고대 말의 세계관"이다. H. Jonas, *Gnosis. Die Botschaft des fremden Gottes*, hrg., C. Wiese, Frankfurt am Main, 1999. (Originaltitel: *The Gnostic Religion. The Message of the Alien God and the Beginnings of Christianity*, Boston, 1991, 초판 1958), 15.

인간관에 적용하여 인간의 근본적인 자기이해의 한 유형을 부각시키려고 했다. 그노시스가 세계를 본질적으로 어둠의 장소로, 낯선 '타향(Unheimlichkeit)'[6]으로 두려워하고 경멸하는 데서 요나스는 하이데거의 '피투성(Geworfenheit)'과 '근본 기분으로서의 불안'이라는 범주를 본다. 그리고 예를 들어, 그노시스 문헌의 '진주의 노래(Lied der Perle)'에서 '진주를 찾으러 세계로 왔다가 자신의 근원을 망각하고 세계에 취해 버린 왕자의 상태'에서 요나스는 하이데거의 '퇴락한 현존재의 존재 망각(Seinsvergessenheit)'[7]을 본다.

그렇다면 왜 요나스는 '그노시스에 대한 실존철학적 독해'로 특징지어지는 연구에서 '철학적 생물학', 즉 유기체 철학 연구로 이행했는가? 이 이행의 '철학적 이유'를 요나스는 다음과 같이 밝히고 있다.

> 나는 후설과 하이데거 학파에서 일종의 철학적 불만족의 느낌을 가지고 있었다. 현상학은 의식 현상의 분석, 즉 의식에 나타나는 것에 대한 분석을 한다. 대상이 될 수 있는 모든 것은 감성적 지각과 사유를 거치는 방식으로 의식에 의해 세워진다. '…' 하이데거와 후설이 아무리 멀리 떨어져 있다 해도 양자는 독일 관념론적 전통 내에 있는데 이 전통은 현실을 우리가 우리 자신을 들여다봄에 의해 인식하고 파악하고 철학적으로 다루려 한다. 우리 내부에서 우리는 모든 것을 발견한다. 왜냐하면 우리가 어떤 것에 대해 말할 수 있으려면 먼저 그것이 우리의 의식에 현존해야만 하기 때문이다. 그러나 이때 물어지지 않은 것은 인간이 살기 위해, 즉 생명으로 머물기 위해, 무엇을 필요로 하는가 하는 것이다. '…' 예를 들어 배고픔의 경우, 의식 분석과 현존재 분석이 알아낼 수 없는 것은, 생명으로

---

6) H. Jonas, *Gnosis und spätantiker Geist*, 1993, 10.

7) 여기서 진주는 세계 내에 사로잡힌 영혼을 상징한다. 이 영혼을 구하기 위해 신에 의해 보내진 왕자는 진주를 찾기 위해 세상 사람들의 옷을 입고 세상의 음식을 먹다가 깊은 잠에 빠져든다. 그의 사명을 다하기 위해 그는 다시 깨어나야만 한다. 요나스는 이러한 상상을 '희랍적 훈련에 의해 제어되지 않은 상상'으로 본다. '진주의 노래'에 대한 요나스의 분석에 대해서는 *Gnosis und spätantiker Geist*, 320~328 그리고 *Gnosis, Die Botschaft des fremden Gottes*, 1999, 144~163 참조.

머물기 위해 인간이 얼마나 많이 필요로 하는가 하는 것이다. 이것은 인간이 실존하기 위해서는 얼마나 많이 먹어야 하는가 하는 양의 문제이다. 현존재의 이러한 선 조건은 독일 강단 철학에서는 전적으로 무시되었다. '…' 말하자면 현존재의 곤궁이라는 한 층(eine Schichte der Nöte des Daseins)이 있는데 이것이 강단철학에서는 무시되었던 것이다.[8]

요컨대 요나스의 그노시스적 이원론적 세계관과의 결별은 '현존재의 곤궁'에 무관심한 강단 철학에 대한 회의에서 비롯되었다. 아마도 요나적 이행의 이러한 철학적 이유는 그가 '철학적 파산'[9]이라 표현한 하이데거의 나치 동조,[10] 그리고 그 자신의 이차 대전 참전이라는 개인사와 연결될 수 있을 것이다.

전후에 써진 하이데거와 그노시스적 세계관에 대한 요나스의 최종적 결별 선언인 「그노시스, 실존주의 그리고 허무주의」[11]에서 요나스는 고대 후기의 그노시스와 하이데거의 실존주의 본질이 허

---

8) H. Jonas, *Erkenntnis und Verantwortung*, hrg., I. Hermann, Frankfurt am Main, 1991, 100–101.

9) "아니다. 그것은 우리가 용서할 수 없는 일, 인간적으로 용서할 수 없는 것 이상이었다. 그것은 또한 하나의 철학적 파산이었다. 철학자라면 나치에 가담해서는 안 된다. 그래서는 안 되는 것이다. 시대의 가장 위대한 철학자에서 이런 일이 일어났다는 것, 진리에 봉사한다고 하는 바로 그 삶에서 인간을 고양하는 결과가 나타나지 않았다는 것, 진리에 접근하고 진리를 추구하는 과정에서 공감적인 인간성이 등장하지 않았다는 것, 이것을 나는 모든 인간적 환멸을 넘어서 철학의 붕괴(Debakel)로 느꼈다." *Erkenntnis und Verantwortung*, 68.

10) 요나스는 『존재와 시간』에서의 하이데거의 철학은 그노시스적, 인간 중심주의적이며 이것이 그의 나치 참여와 필연적으로 관련 있다고 보지만, 하이데거의 후기 사상은 탈인간 중심주의적이며 따라서 반나치적이라고 본다. "나는 여기서 [실존주의와 그노시스가 자연을 탈가치화하는 허무주의라는 점에서 동일하다고 보는 데서] 『존재와 시간』에 대해서만 말하지 후기 하이데거에 대해서 말하고 있는 것은 아니다. 확실히 후기 하이데거는 결코 '실존주의자'가 아니다." Gnosis, Existentialismus und Nihilismus, in: *Organismus und Freiheit*, 314. 하이데거에 대한 거리두기에도 불구하고 요나스는 그를 최근까지도 철학에서 "의욕하고 애쓰며, 결핍적이며 가사적인 자아(das wollende, sich bemühende, bedürftige und sterbliche Ich)를 전면에 부각시킨" 사상가로 평가하였다. H. Jonas, *Philosophische Rückschau und Vorschau am Ende des Jahrhunderts*, Frankfurt am Main, 1993, 15.

11) Gnosis, Existentialismus und Nihilismus, in: H. Jonas, *Organismus und Freiheit*, Göttingen, 1973, 292–316 혹은 in: ders, *Das Prinzip Leben*, Franfurt am Main, 1997, 345~372. 이 글은 최초로 다음과 같은 제목으로 출판되었다. Gnoticism and Modern Nihilism, in: *Social Research 19* (1952)/in: *Zwischen und Ewigkeit*, 1963. 한국어 번역. 『생명의 원리. 철학적 생물학을 위한 접근』, 한스 요나스 지음, 한정선 옮김, 서울, 2001, 437~480.

무주의라고 주장한다. 이 허무주의는 요나스에 의하면 '우주가 인간의 삶에 의미를 주지 못한다'는 인간학적 무우주론(anthropologischer Akosmismus)에 기반을 두는 허무주의이다. 근대의 무우주론의 원인을 제공한 것이 인간과 무관한 자연像, 즉 가치중립적 자연상을 제시한 환원주의적 근대 과학이었다면 고대 후기 그노시스의 무우주론의 원인을 제공한 것은 부분과 전체에 관한 이론의 몰락, 즉 '부분에 선행하고 부분의 근거이며 부분보다 우위에 있는 것으로서의 전체'라는 이념의 몰락이라는 것이다. 이러한 몰락의 정치 경제적 배경으로 요나스가 보고 있는 것은 고대 후기의 희랍적 폴리스의 해체 및 세계 국가의 출현이다. 요나스가 무우주론에 이어 고대 후기의 허무주의와 근대의 허무주의의 두 번째 특징으로 꼽는 것은 반법칙주의이다. 그노시스주의자들이 세계의 물리적 법칙과 사회의 법에 대해 적대적 태도를 취한 것과 같이 하이데거도 인간에게서 '정의 가능한 본성'을 인정하지 않는데, 자유롭게 자신을 기투하는 실존은 본성을 가지지 않는다는 것이다. 그러나 요나스가 보기에 "그 어떤 본성도 가지지 않은 것은 그 어떤 규범도 가지지 못하며", "하나의 전체가 있는 곳에서만 하나의 법칙이 있다."[12] 그노시스와 실존주의에 공통적인 허무주의의 세 번째 특징은, 요나스에 의하면, '현재 없는 시간성'이다. 그노시스란 영(Pneuma)이 어디서 와서 어디로 가는지에 대한 지식인데 이러한 '어디로 감'에는 미래로의 비가역적 운동이 함축되어 있다. "발렌티누스적 공식에는 현재를 위한 그 어떤 공간도 없으며 우리가 왔고 우리가 서둘러 가

---

12) 이상 Gnosis, Existentialismus und Nihilismus, 310.

야 할 거기, 즉 과거와 미래만 있다"는 것이다.[13] 마찬가지로 요나스가 보기에 실존주의에서도 현재는 단지 던져짐과 던짐 사이에 있는 결단의 순간에 지나지 않으며 따라서 이러한 실존주의의 현재는 이 세계와 분리된 현재일 뿐, 세계의 전체성, 영원성의 부분으로서의 현재가 아니다. 결국 실존주의의 현재는 내용을 결여한 결단의 순간일 뿐이라는 것이 요나스의 주장이다.[14] 이러한 현재 없는 시간성의 존재론적 귀결과 관련하여 요나스는 다음과 같이 말한다.

> 그 어떤 형이상학적 상황이 배후에 있는 것일까? 여기서 더 진전된 고찰이 행해져야 한다. 순간이라는 실존 범주적 현재 외에 사물들의 현재 또한 존재한다. 사물의 현전(Anwesenheit), 사물과 내가 같이 현재함(meine Mitgegenwart mit Dinge)은 나에게 다른 종류의 특정 현재를 보장하고 있지 않은가? 그러나 우리는 하이데거에게서 배운 바에 따르면 사물들은 일차적으로 '손 안에(zuhanden)' 있으며, 다시 말해 사용 가능하거나 염려의 대상이 될 수 있으며(besorgbar) 따라서 염려하는 실존에 관계되어 있으며 그리하여 미래―과거 동력학 내로 관계 지어져 있다. 물론 사물들은 또한 단순히 '눈앞에 있는(vorhanden)' 것, 무차별적 객체로 중립화될 수도 있으며 이러한 눈앞에 있음의 양태(der Modus der Vorhandenheit)는 퇴락(Verfallenheit)이라는 잘못된 현재(falsche Gegenwart)에 대한 객관 쪽의 대응물이다.[15]

"자연은 잘못된 현재에만 대응되는 사물 세계에 지나지 않는다"는 하이데거의 시간관 및 자연관은 결국, 요나스에 의하면, '자연 경멸'[16]이라는 점에서 그노시스와 동일하다. 그노시스적 실존주의,

---

13) Gnosis, Existentialismus und Nihilismus, 311.

14) Gnosis, Existentialismus und Nihilismus, 313 참조. 결단이 전혀 전체로서의 세계에 대한 고려를 하고 있지 않으므로, 해석하기에 따라서는 하이데거의 '단순한 형식적 결단(bloße formale Entschlossenheit)' 에서 요나스가 나치즘에 대한 동조의 철학적 근거를 찾는 것으로도 볼 수 있다.

15) Gnosis, Existentialismus und Nihilismus, 313.

실존주의적 그노시스는 '세계 없는 자유'라는 것이다. 그런데 자연에 대한 경멸과 관련해서 요나스는 실존주의가 그노시스보다 더 심각한 상황에 놓여 있다고, 말하자면 실존주의는 '길 잃은 그노시스'라고 본다. 그노시스의 자연은 인간에게 적대적인 자연(악마적 자연)인 반면, 하이데거의 실존주의에 전제된 자연, 즉 자연과학의 자연은 인간에게 무관심한 자연(죽은 자연)이기 때문이다.[17]

---

16) Gnosis, Existentialismus und Nihilismus, 314.

17) "그러나 바로 이러한 구별, 즉 현대 허무주의가 지닌 더 깊은 심연을 보여주는 이러한 구별은 현대 허무주의의 자기일치성 또한 의문시하게 만든다. 그노시스의 이원론은 그것이 지니는 모든 환상에도 불구하고 최소한 모순이 없었다. 자아가 맞서 자신을 획득해야만 하는 악마적 자연이라는 이념은 의미가 있다. 그러나 무관심한 자연, 그럼에도 불구하고 그것의 중심에 '자신의 고유한 존재에 대해 관심을 가지는 것'을 포함하고 있는 무관심한 자연의 경우는 어떤가?" Gnosis, Existentialismus und Nihilismus, 315. 말하자면 인간 정신의 기원과 관련해서 인간에 적대적인 자연에 대립하는 피안의 세계를 가정하는 그노시스는 모순이 없지만, 모든 종류의 피안을 거부하고, 그럼에도 불구하고 인간에 무관심한 자연 내에 있는 실존주의적 인간은 정신의 기원과 관련하여 정합적 설명을 제시하지 못한다는 것이다. 그래서 요나스 철학의 초기에 실존주의는 그노시스를 해명하는 열쇠였다면 이제는 정합적 이원론인 그노시스가 비정합적 이원론인 실존주의를 해명하는 열쇠가 된다.

3. 유기체의 자유: 세계를 필요로 하는 자유

　요나스가 하륍디스(Charybdis)와 스퀼라(Scylla)의 암초 사이에서 헤매는 오디세우스로 비유한 현대 정신, 즉 그노시스적·이원론적 형이상학이라는 일방과 근대 자연과학의 배경이 되는 일원론적 기계론적 유물론이라는 타방 사이에서 헤매는 실존주의(비정합적 이원론)의 대안으로 제시한 길은 다시 일원론이다. 그러나 이 일원론은, 요나스에 의하면, 현대과학이 전제하는 유물론적 일원론과는 다른 일원론, 즉 그노시스와 실존주의에서 대표되는 이원론의 성과를 부정하지 않는 일원론이다. 생명주의라 이름할 만한 그의 새로운 일원론은 "이원론적 소외를 방지하고 그럼에도 불구하고 인간의 인간성을 유시하기 위해 이원론적 통찰로부터 충분히 보존하는"[18] '포스트 이원론적 일원론'이라는 것이다. 그렇다면 그는 어떻게 이원론의 성과를 보존하면서 넘어서는가, 즉 지양(aufheben)하는가? 이것은 이원론의 두 계기인 육체와 정신, 세계와 인간, 필연

---

18) Gnosis, Existentialismus und Nihilismus, 316.

성과 자유를 양자택일적 관계에 있는 것이 아닌 '어느 한쪽이 다른 쪽 없이는 존재할 수 없는 관계'[19]로 보는 데 있다. 다시 말해 이 일은 이원론의 두 실체를 통일체를 구성하는 두 계기로 보는 데서 가능하다.

육체와 정신의 변증법적 관계는 양자가 맞닥뜨리는 부분, 즉 '인간과 세계의 교환'에서 분명히 드러난다. 요나스가 '교환의 장소'로 주목하는 것은 의식이 아니라 '신체'이다.

> 우리가 신체라는 사실을 통해 우리는 세계 내로 연루되었으며, 세계의 일부이고 세계에 의존적이다. 동시에 이 신체는 우리의 정신, 의식, 실존적 의지에게 이 세계에 작용할 수 있는 도구를 제공한다. 신체가 도구를 제공하지 않았다면 우리는 우리의 정신적 배꼽만을 관찰하고 있었을 것이다. 그러나 그 대신 우리는 세계와의 꾸준한 교환 내에 있다. 세계의 교환 내에 있다는 사태로부터 전적으로 기초적인 통찰이 생겨나는데 아리스토텔레스를 제외한 그 어떤 철학자도 이에 대해 말하지 않았다. 아리스토텔레스는 이 모든 것을 통찰하였다. 그 이후에 헤겔에서 다음과 같은 통찰이 발견된다. 대상에 대한 첫 번째 소유는 우리가 먹는 과정을 통해 이 대상을 우리의 신체내로 신체화하는 것(sich einverleiben)에 존립한다. 나는 고기 한 조각을 먹는 과정에서 그것을 내 것으로 만든다(anignen).[20]

신체가 우리가 세계와 관계하는 일차적 도구라는 관점에 서면, 근대 이래 인식론의 중심과제였던 '인과율의 기원' 문제에 있어 '인과율의 의식적 기원을 주장하는 흄과 칸트'와 반대되는 입장에 서게 된다. 요나스에 의하면 인과율의 세계 내재에 대한 흄과 칸트의 회의는 데카르트적 이원론의 필연적 귀결, 말하자면 세계와 인간을 분리시키고 양자의 상호 작용을 도외시한 것의 필연적 귀결

---

19) *Erkenntnis und Verantwortung*, 103 참조.
20) *Erkenntnis und Verantwortung*, 101.

이다. 그는 특히 칸트를 비판하여, "순수 오성이 아니라 구체적인 신체적 생명만이 세계와 자신을 느끼는 힘과의 상호 작용 내에서 힘의 표상과 이에 이은 인과 표상의 근원이 될 수 있다"[21]고, 그리고 "생명적인 힘, 즉 자신의 고유한 힘을 신체의 활동성 내에서 체험하는 것"[22]이 칸트의 추상적(의식 내적) 인과율의 토대라고 주장한다. 요컨대 요나스는 우리가 신체를 고수하는 한, "인과성은 경험의 아프리오리한 토대가 아니라 그 자체 하나의 근본 경험이다"라고, 그리하여 "인과성은 일차적으로는 실천적 자아의 상태이지 이론적 자아의 상태가 아니며, 자아의 활동성이지 자아의 직관이 아니며 활동의 체험이지 직관의 법칙이 아니다"[23]라고 주장하는 것이다. 요나스는 인과율을 경험하는 기초 지각은 '역동적 내용을 가장 완벽하게 중립화(die vollständigste Neutralisierung dynamischen Gehalts)' 하는 시각이 아니라 '힘의 당함과 행함이 구별되는 촉각(Tatsinn)'으로 본다.[24]

요나스는 이상과 같이 '신체를 통한 세계와 자아의 역동적 상호 작용'을 인식론적 토대로 삼아[25] (관념론적 반대를 제거한 후) 본

---

21) *Organismus und Freiheit*, 37.
22) *Organismus und Freiheit*, 38.
23) *Organismus und Freiheit*, 38.
24) *Organismus und Freiheit*, 48.
25) 요나스는 자신의 이러한 방법을 "인간 동형론적 관점에서의 内揷(Intrapolation)"이라고 칭한다. "생명의 관찰자는 생명에 의해 미리 준비되어 있어야 한다. 달리 말하자면 자신의 경험을 갖는 유기체적 존재는 자기 자신에 의해 요구되며 이로서 관찰자는 그가 사실상 꾸준히 도출하는 그러한 '추론'을 수행할 수 있을 것이다. 그리고 이는 인식론사에서 그토록 완강하게 부정되고 비난당한 우선권, 우리가 신체를 가진다는 것, 다시 말해 우리가 신체이라는 사실의 우선권이다. 간단히 말해서 우리는 우리의 본질에 의해 미리 준비되어 있다. 오직 이렇게 가능해진 내적 동일성의 내삽을 통해서만 단순한 형태론적인(그리고 그 자체로 무의미한) 신진대사적 연속성의 사실이 지양 불가능한 행위로 파악된다." *Organismus und Freiheit*, 130. 요나스는 '육체가 없은 신적 수학자(근대의 가치중립적 자연과학의 주체)'와는 달리 우리는 생명적 육체들이어서 우리 자신으로 부터 생명의 관점을 끌어낼 수 있다고 말한다. 이에 대해서는 *Organismus und Freiheit*, 124~125 참조.

격적으로 최소의 생명단위라 할 수 있는 아메바에 이르기까지 관철되는 생명 일반의 원리를 제시하려고 한다. 이러한 최소 생명 단위에서도 발견되는 생명과 세계의 상호 작용이 바로 신진대사이다.

'…' 모든 살아 있는 것을 살아 있지 않는 것과 구별하는, 유기체의 근본 현상이 있다. 결정적인 것, 근본적인 것은 소재교환(Stoffwechsel)이다. 유기체는 꾸준히 세계를 자기 자신 내로 취함으로써(Welt in sich nehmen), 신진대사(Metabolismus)를 통해 세계를 자기로 변화시킴으로써, 그리고 세계를 다시 배출함(abgeben)으로써만 실존한다. 이것은 필연성과 자유가 상호 만나는 상태이다. 유기체가 살아 있는 유기체인 것은 그것이 세계를 영양섭취의 형식 내에서 자기 것으로 만들 수 있는 과정을 통해서이다. 이것은 동시에 하나의 필연 상태이다. 왜냐하면 유기체는 이것을 해야만 하기 때문이다. 이것을 하지 않으면 유기체는 존재하기를 멈출 것이다.[26]

요나스가 정의하는 바에 따르면 생명이란 "스스로의 힘으로 존재하며 내부와 외부 간의 본질적 경계를 가지고 모든 나머지 세계에 대립하지만 그럼에도 불구하고 이들과의 사태적 교환이라는 토대 위에 서있는, 즉 자기 집중화된 개체성"[27]이다. 이 개체성, 즉 생명의 개체적 동일성은 '생명이 소재들의 결합의 산물'이라는 데 있는 것이 아니라 생명이 '소재(Stoff)를 모으는 원인'이라는 데에 존립한다. 요나스는 생명의 이러한 능동성, 즉 "수동적으로 세계 질료가 자신을 거쳐 흘러가도록 하는 것이 아니라 오히려 세계 질료를 능동적으로 자기 내로 끌어당기고 자기 밖으로 밀어내며 그로부터 자신을 구축하는 것"[28]을 형식(Form)이라고 명한다. 그러므

---

26) *Erkenntnis und Verantwortung*, 102.

27) *Organismus und Freiheit*, 124.

28) *Organismus und Freiheit*, 127.

로 유기체의 소재는 실체(Substanz)가 아니라 '형식의 소재'이므로 '기체(Substrat)'이다. 유기체에서 이 형식은 소재와 구별되는 자립적인 것이면서도 기체가 되는 소재에 의존적이다. 요나스는 유기체의 형식을 독립된 존재로 만드는 것도, 형식이 늘 소재와 동시에 출현한다고 해서 이 소재적 기체를 유기체의 동일성으로 보는 것도 잘못이라고 본다. 형식은 소재의 교체에 일관되는 내적 동일성이다.

요나스는 유기체 내적측면에서의 다소 靜的 구별인 '형식과 소재'라는 범주 대신 이제 유기체와 세계의 역동적 관계의 측면에서의 범주를 제시하는데 그것이 '자유와 필연'이다. '자유'란 소재, 세계에 대한 형식의 능동성이며 '필연성'이란 소재, 세계에 대한 형식의 의존성이다. 요나스의 표현을 빌면 자유는 "소재와 관련한 형식의 주권"을, 필연성은 "소재를 필요로 함하에 형식이 놓여 있음"[29]이다. 그리고 이러한 자유와 필연의 관계를 한마디로 표현하면 '소재를 필요로 하는 자유(nach Stoff bedürftige Freiheit)'이다. 요나스는 이러한 '소재를 필요로 하는 자유'의 첫 번째 특징으로 '개방성'을 든다. "필요한 새로운 소재의 획득에 종사하고 있는 생명의 자기 관심은 본질적으로 외적 현실과의 만남을 위한 개방성이다. 필요상 세계에 이존적이기 때문에 생명은 세계를 향한 것이다."[30] 이러한 자유의 두 번째 특징은 내면성이다. "(유기체의 세계에 대한) 의존성은 가능한 충족의 장을 지시하며 따라서 지향성(Intentionalität)을 모든 생명의 근본성격으로 세운다. …생명은 감수적인 한 활동

---

29) *Organismus und Freiheit*, 132.
30) *Organismus und Freiheit*, 133.

적이다. 외부적인 것이 영향을 미침 속에서만 자극된 것은 자신을 감지한다."[31] 말하자면 '무엇을 필요로 함'은 '그 무엇을 지향 함'으로 나가며, '어떤 것을 필요로 함'은 바로 '그 어떤 것에 의해 자극되는 한에서 자신을 감지함'으로 나간다는 것이다. 이러한 자기감지가 내면성이다. 소재를 필요로 하는 자유의 세 번째 특징으로 요나스가 들고 있는 것이 시간성이다. "앞섬에로 유기체의 영속성은 순간순간 가는 중인데 그것은 바로 이 순간의 결핍을 메우기 위해서이다. 그래서 생명의 얼굴은 밖으로는 물론이고 앞으로도 향하는 것이다."[32] 말하자면 어떤 것을 필요로 함은 결핍을 메우기 위해 유기체의 바깥뿐만 아니라 현재적 유기체의 미래 또한 지향함이라는 것이다.

이상의 유기체 철학에서 드러나는 요나스적 특징은 '과정성'이다.

> 이것이 의미하는 것은 유기체는 하나의 과정(Prozeß)이며 유기체는 사물(Ding)이 아니며 대상(Gegenstand)이 아니라는 것이다. 살아 있는 존재자의 자기 동일성(Identität)은 꾸준한 교환(Austausch)이라는 물마루(Wellenkamm)를 타는 것이다. 그것으로부터 이 존재가 구성되는 바의 것은 결코 동일하게 머물지 않는다. 그럼에도 불구하고 이러한 수행(Vollzug)의 자기동일성, 과정의 연속성(Kontinuität des Prozesses), 즉 그 속에서 주체가 동일한 것으로 머무는 연속성은 존재한다.[33]

이와 같이 '세계를 필요로 하는 자유'로서의 유기체의 자유와 '그노시스적, 실존주의적 자유'는 확연히 구별된다. 그노시스와 실존주의에서 자유는 필연에 대해 양자택일적 관계에 있지만 요나의

---

31) *Organismus und Freiheit*, 134.
32) *Organismus und Freiheit*, 136.
33) *Erkenntnis und Verantwortung*, 102, 103.

유기체 철학이 보여주고자 하는 것은 "자유와 필연 양자가 같이 간다는 것, 어느 한쪽은 다른 쪽 없이는 존재할 수 없다는 것"[34]이기 때문이다.

---

34) *Erkenntnis und Verantwortung*, 103.

4. 규범으로서의 '인간 유기체의 자연성' :
요나스에서 생명 철학과 책임의 生醫 윤리

요나스가 『유기체와 자유』라는 철학적 생물학의 저작에서 이원론을 비판하고 생명주의적 일원론을 제시한 것은 그의 책임 윤리의 토대 역할을 한다. '책임의 원칙'으로 대표되는 그의 윤리학은 이러한 생명의 가치성을 정당화하고 가치 자체로서의 생명의 부름에 응답(verantworten)하는 인간의 책임 능력을 규명한다.[35] 흥미로운 점은 요나스의 윤리학의 적용론에 속하는 저작인 『기술, 의학, 윤리』(1987)라는 저작에서 그의 존재론적 통찰이 고스란히 드러나고 있다는 것이다. 책임 윤리의 의료 영역에의 적용인 이 저작에서는 단순히 '책임의 주체인 의사'가 논의되는 것이 아니라 주로 '책임의 대상으로서의 인간 유기체'가 논의되고 있다. 왜냐하면 유전자 복제, 생명 연장, 뇌사 판정 등 전형적 현대 의료 윤리의 문제에서는 인간 유전자의 가치성, 죽음의 가치, 죽음에의 권리의 규명이 일차

---

35) '선 자체로서의 목적성'으로 압축될 수 있는 그의 '책임의 대상으로서의 생명'에 대한 논의 및 '미래성, 힘, 책임감을 구성 계기로 하는 책임 주체의 능력'에 대한 논의는 별도의 독립적 고찰을 요구하는 (메타) 윤리학적 주제에 속한다. 이에 대해서는 *Das Prinzip Verantwortung*, 153~157 참조. 그리고 김종국, 『책임인가 자율인가』, 파주, 2008. 24~33, 102~103 참조.

적 중요성을 가지고, 이 권리나 가치에 대응하는 (의사의) 책임 능력은 그 다음 문제이기 때문이다. 그런데 생명의 가치성은 위에서 살펴본 바와 같이 '자유'를 그 핵심으로 하는 생명의 본질적 특성에 호소해야만 한다. 요나스가 『기술, 의학, 윤리』라는 저작에서 현대 의학 및 근대 이후의 자연과학적 생물학의 생명 해석을 정면으로 문제 삼고 있는 것은 '생명이 가치라는 점을 강조하는 것'만으로는 책임의 생의 윤리를 근거 지을 수 없기 때문이다. 그런데 생명은 죽음과의 관계에서 잘 드러나며 현대 의료의 많은 문제들도 주로 생명의 시작과 끝, 즉 생명 아닌 것과 생명인 것의 연속성 및 불연속성의 문제의 규명과 관련된다. 아래에서 우리는 유전자 조작, 생명연장, 뇌사 판정에 대한 요나스의 생의 윤리적 입장이 어떻게 그의 유기체 철학과 결합되어 있는지를 간략히 살펴볼 것이다.

1) 환원주의적 유전자 조작의 윤리적 문제

요나스에서 생명 철학과 책임의 생의 윤리라는 제목하에서 우리가 먼저 고찰해야 할 것은 '현대 의학을 포함한 근대 이후의 지배적 생명해석인 범 기계론'에 대한 요나스의 존재론적 비판이 현대 생의 윤리에 대해 갖는 의미이다. 데카르트의 동물 자동 기계설로 대표되는, 그리고 현대 의학에 계승된 '생명에 대한 기계론적 해석'은, 요나스에 따르면, "생명을 살아 있지 않은 것으로 환원시키는 것",[36] '생명의 수수께끼를 시체에서 확인하려는 시도'[37]로 말하자면 '죽음의 존재

---

36) *Organismus und Freiheit*, 38.

론'이다. 이 죽음의 존재론의 서구적 시원을 요나스는 오르페우스교의 '신체는 무덤이다'(soma-sema)'라는 주장에서 찾는데 그가 보기에 그노시스적 영－세계 이원론은 신체를 세계로 확대한 극단적 이원론이며, 근대 이후의 자연 과학적·유물론적 일원론은 '세계는 무덤'이라는 이러한 그노시스적 이원론의 잔재를 상속받았다는 것이다.[38]

살아 있는 것을 죽은 것으로 환원하는 현대 생의학의 윤리적 위험성은 요나스의 『기술, 의학, 윤리』에서 '인간 복제'를 다루는 부분에서 명시적으로 지적된다. 현대 생의학의 유전자 조작 기술은 근본적으로 유전자를 선박, 교량. 기계 등의 부품과 다름없는 것으로 간주하며, 그리하여 이런 부품들을 조립하는 것과 동일한 방식으로 유전자를 조작한다. 요나스는 유전자 조작에서 생명적인 것을 무생명적인 것으로 다루는 것이 낳을 일차적 위험성을 '예측 불가능성'에서 본다. 무생명적 물질인 부품들로부터 구성될 교량의 경우 최종 생산물, 즉 완성된 교량의 속성은 기술자에 의해 정확하게 예견될 수 있지만 유전자 조작 기술자는 최종 생산물의 결과적 속성을 예측하는 것이 불가능하다. 그 이유는 유전자의 '자기 활동성'은 정의상 예측이 불가능하기 때문이다. 다시 말해 "어떤 유기체를 의도적으로 변형시키거나 유전지도를 변경하거나 개선하는 것은 사실상 더 이상 실험이 아닌데" 그 이유는 "여기서의 유기체가－최소한 유전적 영역에서는－실험자 자신의 확인을 벗어나 있는 그러한 결과(이 결과가 명확하게 확인 가능할 경우)를 지니게 될, 아주 장구한 기간 동안 존속할 그런 유기체이기"[39] 때문이다. 더 나

---

37) *Organismus und Freiheit*, 39 참조.
38) *Organismus und Freiheit*, 44 참조.
39) *Technik, Medizin und Ethik*, 166.

아가 요나스는 유전자 조작에 있어 생산물의 불가 예측성과 동전의 양면을 이루는 '비가역성'에 주목한다.

> 예컨대 자동차와 같은 생산물은 완성되고 출시되었다 하더라도 결함제거를 위해 공장으로 환수될 수 있다. 그러나 생물학적 기술에서는 그렇지 않다. 생물학적 기술행위는 단계마다 돌이킬 수 없다. 그 결과가 가시화되었을 때 수정하는 것은 너무 늦다. 한 번 저질러진 것은 돌이킬 수 없다. '…' 기형아 출산과 같은 유전자 개입의 불가피한 실수는 어떻게 해야 하는가?[40]

요컨대 요나스가 보는 유전자 조작 기술이 갖는 위험의 근원은 자기 활동적인 유전자, 즉 생명을 무생명으로 다룬 데 있다.[41] 그리고 이 위험의 근원은 신체를 (정신의) 무덤으로 보는 오르페우스 및 그노시스적 '죽음의 존재론'이다.

2) 생명 연장술의 윤리적 문제

위의 III에서 고찰하였듯이 요나스가 유기체에서 확인할 수 있다고 주장하는 '자유'는 '필연'과 양자택일의 관계에 있지 않다. 그의 생명철학의 요지는 세계 없는 인간, 필연 없는 자유, 육체 없는 정신은 불가능하다는 것, 그러므로 세계와 인간, 필연과 자유, 육체적인 것과 정신적인 것은 생명이라는 통일체의 계기들이라는 것이다.

---

40) *Technik, Medizin und Ethik*, 167.

41) 임상에서 환자들의 육체를 환원적으로 취급하는 것의 문제점을 요나스 유기체 철학의 관점에서 비판적으로 고찰한 글로 E. Cassell, "Was heiβt es, von 'einer ganzen Person' zu sprechen", in: *Prinzip Zukunft Im Dialog mit Hans Jonas*, Paderborn, 2007, 138-139. 카셀에 의하면 현대 의학에서 육체는 기계로 다루어지며, 의학에서 주요 관심사는 인격을 가진 환자가 아니라 환자의 질병이며, 이 과정에서 환자의 주관적 측면은 전적으로 무시된다.

이러한 생명주의적 일원론은 죽음 또한 생명의 한 계기로 보도록 만든다.[42] 그래서 요나스는 『유기체와 자유』에서 "죽음이 생명과 함께 왔고 可死性은 존재의 새로운 가능성이 자신에게 지불해야 하는 대가"[43]라고 말하고 『책임의 원칙』에서 "생명이 비존재의 가능성을 안티테제로 자기 내에 갖는다"[44]고 말한다. 그리하여 그의 의료 윤리에서는 '가사성이 생명의 구성요소이지 생명에 대한 모욕이 아니다'[45]라고, 그리고 또 다음과 같이 주장된다.

> 수명의 길이가 생명 기술의 능력에 비례해서, 자연에 의해 부과된 이상으로 계속 길어진다고 가정해 보자. 이 경우 우리는 이러한 가능성을 어떻게 간주해야 하는가? 이것은 일종의 축복으로 따라서 힘을 다해 추구해야 할 목표인가? '…' 아마도 흔히 생각하는 것과 달리 전혀 저주가 아닐 인간의 가사성의 전체 의미가 생각되어야 한다. '…' 노년 인구가 증가하는 비율로 젊은 층은 감소할 것이다. '…' 죽어야만 한다는 것은 태어난다는 것과 관계를 맺고 있다. 가사성은 탄생성이라는 영원한 원천의 이면에 불과하다. 생식은 죽음에 대한 생명의 대답이다 '…' 이런 목표[생명 연장]를 좇는 탐구의 전략을 채택하지 않도록 충고하는 것이 옳을지도 모른다.[46]

요컨대 자연의 한계를 넘은 인간 생명의 연장은 도덕적 '선'이 아니라는 것이다. 이것은 "의술의 목표 설정을 위한 규범은 자연이다"[47]는 그의 발언에서 압축적으로 드러난다.

---

42) Ⅲ에서 우리는 시간성이 유기체의 자유의 한 특성임을 보았다. 이 시간성은 죽음과 관련된다. 왜냐하면 시간성은 유한성을 함축하기 때문이다.

43) *Organismus und Freiheit*, 332.

44) *Das Prinzip Verantwortung*, 157.

45) *Technik, Medizin und Ethik*, 254.

46) *Technik, Medizin und Ethik*, 159~161.

47) *Technik, Medizin und Ethik*, 150.

3) 뇌사 판정의 윤리적 문제

죽음이 생명의 한 계기라는 것, 그리하여 생명이 선이라면 죽음 또한 반드시 악이 아닐 수 있다는 요나스의 생각은 삶의 종점과 관련된 현대 의료 윤리의 문제 중 뇌사 판정의 문제에서 비판적 척도로 다시 나타난다. 그는 '비가역적 혼수상태에 있는 인간 유기체'를 죽음과 서둘러 동일시하려는 시도의 시대 정신적 배후에 '죽음과의 정면대결을 회피하려는 우리 시대의 비겁함'이 있다고 말한다.

> '…' 죽음에 대해 새로운 정의를 내리는 사람들은 죽음이 고유한 정당성과 존엄을 가질 수 있고, 환자는 우리가 그를 죽도록 내버려 두도록 요구할 수 있는 권리를 가지고 있다는 사실을 망각하고 있는 이 시대의 비겁함을 받아들인다. 다름 아닌 이런 말로써, 환자에게 기계를 설치하여 삶과 죽음의 문턱을 넘나들고 있는 그의 신체를 방해받지 않고 이용하는 일에 대해 양심의 위안을 마련하려 하는 한, 그들은 이 시대를 지배하고 있는 실용주의를 위해 봉사한다. '…'.[48]

그런데 뇌사 판정의 문제와 관련하여 우리의 흥미를 끄는 것은 "뇌사 판정의 배후에 전통적인 육체 정신 이원론이 자리 잡고 있다"는 요나스의 진단이다. 그노시스에서 극단화된 바 있는 육체 정신의 이원론이 근대에 와서 각각의 일원론, 즉 유물론적 자연과학과 관념론적 정신철학이라는 일원론들로 분화되있지만 양자의 무관계성 및 정신의 육체에 대한 우위는 여전히 관철되고 있는데 그것이 뇌사 판정에서는 뇌-신체 이원론의 형태로 변형되어 나타나고 있다는 것이다.

---

48) *Technik, Medizin und Ethik*, 235~236.

노골적인 실용적인 동기를 가지고 제안된 죽음 정의의 배후에서 나는 오랜 전통을 가진 심신이원론의 회귀-그것의 자연주의적 회귀라고 할 만한-를 본다. 이 이원론의 새로운 형태는 육체와 뇌의 이원론이다. 기존의 초자연적 이원론과 어느 정도 유사하게 이 이원론 역시 인간의 참된 인격은 뇌 안에 자리 잡고 있으며 (혹은 뇌를 통해 재현되며) 뇌를 빼 나머지 육체(Körper)는 뇌를 위해 봉사하는 도구일 뿐이라고 여긴다. 따라서 뇌가 죽는다는 것은 영혼이 떠나는 것과 마찬가지여서 남는 것은 사멸하는 찌꺼기에 불과하다고 여긴다. 인간이라 불리는 이 유기체의 삶의 인간적 질을 위해 뇌 신경계가 결정적임을 부인하는 사람은 없다. '…' 그러나 의식적 영혼을 지나치게 강조하는 것과 마찬가지로 뇌 신경계를 지나치게 강조하는 것은 뇌 이외의 신체(Leib)에 한 인격의 정체성에 대한 본질적 지분을 인정하지 않는 것이다. 뇌가 이 신체의 뇌이고 그 어떤 다른 신체의 뇌가 아니듯이, 신체 역시 유일무이하게 이 뇌의 신체인 것이다. (이것은 비육체적 영혼이 자기의 신체에 대해서 가지는 관계에 대해서도 타당하다) 뇌의 중앙 통제하에 있는 신체적 전체는 통제하는 (그리고 신체적 전체에 의해 다시 통제받는) 뇌와 꼭 마찬가지로 개별적이며, 나 자신이고, 일회적으로 나에게 속하며 (지문과 면역반응을 보라!) 교환 불가능하다. 비록 인격임의 고차적인 기능의 자리는 뇌 안에 있지만 나의 정체성은 전체 유기체의 정체성이며 전적으로 개별적인 유기체의 정체성이다. 그렇지 않다면 어떻게 한 남자가 단지 여자의 뇌를 사랑하는 것이 아니라 여자를 사랑할 수 있겠는가? 또한 그렇지 않다면 어떻게 누군가의 얼굴을 넋 놓고 쳐다보는 일이 가능하겠는가? '…' 그러므로 혼수상태에 빠져 있는 육체가-인위적인 도움을 받아서라도-아직 숨을 쉬고 맥박이 뛰며 장기가 활동하는 한, 그의 육체는 사랑하고 사랑받던 주체의 남은 존속으로 간주되어야 하며, 인간적·신적 권리에 따라 부여된 불가침성에의 요구를 갖는다. 이러한 불가침성은 이 주체가 단순한 수단으로 사용되지 않도록 명령한다.[49]

결국 죽음에 대한 권리 물음에서 중요한 것은 '생명의 개념'이라는 것, 즉 죽음이 생명의 일부이므로 생명권은 죽음의 권리를 포함한다는 것이 요나스의 주장이다.[50]

---

49) *Technik, Medizin und Ethik*, 234~235.
50) *Technik, Medizin und Ethik*, 266 참조.

5. 맺는말: 과학에 대한 형이상학적 제동?

아래에서는 먼저 이상의 논의된 것을 정리하고 다음으로 이에 대한 평가를 간략히 제시하기로 한다.

1) '생명에 대한 책임'을 전면에 부각시킨 요나스의 책임 윤리의 기획은 『유기체와 자유』라는 저작에 나타난 요나스의 유기체 철학을 그 토대로 하고, 그의 유기체 철학은 또다시 요나스의 학문적 이력의 출발점이었던 그노시스 연구 대한, 아우슈비츠 이후의 '자기 반성적 비판'의 산물이다.

2) 요나스의 이러한 반성에 따르면 하이데거의 현존재 및 세계와 절연된 그노시스적 영혼은 동일하게 인간학적 무우주론, 허무주의에 기반하고 있으며 이것의 귀결은 자연 성멸이다. 그런데 요나스에 의하면 '죽은 자연'이라는 관념을 갖고 있다는 점에서 초기 하이데거적 실존주의는 '악마적 자연'의 관념을 가지고 있던 그노시스보다 생명관에 있어 좀 더 심각한 처지에 있다.

3) 요나스가 가장 단순한 유기체인 아메바에서도 확인할 수 있다

고 주장하는 '자유'는 필연과 변증법적 관계에 있으며 이 자유의 세 속성은 개방성, 지향성, 시간성이다.

4) '세계를 요구하는 자유'는 의료 윤리에서 '책임의 대상으로서의 자연적 인간 유기체'라는 규범적 척도의 요나스적 근거가 된다. 이에 입각하면 유전자의 자기 활동성은 단순한 기계의 부품으로 다루어져서 안 되며(유전자 조작 반대), 죽음 없는 생명은 불가능하므로 자연적 인간 생명은 인위적으로 연장되어서는 안 되고(생명 연장술 반대), 죽음은 생명의 한 계기이므로 죽음에의 권리는 생명의 권리의 부분으로 다루어져야 하고, 뇌와 마찬가지로 신체 또한 개별적 인간 유기체의 유일성을 구성하므로 뇌사를 유기체의 죽음과 동일시 할 수 없다(뇌사판정 반대).

철학사적 맥락에 요나스의 유기체 철학을 위치시켜 본다면, 자신도 밝히고 있듯이 그의 기획은 헤겔의 변증법적 생명 해석의 기획에 근친적이며 근원적으로는 아리스토텔레스의 기획의 현대적 부활이라고 평가될 수 있을 것이다. 또한 요나스가 유기체의 자유를 해명하는 세 가지 범주, 즉 개방성, 지향성, 시간성이라는 범주는 하이데거의 실존 범주에서 따온 것이다. 물론 실존 범주를 생명 일반에 적용할 수 있기 위해서는 현존재인 인간과 생명 간의 연속성을 보장하는 진화론에 대한 사변적 해석[51]에 의해 보완되어야만 한다.

'유기체의 자유'를 그 개념적 핵심으로 하는 생명철학에서 출발하여 이 생명의 가치를 정당화하고, 또 의학적 실천의 맥락에서 인

---

51) 이에 대해서는 H. Jonas, *Materie, Geist und Schöpfung*, 1988(한스 요나스 지음, 김종국, 소병철 옮김, 『물질·정신·창조』, 서울, 2007) 참조.

간 유기체적 생명의 가치를 차별화하여 옹호한 요나스의 기획이 지니는 정합성에도 불구하고 그의 기획의 '사태 적합성'과 관련하여서는 반론들이 있을 수 있다. 이 중에서 주목할 만한 것은, 근대 이후의 생물학이 환원주의에 지배되고 있다는 요나스의 주장과 달리 "근대 이후의 생물학 및 생물학적 탐구가 단순히 환원적 경향에 의해서만 지배되지 않고 그 외에도 사회, 정치와 상호 작용하는 경향에 의해서도, 그리고 이 탐구의 작업장적 성격에 의해서도 지배되는 이종 결합체(Hybrid)이다"[52]라는 반론이다. 이 반론에 따르자면 탐구의 정치 사회성, 탐구의 작업장적 성격 등의 간주관적 요인들은 환원주의적이지 않으면서도 오히려 요나스의 주체 중심적 · 현상학적 생명 해석의 여지를 허용하지 않는 생명 해석을 제시할 수 있다는 것이다. 근대 이후의 과학이 환원주의에 지배되고 있지 않다는 이러한 과학관에서 보자면 근대 이후의 생물학은 요나스의 탈역사적 주체의 현상학적 생명 해석 및 이에 입각한 규범적 척도(예를 들어 의술의 목표 설정을 위한 규범으로서의 인간 유기체의 자연성)를 허용하지 않을 것이며 (왜냐하면 생물학적 탐구 대상의 자연성은 이미 생명 과학적 탐구 활동의 사회적 · 정치적 차원에 의해 소멸되었으므로) 또 이러한 개입이 설령 가능하다 하더라도 허용되어서도 안 된다는 것이나(왜냐하면 '인간 주체와 자연'이 아니라 '사회와 자연'이 관건이므로).[53] 이러한 지적이 타당하다면 요

---

52) R. Schulz, "Organismus und Freiheit. Hans Jonas' phänomenologische Interpretation moderner Biologie", in: *Hans Jonas-Von der Gnosisforschung zur Verantwortungsethik*, Stuttgart, 2003, 75-78 참조.

53) 요나스와 다른 과학관에 입각한 슐츠의 규범적 대안은 그가 인용하는 Latour에서 제시되는 것 같다. "Latour가 보는 탈출구는 '공적 의견들의 참여하에서 기술이 민주적으로 재교육되는 것(Umerziehung)'이다. 이때 공적 의견은 사물들(예를 들어 유전적으로 조작된 유기체들)을 넘어서가 아니라(nicht über

나스의 기획, 특히 그것의 규범적 제안들은 현대 생명과학에 대한 무망한 제어의 시도에 불과하게 될 것이다.

　요나스가 현대 생명 과학적 탐구 활동이 지니는 정치적 차원을 고려하고 있지 않다는 것은 사실과 다른 것 같다.[54] 요나스의 주장은 과학 활동에 간주관적 차원이 없다는 것이 아니라, 즉 이들 내부에서의 자율적 자기 통제가 불가능하다는 것이 아니라, 이 통제의 규범적 기준이 '탐구 공동체'의 범위를 넘어서는 곳(미래세대까지 포함하는 인류 일반 및 이러한 인류의 의미 있는 전사로서의 생명일반)에 있다는 것이다. 말하자면 요나스가 규범으로 제시한 자연은 '사실과 가치의 통일로서의 형이상학적 자연'이며 그리고 이 가치의 '가치성'은 과학자 집단에 의해 '결정'되는 것이 아니라 '동의'될 뿐이라는 것이다. 요나스가 보기에 인류 공동체의 특정 집단이 가치를 결정하려 시도했거나 아니면 이 집단이 보편적 가치에 동의하지 않았던 전형적인 역사적 사례가 바로 아우슈비츠일 것이다.

---

die Dinge), 이 사물과 더불어 '간객관성(Interobjektivität)'에 도달해야만 하는 그런 의견이다." R. Schulz, "Organismus und Freiheit. Hans Jonas' phänomenologische Interpretation moderner Biologie", 77 참조.

54) 이에 대해서는 *Technik, Medizin und Ethik*, 93~102 참조.

참고문헌

김종국, 『책임인가 자율인가』, 파주, 2008.

Cassell, E. "Was heißt es, von 'einer ganzen Person' zu sprechen", in: *Prinzip Zukunft Im Dialog mit Hans Jonas*, Paderborn, 2007.

Jonas, H. *Das Prinzip Verantwortung*, Frankfurt am Main, 1979. (한스 요나스 지음, 이진우 옮김. 『책임의 원칙』, 서울, 1994).

ders, *Erkenntnis und Verantwortung*, hrg., I. Hermann, Frankfurt am Main, 1991.

ders, *Gnosis. Die Botschaft des fremden Gottes*, hrg., C. Wiese, Frankfurt am Main, 1999. (Originaltitel: *The Gnostic Religion. The Message of the Alien God and the Beginnings of Christianity*, Boston, 1991, 초판 1958).

ders, *Gnosis und spätantiker Geist. Von der Mythologie zur mystischen Philosopie. Erste und Zweithälfte*, Göttingen, 1993.

ders, *Materie, Geist und Schöpfung*, Frankfurt am Main, 1988. (한스 요나스 지음, 김종국, 소병철 옮김, 『물질·정신·창조』, 서울, 2007).

ders, *Organismus und Freiheit*, Göttingen, 1973. (한스 요나스 지음, 한정선 옮김, 『생명의 원리. 철학적 생물학을 위한 접근』, 서울, 2001).

ders. *Philosophische Rückschau und Vorschau um Ende des Jahrhunderts*, Frankfurt am Main, 1993.

ders, *Technik, Medizin und Ethik*, Frankfurt am Main, 1987. (한스 요나스 지음, 이유택 옮김, 『기술 의학 윤리』, 서울, 2005).

Kim, J. Moralität in der Gott－verlassenen Welt. Theodizeefrage bei Kant und Jonas, in: *Kant und Berliner Aufklärung. Akten des IX internationaler Kant－Kongresses*, Bd. 3, Berlin, 2001.

Schulz, R. "Organismus und Freiheit. Hans Jonas' phänomenologische Interpretation moderner Biologie", in: *Hans Jonas —Von der Gnosisforschung zur Verantwortungsethik*, Stuttgart, 2003.

휘발적(volatile) 몸과 여성 해방*

장문정

* 이 논문은 2005년 한국 학술진흥재단의 지원을 받아 수행된 것이다(KRF-2005-079-AM0016).

1. 들어가는 말: 여성과 몸

여성만이 몸으로 존재하는 것은 아니다. 그럼에도 불구하고 페미니즘 텍스트 안에서건 바깥에서건 여성이 처한 억압적 현실이 유독 여성의 몸과 관련되어 설명되기 때문에 여성의 정체성은 자신의 몸을 떠나서는 존재할 수 없었다. 이를테면 여성은 남성의 성적 욕망의 대상이거나 아이를 생산하는 생식도구로 존재해 왔고 이는 여성의 몸을 떠나서는 충족될 수 없다. 반면 남성이 행사하는 특권이 남성의 몸과 연관되어 합리화되는 경우는 그리 많지 않다. 남성의 몸은 여성이라는 차이를 만들어 내는 일종의 기준으로 역할하면서 대개 지워지기 때문이다.[1] 그래서 우리가 이제부터 일반적으로 '몸'이라고 말하는 것은 그것이 지워지지 않았음을 말하는 것이며, 기준으로부터의 차이이며 일탈을 의미하게 될 것이다. 그렇기

---

1) 여성의 생식하는 몸이 차별을 생산하는 근거가 되는 반면 남성의 생식하는 몸은 다르게 작동한다. 이를테면 남성의 종족보존을 위한 도구, 페니스(penis)는 그것의 육체성을 지워야만 팔루스(phallus)가 될 수 있다. 그렇게 그것은 모든 가치들을 가능하게 하는 그것의 근원적·초월적 지위(기준)를 획득했다. 자신의 근원 혹은 어미를 지우고 부정하면서 시작되는 남성들의 문명이 필연적으로 통과해야 하는 남성들의 억압, 이른바 오이디푸스 콤플렉스 혹은 거세는 여성의 억압과 비교할 때, 억압이라기보다는 오히려 남성적 권력을 가능하게 하는 문턱이었다.

때문에 예를 들어 이 일탈에 대한 억압으로서의 여성 차별은 사실상 이 '기준' 때문에 비롯된 것임에도 불구하고 몸 그 자체가 그 원인인 것처럼 여겨질 수 있다. 그렇게 남성 중심적인 사회에서 몸은 그 다양성에도 불구하고 일반적으로 차이의 상징으로서 역할하게 된다.

아이러니하게도 '기준'에 대한 맹목적 충성이 초래하는 차이에 대한 억압은 역사적으로 몸 일반에 대한 억압으로 나타났다. 욕망이 고개를 드는 우리 몸에 대한 억압, 욕망을 부르는 여성 혹은 타자의 몸에 대한 억압, 그리고 욕망을 부르는 지구의 몸에 대한 억압, 이를테면 몸 일반의 억압이 여성 몸의 억압뿐만이 아니라 남성 몸의 억압이기도 하기 때문에 몸들의 억압은 얼핏 가부장제와 다른 층위에서 일어나고 있는 것처럼 보일 수 있다. 그러나 몸들에 가해지는 권력의 작용들이 반드시 여성 몸의 억압으로 나타나지 않는다 하더라도 그것들은 여성억압에 책임이 있거나 적어도 그것과 공모관계에 있다. 여성만이 몸으로 존재하는 것은 아니지만, 몸들의 처지는 여성의 처지와 유비적으로 겹쳐지기 때문이다.

그래서 일부 페미니스트들이 여성의 몸뿐만 아니라 이러한 몸들에 대한 억압의 역사를 분석하는 데로 나아간다. 그러한 분석이 가지는 이점은 여성을 옥죄는 억압을 분석하는 것을 넘어서 여성 억압을 위시하여 여하한 차별들을 생산해 내는 근본적 구조를 겨냥한다는데 있다. 중층적으로 겹쳐 있는 온갖 차별들의 연쇄들을 공략하지 않는다면, 여성해방은 결코 이루어질 수 없기 때문이다. 사실상 '단절된' 페미니즘은 권력들의 역학 관계 속에 얽힌 여성의 제 문제들을 풀어내기 힘들며 오히려 그것이 또 다른 차별을 생산하거나 이런 차별들의 연쇄에 자신도 모르는 사이에 공모할 수 있다. 여성해방은 여성으로 상징되는 모든 타자들의 해방이며 몸의 해방이 되어야 한다.

그러나 여성과 유비적인 몸의 해방을 다루기에 앞서 개념적으로 해결해야 할 문제가 있다. 앞서서 언급했듯이, 몸이 차이의 상징이라면, 엄밀한 의미에서 몸 일반이 존재할 수 없는데, 여성의 몸이라거나 남성의 몸이라거나 지구의 몸을 가능하게 하는 유적 실체는 존재할 수 없다. 그런 점에서 차이의 상징으로서 정의된 몸에 대한 일정한 성찰이 필요하다. 차이란 실체가 아니다. 그것은 동일성을 떠나서는 존재할 수 없는 관계적인 것이기 때문이다. 몸이 차이인 한에서, 몸으로서의 남성과 여성, 인간과 지구는 다르다고 말할 수 있다. 그러나 동시에 이 차이(몸)는 남성과 여성을 연결시키고 인간과 지구를 연결시키면서 동일성을 생산한다. 살아 있는 몸의 특성은 서로 결합하고 분리하는 운동성에 있다. 이러한 몸을 통해서만 우리는 세계와 연결될 수 있다. 그리하여 몸을 담론의 중심에 놓으면서 그것을 이른바 개별과 보편이 통과하는 이중적인 지대로 만드는 것은 페미니스트들에게 타자로서 배제되어 온 여성의 위치를 깨닫고 비판하는 데 그치는 것이 아니라 여성을 다시 보편적 대화의 장으로 불러내 오는 역할을 하게 될 것이다.

2. 휘발하는 몸

1) 생물학적 실체로서의 몸?

그러나 몸이 차이로서 자신을 드러내도록 휘발한다는 것, 지워진다는 것은 무슨 얘기인가? 그것은 근대 과학의 특권화된 권위 속에서 진리로 굳어져 버린 기존의 몸 개념을 통해서는 도저히 상상할수 없는 일이기 때문에 일차적으로 그것은 우리의 통념에 대한 도전을 이끌어 내기 위한 은유일 것이다.[2] 그러나 한편으로 아이러니하게도 그것은 동시에 현대 테크놀로지의 작용 속에서 실제로 벌어지고 있는 일이기도 하다는 점에서 현대 과학이 직면하는 새로운 몸 개념이 될 수 있다.

근대 과학이 정립한 몸의 개념은 근본적으로는 기계적으로 타인의 힘에 의해 작동되는 무기력한 유기체 개념에 근거하고 있다. 그

---

2) 휘발적(volitile) 몸이란 표현은 엘리자베스 그로츠의 저서 Volatile bodies: Toward a Corporeal Feminsm(1994)을 통해서 페미니즘 텍스트를 통해서 표현되기 시작했으나 이미 1950년대부터 의식이나 몸의 가변성을 지칭하기 위해 종종 사용되었다.

래서 그것은 '차이'로서의 몸이 아니라 '차별'을 유발할 수도 있는 구별적인 타자로서 기껏해야 일종의 생물학적 실체로 가정되었을 뿐이다.[3] 그리고 근대 과학은 우리가 몸들 없이는 존재할 수 없다는 점에서 숙명과 같은 그것들을 정복하고 지배해야 할 대상으로 설정했다.

페미니스트들에게 이처럼 생물학적 실체 개념에 근거한 몸이 진리로서 합리화하는 여성 억압은 말하자면 도전해야 할 숙명이었다. 그러나 '차이로서의 몸'을 인식하면서 일어났던 페미니스트들은 몸이란 신처럼 도전을 허용하지 않는 견고한 생물학적 실체라는 시대의 통념이 상기되면서 실족할 수밖에 없었다. 만일 그녀들이 생물학적 결정론이라는 숙명을 정복할 수 있는 길을 생명과학의 숭배자들을 추종하는 일로 생각한다면, 그녀들은 안타깝게도 현대 과학이 노정하고 있는 몸의 절멸이라는 가부장주의적 노선에 어쩌면 자발적으로 합류하는 꼴이 되고 말 것이다.

아이러니하게도 현대 과학은 몸, 생물학적 실체라는 자신의 가정을 무효화시키는 운동 속에 있기 때문이다. 여성의 정체성이 온당하게도 여성의 몸에 있었던 한에서, 만일 여성의 몸이 유전학적인 코드로 대체 가능하다면, 남성 중심적인 과학[4]의 손아귀에 들어간

---

3) 그러나 이러한 생물학적 개념이 형성되는 과정은 장문정, 「심신이원론에서 선험적 신체일원론으로: 멘느 드 비랑에서 메를로-퐁티까지」, 『대동철학』 제35집, 2006. 6. 참조.

4) 이블린 폭스 켈러와 같은 과학학자는 근대 과학이 다른 경쟁적인 과학적 비전과 경합을 벌이는 과정에서 자연을 바라보는 인간의 기계론적-우리가 객관적인 태도라 불리던-태도가 전통적으로 견지되어 왔던 몸에 대한 마음에 대한 우월적 지위, 그리고 여성에 대한 남성의 가부장적인 지위를 수사적으로 동원함으로써 기술되고 합리화되었음을 고발한다. 즉 그녀는 우리가 과학이라고 부르는 것이 사실은 17세기 영국에서 일어났던 두 가지 경쟁적인 '새로운 과학' 운동의 정치적, 철학적인 경합 속에서 태어난 것이었음을 논증하고자 한다. 다른 역사적인 선택이 가능했더라면 근대의 과학적 태도로 새롭게 채용되었을지도 모를 연금술적 철학은 이와 대조적으로 바람직한 자연에 대한 인간의 태도를 기술하는 데 있어서, 마음과 몸이 남성과 여성의 관계가 그러해야 하듯이 한쪽이 다른 한쪽을 우위적으로 지배하는 관계

'그것'은 더 이상 차이로서의 여성, 즉 남성과 다른 여성이라고 말할 수 없다. 여성의 몸이 과학적 코드로 휘발하는 것은 곧 여성이라는 종의 절멸을 의미한다.[5]

생식하는 여성의 몸은 관계를 생산하는 몸의 상징이었기 때문에, 신성한 모태로서 예부터 숭배의 대상이었고 남성들의 공포와 질투의 대상이었으며, 절망한 남성들의 부정의 대상이었다.[6] 절망하는 근대 과학의 찬탈의 역사 속에서 수치들과 코드로 환원된 몸들은 그리하여 더 이상 몸들이 아니다. 왜냐하면 그것들은 더 이상 다른 몸들과 연결하는 자발적 능력(차이)을 갖지 못하기 때문이다. 생물학적 실체로서 가정된 몸은 그것이 여성에게 차별과 종속의 굴레를 합리화했듯이, 서로를 연결하게 하고 대화하게 만드는 것이 아니라 구별 짓고 고립시키는 것이며 그래서 서로를 미워하게 하고 급기야 선택된 하나(동일한 척도)로 환원되어 사라지게 만드는 것이다.

이쯤 되면 그것은 근대 생물학이 정립한 생물학적 실체조차도 될 수 없다. 생물학적 실체란─신이 그러하듯이─입증된 것이 아니라 가정된 것에 불과해서, 우리가 그것을 입증했다고 말하는 순간, 이를테면 유전학적인 게놈지도를 완성했다고 말하는 순간 그것

가 아니라 서로가 서로를 필요로 하는 상보성을 전제로 하고 있다. 현 학계를 지배하는 과학이 남성 중심적인 과학 역사의 전통 속에 있는 것은 사실이나 그러한 한계를 극복할 수 있는 새로운 과학성의 가능성, 즉 잠재적 과학이 가지고 있는 정치적 변혁의 가능성을 제한시킬 필요는 없을 것이다(이블린 폭스 켈러, 『과학과 젠더』, 민경숙, 이현주 역, 서울 동문선, 1985, 57~80쪽 참조).

5) 이를테면 화이어스톤과 같은 페미니스트는 진보된 과학기술을 이용하여 여성 고유의 생식 능력을 지워 버리길 주장했다. 그녀는 『성의 변증법』에서 여성의 억압이 여성의 생물학적인 몸에 있다고 생각하고 발달된 과학기술의 힘을 빌려 생식기술을 여성으로부터 떼어 놓는 길이 해방의 길이 될 수 있다고 말했다. 슐라미스 화이어스톤, 『성의 변증법』, 김예숙 역, 서울 풀빛, 1983.

6) 조세핀 도노번, 『페미니즘 이론』, 김익두, 이월영 역, 문예출판사, 1993, 189~198쪽, 327~337쪽 참조.

은 무효화되기 때문이다. 코드화되고 정보화된 몸에서 실체성이란 이미 증발되었다. 이런 상황에서 컴퓨터로 시뮬레이션된 몸과 실제 몸의 구별이 가능하겠는가?

2) 만물의 상품화: 몸이 없는 몸의 전성시대

현대 자본주의의 괴력은 소비자들의 필요를 능가하는 엄청난 양의 물건들을 쏟아낼 수 있는 놀라운 생산력에만 있는 것이 아니다. 그것은 또한 무엇이든 상품화시킬 수 있는, 심지어 눈에 보이지 않는, 그래서 물질적인 것과 멀리 떨어져 있는 것으로 여겨졌던 제 '가치들'도 상품화시킬 수 있는 그 마술적 능력에 있다.[7] 물론 이 시장에서 보이지 않는 가치들의 실현을 가능하게 해주는 것은 지구의 몸이며 특히 우리의 몸이다.[8] 마르크스가 증언하듯이, 그것이 어떤 상품이건 간에 그 상품을 가능하게 하는 것은 인간의 노동(몸)이기 때문이다. 그리고 그의 말대로 이처럼 가치를 가능하게 하는 '가치 중의 가치'인 인간의 몸마저도 노동력 상품으로 만드는 것이 바로 역사적으로 자본주의 전개의 필수적 조건이라면,[9] 만물의 상품화란 자본주의의 여정은 애초부터 예정되어 있었던 셈이다. 상품

---

7) 『나는 왜 루이비통을 불태웠는가?』(닐 부어맨 저, 최기철, 윤성호 역, 미래의 창, 2007)에서 닐 부어맨은 주체를 지우는 소비문화를 대표하는 브랜드집착을 거부하는 의미로 자신이 소장했던 브랜드 소집품들을 불사르는 '브랜드화형식'을 거행한다. 그러나 얼마 되지 않아 그러한 그의 퍼포먼스는 한 영국잡지에 의해서 '소박함을 추구하는 양심적 문화와 함께 부상하게 될 신 검소족'으로 불리면서 특정상품 판매를 위한 마케팅 도구로 전락하고 만다. 그의 책은 이러한 도덕적이고 정치적인 퍼포먼스도 상업화하는 현 소비사회를 고발한다.

8) 이는 재화는 생산요소와 노동력으로 구성되어 있다고 말하는 맑스의 정의에 대한 환언에 불과하다. 또한 이는 소쉬르의 기호학의 용어를 빌자면, 기의(가치)와 기표(몸)의 상관적 관계를 환언하는 것이기도 하다.

9) 강신준, 『자본론의 세계』, 풀빛, 2001, 137~148쪽 참조.

화란 재화들이 쓰임을 위해서가 아니라 교환을 위해서 생산되는 것을 이른다.[10)

자본주의란 제 가치들의 근원(선험적 가치)이었던 우리 몸이 양화된 동일한 척도(교환가치)로 재현될 수 있다는 가정(상품화) 속에서만 작동될 수 있다. 차이로서의 몸들이 서로 같은 것이 될 수 있다는 것. 이 역설은 차이를 억압하지 않는 다음에야(우리의 몸을 지우지 않고서) 어떻게 성립될 수 있겠는가? 이 환원체계를 증명하는 상징이 돈(money)이다. 돈은 일반적인 상징 기호의 작용이 그러하듯이, 기의(교환가치)의 가시적 구현을 가능하게 하는 기표(이를테면 종이나 금속 등의 쓰임새, 즉 사용가치)가 기의의 발현과 동시에 지워지게(휘발) 된다는 특징을 가진다. 그러므로 상품-몸의 전성시대는 기표-몸의 휘발성을 조건으로 한다.

시장에서 넘쳐나는 상품들은 우리의 소비 욕망을 부추기는 관능적인 몸들로 느껴지지만, 그것들이 상품들로 존재하는 한에서, 그것들은 교환가치로 휘발한 몸들이며 그렇기 때문에 그 몸들은 사실상 몸들이 아니라 획일적인 가치, 즉 수치들에 불과하다. 우리가 욕망하는 것은 구체적인 몸들이 아니라 추상적인 돈에 불과한 것이다.[11) 남성의 성적 욕망의 도구로서 휘발하는 여성의 몸은 성애

---

10) 자본주의하에서 상품은 기호가 기표와 기의의 이분적 관계로 이루어져 있듯이, 사용가치와 교환가치의 이분적 구조로 존재한다. 우리가 사전에서 한 기호에 대응하는 의미를 찾듯이, 상품은 가격을 통해서 자신의 가치를 증명한다. 화폐, 자본주의적 경제와 기호 혹은 언어와의 비교는 가라타니 고진, 『마르크스 그 가능성의 중심』, 김경원 역, 이산, 2001, 34~60쪽을 참조.

11) 자본주의하에서 몸을 욕망하는 몸으로서의 섹슈얼리티 개념은 이처럼 공허한 것으로 해체될 것이다. 그렇다 하더라도 자본주의하에서 섹슈얼리티는 완전히 해체되어 존재하지 않는 것이라는데 모든 페미니스트들이 동의할 것인가? 일부 페미니스트들은 섹슈얼리티를 사회적인 욕망 구축 체계로 해체하는 시도의 타당성에 동의함에도 불구하고 그렇게 온전하게 환원될 수 없는 섹슈얼리티의 생물학적 토대에 대한 가정을 견지하고자 한다. 이는 미지의 토대(주어진 것)에 대한 가정을 기반으로 남성과 여성의 차별적 경험을 재현하려고 함으로써 자칫 섹슈얼리티의 해체가 범할 수 있는 가부장주의적인 덫에 빠지

화된(sexualized) 자본주의적 시장을 조건으로 했을 때 가능하지만, 그렇게 가부장제와 자본주의가 공모하는 가운데, 정작 신성한(관계 하는) 여성의 성(sexuality)은 휘발하여 사라진다.[12] 그렇기 때문에 소비행위를 통해서 시도되는 인간의 욕망 충족 행위는 결코 만족 될 수 없는 공허한 것이다. 이는 명백히 인간 소외이며 그 때문에 많은 사람들은 인간의 상품화에 대한 비판의 목소리를 높여 왔던 것이다.

이 같은 몸의 전성시대에, 이른바 인간성의 가치를 믿고 수호하 는 사람들은 '치명적인' 몸 — 상품의 유혹을 초월할 수 있는 정신의 육성을 촉구하면서 반자본주의적인 저항전략을 세울 수도 있을 것이다. 사실상 몸의 범람 속에서 그러한 몸을 통제하고 지배하는 진 정한 주인으로서의 정신에 대한 정교한 담론들은 자본주의적 근대의 작품이다.[13] 근대를 자신의 대립마저도 껴안는 자기 반성적이고 자기 부정적인 것으로 규정한다 하더라도, 어떤 것의 부정은 바로 그것의 긍정을 전제로 하는 한에서, 근대적 '정신' 담론은 이처럼 소외되고 미천한 몸이 범람하는 역사적 과정이 없었다면 그처럼 화려한 삶을 구가할 수 없었을 것임은 분명하다. 그렇다면 아이러

지 않고자 한다.

12) 다자키 히데아키 엮음, 『노동하는 섹슈얼리티』, 김경자 역, 삼인, 2006. 이 책의 저자들 중 한 사람인 오구라 도시마루는 '성매매와 자본주의적 일부다처제'에서 남성에게 배당된 성적인 욕망과 충족이 겉으로는 일부일처제의 틀을 지향하면서 성 상품화로 지탱되는 자본주의적 교환 체계를 비판한다. 이미 노동력 상품화로 몸에 대한 착취가 구조화한 자본주의는 시장의 주된 화폐소유자이며 노동력 재생산에 필요한 소비서비스의 중요한 소비자로서 남성의 성적인 욕망의 구조를 시장 구조로 순환시킨다. 성상품화 현상은 자본주의적 시장의 한 부분을 의미하는 것이 아니라 시장 자체의 성애화(sexualization)를 의미하는 것이기도 하다.

13) 이를테면 데카르트의 『성찰』은 당시 자본주의가 가장 발달되었던 네덜란드에서 데카르트가 무르익은 자본주의적 분위기 속에서 체류하며 쓴 것이다. 그를 위시한 수많은 의식(정신)의 옹호들은 근대 이전보다는 근대 이후의 사회적 분위기 속에서 만들어진 것이다.

니하게도 '정신' 담론은 소외되는 몸을 안타까워하며 몸의 회복을 주장하기보다는 그러한 몸을 이용하여 이득을 얻고 있는 것은 아닐까? 더 나아가 '정신' 담론은 오히려 몸의 휘발을 부추기는 자본주의에 공모하고 있는 것은 아닐까?

근대 주체의 탄생이 페미니즘의 발생과 밀접한 관련이 있다는 역사적 사실 때문에 종종 일부 페미니즘은 이데올로기적인 정신의 육성 프로젝트나 자본주의의 융성이 여성의 해방에 긍정적 기여를 할 것이라는 믿음을 가지기도 했다. 그러나 몸의 관점에서 볼 때, 정신은 전형적으로 남성적 이해를 대변하는 주체이다. 그런 한에서, 정신의 융성과 자본주의에 대한 옹호는 몸에 대한 좀 더 미시적이고 복합적인 억압 체계를 고안함으로써 오히려 새롭고 은밀하게 근대적인 여성억압을 산출해 낼 혐의가 있다.

상품으로서의 노동력의 탄생은 주체가 자신의 몸을 시장에 자유롭게 내다 팔기 위해 자신의 몸이 '나' 이외의 어느 누구에게도 구속되어 있지 않을 '자유'를 주장하는 근대 시민혁명을 통과하면서 공식화되었다. 이 자유의 효과로서 몸은 '나'로부터 남에게 양도 가능할 정도로 분리되어야 했다. 그리고 몸은 이 분리를 견디기 위해서라도 아무런 고통도 느끼지 못하는 '이미 죽은' 물체(body)로 사라져야 했다. 마침내 이 사악한 거래의 대가로 주어진 것이 정신이라는 유령이며 그것이 사실상 근대적 '주체'의 실체로 등극했다.

그러나 그렇기 때문에 그것은 휘발한 몸인데, 다만 휘발했기에 그것이 몸에서 태어났다는 사실이 지워졌을 뿐이다. 그럼에도 불구하고 오이디푸스의 아들이 어머니를 배신해야만 상징계의 열매를 맛볼 수 있듯이, 이 명백한 사실은 고의적으로 무시되고 제도적이고 체계적으로 지워졌다. 근대에 고유한 정신(휘발적 몸)의 개념은 몸을 미천하게 만들어 마음대로 소유하고 이용하고 버릴 권리를 정립하는 것, 즉 몸을 휘발시켜 사라지게 할 합법적 권리를 명시하는 것과 다르지 않았다.[14] 이리가래는 몸에서 정신이 태어났음에도 불구하고 거꾸로 정신이 몸의 주인행세를 하는 이 코페르니쿠스적 전회야말로 남성주의적 상상의 전형이라고 비판했다.[15] 정신이 몸에 근거해 있는 한에서, 그것은 논리적으로 불가능한 일이며 상상적 허구에 불과하다. 그럼에도 불구하고 그러한 허구가 근대 문명을 떠받치는 근본적 토대가 되었던 이유는 알튀세가 말하고 있듯이, 인간의 제도적·사적인 실천들(몸)이 허구(이데올로기)를 현실로 만들 수 있는 힘을 가지고 있기 때문이다. 정신에 대한 허구 혹은 가부장적 지배라는 모순적 실재들은 지금도 여전히 남성의 몸들, 여성의 몸들, 지구의 몸들이 지탱시키고 있다. 그 허구와 모순들이 진실로서 둔갑하는 바로 그 순간, 몸들은 그토록 찬양해 마지않는 위대한 인간의 '실천들' 속에서 불쏘시개로 휘발된다.

따라서 우리 시대, 우리가 개탄해 마지않는 이 몸(?)의 전성시대는 역설적으로 몸이 휘발한 정신의 전성시대일 뿐이다. 그러므로 몸의 전성시대를 질타하며 정신의 부흥을 역설하는 것은, 포스트-모더니즘적 페미니스트들이 주장하고 있는 것처럼[16] 사실상 서로

---

14) 그럼에도 불구하고 정신이 일말의 존엄함을 주장하고 있다면, 그것은 근대 예술이 그러했듯이, 미천한 현실에 대한 반대급부로서 가상의 자격으로서만 가능할 터이다.

15) 이러한 환원적 주체가 일으킨 환란의 책임을 묻는 이른바 포스트-모더니스트들이 주체의 죽음을 운위하는 것과 유사한 선상에서 이리가라이(Luce Irigaray)는 *Speculm of the Other Woman*,에서 정신이 육체를 지배한다고 하는 이 코페르니쿠스적 전회야말로 남성적 상상의 최종적 효과라고 비웃었다 (Luce Irigaray, *Speculm of the Other Woman*, trans. Gillian C. Gill, Cornell University Press, Ithaca, New York, 1985, p.133, 참조).

16) 이른바 포스트-모더니즘적 페미니즘은 데리다의 현전의 형이상학에 근거해서 몸과 마음(정신)의 이분

가 서로를 필요로 하는 몸과 정신의 이분적 작동법을 파악하지 못한 채, 휘발하는 몸의 전성시대가 더욱더 융성하기를 바라는 자본주의적 제의에 자신도 모르게 참배하고 있는 것이다.

3) 휘발하는 몸을 '보기': 여성, 지구, 언어

만일 페미니즘이 찾고자 하는 것이 휘발하지 않은 '순수'의 몸이라면, 그래서 그러한 몸에 근거한 여성의 정체성이라면, 아마도 그러한 시도는 머지않아 좌초하고 말 것이다. 이 문화세계에서 인간의 도구연관 관계에서 자유로운 몸은 존재할 수 없기 때문이다. 심지어 생물학적 실체마저도 인간의 필요로 해체시키는 상황에서, 휘발하지 않은 몸이란 책에서나 존재할 법한 동화 같은 이야기라고 일축하는 것도 충분한 이유가 있다. 분명히 휘발하지 않는 몸―분리된 차이―는 죽은 것이며 이 문화와 역사 바깥에 존재하는 것이다. 따라서 휘발하지 않은 여성의 몸을 추구한다는 것은 곧 여성을 반문화적이고 비역사적으로 만드는 것이고, 이는 가부장제하에서 휘발하여 사라졌던 여성의 운명과 그리 다를 바도 없다. 그러나 그렇다고 해서, 상황이 어찌되었건, 휘발하는 몸은 문화와 역사의 조건이기 때문에 모든 몸의 휘발을 긍정하고 지지할 수밖에 없노라고 우리가 주장한다면, 이러한 패배주의는 일탈하는 몸을 부정하고

법을 비판한다. 그의 현전의 형이상학에 의하면 몸과 마음은 서로 다른 것이 아니라 동일한 A라는 속성이 있거나 (A) 없음(―A)을 반영하는 이분법에 지나지 않는다는 점에서 언제나 A만을 이야기하고 있다는 것이다. 이러한 A는 서구의 형이상학의 역사에서 늘 같은 것으로서 현전하는 신, 주체와 같은 것들이며, 아마도 근대적 자본주의적 단계에서는 돈(자본)이라는 기표로 대체 가능할 것이다.

모든 저항을 무력화시킴으로써 몸에 대한 한층 더 악성적인 억압을 정당화할 수 있다.

패배주의가 운명애는 아니다. 분명한 것은 정치, 경제학적인 의미에서 자유로운 몸을 추구해 온 우리의 역사도 또한 운명처럼 존재한다는 것이다. 그렇다면 여기서 우리는 모든 휘발에서 자유로운 몸, 즉 역사적으로 한 번도 현실화되지 않았던 이 '현실'을 추구하는 정치적·경제적 자유가 정확히 무엇인지 생각해 보아야 할 필요가 있다.

몸은 그것이 인간 필요의 도구로서 채용되는 그 순간부터 휘발했다. 근대 과학을 통해서 몸이 정복하고 지배해야 할 실체로서 정립되는 순간, 그래서 몸이 재산 증식의 수단이 되거나 재산이 되는 그 순간, 이 휘발은 더욱 가속화되었다. 주어진 필요에 부합되는 가치들, 즉 필요 맥락이 생산해 놓은 가치들은 그것들이 실현되는 몸들을 떠나서는 존재할 수 없음에도 불구하고 가치들의 얼굴 아래에서 몸들의 기여는 지워진다. 이러한 휘발과정은 우리가 문화적, 기호의 세계에서 말하고 쓰는 순간, 언어를 통해서 말하고자 하고, 쓰고자 했던 의도들(기의들)이 청자와 독자에게 전달되어 실현되는 순간, 사라져 버리는 소리와 문자(기표들)의 운명과 동일하다. 만일 이러한 의미들이 작용되는 가운데서도 지워지지 않은 어떤 기표들이 있다면, 그것은 의미작용의 실패를 의미할 뿐이다. 그러한 일탈들은 이른바 '가치'들과는 다른 존재론적 기반, 불투명한 물질성의 두께로 존재하기 때문에, 몸으로 불린다. 일탈에 대한 두려움은 역사적으로 그것을 열등한 것으로 강등시키고 모욕해 왔다. 몸들 - 언어, 여성, 자연, 심지어 상품[17])은 그것들이 봉양하는 문화의 '가치'

에 비해서 미천한 것으로 억압되었다.

　사실상 페미니즘은 이처럼 모욕당하는 여성의 몸이 없었다면 불가능했다. 생산을 가능하게 하는 것, 즉 자본주의의 이윤추구를 가능하게 하는 노동력의 안정적 확보가 일차적으로 여성의 생식 능력에 있었기 때문에 여성의 몸은 가부장적 자본주의의 이윤추구에도 핵심적인 도구로 작용했다.18) 여성의 재생산노동은 가정 안에서 부불임금으로 착취되었고, 여성의 생식력은 가부장제의 윤리로 휘발되면서 미화되었다. 반면 가정 바깥의 여성 성욕은 과도하고 부적절하고 더러운 일탈로서 규정됨으로써 역설적으로 여성 혐오증과 공포증과 같은 부정의 형식으로 '몸으로서' 살아남았다. 이 일탈하는 부정한 몸이 없었다면, 역설적이지만, 가부장제에 억압되어 휘발하는 몸이 보일 수 있었겠는가? 가부장주의자들이 진리로 특권화된 가치와 의미를 볼 때, 페미니스트들은 거기서 '보이지 않는' 휘발하는 몸들을 '보았다.' 자본주의자들이 합리성과 개발의 윤택함을 설파할 때, 페미니스트들은 그러한 거짓된 풍요함의 틈에 '가려져 있는' 이른바 여성들과 사회적 '약자들'과 소위 '제3세계인들'을 본다. 그녀들은 살아 있는 우리 몸이 우리의 마음을 만들어 내

---

17) 상품이 모욕되었다는 것은 설명을 요할 것 같다. 실제로 고도의 소비사회에서 우리가 어떤 상품을 소비하는 이유는 그 몸이 필요해서라기보다는 그 몸이 구현하는 가치들, 이를테면 럭셔리함, 다른 사람들과의 분리의식을 구매하기 위해서일 경우가 많다. 광고는 이러한 소비자의 심리를 극적으로 과장되게 구현하여 이익을 추구한다. 이러한 소비를 조장하는 자본주의의 논리나 가치는 미화되는 반면, 그러한 가치를 실현해 주는 상품들의 소유자체는 천박하고 속물적인 것으로 치부되는 사회적 양면성도 생각해 볼 수 있다.

18) 여성의 생식 능력에 대한 공적 권력의 개입은 근대의 마녀사냥을 비롯하여 최근까지 세계적으로 출산장려운동이나 산아제한운동으로 계속되고 있다. 여성은 이런 점에서 역사적으로 자신의 몸에 대한 자결권을 행사한 적이 없다. 여성의 생식이 자신의 목적이나 그 자체로서가 아니라 타자의 목적에 의해 소외되는 이러한 휘발은 결혼제도라는 규칙 속에서 이루어지며 그러한 규칙 바깥의 여성의 생식력은 일탈이며 더러운 '몸'으로 낙인찍힌다.

듯이, 이처럼 '보이지 않는', '가려진' 휘발적 몸들이 이 가부장적 자본주의적 문화를 유지하는 수많은 가치들을 존재하게 만들었음을 보여줌으로써, 그 공이 있다면 그것을 그 미천한 몸들에게 돌려주고자 했다. 그렇게 그녀들은 불균등하고 부정의한 이 사회를 고발하고 비판하고 바꾸고자 했다.

그리하여 휘발하는 몸에 대한 우리의 윤리적 태도는 다음처럼 제안될 수 있다. 역사적으로 휘발하는 것이 몸의 운명이었다 하더라도 우리의 필요에 따라서 살아 있는 몸을 부당하게 다루어서는 안 된다는 원칙, 즉 남성적 욕망에 따라서 여성의 몸을 도구화해서는 안 된다는 원칙, 그리고 몸들의 부당한 고통을 초래하는 현대의 과도하고 낭비적인 소비 수준을 존속시키기 위해서 휘발하는 몸을 부당하게 휘발시켜서는 안 된다는 원칙이 그것이다.

페미니즘이 근거하는 '몸의 자유'란 의제는 이러한 윤리적·정치적 공감대의 형성을 이끌어 내기 위한 규제적이고(regulative) 당위적인 것이다. 그런 점에서 인간은 자기 몸의 자결권을 가져야 한다는 페미니즘의 자유주의적 의제는 단지 개인적인 차원에서만 아니라 사회, 경제적인 차원에서 휘발하는 모든 몸들의 정당한 권리주장으로 심화시켜야 한다. 몸을 매개로 할 때만, 페미니즘은 그 담론이 처해 있는 계급 이해를 넘어서 보편적인 경제적 불평등의 회복 운동으로, 그리고 생태론과 공동전선을 형성하면서 확장될 수 있다.

고도의 산업화와 소비문화의 가속화가 초래한 생태론적 위기 역시 지구의 몸(혹은 여신)이 가부장적 자본주의의 놀라운 휘발성에 대하여 일종의 환경 재앙으로 화답하여 자기를 드러냄으로써 담론화되었다. 인간에게 재앙을 선사하는 분노하는 여신이 없었다면,

인간 문화의 발바닥 밑에서 숨 죽여 있었던 희생하는 어머니-지구의 존재가 드러날 수는 없었다. 그러나 하나의 몸으로서 지구를 바라본다는 것은 환란과 파괴를 일으키는 환경 재앙에 대한 새로운 효과적인 통제 수단을 촉구하는 데 있는 것이 아니라 그러한 분노를 유발하는 우리 문화와 역사에 대한 총체적인 반성을 이끄는 것이다. 물론 몸들이 휘발해서 지탱하는 우리의 정신들, 가치들, 이 문화 자체를 부정할 수는 없다. 몸이 휘발하면서 이른바 문화세계가 창조되는 한에서, 살아 있는 지구 담론은 몸의 휘발 자체를 비판하거나 휘발되지 않는 몸을 고수하려는 것이 아니다. 오히려 그것은 다양한 가치들을 휘발시키는 몸들, 즉 그러한 다양한 가치들이 충돌하는 지점에서 다양하게 가시화되는 몸들에 대한 관심을 촉구하는 것이다. 몸을 부정하는 문화는 죽음을 권유하는 문화이고 작금의 가부장적 자본주의는 이대로 간다면 곧 파국을 맞이하게 될 것이기 때문이다.

휘발하는 언어와 관련하여 언어의 차이 역시 최근의 페미니스트들이 자신의 담론들의 한계를 비판하고 자신들이 나아가야 할 길을 제시해 주는 스승의 역할을 해 주었다. 이제까지의 페미니즘 담론이 휘발시켰던 의미들은 사실상 그러한 언어들을 도구로서 다루기 용이했던 서구 중간계급의 백인 여성들의 이해관계를 담은 것이라는 한계와 반성은 역설적이게도 그러한 페미니즘이 이른바 제3세계 여성들과의 의사소통에 실패함으로써 차이 혹은 몸(무의미)으로서 내동댕이쳐졌던 데 기인한다. 기의의 불가능성은 지워진 기표를 회복시킨다. 이러한 언어의 몸, 즉 언어가 재현할 수 없었던 틈이야말로 페미니즘의 언어가 재현하고자 노력해야 하는 곳임에는 틀림없다. 그럼에도 불구하고 가야트리 스피박은 페미니즘이 모든 여성들의 삶을 기의로 담아낼 수 있을 것이라는 착각을 경고하면서 몸으로서의 언어를 하부주체(sub-altern)로 불렀다. 그것은 서구 주체와 말 걸고 관계 맺는, 차별적이지 않는 차이 관계를 가리킨다. 서구 페미니스트들이 제3세계의 몸들을 위해 돕는 일이 있다면 그녀들의 몸(삶)을 대신 말해 주는 것(그래서 전유하는 것)이 아니라 그녀들로 하여금 직접 자신들의 이해관계를 자신들의 언어로 말하도록 말 거는 것에 불과하다는 것이다. 언어의 몸은 극복되어야 할 것이 아니라 존중되어야 한다.[19]

---

19) 가야트리 스피박은 서구 주체 개념이 도저히 재현할 수 없는, 이른바 제3세계 어둠의 사람들의 체험을 재현할 수 있기를 촉구하면서 하부주체(sub-altern) 개념을 주장했다. 이 개념은 우리말 번역어의 뉘앙스가 그러하듯이 서구 주체에 비해서 부수적인 위치를 가지고 있다는 뜻이 아니라 주체가 지향해야 할 기저의 것, 실체의 성격을 함축한다. 서구 중산층 중심적인 페미니즘의 프리즘을 통해서 비춰진 제3국의 여성들의 이해관계는 현실과 전혀 달랐다. 이러한 프리즘 혹은 주체 모델이 그녀들을 서구 페미니스트들이 보고 싶은 데로만 보고 왜곡시킴으로써 다시 한 번 그녀들과 그녀들의 삶을 소외시킬 것이기 때문에 스피박은 서구적 주체가 제3국의 타자를 바라볼 때 필요한 일종의 예의를 언급한 것이다. 타자라는 개념은 배제의 의미가 있기 때문에 그녀는 하부주체라는 개념을 통해서 서구 주체와 말 걸고 관계 맺는 차별적이지 않는 차이 관계를 강조했다. 그래서 서구페미니스트들이 그녀들을 위해 할 수 있는 일이 있다면 그녀들의 삶을 대신 말해 주는 것(그래서 전유하는 것)이 아니라 그녀들로 하여금 직접 자신들의 이해관계를 자신들의 언어로 말하도록 말 거는 것이다. 가야트리 스피박, 『다른 세상에서』, 태혜숙 역, 여이연, 2003, 398-441쪽 참조.

3. 휘발적 몸과 여성 주체

1) 마음과 몸의 새로운 관계 맺기

주체는 알튀세에 의하면 인간의 문화와 역사를 가능하게 하는 근본적인 이데올로기이며, 이러한 형이상학에 대한 담론은 근대 이후로 본격화되었다. 그러한 본격화를 열었던 데카르트의 코기토는 그런 점에서 기념비적 중요성을 가지고 있다. 그러나 알튀세의 요점은 주체가 거짓이라는 사실을 폭로하는 데 있는 것이 아니라 그러한 거짓이 진실로서 행사되는 권력의 메커니즘을 드러내면서 주체의 역할이 인간 역사의 형성과 유지에 얼마나 중요한 역할을 하는지 강조하는 데 있다.[20]

전통적으로 마음과 몸은 인간을 구성하는 두 가지 요소였다. 가부장적 자본주의를 대변하는 데카르트주의는 이 두 가지를 서로 구별적인 실체로 가정하되 몸에 대한 마음의 우월적이고 지배적

---

20) Louis Althusser, *Lenin and philosophy and other essays*, Monthly Review Press, 1971, 이진수 역, 백의 1991, 164-165쪽 참조.

관계로서 주체를 구성했다. 그러나 여성이 몸으로서 존재하는 한에서, 이러한 주체가 '언어적·제도적 실천'을 통해 여성을 '권력의 길들여진 도구로서 재생산'할 수 있다는 알튀세적 적용을 고려한다면, 일부 페미니스트들이 지적하는 것처럼 데카르트적 코기토와 그것에 기반을 둔 이 문화 전반이 남성 중심적이라고 비판하는 것에는 충분한 일리가 있다. 이 진영의 페미니스트들은 데카르트적인 주체가 허구적이라는 사실을 문제 삼고 있다기보다는 그것이 전형적으로 남성적 이해관계를 대표하고 있으면서도 그것을 정치적으로 은폐하고 있음을 문제 삼는다. 물론 이 주체는 현실적·정치적으로 여성적 경험만을 누락시키고 평가절하했던 것이 아니다. 주체는 이른바 그것이 '남성적 경험(?)'이라 하더라도 그 재현체계가 비출 수 없는 '음지의 세계'로 남겨지는─이른바 여성적 경험을 포함한─광대한 차이의 영역들을 만들어 낼 것이다. 그리고 그것들은 가부장적 세계에서 열등하거나 무가치한 것으로 서열화될 것이다.21) 근대 주체 개념이 서구 부르주아적 중산계층의 이해관계를 '반영'하고 '뒷받침'하는 담론의 지렛대 역할을 하는 한에서, 근대의 경제적 현실에서 이 주체의 사정거리에서 누락된 사람들의 삶은 서구 자본주의적 삶의 척도에서 미개한 것이거나 열등한 것으

---

21) 서열화 속에서 차별화되는 다양한 구별체계, 이를테면 젠더, 인종, 문화 종교적 차이들은 이전보다 근대 자본주의 속에서 더욱더 정교화되고 정치적으로 위계적으로 실천되어 왔다. 말하자면 이러한 구별 체계(discrimination)는 자본주의의 이윤추구를 보장하거나 가속화시키는 하나의 이데올로기적 기제로서 자본가들에 의해서 강화되거나 배양되었다(이 매뉴얼 월러스틴, 『역사적 자본주의/자본주의 문명』 나종일, 백영경 역, 창작과 비평사, 1993, 27, 80~96쪽 참조). 이에 대한 개별적 역사 연구로는 데릭 젠슨, 『거짓된 진실』(이현정 역, 아고라, 2008)을 들 수 있다. 저자는 흑백 차별의 정치적 사례인 아파르트헤이트는 19세기 말 남아공의 다이아몬드 광산의 개발과 관련되어 있음을 폭로하는데, 이 인종차별법의 통과는 광산에서 흑인노동자들에 의해 다이아몬드가 새나갈 것을 염려한 고용주들의 작품이라는 것이다. 저자는 차별, 증오는 심리학적인 문제가 아니라 경제구조가 만들어 낸다는 견지에서 접근한다.

로 낙인찍히게 되고, 실제로 자본주의가 가속화되어 전 지구화됨에 따라 서구자본주의의 독식 프로그램 속에서 배제된 그들의 삶은 이러한 서열적 담론체계를 실행하면서 피폐해졌다.

이렇게 누락된 사람들은 데카르트적 정신으로 존재하지 못하거나 그것에 순종하는 도구로 휘발(길들여진)하지 못한 추한 몸들이다. 몸들은 주체가 될 수 없다. 그럼에도 불구하고, 아우성 속에서 자기 권리와 자기주장을 하는 이 발칙한 몸들은 도대체 무엇일까? 그리하여 그동안 배제되었던 몸들을 주체에 끌어들이려는 시도들이 일부 양심적이거나 학적으로 엄밀성을 추구하는 학자들 사이에서 일어났다. 물론 페미니스트들이 이 미천한 몸에 관심을 기울이는 유일한 집단은 아니다. 사실 정상 주체에서 벗어나 있다고 간주되었던 사람들, 이를테면 장애자들이나 정신병자들을 주체의 담론에 끌어들이는 일은 정신분석학자들이나 일부 현상 학자들과 같은 남성 학자들의 영향력 있는 시도들부터 본격적으로 시작되었기 때문이다. 그들은 데카르트적인 정신과 몸의 이분법과 그러한 이분법에 근거한 근대적 주체의 모순을 비판하면서 마침내 휘발하는 몸의 존재를 발견하고 담론화했다. 그들이 그것들이 여성적 주체를 찾는 일과 관련되어 있다고 명시적으로 언급하지 않았고 실제로 그들의 작업들은 그것과 관련이 없었다 하더라도, 그 같은 시도들은 페미니스트들에게 영감을 주기에 충분했다.

마음과 몸의 잘못된 관계는 이제 수정되어야 한다. 마음이 몸에 우위적 지배권을 가지고 있기는커녕 발생적으로 마음은 몸으로부터 만들어졌다. 만일 마음이 처음부터 주어진 것이 아니고 몸의 알려지지 않은 메커니즘에 의해서 만들어진 것이라면, 그래서 이러한 몸의 휘발과정을 밝힐 수 있다면, 그동안 우리가 주체 담론에서 배제시켰던 몸들도 이해할 수 있는 길이 열리고 그래서 그것들을 통해 새로운 주체를 세울 수 있지 않을까?

물론 엄청나게 다양한 몸들의 엄청나게 다양하고 복잡한 휘발과정들을 다 알기는 힘들다. 그러나 이 진영의 연구자들은 최소한 당시 생리학적 연구들이 찾은 증거들을 기반으로 기존의 마음과 몸의 '사이'에 있는 것처럼 여겨지는 심리학적 개념 틀을 제안하면서 생물학적 실체로서의 몸을 부정하고 데카르트의 이분법을 교란시키는 일을 해냈다. 이 개념 틀에 의하면 마음과 몸은 그 분리된 용어들처럼 분리될 수 없는 것들이며 서로 얽혀 있다.[22] 그들은 그것을 몸 이미지[23]라거나 신체노식(postural schema)[24]이라거나 상상계적 해부학[25]이라는 표현을 사용하면서 마음과 몸의 두 가지 성격을 동시에 가지고 있는 애매성의 지대를 언급했고 그것을 주체와 관련시켰다. 말하자면 그것은 세계를 살아가는 "몸이 지니고 있는 의미의 지도이자 내재화된 이미지"[26]라고 할 수 있다. 이에 대한 프로이트의 표현은 한층 우화적인데, 마치 머릿속에 물구나무선 난장이(homunculus)[27]가 있어서 우리 몸을 어떤 시공간적 구조에 적

---

22) 그러나 근대 몸의 관점에서는 낯설어 보일 수 있는 그들의 작업들은 사실상 근대 이전이나 근대적 서구와 다른 문화적 맥락에 있는 사람들에게는 너무나 덩언한 얘기이디.

23) 이는 고대 이집트 이래로 서구 의학에서 장구한 역사를 가진 개념인데, 영혼의 물질적 유사품과 같은 성격을 가졌으며 아리스토텔레스에게서는 프뉴마(pneuma)로도 불렸다. 엘리자베스 그로츠, 『뫼비우스의 띠로서 몸』, 152쪽 참조.

24) 헨리 헤드가 사용한 용어로서 몸들이 분산적이고 단편적인 조각들의 모임이 아니라 시공간적 상황을 재현하는 일종의 몸적 구조로 존재한다는 의미를 가지고 있다. 같은 책, 157쪽 참조.

25) 정신분석학에서 종종 사용된 개념이다. 상상계란 이미지계의 성격이 강한 반면 해부학은 생물학적 실체로서의 몸을 떠올리는 애매한 영역이다. 같은 책, 112쪽 참조.

26) 같은 책, 112쪽.

27) 같은 책, 102쪽 참조.

합하게 행동하게 만들도록 지시하고 있는 것 같다는 것이다.

다수의 병리학적 사례들은 이러한 가정에 부합되는 많은 증거들을 보여준다. 특히 환상지의 경우가 전형적이다. 환자가 이미 잘려나간 자신의 다리에서 고통을 느낄 수 있다는 것은 몸이란 생물학적 실체가 아니라 정신적으로 경험된 관계라는 가정을 받아들이지 않고서는 도저히 해석될 수 없다. 사실상 일상적인 우리의 지각 자체가 마음과 몸 사이의 틈이라 할 수 있다. 이를테면 좌측 감각이 우측 감각으로 이동하여 환각적 감각을 야기하는 알로쉬리아(Allochiria)[28]의 경우가 보여주듯이, 우리의 몸의 경험은 몸 바깥에 어떤 능동적인 주체가 있어서 몸을 수동적으로 점유하는 형식이 아니라 몸들 안에 몸들을 능동으로 만들기도 수동으로 만들기도 하는 이른바 주체의 능력이 내재하는 듯하다.

그래서 메를로-퐁티는 이전의 편협한 주체와 거리 두기 하면서 그것이 배제했던 몸들을 껴안는 새로운 주체 개념으로서 신체-주체를 옹호했다. 몸은 우리의 통념보다 더 많은 능력을 가지고 있고 그것을 행사해 왔다. 그런 의미에서 지워진 몸을 회복시키고자 하는 것이 신체-주체이지만, 그렇게 지워진 몸을 보기 위해서라도 무엇보다 몸을 존중하는 태도가 필요하다. 소쉬르에 의하면 기표가 의미가 될 수는 없지만(기표와 기의는 다르지만), 기표들의 연결(혹은 기표들의 차이)이 의미작용을 산출한다. 분명 해부학적인 몸은 -그동안 마음의 독점적 귀속으로 여겨졌던- 사고 작용을 할 수

---

28) 메를로-퐁티도 자신의 신체철학을 기술하는 데 있어서 매우 중요하게 인용하고 있는 사례로서, 실더(schilder)가 몸의 건강한 한쪽 편의 손상된 감각을 다른 편 부분으로 대칭적으로 이동시키는 환자의 능력을 이르는 사례이다. 같은 책, 162쪽 참조.

없다. 그러나 신체-주체가 그러하듯이 몸들의 연결은 일종의 의미작용을 구조화한다. 만일 서둘러-해부학적으로-그 기표를 기의의 그릇으로 휘발시켰다면 우리가 결코 만날 수 없었던 그런 풍성하고 진실한 의미작용을 말이다. 몸은 그냥 있는 것이 아니라 "재현될 수 없는 잠재성이거나 깊이를 숨기거나 드러내는 어떤 미지의 것"[29]으로 있다. 그러므로 몸에 주체의 자격을 준다는 것은 그러한 기표들의 연결들, 몸들의 결합, 타자에로 조심스런 말거리를 통해서 미래에 혹은 가능적으로 휘발할 의미들을 존중한다는 의미이기도 하다. 이는 해부학적으로 해석해서 무의미나 반역사에 대한 옹호로 받아들여서는 안 된다.

2) 휘발적 몸의 계보학

휘발하는 몸을 '보기' 위해서는 우선적으로 몸에 대한 통념에서 벗어나야 하고 그 다음으로 그러한 몸의 '자취'를 '되밟아야' 한다. 몸은 의미나 메시지로 휘발하는 이른바 기호들의 연쇄로 이루어진 물질적 표면을 가지고 있다. 우리가 이 지워진 물질적 표면을 볼 수 있는 '눈'을 가지게 되었을 때, 본격적으로 그것의 구조나 형태에 대한 이야기가 가능할 것이다. 그러나 '본다'는 표현이 자주 시각 중심적인 철학사 속에서 그것이 가지고 있는 '눈'의 물질성을 잃어버리고 비가시적인 것, 정신적인 것과의 연관 속에서 유통되었던 점을 고려한다면, '자취'나, '되밟기'와 같이 물질적 질감을 잃

---

29) 같은 책, 246쪽.

지 않고 있는 용어들이 이 단계를 표현하는 데 더 적절할 듯하다.

데리다는 특히 이 점을 강조하기 위해 글쓰기(écriture)라는 조어를 만들어 냈다. 음성언어가 발화와 동시에 의미를 발현시키면서 공기 중에 사라져 버림으로써 휘발적 몸을 효과적으로 은폐하는 데 반해서, 문자 언어는 그럼에도 불구하고 그 물질성의 흔적을 시각적으로 남김으로써 휘발하는 몸을 드러낼 위험이 있었고, 그 때문에(차이를 만들기 때문에) 음성 언어에 비해서 열등한 것으로 여겨졌다. 따라서 이러한 서열을 뒤엎으면서 그가 만들어 낸 글쓰기 개념은 휘발되는 의미에 초점을 맞춘 종전의 언어적 실천과는 판이하게 다른 것이다. 그것은 의미 재현 구조의 집착에서 벗어나 있는 건축 구조물을 보는 것과 유사할지 모르겠다. 명시적으로 어떤 의미나 메시지를 띠고 있지 않다 하더라도 몸들이 겹쳐 있거나 나열되어 있는 것들은 이제 일종의 텍스트와 같다. 우리가 텍스트라고 지칭할 때는 어떤 의미나 메시지를 담고 있는 물질적 매체의 성격이 강하다. 따라서 몸을 텍스트로 표현하는 것은 기호라는 표현보다 몸의 흔적과 몸들의 얽힘 구조를 지시하게 됨으로써 그저 파편적으로 나열되어 있을 뿐인 해부학적인 몸과 거리 두기 할 수 있다는 이점을 가진다.[30]

원초적인 텍스트가 존재하지 않는 것과 마찬가지로 원초적인 몸이란 존재하지 않는다. 몸은 늘 특수하고 역사적이다. 이를테면 몸은 연결될 수 있게끔 분절되어 있거나 혹은 외부의 접촉이나 연결

---

[30] "몸은 페이지 혹은 물질적인 표면이거나 심지어는 서로 접힌 나뭇잎으로서의 책이며 글쓰기 체제와 거의 흡사하게 의미 메시지, 기호를 언제라도 수용하고 간직하고 전달한다." 엘리자베스 그로츠, 앞의 책, 240~241쪽 참조.

의 흔적이 표시되어 있거나 혹은 각인되어 움푹 들어가거나 볼록 나와 있는 식으로 늘 과정 속에 있거나 일정한 영향 속에 있다. 그리하여 마치 미세한 얼굴 근육들의 윤곽들을 통해서 표정의 의미를 추론해 내고 그러한 윤곽법칙들의 연구가 가능하듯이 각각의 몸들에 대한 법칙들, 즉 텍스트학이 만들어질 수 있다. 물론 그것은 보편의 법칙으로 결정될 수 있는 것이 아니라 특수성의 역사라는 한계 속에서만 유효한 것들이다.

실제로 현대 사상사 속에서 제기된 몸에 대한 관심과 연구는 세상을 이해하는 데 있어서 이전과는 전혀 다른 접근법과 효과를 가져왔다. 의미 중심의 연구가 필연적이고 본질적인 이념관계를 형성하는 데 기여했다면, 텍스트의 연구는 이와 반대로 불연속적이고 이질적인, 그리하여 필연적인 연관 관계에서 벗어난 우연한 사건들에 관심을 표명하고 이른바 그것들의 불연속적 법칙들을 연구하기 시작했다. 진리의 세계로 휘발되어 사라지는 이 종속의 끈을 끊어버린 한에서, 텍스트(혹은 담론)의 법칙은 마땅히 진리의 법칙과 달라야 한다. 푸코의 '고고학'은 진리의 선형적 전개로서의 '역사'와 차별화된 새로운 형식실험들 중 하나로서 거론될 수 있다. 이념들의 세계와 전혀 다른 층위에서 존재했던 이러한 몸들에 대한 체계적 기술이라는 그것의 동기 자체가 기존에 진리란 이름으로 합리화된 서열적인 법칙들에 대한 비판의 성격을 가지고 있었다. 그리고 그러한 권위주의적 태도 아래서 간과되거나 부차적이 되었던 영역들을 비로소 '보이게' 만들고 '중요하게' 만드는 효과를 가져왔다.

텍스트의 법칙은 정신의 법칙과 다르다. 몸들이 차이들인 한에서, 차이들의 만남은 모순이다. 그래서 이제 모순은 피해야 할 사유의 흑이 아니라 오히려 온당히 다루어야 할 대상이 되었다. 모순과 모순 속에서 분화된 사건들의 불연속적 법칙들과 그 생산력으로 관심의 초점이 모이게 되면서 그러한 모순들로 점철된 우리의 현실적 삶이 온전히 학문적 연구의 대상이 되는 순간이 되었다. 삶의 실질적인 경제학을 통해 우리는 비로소 진리에의 강박에서 벗어난 현실에 눈을 뜰 수 있게 되었다.

그렇다면 이 텍스트의 주체는 어떻게 되는가? 데카르트적 주체 개념에 따르면 텍스트(몸)란 주체의 산물이기 때문에 그러한 전능하고 합리적인 주체가 삶의 불균형과 모순을 생산한다는 얘기가 된다. 이는 아이러니다. 따라서 몸의 연구가 인도하는 모순에 대한 대면은 결국 합리적 주체의 몰락이나 무능을 고백하는 것이나 진배없었다. 이제 인간은 이 현실의 정복자나 지배자로 서있을 수 없으며 텍스트는 이러한 주체의 신성한 의도나 진리의 외적 표현으로 여겨질 수 없다. 이제 신과 마찬가지로 그와 공생했던 인간은 죽었으며 텍스트에는 이 망자에 대한 조사(弔詞)(흔적)도 없다.

'인간의 죽음' 담론은 그동안의 주체가 줄 곧 남성적 이해관계만을 대변해 왔음을 비판하는 페미니스트들에게는 좋은 소식이며 그렇게 남성 지배(이념의 지배)에서 단절해 있는 몸의 세계는 그녀들이 여성 해방을 위해 작업해야 하는 마땅한 지대가 될 터이었다. 모순과 갈등으로 얼룩진 현실의 경제학이야말로 몸으로서의 여성의 억압과 저항이 보이고 모색되는 정치적 공간이었던 셈이다. 그러나 그러한 현실 안에 그러한 현실의 정당성을 주장하는 주체가 없는 것이 맞는다면, 여성의 몸이 남성적 권력에 의해 함몰되고 각인되지 않도록 주장하는 이른바 여성적 주체 역시 없어야 하지 않은가?[31]

그러나 주체의 죽음이 그것이 무엇이건 전면적인 주체의 포기로 해석된다면 그것은 인문학뿐만 아니라 모든 학문과 모든 실천들의 포기를 의미하는 것이나 다름없다. 알튀세적으로 말해서 주체 없는 텍스트는 불가능하다. 즉 몸의 각인과 분절을 가능하게 하고 그것을 유지하고 재생산하는 주체가 없다면, 그러한 몸의 법칙들이 어떻게 만들어질 수 있겠는가? 이를테면 푸코의 '고고학'에 인간의 자리가 존재하지 않는다면, 도대체 '고고학'을 쓰는 푸코는 무엇인가? 텍스트의 '전능한 저자'가 사라졌다고 해서 텍스트의 저자가 존재하지 않는 것은 아니다. 실제로 텍스트의 주체는 근대적인 전능한 저자가 아니라 텍스트가 재현해 내는(휘발하는) 의미 효과들 중 하나이며, 이미지도 텍스트의 텍스춰에 따라서 얼마든지 변할 수 있는 것이다. 독자가 텍스트를 어떻게 읽느냐에 따라 '푸코'는 달라질 수 있기 때문에 생물학적 실체로서의 푸코는 해체되어야 한다. 그러므로 그러한 주체를 진리의 중심으로 설정하는 근대적 형이상학은 마땅히 종지부를 찍어야 한다. 사실상 주체가 텍스트에서 의미효과에 지나지 않는다면, 우리가 근대적 의미에서 진리의 기원으로 억할 하는 '주체'라는 용어를 굳이 사용해야 할 필요는 없다.

그런 한에서 여전히 알튀세적 물음은 유효하다. 몸의 각인과 분

---

31) 이러한 여성적 주체가 페미니즘이라는 학문이나 실천을 가능하게 함을 포기할 수 없는 한에서, (여성적) 주체의 범주를 견지하고자 하는 페미니즘은 그렇기 때문에 몸들에 뿌리를 내릴 수 없다면, 그리하여 다시 진리와 주체에 집착하는 페미니즘 담론은 남성적 담론의 아류이거나 부속 담론으로서 자신도 모르게 다시 가부장적 이해관계를 지탱해 주는 진리담론에 환원될 위험 속에 있다.

절을 가능하게 하고 그것을 유지하고 재생산하는 주체가 없다면, 그러한 몸들의 법칙은 존재할 수 없기 때문이다. 이제 텍스트들의 법칙들을 묻는 물음에서 푸코가 그러했듯이, 자연스럽게 그렇게 몸들을 조건 짓고 제한하며 제도화하는 '것'이 무엇인지 밝혀내는 데로 이동해야 할 것이다. 몸들을 텍스춰화하는 것은 '힘' 혹은 — 정치적인 뉘앙스를 살리자면 — '권력'이다. 사실상 이 힘들은 바로 몸들에 내재해 있으니 몸들 바깥의 초월적 주체란 애초에 필요하지도 않다. '나는 생각한다(Je pense)'를 폐기하면서 정립되었던 메를로-퐁티의 코기토, 즉 '그것은 원한다(On peut)'로서의 신체-주체란 이러한 힘을 지칭하는 것이나 다름없다.

힘으로써 주체를 정의하는 시도는 메를로-퐁티보다 앞서서 니이체에 의해서 윤곽되었고 그의 계보학은 푸코보다 한 발 앞서서 창안된 몸에 대한 접근방식이었다. 계보학은 몸들의 상호 교차가 만들어 내는 관계의 그물망을 통해 몸의 텍스춰가 형성되는 발생과정을 추적하는 것이다. "가계가 결국 몸에 부착되듯이", "몸은 과거 체험의 낙인을 유지하기" 때문에 몸은 "사건들의 각인된 표현이며 분열된 자아의 저장고이자 끊임없이 풍화되고 있는 한 권의 책"과 같다. 그리하여 "몸에 대한 역사의 파괴과정을 폭로하는 일이"[32] 계보학이라면, 이보다 더 페미니즘의 관심과 부합되는 연구방식도 없을 것이다. 푸코는 계보학적 작업을 근대 사회 속에서의 권력, 지식, 몸의 관계를 통해서 실천했고 이는 그가 페미니즘의 이름으로 작업하지 않았고 그것의 명분에 공감하지 않았다 하더라도,

---

32) Michell Foucault, "Nietzsche, la généalogie, l'histoire" in *Hommage à la Jean Hyppolite*, PUF, 1971, 이광래 역, 「니이체, 계보학, 역사」, 『철학, 오늘의 흐름』, 동아일보사, 302~303쪽 참조.

여성 억압의 특이한 역사적 단계들을 분석하는 유용한 전략적 도구로서 페미니즘에 전용될 여지가 많았다.

주체란 텍스트를 능가하는 실체가 아니라 텍스트를 가능하게 하는 힘들이며 그 관계들인 한에서, 여성 주체는 각축적 권력들이 새겨지고 상처로서 남겨지는 수동적인 여성의 억압적 몸으로 존재할 뿐만 아니라 그러한 권력들에 대한 저항권력으로서 조직화할 수 있는 능동적이고 정치적인 힘 그 자체를 의미하기도 한다. 그래서 그가 보여주었듯이, 자본주의의 특이한 몸의 휘발 전략에 대한 실증적 분석들은 거꾸로 그러한 힘들의 저항적 힘들로서 텍스트를 윤곽화하는 페미니즘, 즉 여성의 몸을 통과하는 근대적인 억압과 증식을 간파하고 저항할 수 있는 효과적인 실천 방식을 보여줄 수 있었다.

3) 휘발하는 '여성의 몸'?: 성차의 페미니즘

페미니스트들이 푸코를 전유할 수 있었다면, 그것은 그의 계보학이 일종의 모순 속에 위치되어 있기 때문이다.[33] 그가 진리의 강박에서 거리 두기 하면서 인간적이고 사회적인 문제에 무관심하고 초연한 듯한 태도로 몸들의 불연속적인 규칙들을 거론한다 하더라

---

33) '휘발하는 몸의 자취를 되밟는' 이유는 물론 몸을 부당한 휘발에서 해방시키기 위한 것이다. 그래서 이 되밟기를 급진적으로 밀고 나가게 되면, (푸코의) '텍스트로서의 몸'이 (들뢰즈의) '기관 없는 몸'이 되는 것은 어쩌면 예정된 길일지 모르겠다. 즉 텍스트가 가지고 있는 의미작용이란 몸들의 휘발 속에서 이루어지는 한에서, 그리고 이러한 휘발작용이 남성 중심적인 문화의 지탱과 관련이 있는 한에서, 그래서 권력에 의해서 그러한 휘발된 의미들이 다시 몸들에 각인되는 억압의 효과를 고려한다면, 텍스트로서의 몸은 어찌되었든 억압의 책임이 있으며 그렇기 때문에 해체되어야 할 것이기 때문이다.

도, 그의 계보학이 함축하는 혁명적 파급력과 학문 바깥의 그의 삶은 명백히 냉정한 관찰자적 태도를 넘어서는 것이었다. 계보학적 방식이 권력에 대한 마르크스적 비판을 벗어나서 권력의 작용 양식에 대한 분석을 이끌어 내는 데 적절했다 하더라도, 텍스트 바깥의 주체가 이러한 분석을 하는 이유는 그러한 권력의 메커니즘을 앎으로써 그러한 권력에 저항하는 전략을 알기 위한 것임은 분명하기 때문이다.

그러나 저항의 전략은 그것이 불연속적인 역사의 표면에서 일어나는 일이기 때문에 늘 특이할 수밖에 없다. 즉 저항은 시공간을 넘어서는 이념이나 규칙으로 세워질 수 없고 늘 구체적인 몸들의 표면에서 실천되어야 한다. 이처럼 저항을 실천하는 몸 개념, 즉 계보학 뒷면의 귀결은 자연스럽게 기의를 생산하는 기관을 무한하게 유한한 몸의 운동으로 무력화시키는 들뢰즈의 '기관 없는 몸'으로 이행될 수 있다.

들뢰즈의 기관 없는 몸은 끊임없이 휘발하는 몸, 그래서 결코 고체로 정착될 수 없는 유동적인 에너지와 같다. 몸이 휘발시키는 기의들이 곧 다른 휘발작용에 의해서 늘 간섭받고 겹쳐진다면 그 기의들은 늘 변형되거나 몸에 정착되지 못하고 정처 없이 떠돌게 됨으로써 다시 몸들에 일정한 영향력을 행사할 수가 없다. 그런 점에서 그의 몸 개념은 여성의 몸에 억압의 각인을 새기는 가부장적 이념들을 생산해 내지 못하는 것은 물론이고, 그러한 이념들이 살고 있는 성소로서의 정신적 내부, 주체성마저도 해체해 버리고 말 것이다. 이제까지 여성의 주체성이 여성의 몸에 새겨진 각인들의 주름이나 구멍 속에서 형성되어 온 부정적·수동적인 한에서, 그리고 일부 페미니스트들이 능동적이고 긍정적인 여성의 몸에 근거한 여성의 주체성을 찾으려는 힘겨운 노력을 벌이고 있다 하더라도, 그러한 여성적 주체를 찾는 일이 아직까지 요원한 일인 한에서, 들뢰즈식의 주체 해체를 여성억압에 책임이 있는 주체에 대한 저항으로 해석하는 일은 충분히 가능하다.

그래서 들뢰즈가 마르크스주의나 프로이트적 영향권에서 벗어나서 새로운 비전의 가능성을 페미니스트들에게 열어 준 것은 사실이다. 여기서 여성을 타자화시키고 소외시켰던 대상과 주체의 구별은 존재하지 않는다. 사실상 동물, 인간, 지구 사이의 구별이건, 사회문화적 텍스트건, 물리적 텍스트건, 그런 종적 구별과 그런 종적 구별에 근거해 있었던 종전의 인문학과 정치학에 그는 별 관심을 보이지 않는다. 매우 급진적으로 그는 그것이 무엇이건 그것을 가능하게 하는 몸의 잠재력과 몸의 실천에 대해서 말할 뿐이다. 몸의 실천의 측면에서 남성이건, 여성이건, 돈이건, 지구건, 모두가 동일한 몸이며 그것은 서로를 서로에게 연결시키는 차이, 힘(권력) 혹은 욕망들로 존재할 것이다. 계보학적 견지에서 권력 혹은 정신 분석학적 견지에서 욕망은 더 이상 부정적이거나 억압적인 것이 아니라, 늘 관계에 열려 있는 생산적이며 적극적인 것이라는 점에서 새롭다. 차이로서 존재했던 여성은 그 차이로 인해 차별받지 않고 그것이 무엇이건 무엇이 '되기'의 가능성으로서 존중받게 될 것이다.

그러나 이쯤 되면 몸의 급진성은 페미니즘을 가능하게 하는 여성적 주체를 무효화함으로써 페미니즘에 독으로 작용할 수 있다. 여성이 역사적으로 차이로서 존재해 왔기 때문에 그가 그 상징성을 기념하면서 몸의 해방 전략을 '여성으로 되기(becoming women)'

란 은유로 표현했다고 해서,[34] 그가 억압받는 여성을 심중에 두고 그러한 여성을 해방하는 데 목적이 있었다고 말할 수는 없다. 그가 말하는 몸은, 그가 말하는 '여성'이 그러하듯이, 구체적인 몸이 아니라 중립적이고 추상적인 것에 가깝다.[35] 일부 페미니스트들의 환호에도 불구하고 그의 담론에서 남성과 여성을 갈라놓는 '성적으로 다른 몸(성차)'이란 전혀 고려되어 있지 않다. 현대의 생명과학 권력이 성차를 과학적 코드의 나열로 휘발시켰듯이, 그는 성차를 그만큼이나 기계적이고 난해한 용어들로 휘발시켜 버린 셈이다. 그리고 이러한 종류의 휘발은 지금까지 우리가 다루었던 휘발적 몸의 연구자들, 즉 푸코나 메를로-퐁티나 라캉과 같은 남성 학자들이 다 같이 피할 수 없었던 한계이기도 하다.

그래서 이 같은 몸의 해방담론들이 남성의 해방에 기여하는 바는 명백한 데 비해서 여성의 해방에 기여하는 바는 매우 애매하다. 이를테면 거대한 지배체제 아래서 억압된 삶을 살고 있는 남성들에게는 그러한 억압을 만드는 다양한 힘에 대항할 수 있는 가능한 저항의 방식을 보여줄 수 있다. 반면 사실상 그러한 지배체제의 바깥이나 경계에서 이미 표류하는 삶을 살고 있는 '차이'의 여성들에게는 어쩌면 이제까지 그렇게 살아왔던 여성의 고통의 삶을 낭만적인 것으로 미화하고 정당화하는 것이 될 수 있다. 그래서 이제 그러한 고통에서 벗어나고자 하는 작금의 페미니즘을 일종의 타파되어야 할 억압 '기관'으로 둔갑시키면서 여성들의 투쟁을 포기하게 만들 수 있다.[36]

---

34) 들뢰즈, 가타리, 『천개의 고원』, 김재인 역, 새 물결.
35) 엘리자베스 그로츠, 앞의 책, 309쪽 참조.

차이로서의 몸을 지각한다는 것은, 역사적 시공간 속에서 아직까지는 우리가 남성 아니면 여성 중 하나로 존재할 수밖에 없는 상황에서, 남성으로서 몸을 지각하거나 혹은 여성으로서 몸을 지각하거나 그중 하나일 뿐이다. 차이로서의 몸은 절대로 환원될 수 없는 성차에 근거하여 남성과 여성에게 서로 다르게 나타날 수밖에 없다. 그런 한에서만 '차이로서의 몸' 담론이 유효할 것이다. 너무나 분명하게도 남성 학자들은 여성의 몸으로 존재하지 않기 때문에, 그들은 여성들의 체험을 알기 힘들다. 그러나 그들은 여성들의 체험을 알 수 없다는 이 중요한 사실을 무시하는 가운데, 자신들의 경험이 남성적인 것에 제한된다는 사실을 깨닫지 못하면서, 남성적 몸의 경험을 남녀 모두의 경험으로 일반화하는 우를 범했다. 그렇게 휘발적 몸을 '보았던' 남성 학자들은 이처럼 중요한 성차의 조건을 다시 한 번 지우고 말았던 것이다. 더불어 그들의 급진적인 담론들마저도 남성의 몸에 근거한 남성 담론이라는 사실 역시 성차의 페미니스트들에 의해서 지적되기 전까지는 문제화되지 못했다.

따라서 성차에 대한 강조는 생물학적 결정론을 옹호하는 데 목적이 있는 것이 아니라 휘발적 몸 담론에서 일어나기 쉬운 그 같은 망각과 침묵을 일깨우는 데 그 일차적 의미가 있다. 젠더가 생물학적 결정의 문제가 아니라 사회적 각인에 의한 것이라는 사실은 모든 페미니스트들이 공유하는 가정임에 분명하다. 그러나 여성성이란 그저 사회적 의미작용에 의해서 쉽게 휘발되어 버리기에는 석

---

36) 엘리스 자딘의 독설을 빌자면 여성으로 되기란 결과적으로 "남성의 변형을 위해서 필요할 따름인 침묵하고 변덕스럽고 머리가 텅 빈 욕망 없는 공간적인 표면"이며 "남성들의 또 다른 전유에 대한 변명이나 핑계 거리"에 지나지 않을 수도 있다(Alice Jardin, *Gynesis: Configurations of Women and Modernity*, Ithaca: Cornell Univ. Press, 1985, p.217).

연치 않는 뭔가 특별한 것이 있다.

몸은 시공간적으로 특이하며 그렇게 과정 중에 있다. 휘발적 몸 담론의 (남성)학자들과 공유하는 이러한 몸 정의는 '지금 여기'의 몸 이전의, 이를테면 여성의 몸과 남성의 몸 이전의, 검은 몸과 흰 몸 이전의, 원초적인 몸이란 존재할 수 없음을 의미하는 것이다. 그러나 몸은 필기구에 의해서 글씨가 새겨지는 백지의 평면과 같지 않다. 그것은 말하자면 언제나 이미 어떤 무늬가 있고 굴곡이 있는 특이한 표면으로 존재해서 그러한 표면에 권력의 각인이 가해지면, 그러한 각인의 효과는 이미 존재하는 특이한 표면들과의 상호 작용 속에서 각각의 경우마다 다르게 나타날 것이기 때문이다. '뭔가 특별한 것'은 단지 언어가 침투하기 힘든 이 상이한 상호작용의 효과를 지칭하는 것에 지나지 않는다.

그동안 남성 중심적 사회 속에서 여성들은 여성의 '긍정적인' 성적인 특수성을 통해서 자신들을 재현하는 데 실패해 왔다. 그리하여 남성의 몸이 이상적인 재현의 전범으로 간주되는 가운데, 그녀들은 자신들의 몸과 섹슈얼리티를 타자로 만들거나 단지 남성적 재현의 변이로 환원시키지 않고서는 자신들의 몸과 섹슈얼리티를 인정받을 수 없었다. 정신분석학은 이와 같은 여성의 수동적 섹슈얼리티를 재현하는 구조화 모델을 제시해 줄 수는 있었지만, 반면 이러한 가부장적 모델을 일탈하는 차이를 '재현하는' 여성적 주체성의 모델을 제시해 주지는 못했다. 따라서 성차를 견지하는 페미니스트들은 그동안 재현될 수 없는 이 '뭔가 특별한' 차이를 기반으로 여성의 몸과 섹슈얼리티를 재현 가능하게 만들 모델, 즉 여성적 주체를 찾는다는 점에서 분명 들뢰즈적 노선과 다른 길을 취한다. 그러나 여성적 주체는 최소한 이제까지 남성적 경험만을 비추는 주체의 구조와 달라야 할 것은 분명하다. 즉 새로운 주체가 명백히 남성과 여성의 경험을 갈라놓는 이질성의 선을 명백히 해야 한다는 요건은 동시에 그러한 차이가 남성과 여성 사이의 새로운 관계 맺음을 이끌어 낼 수 있는 요건이어야 함을 의미한다. 그로츠의 말을 빌자면,

> "성차란 성별 정체성을 구성하고 성별 사이의 관계를 구성하는 코드화에서 그 자체를 사라지게 만들어야 하는 틀이거나 지평이다. 성차는 그 자체로서는 나타날 수 없는 지평이지만 실체, 정체성, 주체, 타자와의 그들의 관계의 가능성 자체 속에서 암시되는 것이다."[37]

이러한 견지에서 성차의 페미니스트들은 들뢰즈와는 전혀 다른 식으로 '휘발하는 몸' 즉 끊임없이 흐르는 유동적인 몸을 통해서 여성성을 드러내고자 했다. 남성적 몸과 섹슈얼리티의 재현 모델은, 예를 들면 다른 몸의 구멍으로 '침투'할 수 있는 딱딱한 남성 성기라든가 그러한 침투적 힘으로 통합되고 지탱되는 남성적 근육을 재현하는 고체성에 집중해 있다. 고체성은 근대 과학적 세계관이 전형적으로 보여주고 있듯이, 명확하게 구별하고 질서 지음으로써 통합적 구조와 그러한 구조가 구현하는 목적론적이고 결과론적인 의미관계들을 상징한다. 이를테면 남성의 정자는 액체성으로 존재함에도 불구하고 '아이'라는 일정한 고체적 목적 내지 결과를 생산하는 딱딱한 '씨앗'으로 재현되는 반면 정자의 유체적 성격은 고체성을 위한 잠재적 단계로서 부차화된다.

---

37) 같은 책, 395쪽.

그래서 크리스테바에 의하면 이러한 모델은 고체적 주체의 형성과 관련되는 특수한 몸 유형을 생산하고 유통시키는 반면, 그러한 유형에서 벗어나는 몸들은 비체(abjection)로서 버려진다. 그녀에 따르면 몸의 가치란 사회문화적으로 구성된 것이라는 점에서, 비체란 그 말 그대로 더러운 것이 아니라 질서를 교란시키고 전복시키는 것에 가깝다. 체액이 비체가 되는 이유는 흐르고 스며들어 고체성의 경계를 더럽히는 공포스러운 것이기 때문이다.[38] 그렇기 때문에 이처럼 오줌, 배변, 정액과 같은 체액의 금지 혹은 통제와 이런 배설물로부터의 분리와 제거는 프로이트가 간파했듯이, (가부장적) 윤리성의 습득과 밀접한 관련을 가진다.

그러나 여성의 체액 가운데 특히 여성의 섹슈얼리티와 관련되어 있는 생리혈이나 젖은 주체에 의해 금지될 수 있거나 통제될 수 있는 성질의 것이 아니라는 데 문제가 있다. 그리하여 성차에 근거한 여성적 경험의 특이성은 남성의 사정과 전적으로 다르게 경험되는 월경의 체험에서 현저하게 나타난다. 남성에게 첫 번째 사정의 경험은 정액이 비체인 한에서 낯설고 수치스런 느낌을 동반할 수 있겠지만, 소년들은 명백히 그것을 육체적 쾌락의 경험의 시작으로 받아들인다. 반면 여성에게 첫 월경의 체험은 소년의 육체적 쾌락과는 전혀 이질적인 체험으로 "자신을 시간…과 공간…에서 벗어난 외부로서 표시"[39]하게 만드는 일종의 주체성의 손상으로 경험된다는 것이다. 월경과 더불어 임신의 체험은 여성의 몸과 아닌 것의 구별을 모호하게 만든다. 흐르는 피와 마찬가지로 흐르는 젖은 표

---

38) 줄리아 크리스테바, 『공포의 권력』, 서민원 역, 동문선, 2001, 114쪽 참조.
39) 엘리자베스 그로츠, 앞의 책, 389쪽.

시나지 않게 만들어야만 하는 골칫거리이기 때문에 이러한 비체들의 통제 불가능한 불편한 위상, "자족적이고 자가 성애적인 쾌락과 잠재적인 사회적 위험의 공간을 지칭하는 이러한 흐름들"[40]은 여성들을 혼란스럽게 만든다. 이처럼 고체적 몸과 주체성을 지탱시키면서 작동되는 비체의 조건은 특히 여성으로 하여금 자신의 육체성을 위험하고 낯선 누출의 형식으로 각인시킨다. 비체의 공포스러움은 남성들이 자기의 재현에서 추방시키고 싶은 속성들을 여성의 몸에 외향 투사한 것일 수도 있다.[41]

이처럼 여성들이 자신의 몸을 휘발하는 몸으로 각인한다는 사실이 들뢰즈의 휘발적 몸담론과 다른 점은 이른바 기관 없는 몸에서 최소한의 응집과 통합을 가능하게 하는 여성적 주체, 이를테면 "다양한 육체적 흐름이 가능하도록 해주고, 또 그것에 반응하도록 해주는 여성의 몸을 가로지르는 리비도적인 통로의 흔적 찾기"[42]를 보여주려고 한다는 점에 있다.

---

40) 같은 책, 392쪽.
41) 같은 책, 386 쪽 참조.
42) 엘리자베스 그로츠, 앞의 책, 385쪽.

4. 결론

몸은 남성 중심적인 문화에서 주변적이거나 일종의 잔여로서 존재하면서 언어로 환원 불가능한 이질성의 지대를 형성해 왔다. 소쉬르가 차이가 의미를 가능하게 한다고 말했듯이, 이러한 몸의 휘발이 문화세계를 지탱해 준다. 그런 점에서 휘발적 몸이라는 은유는 두 가지 모순되는 내포를 가지며, 이는 동일성과 차이의 관계와 동일하다. 하나는 휘발하여 의미작용으로 사라지는 것을 의미하며, 다른 하나는 그러한 휘발의 경계(연결)를 가지고 있는 차이의 불투명성을 이른다. 분리 불가능한 양자의 관계를 통해서 본고는 여성의 몸을 표현하고자 했다. 기호학적으로 차이의 연쇄가 완결될 수 없는 한에서, 후자가 전자에 환원되는 것은 논리적으로 불가능하다. 성차란 환원될 수 없는 여성의 경험을 옹호하는 것이지만, 그럼으로써 환원될 수 없는 휘발적 몸에 대한 일반적인 권리주장이기도 하다.

그동안 몸은 휘발해 왔고 여성의 몸도 이렇게 휘발하는 몸 가운데서 휘발해 왔다. 그러나 성차의 페미니스트들에게 성차란 이러한 휘발 가운데서도 휘발될 수 없는 것이다. 페미니즘은 이러한 휘발되지 않는 차이들로 인해서 일어났고 그 차이들이 휘발하는 몸을 볼 수 있게 했다. 휘발적 몸담론의 학자들이 저지르는 실수이기도 하지만, 페미니즘이 타자들을 볼 수 있도록 만드는 데 기여했다는 사실이 여성을 일반적 타자들의 담론으로 환원시켜야 할 이유가 될 수는 없다. 성차가 지워져서는 안 되는 이유는 단지 여성의 이해관계만을 위해서는 아니다.

몸의 전성시대는 정작 차이로서의 몸이 존중받지 못하는 시대이다. 이런 와중에서 성차를 견지하는 것은 이질성과 특이성의 지대로서의 몸의 개념을 다시 한 번 상기시키는 것이며 그러한 몸의 절멸을 바라지 않는다는 선언이기도 하다. 이러한 몸의 존중은 우리를 한없이 겸허하게 만드는 화합의 윤리학이기 때문이다.

참고문헌

Louis Althusser, *Lenin and philosophy and other essays*, Monthly Review Press, 1971, 이진수 역, 서울: 백의 1991.

가라타니 고진, 『마르크스 그 가능성의 중심』, 김경원 역, 서울: 이산, 2001.

강신준, 『자본론의 세계』, 서울: 풀빛, 2001.

조세핀 도노번, 『페미니즘 이론』, 김익두, 이월영 역, 서울: 문예출판사, 1993.

들뢰즈, 가타리, 『천개의 고원』, 김재인 역, 서울: 새물결, 2001.

Michell Foucault, "Nietzsche, la généalogie, l'histoire" in *Hommage* à *la Jean Hyppolite*, PUF, 1971, 이광래 역, 「니이체, 계보학, 역사」, 『철학, 오늘의 흐름』, 동아일보사.

슐라미스 화이어스톤, 『성의 변증법』, 김예숙 역, 서울: 풀빛, 1983.

Elizabeth Grosz, *Volatile bodies: Toward a Corporeal Feminsm*, 1994, 『뫼비우스의 띠로서 몸』, 임옥희 역, 서울: 여이연, 2000.

Karen Horney, "the flight from womanhood", *Femine psychology*, N.Y.: W. W. Norton, 1973.

Alice Jardin, *Gynesis: Configurations of Women and Modernity*, Ithaca: Cornell Univ. Press, 1985.

Luce Irigaray, *Speculm of the Other Woman*, trans. Gillian C. Gill, Cornell University Press, Ithaca, New York, 1985.

다자키 히데아키 엮음, 『노동하는 섹슈얼리티』, 김경자 역, 서울: 삼인, 2006.

이블린 폭스 켈러, 『과학과 젠더』, 민경숙, 이현주 역, 서울 동문선, 1985.

줄리아 크리스테바, 『공포의 권력』, 서민원 역, 서울: 동문선, 2001.

이 매뉴얼 월러스틴, 『역사적 자본주의/자본주의 문명』 나종일, 백영경 역, 서울: 창작과 비평사, 1993.

닐 부어먼, 『나는 왜 루이비통을 불태웠는가』, 최기철, 윤성호 역, 서울: 미래
　　의 창, 2007.
데릭 젠슨, 『거짓된 진실』, 이현정 역, 서울: 아고라, 2008.
가야트리 스피박, 『다른 세상에서』, 태혜숙 역, 서울: 여이연, 2003.
장문정, 「심신이원론에서 선험적 신체일원론으로: 멘느 드 비랑에서 메를로-
　　퐁티까지」, 『대동철학』 제35집, 2006. 6.

영적인 몸

: 체험을 통한 세속적 삶의 성화*

김경호

* 이 논문은 한국 학술 진흥재단의 기초학문연구지원(KRF2005－079－AM0016)에 의해 작성된 논문임.

1. 문제제기

이 논문은 내면적 성찰의 수양(修養) 혹은 수행(修行)의 방법론을 통한 도덕적 심성의 함양과 종교 체험을 통한 영적(靈的)인 몸의 변화를 종교·문화철학적인 관점에서 비판적으로 고찰한다. 보다 구체적으로는 현대 한국의 사회·문화적 현실 속에서 나타나는 몸에 관한 담론을 살펴보고, 몸의 건강성 회복을 영성(靈性)의 측면에서 고찰하고자 하는 것이다.

오늘날 우리 사회에 팽배한 자본주의적 물신주의는 '획일화'되고 '상품화'된 '왜곡된 몸'을 조장한다. 왜곡되고 기획된 몸의 정신은 더 이상 인간의 존엄성을 담보하지 못하고 자신의 정체성마저 상실케 한다. 논자는 현대 한국 사회에 나타나고 있는 '부한 소비', '무한 욕망' 추구 현상을 근본적으로 욕망의 담지체인 인간, 곧 '몸과 마음의 왜곡됨'으로부터 비롯하였다고 진단한다. 따라서 그 해결책 또한 '몸과 마음의 문제'에서 찾을 수밖에 없다고 보며, 그러한 해결책의 모색으로 '덜어 냄'과 '비움'의 방법론을 '종교적(宗敎

的) 영성(靈性)'과 '몸의 성화(聖化)'라는 주제를 통해 탐구하고자 한다. 이는 체험을 통한 몸의 변화 곧 영적인 몸의 회복을 통해서 세속적인 삶이 성화되는 과정으로 구체화된다.

몸을 직접적 매개로 하는 영적 차원의 각성은 인간이 온 생명의 유기성과 상호 소통함을 직관적으로 깨닫게 만드는 기제이다. 영성의 회복을 통하여 우주적 존재와 합일을 희구하는 종교적 열망은 단순히 믿음의 수준으로 대체되는 것만이 아니라, 인간 스스로의 자기 변화를 유도한다는 점에서 긍정적이다.

본고는 영적인 몸과 삶의 성화 문제를 현대 사회에서 나타나고 있는 몸 관련 담론과 관련하여 고찰하고, 그 의미 맥락을 분석하려는 것이다. 이러한 연구 목적을 수행하기 위하여 본고에서는 윌리엄 제임스·엘리아데의 종교철학적인 관점을 차용하여 욕구 욕망의 담지체인 인간의 몸 그리고 마음의 이원적 분리 혹은 왜곡이 아니라, 그 '온전함'을 긍정하는 성리학과 민중 종교인 동학의 체계에서 '수행'과 '체험'을 통한 '영성의 회복'과 '몸의 성화' 문제를 다룰 것이다. 또한 유학에서 보이는 성(誠)과 천인합일(天人合一)의 이상, 그리고 민중종교인 동학(東學)에서 나타나는 '내유신령(內有神靈), 외유기화(外有氣化), 시천주(侍天主) 등의 실천적 체험의 과정을 몸과 영성의 문제와 관련하여 고찰한다. 여기서 다루는 '종교적 체험'은 교단과 지도자 그리고 의식을 행할 수 있는 공소가 마련된 특정 종교의 종교적 활동에 따른 경험만을 대상으로 하는 것은 아니라, 우주 자연의 신성성을 체득하는 '무의식적 각성'의 영역까지를 포함하고 있음을 밝혀둔다.

2. 세속적 삶과 체험을 통한 성화

성보화 시회로 이행하고 있는 현대 사회는 자본주의적인 욕구와 욕망이 넘쳐나는 사회이다. 물신주의(物神主義, Fetishism)로 표방되는 자본주의적 욕망의 질주는 파편화된 인격과 조작된 몸을 조장하고 허기진 마음을 부추긴다. 결핍으로부터 비롯하는 욕구 충족에 대한 갈망은 몸과 마음을 병들게 하고, 단말마적인 향락에 노출된 육체는 마음을 자극한다. 자극된 마음은 육체의 쾌락[1]을 지속적으로 요구하는 무한 순환이 반복되고, 공허와 상실을 대체하고자 하는 욕구와 욕망의 충동은 표면적이고 외향적인 드러남을 강조할 뿐이다.[2]

욕망과 결핍으로부터 파생된 소외와 불안은 종교적 행위조차 왜곡된 양상으로 몰고 간다. 사랑과 자비, 자기희생과 봉사를 통해 이타적 삶을 추구하는 종교의 본질도 자기 소외의 극복과 존재의 불

---

1) 이승환, 「몸, 신체, 육체」, 『우리말 철학사전』, 지식산업사, 2002.
2) 『전통과 현대』(1999, 여름호)에서는 '왜 몸은 우리시대의 화두인가?' 하는 물음을 던지면서, '몸의 문화철학적 조명'이라는 주제 아래 몸에 대한 다양한 담론의 틀을 분석하고 있다.

안을 해소하기 위한 개인적 차원의 은총을 갈구하게 되고, 타자와의 공생 공존을 모색하기보다는 오로지 일신의 안위만을 열망하는 기복적 성격으로 바뀌어 가고 있다. 자기 헌신을 통한 화해와 평화의 희구는 어느새 자기만족을 위한 '종교적 욕구'라는 '새로운 욕망'의 이름으로 변색되어 가고 있는 현실이다.

이러한 현실의 세태는 부조리하고 왜곡된 삶의 태도를 무반성적으로 용인하게 만들고, 일상 세계의 가치를 황폐화시킨다. 소외로부터 비롯한 사회적 고립감과 연대감의 상실로 인한 타인에 대한 불신은 스스로를 더욱더 유폐시키고 파괴적인 존재를 양산한다. 고립감과 불신감에 의해 증폭된 존재의 불안은 음산한 죽음의 기분을 유포시키고, 대상화된 몸의 정신은 더 이상 인간의 존엄성을 담보하지 못한다. 떠도는 영혼처럼, 젊음을 위해 영혼을 담보한 파우스트처럼, 자신의 정체성마저 상실한 슬픈 존재이다. 자기 긍정성과 자존감을 상실한 상처받은 몸과 영혼은 '연민과 사랑의 부재'이다. 속내의 사랑을 잃은 존재이다. 정처 없이 떠도는 길을 잃은 존재이다. 유랑하는 존재이다. 어디에도 안착할 수 없는 나그네이다.

현대인이 체감하는 상실의 위기는 곧 임시적이고 가상적인 꿈같은 현실의 덧없음에 대한 '두려움'이다. '사라짐'에 대한 '집착'이기도 하다. 이는 반대로 진정한 참의 세계에 대한 희구이기도 하다. 불가해한 삶의 시간에서 현대인은 과연 어떻게 환(幻)의 세계를 참[眞]의 세계로 바꿀 수 있을까? 과연 '참나'를 찾는다는 것은 가능한가? 논자는 이 문제를 '덜어 냄' 혹은 '비움'을 통한 '존재와의 합일'에서 찾고자 한다.

'덜어 냄' 혹은 '비움'은 몸으로부터 비롯하는 욕구와 욕망을 충족하기 위해 타자로 향한 집착과 갈증을 끊임없이 갈구하기보다는 마음에 켜켜이 쌓인 갈등과 번민을 덜어 내고 비워 냄으로써 '자신의 진면목'을 회복하는 '자기화'하는 과정이다. 그러나 이 '덜어 냄'과 '비움'의 과정은 또 다른 욕구 충족을 위한 재충전의 휴지기가 아니다. 결핍된 '무엇'을 새롭게 담기 위해서, 채우기 위해서 덜어 내고 비우는 것이 아니라, 경이롭고 신성한 뭇 생명들과 소통하고 그러한 생명성을 공유할 수 있는 몸과 마음자리를 회복하는 것이다. 형기(形氣)라는 육체성에 의해 가려진 성명(性命)의 진실이 내적인 자기 확충과 참됨을 확보함으로써 본래적인 성스러움을 회복하는 것이다. 이는 '영적인 몸의 회복'을 통해서 '세속적인 것'으로부터 '성스러운 것'으로 다가섬이다. 곧 '본연의 성[本然之性]'을 내함하고 있는 '기질의 성[氣質之性]'으로부터 경(敬)의 경건성을 전제로 한 성(誠)의 과정을 통해 성(聖)으로의 전이이다.

이러한 의미에서 논자는 덜어 냄과 비움의 과정은 외부로 향하던 시선을 내부로 돌리는 '존재의 선회'라고 보며, 이것은 광범위한 일종의 종교체험의 형태로서 온전히 영성(靈性)의 회복 과정이라 본다.[3] 논자는 이처럼 삶의 세계가 균질하지 않다고 하는, 즉 '공간의 비균질성'[4]을 자각한 '존재의 선회'를 '종교 체험'의 한 형태로 파악한다. 이 같은 관섬에서 동양의 전통철하에서 논의되어 오던 존재 체험의 형태라고 할 수 있는 성리학의 천인합일(天人合一)의 이상, 불교의 정각(正覺), 노장의 좌망(坐忘), 동학의 시천주

---

3) 엘리아데에 따르면, 종교 체험이란 성스러움에 대한 경험을 가진 '종교적 인간'이 '성스러움을 지향하는 세계 안에서 경험하게 되는 모든 생활 체험'이라고 정의한다. 이때 '성스러움'이란 '존재(being)의 충만'이며 '실재'로서 '영원성'을 나타낸다. M. 엘리아데, 이은봉 역, 『성과 속』, 한길사, 2001, pp.47~54

4) M. 엘리아데, 이은봉 역, 『성과 속』, 한길사, 2001, pp.55~56

(侍天主) 등 다양한 직관적 체험의 형태도 일종의 종교체험의 한 예라고 판단한다.

　전일적 세계 인식을 가능케 하는 영성(靈性)의 문제는 지금까지 주로 종교적 영역에서 논의되었고, 특히 기독교의 신앙생활과 관련하여 다루어져 왔다.[5] 그러나 최근에는 심리치료적인 관점과 심리철학적 관점에서 영성의 문제에 접근하는 책들이 소개되고 있다.[6]

　기독교의 관점에서는 '하느님과 그 믿음의 세계'를 복원하기 위한 방법론의 차원에서 '종교적 영성'의 문제에 접근하고 있다. 기독교에서 다루는 종교적 영성의 문제는 기본적으로 '신' 앞의 '원죄적 인간'을 다루고 있다는 점에서 의타적인 신앙의 형태를 띤다. 여기서 문제가 될 수 있는 것은 신의 은총과 구원이라는 점이 강조될 경우, 기존에 보아 왔던 몸과 마음의 이원화의 현상이 빚어질 수도 있다는 점이다.

　그러나 동아시의 문화적 전통, 특히 유학적 세계관에서 '영성'의 문제는 기독교와 달리 '영성의 본원'인 '절대적 신성의 영역'을 따로 설정하지는 않는다. 비록 우주 자연의 신령(神靈)하면서도 외경(畏敬)스러운 특질을 인격적 대상으로 의인화하여 상제(上帝)와 같은 존재가 언급되기는 하지만 그것은 '신앙'의 대상이 아니며, 더욱이 절대자를 통한 '은총'과 '구원'의 문제를 제기하지도 않는다. '신령스런 경이의 대상'은 우리의 일상적 삶의 공간인 '우주 자연'

---

5) 기독교의 영성에 대한 논의는 종교 생활과 관련하여 무수히 많은 책들이 소개되고 있다. 이 논문에서는 길희성(『마이스터 엑카르트의 영성 사상』, 분도출판사, 2003)의 책을 참고로 한다.

6) 대표적으로 켄 윌버, 김철수 역, 『아이 투 아이: 감각의 눈·이성의 눈·관조의 눈』, 대원출판사, 2004; 켄 윌버, 김철수역, 『무경계－자기성장을 위한 동서양의 통합접근』, 무수우, 2005; 데이비드 호킨스, 이종수 역, 『의식혁명』, 한문화, 2006.

이고, 인간은 우주 자연의 일부로 파악되는 '작은 우주 자연'이다. 때문에 우주 자연의 일부로서 '몸과 마음'은 이원적으로 분리되지 않고, 상호 연관되는 하나의 유기체로 파악된다. 영성의 문제도 이와 같은 차원에서 접근된다.

이처럼 동양과 서양에서 영성(靈性)의 문제에 접근하는 방향성과 기본 전제가 일정 부분 차이 나기는 하지만, '삶의 성화(聖化)'를 위한 '영성 회복'의 노력은 지속적으로 진행되어 왔다. 건강한 육체를 통한 경건하고 진실한 마음의 상태는 영적인 각성을 유도한다. 이와 같은 자기 체현과 현시의 과정은 문화적 구성에 따라, 지향하는 종교적 신념에 따라 접근 방법은 다를 수 있지만, 이 과정은 근본적으로 주체와 대상의 구분을 넘어서 지신과 타자의 본질을 직관하려는 시도이며, 전일적 세계 인식을 가능케 하는 '확장된 몸과 마음'의 상태이다. 특히 문화적 자산과 마음의 현실을 중시하는 유학의 세계는 초월적 존재자에 대한 '믿음'이 아닌 자기 본질에 대한 '공부'의 실천적 노력을 통해 '나'를 회복함으로써 '내 안에 있는 우주 자연'을 발견할 것을 역설한다. 따라서 '나의 몸'은 곧 '우주의 몸'이고 '나의 마음'이 곧 '우주의 마음'이 됨을 자각하게 되는 것이다. 이 '자기 회복'의 전 과정을 논자는 온전히 '영성 회복의 여정'으로 이해한다.

3. 동서양에서 보는 몸: 성스러운 몸과 결여된 몸

엑카르트(Eckhart, 1260~1328)는 인간의 생명은 '하느님으로부터 직접 흘러들어 온 것'이어서 '나의 생명'이 '하느님의 존재'이고, '하느님의 존재와 본질'은 곧 '나의 존재와 본질'이라고 한다.[7] 따라서 그는 "우리들의 생명은 존재인 하느님 안에 있다. 우리들의 생명이 존재에 감싸여 있는 한 그것은 하느님과 연관되어 있다. … 우리가 하느님 안에 있는 것으로 인식하는 한 그렇다, 단지 한 송이 꽃이라도 하느님 안에서 존재를 가지고 있는 대로 인식한다면, 그것은 온 세계보다도 고귀할 것이다"[8]라고 말한다. 엑카르트의 '성스러움'에 대한 인식은 합리적으로 설명될 수 없는 '직관'에 의한 '신의 받아들임'이라는 점에서 신비주의적인 면을 보여준다.

이러한 '성스러움'에 대한 인식은 관점의 차이는 있지만, M. 엘리아데(Mircea Eliade, 1907~1986)에게서도 찾을 수 있다. 그는 '성스러운 것'을 '세속적인 것'에 대조하여 설명하고 있다. 그는 '성스

---

7) 길희성, 『마이스터 엑카르트의 영성사상』, 분도출판사, 2003, p.149 재인용.
8) 길희성, 『마이스터 엑카르트의 영성사상』, 분도출판사, 2003, p.112 재인용.

러운 것(numinous)'에 대하여, "존재의 완전한 충만성이 꽃피어나는 매혹적인 신비 앞에서의 경건한 두려움을 발견"하는 것과 같은 "경외와 비합리적인 모든 경험"이라고 한 루돌프 오토의 견해를 인용하면서, 신성한 것에 직면할 때 인간이 스스로 느끼는 감정이라고 한다. 따라서 '신적인 힘'을 느끼고 '신성한 것'에 직면한 인간은 '항상 성스러운 우주 가운데 살려고 노력하는' 종교적 인간(homo religiosus)이다. 종교적 경험을 가진 '전통 사회의 인간'에게는 모든 자연이 우주적 신성성으로 제시되고, 인간은 그러한 우주적 신성성 앞에 놓인 존재이다. 반면 그에게 있어 세속은 '성스러움을 잃어버린 세계'이고, '모든 생활체험이 종교적 감정을 가지지 않는' 인간이 사는 세계이다.[9]

　M. 엘리아데는 종교적 인간은 우주 가운데서 인식하는 신성성을 자기 자신의 내부에서 발견하고 그 결과 그의 생명은 우주적 생명과 일치하게 된다고 본다.[10] 왜냐하면 "세계의 일부가 그의 몸 안에 살아 있기" 때문이다.[11] 인간과 우주를 동일시하는 이러한 사고는 몸이 곧 소우주이고 그가 거주하는 공간으로서의 집도 또한 소우주라는 관념이 결합되어 있다.[12] 따라서 인간의 신체는 신들과 교류가 가능한 거주지이고, 그 거지주로서의 신체는 집이며 또한 소우주라고 이해한다.

　인간의 몸을 '우주'나 '하느님'과 동일시하는 엘리아데나 엑카르

---

9) M. 엘리아데, 이은봉 역, 『성과 속』, 한길사, 2001, p.50.
10) M. 엘리아데, 이은봉 역, 『성과 속』, 한길사, 2001, p.155.
11) M. 엘리아데, 이은봉 역, 『성과 속』, 한길사, 2001, pp.156.
12) M. 엘리아데, 이은봉 역, 『성과 속』, 한길사, 2001, pp.160.

트의 사고는 성리학에서도 유사하게 발견된다. 성리학에서 인간의 몸은 우주와 소통할 수 있는 '신성한 몸'이다. 조선시대 성리학자인 장현광(張顯光, 1554~1637, 호는 旅軒)은 다음과 같이 말한다.

> 우리 인간의 이 몸은 하늘과 땅 두 사이에 위치하여 우주의 모든 사물과 변화의 허다한 도리가 한 몸 위에 서로 응하지 않음이 없으니, 돌아보건대 이 몸이 어디로부터 이러한 몸이 될 수 있었던 것인가? 이와 같은 도가 태극이 되었는데, 본래 하늘이 되고 땅이 되고 사람이 되는 이치를 지니고 있다. 그러므로 마침내 사람이 되는 이치를 얻어 이 몸이 있지 않을 수 없었던 것이다.13)

성리학에서 바라보는 인간은 우주 자연의 변화처럼[易] 변화의 시간 속에 놓인 존재이다. 이 변화의 시간 속에서 순간을 영원처럼 살아가는 인간은 끊임없는 욕구를 가진 존재이며, 또한 생로병사의 과정에서 벗어날 수 없는 존재이다. 그러나 인간은 천지 만물 가운데 가장 뛰어난 존재로 이해한다.14) 왜냐하면 인간은 하늘이 하늘이 된 것과 땅이 땅이 된 것과 동일한 우주 자연의 원리성[太極]을 품부받아 태어난 존재이기 때문이다. 인간은 우주라는 거대한 시간의 흐름에서 보면 순간의 존재에 불과하고 끊임없이 생생하는 욕구와 욕망의 휩싸인 육체적 존재이지만, 그러나 허령불매한 능력과 자기 스스로를 통제 조절할 수 있는 경(敬)의 마음을 동시에 지닌 존재이다.

---

13) 張顯光, 『旅軒集』續集 卷4, 「人身說」. "吾人此身, 居兩間之位, 凡宇宙事物許多變化, 其道理無不相應於己身之上焉, 顧此身何從而得爲此身乎. 蓋此道之爲太極者, 本自有爲天爲地爲人之理, 故遂得其爲人之理, 而不得不有此身."

14) 인간이 천지인(天地人) 삼재(三才) 가운데 가장 영명한 존재라고 파악하는 것은 성리학뿐만 아니라 동학에서도 그대로 나타난다. 崔濟愚, 『東經大全』, 「論學文」. "陰陽相均, 雖百千萬物, 化出於其中, 獨有人最靈者也."

종교적 체험을 거론하지 않더라도 성리학적 인간은 하늘의 이치가 마음에 들어와 있어서 본성이 되고, 이러한 본성을 몸에 행하는 것이 도(道)가 되니, 결국 사람의 본성은 곧 하늘의 본성과 다를 바가 없는 것이다. 사(事)와 물(物)로 채워진 이 우주라는 시공간에 존재하는 최고로 영명한 존재로서의 인간은 우주 자연의 이법을 그대로 실현할 당위적인 사명 곧 도덕(道德)을 부여받은 존재이며, 이러한 사명을 수행하는 것이 직분(職分)으로서의 '사업(事業)'이다.[15] 따라서 우주 자연과 상통하는 인간의 몸은 우주 자연의 도를 실현할 '성스러운 공간'이요, 이렇게 천지자연의 조화로움에 참여하여 뭇 생명이 자신의 본분과 역할을 다할 수 있도록 돕는 것이 인간의 사업이 되는 것이다. 장현광은 이를 우주 사업이라고 부른다.[16]

이렇듯 엑카르트나 엘리아데에 있어 인간의 몸은 '하느님'이 머물고 신들과 교류가 가능한 '성스러운 공간'인 것처럼, 장현광에 있어서도 인간의 몸은 우주 자연의 이치[天理]가 담긴 '성스러운 몸'이다. 이러한 성스러움을 체험할 때 인간의 삶은 성화(聖化)되고, 영성의 회복을 통해 성화된 육신은 '우주 사업'을 실현할 수 있는 '새로운 몸으로 탄생'되는 것이다.[17]

그러나 '성스러움의 결여'는 신성의 잃어버림이며 존재의 결함이다. 단절과 균열이다. 이를 엑기르트는 "결함이 있는 모든 것은 존재로부터의 탈락이다"[18]라고 말한다. 우주 안에 편만한 성(聖)으

---

15) 張顯光, 『旅軒全書』194, 「宇宙說」. "吾人以宇宙內事爲吾之責, 則凡在天地之間者 不論大小精粗, 皆吾所當知也."
16) 張顯光, 『旅軒全書』346. "男兒生於天地, 當以宇宙間事業爲己任."
17) M. 엘리아데, 이은봉 역, 『성과 속』, 한길사, 2001. p.180.
18) 길희성, 『마이스터 엑카르트의 영성사상』, 분도출판사, 2003. p.112 재인용.

로서의 생명 전체인 존재를 느낄 수 없음은 바로 신성의 결핍이며, '하느님으로부터의 탈락'이라고 보는 것이다. 엘리아데는 '우주-몸'의 성스러움을 잃은 현대인들은 신들과의 교류를 단절함으로써 우주론적 가치를 상실하게 되었고, 신들의 거주지를 상실하게 되었다고 본다. 따라서 신성한 '신들의 거주지'였던 인간의 신체도 종교적 혹은 정신적 의미를 잃어버렸다고 진단한다. 이것은 현대인에게 있어 우주는 불투명하고 둔하고 말 못 하는 존재가 되었다는 것이며, 더 이상 우주는 어떤 메시지도 전해 주지 않으며, 어떤 암호도 갖고 있지 않다는 탈신성화된 존재가 되었다는 것이다.

탈신성화된 존재는 '성스러움을 잃어버린 세계'에 사는 인간이며, 더 이상 '우주적 신성성'에 대해서 '종교적 감정'을 가지지 않는 인간이다. 이렇듯 실존의 탈신성화 과정으로 인하여 인간은 결핍된 존재로서 삶의 중심을 상실하여 우주 자연으로부터 소외되고 점차 고립화가 심화된다. 장현광도 동일한 맥락에서 다음과 같이 지적한다.

> 아, 이 몸이 가장 영명하고 가장 존귀함이 이미 이와 같은데, 스스로 그 영명하고 존귀함을 알지 못하여, 돌아다니는 시신이 되고 달리는 살덩어리가 되어서 곧 금수와 같고, 술에 취하여 잠자는 중에 꾸는 꿈처럼 살고 죽는 지경에 이르니 어찌 심히 가련한 자가 아니겠는가!19)

성리학적 세계관에서 인간은 형(形)과 질(質)로 표현되는 몸의 존재임과 동시에 모든 이치를 구유하고 파악할 수 있는[具衆理, 應萬

---

19) 張顯光, 『旅軒集』續集 卷4, 「人身說」. "嗚呼, 此身之最靈最貴, 旣自如此矣, 而不自知其靈貴, 至於行屍走肉, 乃禽乃獸, 醉生夢死者, 豈非可哀之甚者耶."

事] 탁월한 능력[虛靈洞徹]을 지닌 영명한 마음의 존재이다. 여기에 덧붙여 인간은 우주 자연의 섭리를 그대로 실현해야 할 당위적 사명을 가진 성명(性命)의 존재이기도 하다. 그런데 이러한 자신을 망각하면 어떻게 될까? 장현광은 인간의 몸이 이미 우주적 진리를 담지하고 있음에도 이를 깨닫지 못하고 스스로를 방기함으로써 성스러움을 잃어버리는 것에 대해서 비판한다. 이런 존재는 마치 '시신[屍]' '살덩이[肉]' 금수(禽獸)와 다를 바 없는 무가치한 것이며, 취생몽사(醉生夢死)[20]하는 것처럼 이룬 것 없이 덧없이 죽음에 이르는 자라고 평가한다. 따라서 이러한 인간은 '심히 가련한 자'일 수밖에 없다고 통탄하는 것이다.

---

20) 취생몽사(醉生夢死)는 사전적으로는 '술에 취하여 자는 동안에 꾸는 꿈속에 살고 죽는다'는 뜻이다. 곧 한평생을 아무 하는 일 없이 흐리멍덩하게 살아감을 비유적으로 이르는 말이다.

4. 성리학적 체험을 통한 삶의 성화 : 誠과 天人合一

성리학에서 우주적 생명성의 감응은 천인합일(天人合一)의 경지로 표현된다. 인간과 우주 자연이 합일될 수 있다고 하는 가능성의 탐색은 인간과 우주 자연이 불이적(不二的)임을 시사한다. 곧 우주자연의 원리성이 그대로 응축된 소우주가 바로 인간의 몸인 셈이다.

여기서 하늘[天]은 단순히 '푸르고 푸른 하늘[蒼天]'만을 의미하는 것이 아니라 우주 자연을 포괄하는 개념으로 사용된다. 이 전통적인 하늘 관념은 텅 빈 맑은 하늘을 의미하는 창천(蒼天), 우주 자연의 이법을 의미하는 천리(天理), 인격적 존재로서 하느님[上帝]를 의미하는 호천(昊天) 등 다양한 함의를 갖는 용어로 사용되어 왔다. 특히 『중용』에서 언급되고 있는 "하늘이 명한 것, 그것을 일러 성이라 하고, 그러한 하늘의 명을 받은 성을 따르는 것이 도이며, 도를 닦아서 넓히는 것이 가르침"[21]이라고 하는 '하늘-인간'의 관계를 상정한다면, 천리와 상제는 더욱 중요한 함의를 갖는다. '천(天)-명(命)'의 도식은 우주 자연의 법칙성뿐만 아니라 우주 자

---

21) 『中庸』. "天命之謂性. 率性之謂道. 修道之謂敎."

연이 인간에게 요구하는 도덕적 명령까지도 포함한다. 곧 우주 자연의 이법(理法)이 인간에게 내재되어 있을 뿐만 아니라 인격적 존재로 상징되는 상제(上帝)를 '내 몸속에 영접'하고 있음을 시사한다. 이러하기 때문에 인간의 몸은 엘리아데의 표현처럼 '신성한 우주적 몸'이며 '우주적 법칙'의 구현체이다.

그러나 대다수의 인간은 '신령함이 깃든 성스러운 몸'을 자각하지 못한다. '텅 비워 있으면서도 꽉 차 있는' 인간의 신성함에 대한 자각은 순수하고 예민한 감성을 요구하기 때문이다. 우주 자연의 기운을 느끼고[感], 그 기운에 응대[應]할 수 있는 인간이 하늘과 소통할 수 있는 인간이며, 이 경지가 바로 천인합일(天人合一)이다. 바로 공자와 같은 성인(聖人)이다. 천인합일의 추구는 '성스러움의 지향'으로서 성인의 실현이다.

따라서 성리학에서는 우주 자연의 '성스러움을 체현'한 완전한 인격으로서 성인을 배우고자 한다. 선진 시대의 유학에서 성인은 도달할 수 없는 이상의 존재였지만 성리학에서의 성인은 배움을 통해 도달할 수 있는 존재, 즉 '성가학(聖可學)'[22]의 존재로 자리한다. 주돈이(周惇頤, 1017~1073, 호는 濂溪)는 '성가학(聖可學)'의 근거를 성(誠)이라고 하는 생명의 근원성에 대한 재발견을 통해 정립하고,[23] 이를 「태극도설(太極圖說)」이라고 하는 통시적 성찰로 도해하고 있다.

주돈이는 '무극이면서 태극(無極而太極)'으로부터 우주만물이 생성되는 시원을 설명하고 있다. 이때 우주 만물의 창생 원리성은 그대로 인간의 몸을 구성하는 원리이며, 인간은 따라서 생명의 원리성을 준거로 삶의 표준[人極]으로 세움으로써 만물과 일체감을

---

22) 周惇頤, 『通書』. "聖可學."
23) 周惇頤, 『通書』. "誠無爲." "誠者聖人之本."

형성할 수 있다는 가치 체계가 바로 「태극도설」이다.[24] 주돈이의 이와 같은 사유는 인간은 신성한 우주 자연의 일부이고, 생명성을 배태한 '정(靜)'의 상태에서 욕심이 없는 무욕(無慾)의 마음은 곧 사물의 존재 원리인 성(誠)[25]을 확보하는 것이며, 또한 수양공부를 통해서 이러한 경지를 체험해야 하는 길임을 보여준다. 논자는 주돈이가 제시한 성(誠)의 의미는 결국 생명성의 확장을 위한 온전한 자기 몰입의 순일한 과정이며, 이것을 지지하고 가능케 하는 힘이 곧 대상에 대한 '정성스러움'과 '진정성'에 있음을 전통 개념인 성(誠)을 재해석함으로써 드러내고 있다고 판단한다.

　주돈이에게서 비롯한 자기 성찰과 정성(精誠)스러운 성리학적 체험은 성인에 도달할 수 있는 의지적 실천공부의 과정이며, 성(誠)으로서의 우주적 본질을 체현한 성숙한 인격의 성취과정이다. 이 흐름은 조선조 성리학에서 '천인합일'에 대한 논의로 나타나게 된다.

　조선조 성리 학자들은 인간과 우주 자연이 합일되는 이상적 경지를 단순히 이론적 설명에 그치는 것이 아니라 도상(圖像)과 해설(解說)의 방식인 도설(圖說)을 통해 보여주면서, 성숙한 인격의 성취 곧 성인의 성취를 추구한다.[26] 이러한 도설적 방법을 통해 우주적 신성함과 인간이 연결되어 있음을 보여주고 있는데, 그러한 첫 번째 시도는 권근(權近, 1352～1409, 호는 陽村)에게서 찾아진다.

　권근은 우주 자연과 인간이 합일되어 있음을 「천인심성합일지도

---

24) 周惇頤, 「太極圖說」. "無極而太極, 太極動而生陽, 動極而靜, 靜而生陰...太極本無極也, 五行之生也, 各一其性, 無極之眞, 二五之情, 妙合而凝, 乾道成男, 坤道成女, 二氣交感, 化生萬物...惟人也, 得其秀而最靈, 形旣生矣, 神發知矣, 五性感動, 而善惡分, 萬事出矣, 聖人定之以中正仁義...而主情, 立人極焉, 故聖人與天地合其德...大哉易也, 斯其至矣."

25) 『中庸』. "誠者物之終始, 不誠無物."

26) 김경호, 인격 성숙의 새로운 지평－율곡 이이의 인간론, 정보와사람, 2008.4 참조.

(天人心性合一之圖)」를 통해 보여준다. 권근은 이 도해(圖解)를 통해 "도상은 주렴계의 「태극도」와 주자의 『중용장구』의 설에 의거해서 사람의 심성을 대상으로 하여 리기와 선악의 차이를 배우는 자에게 보이려는 것이었으며, 때문에 미처 만물이 화생하는 모습까지는 밝히지 못했다"[27)고 해명한다. 그러나 논자는 이 도상(圖像)을 통해 인간의 몸이 우주 자연과 연결되어 있음을 전제로 하는 성리학자들의 인식의 깊이를 찾고자 한다. 때문에 논자가 이 도상(圖像)에서 특히 주목하는 것은 도상(圖像)의 형태이다.

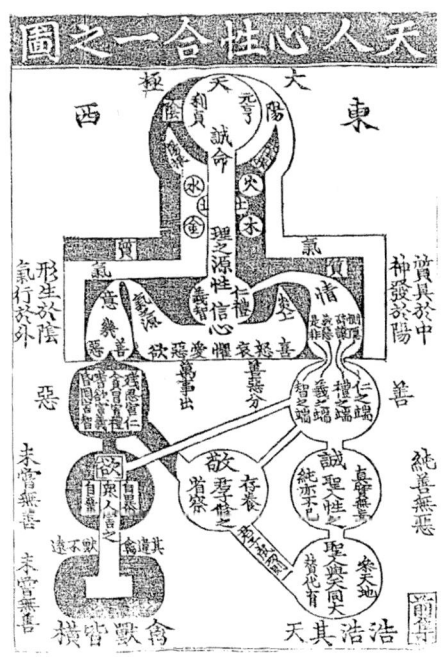

<權近: 天人心性合一之圖>

---

27) 權近, 『入學圖說』, 「天人心性合一之圖」. "圖謹依周子太極圖, 及朱子中庸章句之說, 就人心性上, 以明理氣善惡之殊, 以示學者, 故不及萬物之化生之象."

이 도상(圖像)은 '사람의 몸'을 형상화하면서 '태극(太極)'으로서의 우주 자연의 이법(理法)이 인간의 몸을 통해 구현되어 있는 방식을 도해하고 있다. 곧 인간은 몸의 존재임과 동시에 외부의 우주 자연과도 긴밀하게 연결되어 있는 환경적 존재이며, 또한 각각의 세계를 마음을 통해 연결하는 '확장된 마음(extended mind－heart)'의 존재임을 보여주고 있다.

위쪽 머리에 해당하는 천권(天圈) 부분을 보면, 가운데에 하늘[天]을 놓고 그 주위를 생성의 원리인 원형이정(元亨利貞)의 사덕(四德)이 에워싸고 있으며, 천도(天道)의 본질을 의미하는 성(誠)을 표시하였다. 권근은 "하늘이란 가장 큰 하나이다. 하나란 이치로 말하면 짝할 상대가 없다는 것이고, 유행하여 운동 변화하는 것으로 말하면 그침이 없다는 것이다. 크다고 한 것은 본체로 말하면 절대적으로 큰 것이어서 그 밖이 없다는 것이고, 조화로 말하면 다함이 없다는 것이다. 따라서 하늘이란 모든 변화운동의 근원이요, 모든 나뉨의 근본인 것이다"[28]라고 한다. 우주적 생명의 근원으로서 무궁(無窮) 무한(無限)한 것이 바로 하늘[天]이라는 것이다. 그것은 올바른 도리이기도 하다. 곧 천도(天道)이다. 이 천도(天道)의 본질을 권근은 성(誠)으로 표현하고 있다.

성(誠)은 우주 자연 그 자체를 의미하는 하늘[天]이 갖는 뭇 생명의 시원임과 동시에 거스르지 않는 이치[理]의 원리성을 의미한다. 『중용』에서는 "참됨은 하늘의 도이고, 참되려 하는 것은 사람의 도이다"[29]라고 하여 천도(天道)와 인도(人道)를 구분하면서, 천도로서

---

28) 權近, 『入學圖說』, 「天人心性分釋之圖」. "天爲一大. 一者以理言則無對. 以行言則無息. 大者以體言則無外. 以化言則無窮. 萬化之源, 萬殊之本."

의 성(誠)을 사물의 존재원리로 파악하여, 참됨이 없다면 사물도 존재할 수 없음을 언급한다.[30] 이처럼 성(誠)은 생명의 원리라는 점에서 대상에 대한 순연한 몰입이며 거짓되지 않은 진실함으로 대상을 향하는 정성스러움이라고 재해석할 수 있다. 이 점에서 성(誠)은 존재가 대상과 분리되지 않고 혼연한 일체로 만날 수 있는 합일의 가능성이며 영적인 소통을 가능케 하는 신성의 가치이기도 하다. 따라서 이이의 경우에는 이러한 성(誠)을 형이상학적인 측면에서 항구불변의 객관적 가치의 기준이자 표준으로 파악하여 '실리(實理)'라고 하고 있으며, 윤리적인 측면에서는 진실무망(眞實無妄)하여 자신조차도 속이지 않는 불기(不欺)의 마음으로서 '실심(實心)'[31]이며 성실(誠實)[32]이라고도 한다.

이처럼 천도(天道)이자 실리(實理)인 성(誠)은 인간의 몸속에 실심(實心)으로 자리하고 있다는 성리학적 사고는 특별히 신적인 존재를 상정하지 않더라도 끊임없는 자기 성찰을 요구한다. 이 성찰은 자신의 전존재를 다 투여하여 자기 자신뿐만 아니라 대상과 접촉하는 과정에서 성실(誠實)·성의(誠意)·성심(誠心)·정성(精誠)·지성(至誠)으로 표출된다. 여기서 드러나는 '지극한 정성스러움'은 '성스러운 것'과 관련한 종교적 심성과 상통하여, 대상 세계와 주체가 불이적(不二的)이라는 것을 깨닫게 한다. 이것은 신성한 존재

---

29) 『中庸』, "誠者天之道也, 誠之者人之道也."

30) 『中庸』, "誠者物之終始, 不誠無物."

31) 李珥, 『栗谷全書』 拾遺卷6, 「誠策」. "天以實理, 而有化育之功, 人以實心, 而治感通之效, 所謂實理實心者, 不過曰誠而已矣… 其體甚微, 而其用甚顯, 故天地可以格, 鬼神可以動, 人心可以服矣."

32) 李珥, 『栗谷全書』 卷21, 「聖學輯要·誠實章」. "窮理旣明, 可以窮行, 而必有實心, 然後乃下實功, 故誠實爲窮行之本."

와 나와의 합일이라는 또 다른 형태이며, 이를 종교적 체험의 양상이라고 해도 좋을 것이다. 이러한 내용을 함축적으로 도시하고 있는 것이 천권(天圈)이다.

천권(天圈)의 바깥 부분에는 음양오행(陰陽五行)을 배열하고 있다. 천권(天圈)의 아래로 명(命)을 놓아 천명(天命)에 의해 성(性)이 있게 된다는 것을 사람의 심장 부분에 해당하는 심권(心圈)의 중앙에 표시하면서 인의예지신 오상(五常)을 표시하고 있다. 그리고 이것이 리(理)의 근원임을 병기하고 있다. 심권(心圈)에는 마음[心]을 놓고 기(氣)의 근원임을 표시하였다. 두 팔에 해당하는 부분에는 정(情)과 의(意)를 표시하고, 감정의 분기과정을 함께 표시하고 있다. 다리 부분의 좌우에는 성(誠)과 욕(欲)을 놓고, 그 가운데 단전 부분에는 경(敬)을 배치하여 수양공부의 양상을 표시하고 있다.

권근은 이 도상(圖像)을 통하여 몸의 각 부위에 성리학적 주요 개념들을 배치하여 자신이 이해하고 있는 성리학적 세계를 펼쳐 보이고 있다. 권근은 특히 천(天)－명(命)－성(性)－리(理)－경(敬)을 수직으로 배열함으로써, 하늘의 이치와 상제의 도덕적 명령이 인간의 몸에 본성으로 자리하고, 그러한 본성을 '각성된 의식의 상태'인 '경(敬)' 공부와 같은 실천적 노력에 의해 회복되어야 함을 보여주고 있다. 결국 권근은 「천인심성합일지도」를 통해 우주 자연과 더불어서 온갖 생명을 화육(化育)할 수 있는 성스러운 인간, 곧 성인에 도달할 수 있는 방법을 제시하고 있는 것이다.[33]

권근에 의해 제시된 "우주 자연과 인간이 합하여 하나가 되고자

---

33) 權近, 『入學圖說』, 「天人心性合一之圖」. "聖人與天同大 參天地贊化育."

하는"34) 천인합일(天人合一)의 성리학적 가능성은 인간의 몸이 단순히 욕망만을 산출하는 물리적 유기체가 아니라 분출하는 욕구조차도 경(敬)과 성(誠)에 의해 조절하면서 우주 자연의 환경과 접속할 수 있는 마음의 존재이기 때문이다. 이 천인합일을 위한 과정이 곧 공부의 과정이고 삶의 과정이다. 따라서 이러한 존재 선회의 시도는 다름 아닌 세속적인 세계[俗]의 존재가 성스러운 세계[聖]의 생명성을 회복하려는 노력의 일환이며, 이로부터 세속적인 세계를 끊임없이 성화(聖化)하려는 자기 변혁의 시도이기도 하다.

이 같은 성리학의 성속(聖俗) 합일의 이상은 권근 이후에도 지속적으로 보이는데, 권근의 문인인 김반(金泮)의 『속입학도설(續入學圖說)』, 조카인 권채의 「작성도(作聖圖)」·「작성도론(作聖圖論)」 등으로 나타나고, 정지운(鄭之雲)의 「천명도(天命圖)」와 이황(李滉)의 「천명신도(天命新圖)」 등에서는 보다 정교한 형태로 제시된다. 특히 이황의 「천명신도(天命新圖)」는 '천인합일'을 지향하는 16세기 조선 성리학의 인간과 우주 자연에 대한 포괄적 이해를 담고 있어 후대에 많은 영향을 미치게 된다.

---

34) 權近, 『入學圖說』, 「天人心性合分析之圖」. "合天人而一之."

5. 동학의 종교 체험을 통한 삶의 성화: 誠과 侍天主

동학은 "내 마음이 곧 너의 마음(吾心卽汝心)"[35]이라는 체험적 자각과 수행을 통해 우주적 존재인 '하느님'[36] 곧 '천주(天主)'를 '나의 몸'에 모심으로써 신성성과 영원한 생명을 깨닫게 한다는 점에서 '몸의 성화(聖化)'를 요청한다. '하느님'이라는 초월적 존재이며 내재적인 존재가 바로 나의 몸 안에, 내 마음속에 모셔져 있기 때문에, 나의 몸은 '성스러운 존재'를 모시고 있는 '성스러운 공간'이다. 이것이 동학의 핵심 사상인 '시천주(侍天主)'이다.[37]

동학의 '하느님'은 다양한 이름으로 불리고 있다. 한문 경전인 『동경대전(東經大全)』[38]과 한글 가사체인 『용담유사』[39]에서 '하느님'

---

35) 崔濟愚, 『東經大全』, 「論學文」, "吾心卽汝心也."

36) 최제우의 『용담유사』에는 '하느님'으로 표현되어 있고, 현재 천도교에서는 '한울님'이라는 용어를 사용하고 있다. 본고에서는 김용휘의 논거에 따라 '하느님'으로 표기한다. 김용휘, 「시천주 사상의 변천을 통해 본 동학 연구」, 고려대학교 박사학위논문, 2005.2.

37) 김용휘는 최제우의 중심 사상은 '시천주(侍天主)'에 있다고 파악한다. 김용휘, 「시천주 사상의 변천을 통해 본 동학 연구」, 고려대학교 박사학위논문, 2005.2.

38) 『동경대전』은 최제우가 전남 남원의 은적암(隱寂庵)에 은거하면서 1861년에 지은 「포덕문(布德文)」·「논학문(論學文)」과 1862년에 지은 「수덕문(修德文)」 그리고 1863년경에 지은 「불연기연(不然其然)」 등 4편의 글과 15편의 단문으로 구성되어 있다. 최시형에 의해 1880년에 간행되었다.

은 신이한 존재로서 '천주(天主)'·'신선(神仙)'·'상제(上帝)'·'천령(天靈)' 혹은 '지기(至氣)' 등으로 표현된다. 일반적으로 가장 많이 언급되는 '하느님'에 대한 한자 표현인 천주(天主)라고 할 경우, 여기에는 동양적 사유의 원형성을 보여주는 '하늘[天]' 관념과 그러한 하늘을 존숭한다는 의미에서 '님[主]'이라는 존칭이 결합되어 있다. 따라서 하늘로 표상된 '내 몸 안에 있는 신령스러운 존재(內有神靈)'[40]는 고정된 실체가 있는 것은 아니지만 만물을 화생하는 생명의 원리이자 인격적인 존재로 '나에게 다가와 있기에' 부모님처럼 공경해야 할 대상이다. 천주(天主)는 이처럼 '신령(神靈)'으로 경험되며 말을 건네기도 하는(降話)[41] 존재이다. 이러한 천주(天主)는 조화의 시간 속에 있기 때문에 '시극한 기운' 곧 '지기(至氣)'로 표현되기도 한다.

> 지라는 것은 지극한 것이요, 기라는 것은 허령이 창창하여 일에 임하여 간섭하지 않음이 없고, 명령하지 않음이 없다. 모양이 있는 것 같으나 형상하기 어렵고 들리는 것 같으나 보기는 어려우니, 이것은 또한 혼원한 한 기운이다.[42]

지기(至氣)는 우주의 혼원한 기운으로 초월성과 신령성을 갖고 있으면서도 또한 주재의 능력도 있는 궁극적 존재이다. 이 지기(至氣)의 활동을 통해서 우주 사언의 변화가 일어나고, 이 기운이 인간

---

39) 『용담유사』는 최제우가 지은 한글가사체 포교집으로 「용담가」·「안심가」(安心歌)·「교훈가」(敎訓歌) (1860년), 「도수사(道修詞)」·「검결(劍訣)」·「몽중노소문답가(夢中老少問答歌)」(1861년), 「권학가(勸學歌)」(1862년), 「도덕가(道德歌)」·「흥비가(興比歌)」(1863년) 등 9편으로 구성되어 있다. 이 책은 최시형(崔時亨)에 의해 1881년 간행되었다.

40) 崔濟愚, 『東經大全』, 「論學文」, "內有神靈."

41) 崔濟愚, 『東經大全』, 「論學文」, "內有降話之敎."

42) 崔濟愚, 『東經大全』, 「論學文」, "至者極焉之爲至, 氣者虛靈蒼蒼, 無事不涉, 無事不命, 然而如形而難狀, 如聞而難見, 是亦渾元之一氣也."

에 체험될 때는 천주(天主)라는 인격적 존재로서 파악된다. 따라서 지기(至氣)와 천주(天主)는 하느님을 표현하는 동일한 용어이지만, 천주(天主)는 인격적 존재를 의미할 때 주로 사용되고, 우주적인 변화 운동의 실재를 의미할 때는 지기(至氣)가 사용됨을 알 수 있다.

동학의 하느님은 의지적이기도 하고 인격적이기도 하지만, 절대적인 권능을 가진 존재는 아니다. 이 하느님은 인위적으로 행함이 없이 조화를 이루고[無爲而化] 수고로우나 공이 없으며[勞而無功], 선악을 변별하는 존재가 아니다[不擇善惡]. 여기서 선악에 대해서 판단하지 않는다는 것의 의미는 하느님은 지극히 공정하고 사사로움이 없기 때문에[至公無私] 선한 인간이나 악한 인간 누구에게도 모셔져 있다는 것을 말한다. 따라서 이미 모든 인간에게 존재하는 하느님은 조건적인 선택 사항이 아니라는 것이고, 이러한 점에서 모든 인간은 주체적으로 하느님을 모시고 '공경을 다하여 정성스러운 방향'으로 자신을 돌려야 하는 책무를 갖게 된다. 곧 하느님의 선택이 아닌 인간의 자율적 의지에 따라 조화를 이루어 나감을 긍정하는 것이다.

그렇다면, 동학은 어떠한 과정을 통하여 '나의 몸'이 '성스런 존재'가 거처하는 '영적(靈的) 공간'임을 깨닫게 하며, 또한 영성(靈性)은 몸을 통하여 어떻게 드러난다고 이해하는 것인가? 동학을 창도한 최제우(崔濟愚, 1824~1864, 호는 水雲)는 1860년 경 종교적 신비 체험을 하게 되고, 이 경험 이후 성경신(誠敬信) 수행[43]의 과정을 통하여 시천주(侍天主)의 개념을 정립하게 된다. 최제우는 신

---

43) 崔濟愚, 『東經大全』, 「座箴」, "吾道博而約, 不用多言義, 別無他道理, 誠敬信三字. 這裏做工夫, 透後方可知."

비체험의 과정을 「포덕문」과 「논학문」 두 글을 통해 다음과 같이 밝히고 있다.

> 뜻밖에 사월에 마음이 섬뜩해지고 몸이 떨려서 무슨 병인지 집증할 수도 없고 말로 형상하기도 어려울 즈음에 어떤 신선의 말씀이 있어 문득 귀에 들려서 놀라 캐어물었더니 답하였다. "두려워하지 말고 두려워하지 말라. 세상 사람이 나를 상제라 하거늘 너는 상제를 알지 못하느냐?" 그 까닭을 물었더니 답하였다. "나 역시 공이 없으므로 너를 세상에 내어 사람들에게 이 법을 가르치게 하니 의심하지 말고 의심하지 말라."[44]

> 몸이 몹시 떨리면서 밖으로 접령하는 기운이 있고 안으로 강화의 가르침이 있어서 보이는데 보이지 않고 들리는데 들리지 않으므로 마음이 오히려 이상해져서 수심정기하고 물었다. "어찌하여 이러합니까?" 대답하였다. "내 마음이 곧 네 마음이다. 사람이 어찌 이를 알겠는가. 천지는 알아도 귀신은 모르니 귀신이라는 것도 나이다. 너는 무궁한 도에 이르렀으니 닦고 단련하여 그 글을 지어 사람들을 가르치고 그 법을 바르게 하여 덕을 펴면 너로 하여금 장생하여 천하에 빛나게 하니라."[45]

위 인용문에서는 '하느님'을 직접적으로 상제(上帝)·신선(神仙)·귀신(鬼神)으로 표현하고, 간접적으로는 신령한 기운[靈之氣]·말을 건네 가르침[降話之教]을 전하는 존재로 묘사되어 있다. 이러한 표현을 놓고만 본다면, 하느님은 인간의 영역에서 범접하기 어려운 지고(至高)의 존재이기도 하지만, 한편으로는 '신령(神靈)스런 기운'으로 경험되면서 내게 말을 전하기도 하는 존재(降話)로 파악되

---

44) 崔濟愚, 『東經大全』, 「布德文」, "不意四月 心寒身戰, 疾不得執症, 言不得難狀之際, 有何仙語, 忽入耳中, 驚起探問則 曰勿懼勿恐. 世人謂我上帝, 汝不知上帝耶. 問其所然, 曰余亦無功故, 生汝世間, 敎人此法, 勿疑勿疑."

45) 崔濟愚, 『東經大全』, 「論學文」, "身多戰寒, 外有接靈之氣, 內有降話之敎, 視之不見, 聽之不聞, 心尙怪訝, 修心正氣而問曰 何爲若然也. 曰吾心卽汝心也. 人何知之, 知天地而無知鬼神, 鬼神者吾也. 及汝無窮無窮之道, 修而煉之, 制其文敎人, 正其法布德, 則令汝長生, 昭然于天下矣."

기도 한다. 이처럼 하느님은 이중적 특성을 갖고 있는데, 그러한 존재가 '나에게 말을 걸어와서' "하느님인 나의 마음이 곧 너의 마음"(吾心卽汝心)이라고 하고 있으니, 두렵고 또 두려운 것은 당연하다. 나도 알 수 없는 나의 마음을 내 안에 있는 타자로서의 하느님이 알고 있다고 한다면, 그것은 두려움을 수반할 수밖에 없고, 또 그 자체에 대해 의심하고 회의할 수밖에 없다. 그러하기 때문에 일상적 세계에서 경험할 수 없는 특별한 이 계시적 존재체험은 경험자 자신도 의심할 수밖에 없는 것이다.

여기에서 믿음[信]의 문제가 제기된다. 하느님이라고 하는 신성한 존재가 내 몸 안에 있음을 먼저 믿는 것은 종교체험에서 무엇보다 중요한 일이다.[46] 그 믿음을 바탕으로 하여 정성스러움[誠]이 나올 수 있다.[47] 이 특별한 체험은 일회적인 경험으로 끝나는 것이 아니라 정성스러움[誠]과 공경스러움[敬]의 수행[48]을 통해서 자기화하는 과정을 거치게 된다. 이것이 영성(靈性)을 회복하는 길이고 세속적인 육체를 성화(聖化)하는 과정이다.

그렇다면 '하느님'을 모신다는 것은 어떤 의미인가? 수운은 '시(侍)'를 다음과 같이 설명한다.

> 모신다는 것은 안으로 신령이 있고, 밖으로 기화작용이 있다는 것을 세상 사람들이 각각 알아서 어기지 않는 것이다.[49]

---

46) 최제우는 신성한 존재인 하느님을 내 몸에 영접하여 모시고 있다고 하는 자긍심 때문에 스스로의 교만해짐을 경계한다. 『용담유사』, 「교훈가」. "나는 도시 믿지 말고 하느님을 믿었어라."

47) 崔濟愚, 『東經大全』, 「修德文」. "人言以成, 先信後誠."

48) 『용담유사』와 『東經大全』에서 수심정기(修心正氣)하는 수행과 관련하여 가장 많이 언급되는 용어는 성(誠)과 경(敬)이다. 성(誠)은 최제우에게 있어 주로 '정성스러움'의 의미로 사용되는데, 그는 '정성스러움은 마음으로 믿는 것'이고 정의한다. 『東經大全』, 「修德文」. "心信爲誠."

이 인용문은 동학의 특성을 잘 드러내는 21자의 주문(呪文)이다. 주문은 '신령한 존재'에 대한 가장 단순하면서도 직접인 기원을 함축하고 있다. 동학의 하느님은 주문에 대하여, "나의 주문을 받아 사람을 가르쳐서 나를 위하게 하면 너도 또한 장생하여 덕을 천하에 펴리라"[50]라고 말한다. 이 짧은 주문은 주문을 암송하는 주문자가 이미 영적인 존재임을 각성케 하고 동시에 스스로를 영성(靈性)을 통한 성화(聖化)를 단계를 지향케 한다. 왜냐하면 '내유신령'의 의미는 내 몸 안에 이미 신령(神靈)으로서의 영성(靈性)이 이미 상존하고 있다는 것이고, 이렇게 영적인 몸의 작용으로서의 '외유기화'는 마땅히 성스러운 행위로 드러날 수밖에 없기 때문이다. 따라서 영적인 존재를 모시고 있는 내 몸과 마음은 '히느님'을 지극히 정성스럽고 공경하여 모셔야 하고, 이 행위 자체는 바로 '나'를, '너'를 공경하고 정성스럽게 대하는 태도가 되는 것이다.[51] 결국 동학의 하느님은 '내 몸 안'에 있기도 하고, '나의 밖'에 있기도 하여 '내 몸 안'에 있는 '내게 있는 하느님'을 공경하는 것은 곧 나를 공경하는 것이고, '나의 밖'에 있는 '타재한 하느님'을 공경하는 것은 곧 타인을 공경하라는 가르침이 된다.

이러한 시천주(侍天主)에 대한 체험은 신령스런 존재인 하느님이 나의 몸 안에 모셔져 있고, 또한 니의 몸은 하느님을 모시는 성

---

49) 崔濟愚, 『東經大全』, 「論學文」. "內有神靈, 外有氣化, 一世之人, 各知不移者也."

50) 崔濟愚, 『東經大全』, 「修德文」. "受我呪文, 敎人爲我則, 汝亦長生, 布德天下矣."

51) "우리는 생각의 하느님으로 만족해서는 안 된다. 왜냐하면 생각이 사라지면 하느님도 사라지기 때문이다. 그보다도 우리는 인간과 모든 피조물의 생각을 뛰어넘는 본질적 하느님을 지녀야 한다." 이것은 엑카르트의 영적 깊이를 보여주는 예인데, 최제우의 시(侍)가 함의하는 바는 이보다 더욱 본질적인 하느님의 모심을 보여준다. 길희성, 『마이스터 엑카르트의 영성사상』, 분도출판사, 2003, p.55 각주 21 재인용.

스러운 공간임을 다시금 자각하는 것이다. 하느님을 모시는 몸이라는 점에서 이것은 몸을 성화하는 과정이고, 그러한 하느님을 공경한다는 점에서 이것은 영성의 회복이다.

6. 존재의 자각: 천리와 소통

인간이 천지의 순일함과 연결된다는 '천인합일'의 경지와 내 몸에 하느님을 모시고 있다는 '시천주'의 종교적 체험을 통해서 몸의 성화를 통한 영성의 회복 측면을 고찰하였다. 성리학에서는 인간이 우주 자연과 하나가 되는 과정적 노력의 상태를 '성지(誠之)'라 하고, 우주 자연의 본래성과 하나가 되는 것을 '성(誠)'으로 표현한다. 곧 천인합일의 경지이다.

성리학에서는 이렇듯 우주 자연과 합일될 수 있다는 것을 전일한 수행 체험을 통해서 확보하고자 한다. 이런 과정에서 '나 자신조차도 속이지 않는 마음[毋自欺]'을 유지하게 되고, '진실함[眞實無妄]'과 '참다움[誠]'의 회복으로 이행한다. 이 일련의 수행 과정은 '우주 자연의 이법'이며 '천리'라는 것이 바로 여기 '오심(吾心)' 즉 내 마음에 있음을 확인하는 것이고, 이러한 자기 발견과 깨달음을 통해 인간은 우주 자연과 소통할 수 있는 존재가 된다. 이를 달리 표현한다면, 나의 몸과 마음을 '각성'함으로써 우주 자연의 '영성'과 연결될 수 있는 통로를 회복하는 것이라고 볼 수 있다. 성리학이 갖고 있는 이러한 '자기 본래성의 회복'은 '영적인 존재의 회복'이라고 할 수 있으며, 이러한 측면을 보다 종교적으로 구체화하고 있는 것이 '동학'이다.

동학은 '내 안에 영적인 존재가 머물러 있고[內有神靈]', 그 영적인 존재가 바로 하느님으로서의 '천주'이고, 나는 그 천주를 모시고 있는 존재이다[侍天主]. 따라서 '나의 몸'은 '함부로 할 수 없는' '영적인 몸'임을 자각하고, 그러한 성화된 몸과 영적인 마음의 상태는 '사람이 곧 하느님[人乃天]'임을 온전히 받아들일 수 있는 충만한 인격적 성숙을 유도한다.

시천주의 사유는 '나의 몸'이 '영적인 몸'이라는 자각을 통해 자타의 구분이 없이 하느님이 편재(遍在)한다는 믿음이고, 그러한 의미에서 세계와 나를 이분하지 않는 사유체계이다. 곧 나와 너, 자타(自他)의 구분을 넘어서 '내가 바로 너'이고 '네가 바로 나'이기에 하나로 합일될 수 있는 존재 충만의 열림이다. 이를 보다 적극적으로 해석한다면 '하느님을 모시고 있는 신성한 나의 몸'은 '나의 타자에 머물고 있는 하느님'과 연결될 수 있다는 것이며, 개별자로서의 나의 한계와 장애를 극복하고 타자와 소통할 수 있는 생명성 회복의 전일적 인식을 보여주는 것이라 하겠다.

이처럼 성리학(유학)과 동학에서 보이는 '영적인 존재'에 대한 '스스로의 자각'은 스스로를 존중하고 공경(恭敬)하여 정성스럽게[誠] 대하는 태도이면서, 동시에 타자를 공경하고 정성스럽게 대하는 행위 자체가 된다. 이러한 점에서 본다면, 영성 회복을 위한 성리학이나 동학에서 동시에 요청되는 수행의 태도는 경(敬)을 바탕으로 하는 성(誠)의 태도이다. 이 성(誠)은 형이상학적인 면에서 존재의 근거이고, 윤리적인 측면에서는 욕구와 욕망을 덜어 내는 진실·성실·성의·정성의 의미를 지니는 생명의 원리성이기 때문이다. 따라서 생명을 가능케 하는 성(誠)의 긍정성은 스스로를 진실하게 비움으로써 자신뿐만 아니라 나의 타자로서 너를 긍정하게 하며, 연대를 통한 상생과 조화로움을 추구하게 한다. 곧 생명성의 공유이다. 생명성을 공유할 수 있다는 것은 다름 아닌 채울 수 없는 무한 소유의 욕망을 중지할 수 있는 결단과 결핍에 분노하지 않고 비우고 덜어 냄에 안분지족(安分知足)할 수 있는 여유를 요구한다. 피폐한 육신을 성화(聖化)하고 영적인 세계를 회복하기 위한 쉽지 않은 삶의 여정은 이 길에서 그리 멀리 있지 않다. 삶은 종교적 체험의 연장인 셈이다.

참고문헌

『東經大典』
『旅軒全書』
『旅軒集』
『龍潭遺詞』
『栗谷全書』
『入學圖說』
『入學圖說』
『中庸』
『通書』

길희성, 『마이스터 엑카르트의 영성 사상』, 분도출판사, 2003.
김경호, 인격 성숙의 새로운 지평－율곡 이이의 인간론, 정보와사람, 2008.
김용휘, 「시천주 사상의 변천을 통해 본 동학 연구」, 고려대학교 박사학위논
　　　문, 2005.2.
데이비드 호킨스, 이종수 역, 『의식혁명』, 한문화, 2006.
이승환, 「몸, 신체, 육체」, 『우리말 철학사전』, 지식산업사, 2002.
이승환, 「유가적 몸과 소속된 삶」, 『전통과 현대』 8, 1999.
켄 윌버, 김철수 역, 『무경계－자기성장을 위한 동서양의 통합접근』, 무수우,
　　　2005.
켄 윌버, 김철수 역, 『아이 투 아이: 감각의 눈·이성의 눈·관조의 눈』, 대원
　　　출판사, 2004.

감각적 욕망의 구조에 대한 연기적 이해
: 몸의 온전한 자유를 위해*

* 이 논문은 2005년 한국 학술 진흥재단의 지원에 의해 연구되었음(KRF – 2005 – 079 – AM0016).

1. 서론: 몸은 온전한 자유를 얻었는가?

몸은 인간의 욕망을 구체적인 행위로 표현하는 도구이다. 인간의 신체적 욕망은 자연적인 것과 인위적인 것으로 구별할 수 있다. 자연적인 것이란 태어나면서부터 누구나 갖추고 있는 기초적 욕구(인간으로서의 共業에 기반을 둔 욕구)를 가리킨다면, 인위적인 것이란 기초적 욕구에 개인적인 기호(不共業의 결과), 사회적 영향(共業의 결과) 등이 모두 반영된 상태에서 산출된 욕구를 가리킨다. 자연적인 것이든 인위적인 것이든 신체적 욕구 없는 인간이란 존재하지 않기 때문에, 인간이란 기본적으로 욕망하는 몸을 가진 존재라고 보아도 무방할 것이다. 이 욕망하는 몸을 그 성격이 보다 분명히 드러나도록 개념화해 본다면, 기초적 욕구를 반영한 몸을 생리적인 몸(자연적인 몸)이라고 한다면 인위적 욕구를 반영한 몸을 생각이 깃든 몸1)이라고 할 수 있는데, 철학적 담론의 영역에서 문제가 되는 것은 생각이 깃든 몸에 의해 산출된 욕망이다.

---

1) 보통 사회적인 몸이라고도 일컬어지는데, 이 경우 사회적 영향력(共業)에도 불구하고 남겨지는 개인적인 기호의 측면(不共業)은 배제되기 때문에, 좀 더 포괄적인 의미를 담기 위해 생각하는 몸이라고 하였다.

현대 사회에서 몸담론은 다양한 영역에서 이루어지고 있지만, 탐구의 대상이 되는 몸은 생각이 깃든 몸의 영역을 벗어나지 않는다. 권력에 의해 길들여진 몸을 대상으로 한 연구는 우리의 신체적 욕망이 사회의 지배적인 힘에 의해 부당하게 조작되고 억압되어 왔음을 보여준다. 페미니즘의 입장에서는, 여성의 신체적 욕망은 남성의 것과 다른 것으로 가르쳐지고, 이 속에서 신체적 욕망의 측면에서 남성에 비해 여성은 억압된 상태에 놓여 있음이 제시된다. 여기에서도 문제가 되는 것은 외적인 강제에 의해 주입된 관념에 의해 개인의 마음이 변화됨으로써 겪는 신체적 욕망의 왜곡이다. 또한 소비 주체로서의 몸을 대상으로 한 연구는 현대사회에서 몸은 더 이상 억압의 대상이 아닐 뿐만 아니라, 자아의 정체성을 구성하는 중요한 요소가 되었음을 보여주지만,[2] 동시에 이러한 소비 주체로서의 몸이 갖는 한계 앞에서 속수무책인 몸의 문제적 상황도 함께 제기하고 있다.[3] 여기에서도 문제가 되는 것은 소비 주체로서의 몸에 각인된 왜곡된 마음이라고 할 수 있다. 권력에 의해 길들여진

---

[2] Antony Giddens는 현대 사회에서 몸의 지위를 자아 정체성의 문제와 관련하여 해명하였다. 전통 사회에서 자아 정체성의 범주에 몸은 큰 역할을 하지 않았지만, 오늘날 몸은 개인의 자아 정체성을 드러내는 데 있어서 중요한 지위를 차지하게 되었기 때문에, 개인은 사회적인 기준에 맞추어 자신의 몸을 개발해야 할 필요성에 직면했다는 것이다. 성형 수술, 다이어트 등이 모두 자신의 자아 정체성을 고양시키려는 현대인의 노력을 보여주지만, 동시에 개인은 그 부작용으로 거식증 등과 같은 질병에 시달린다. 이러한 문제를 해결하기 위해서 새 시대에 맞는 새로운 형태의 자아의 구축이 요청되는데, 그 자아의 주요 기능은 성찰성이고, 이는 불변의 자아정체성에 얽매이지 않고, 부단히 변화하는 자아정체성을 수용하면서, 그 근거를 부단히 관찰하는 것이다(「현대성과 자아정체성」, 새 물결, 1999).

[3] 오늘날 대중문화는 소비자들로 하여금 몸에 대해 항상 의식하게 만들고, 이런 분위기 속에서 몸은 사회 관계의 소통, 사회 내에서 개인의 가치, 사회적 인정에 대한 가능성을 재현하는 기표가 되고 있다. 여러 가지 형태의 이상적 신체 이미지는 현재의 몸을 결함 있고 불충분한 것으로 인식하게 만들고, 현재의 몸은 자기 결정임을 강조한다. 이러한 시각에 기반을 둔 몸의 개발은 행복의 영역을 증대시켜 주는 긍정적 측면도 있지만, 그 이면에는 생리적 욕구의 지나친 억압, 자기 몸에 대한 불만족 등에 의해 시달리는 개인을 낳은 부정적 측면도 대두된다[정주원, 「몸의 소비 문화적 의미와 현상에 대한 고찰」(「소비문화연구」 제9권 제1호, 2006) 및 성영신, 「소비와 광고 속의 신체이미지: 아름다움의 담론」(「사회비평」 17호, 1997) 참조].

몸에 대한 담론이든, 소비 주체로서의 몸에 대한 담론이든, 몸의 욕망을 억압하는 원인 중 하나를 찾아내는 것에는 성공했지만, 우리의 몸은 여전히 불분명한 상태로 남아 있다.[4]

우리의 몸은 늘 마음과의 관련성 속에서 작용하며, 마음의 작용이 왜곡되었을 때 몸은 진정한 자유를 얻는 데 실패하고 만다. 다이어트, 성형 수술 등을 통해 가치가 극대화된 몸을 지녔어도 결코 행복해질 수 없는 것은 그러한 신체적 행위의 근저에 놓인 마음의 실체를 파악하는 데 결국은 실패했기 때문이다. 몸의 지위 복권이 몸의 억압이 조장한 불행을 넘어 행복의 영역을 확장하려는 노력의 산물이라면 몸의 개발이 낳는 또 다른 형태의 불행은 분명하게 짚고 넘어가지 않으면 안 될 문제이다.

본고는 현대 사회에서 그 지위가 부각되었음에도 불구하고 여전히 헤매는 몸의 온전한 자유를 위해, 감각적 욕망에 대한 불교의 치유모델을 제시하고, 이 속에서 현대 사회의 몸담론이 제기하는 문제점이 해소될 수 있는 가능성을 제시해 보고자 한다. 붓다는 몸과 마음의 불이론적 입장에서 고통으로부터의 자유를 위한 길을 제시하는 데 중점을 두었다. 몸 자체에 대해 어떻게 바라볼 것인가 하는 접근방식은 택하지 않았다. 따라서 몸에 대한 현대의 담론에 딱 들어맞는 불교의 논리를 제시하기는 그나지 쉬운 일은 아니다. 필자는 몸과 마음을 구분하지 않은 상태에서 이루어진 불교의 논의들을 가능한 한 현대의 몸담론의 양식에 맞추어서 서술해 보려고 한다.

---

4) 노양진, 「몸의 철학적 담론」 - 몸과 마음의 이원론을 넘어서 - (『철학연구』 제27집, 2004), pp.53~54.

2. 감각적 욕망의 주체에 대한 이해:
생각이 깃든 몸이 의미하는 것

그런데 이렇게 육체적 기원을 갖는 욕망을 논하면서 왜 육체 자체가 아니라 마음의 문제를 고려하는 데 중점을 두는 것인가. 생각이 깃든 몸의 문제로 논점을 전환하여 경계를 흐려지게 하는가. 생각이 깃든 몸이란 불교에서 바라보는 몸에 대한 입장을 반영한 개념이지만, 이는 또한 기존에 이루어지는 몸담론의 불분명한 몸의 정의를 보완하는 개념이기도 하다. 몸담론을 보면 마치 몸 자체를 논하는 것처럼 보이면서도 그 내용에 있어서는 마음을 논하는 것이 대부분인 경우가 많아서 혼란스럽다. 이 때문에 감각적 욕망의 문제를 다룸에 있어서 주체의 의미를 보다 분명히 해야 할 필요성이 있을 것으로 생각된다. 필자는 이 문제를 불교의 인식론을 통해 해명해 보려고 한다.

불교에서 인간은 색·수·상·행·식 등 다섯 가지 요소(五蘊)의 집합체로 정의된다. 색은 육체를 구성하는 요소 일체를 가리키고, 수·상·행·식 등은 정신적 작용 일체를 가리킨다. 인간을 정

의하는 또 다른 분류방법으로는 안·이·비·설·신·의 등 육근
(六根)으로 포괄하는 것이 있다. 마지막 의근은 수·상·행·식 등
의 정신적 작용을 발생시키는 통합적 인식기관[5]이고, 안·이·비·
설·신 등은 육체의 작용을 다섯 가지 범주로 분류한 것이다. 결국
색온이란 오근[6]의 작용이 쌓인 것으로 색온과 오근은 동일한 의미
로 볼 수 있다.[7] 이렇게 볼 때 불교에서 몸의 욕망이란 감각적 욕
망이라는 말로 대치할 수 있다. 다시 이 오근을 근거로 하여 발생
하는 욕망을 오욕(五欲)이라 하므로, 감각적 욕망의 내용을 구체화
한다면 오욕으로 귀결될 수 있다.[8]

그런데 붓다에 따르면 다섯 가지 욕망에는 의식이 필연적으로
개입되어 있다. 곧 감각적 욕망이 발생하기 위해서는 마음이 간여
하지 않으면 안 된다. 감각적 욕망이 일어났다는 것은 이미 감각
기관 자체에 판단이 일어났음을 의미하기 때문이다. 오욕이라고 해
도 의근이 배제되는 것은 아니라는 것이다. 우리는 사물을 인식할
때, 눈으로 보고, 혀로 맛을 보며, 코로 냄새를 맡아서 안다고 생각

---

5) 의근은 순수한 정신작용의 일종으로 심(心)·의식(意識) 등과 동체이다[기무라다이켄(木村泰賢), 박경준
역, 『原始佛敎思想論』(경서원, 1992), p.130].

6) 안근(眼根)은 단순히 물질덩어리의 눈이 아니라 이에 따라 외계대상(色)을 취하여 안식(眼識) 곧 시각의
식을 낳게 하는 미묘한 작용의 눈이고, 이근(耳根)은 소리를 취하여 이식(耳識), 곧 청각의식을 낳게 하
는 맑고 투명한 색이며, 비근(鼻根)은 향(香)을 취하여 비식(鼻識), 곧 후각의식을 낳게 하는 맑고 투명
한 색이고, 설근(舌根)은 맛을 취하여 미각의식 곧 설식(舌識)을 낳게 하는 맑고 투명한 색이고, 신근(身
根)은 촉(觸)을 취하여 신식(身識), 곧 신체적 접촉에 의해 생겨나는 의식을 낳게 하는 맑고 투명한 색이
다. 아비달마불교에서 이상의 감각기관을 물질적인 것과 작용하는 것의 둘로 분류하여, 전자를 부진근
(扶塵根) 후자를 정근(正根)이라 하였다. 안근에서 정근은 시신경이고 부진근은 물질적 덩어리로서의 눈
을 가리킨다.

7) 사쿠라베 하지메(櫻部建) 지음, 정호영 옮김, 『아비달마의 철학』(민족사, 2004), p.54.

8) M.N. Ⅱ. 196. "다섯 가지 감각적 쾌락의 종류가 있다. 시각에 의해 인식되는 우리가 원하고 욕망하고
좋아하고 사랑하고 애착하고 즐길 만한 형상, 청각에 의해 인식되는 ~즐길 만한 소리, 후각에 의해 인
식되는 ~즐길 만한 냄새, 미각에 의해 인식되는 ~즐길 만한 맛, 촉각에 의해 인식되는 ~즐길 만한
감촉이다"[전재성 역주, 『맛지마니까야』 1권(한국빠알리성전협회), p.202 참조].

한다. 그러나 눈으로 사물을 보고, "이것은 ~이다"라고 판단하는 순간 이미 우리의 시각작용에는 마음이 개입되어 있다.[9)]

> "벗들이여! 안으로 시각능력이 완전하더라도 밖에서 형상이 시각영역에 들어오지 않고 그것에 주의를 기울이지 않으면 그것에 일치하는 의식은 나타나지 않는다. 벗들이여! 안으로 시각능력이 완전하고 밖에서 형상이 시각영역에 들어오더라도 그것에 주의를 기울이지 않으면 그것에 일치하는 의식은 나타나지 않는다. 벗들이여 안으로 시각능력이 완전하고 밖에서 형상이 시각영역에 들어오고 그것에 주의를 기울이면 그것에 일치하는 의식이 나타난다."[10)]

마음이 개입되지 않은 감각 기관의 작용이란 의미가 없다. 우리는 눈으로 사물을 보지만, 안근만으로는 사물에 대한 판단이 생겨나지 않는다. 안근은 단지 사물을 바라볼 뿐이다. 이러한 상황에서 안근은 어떤 욕망도 갖지 않는다. 그저 사물을 바라볼 뿐이다. 이때 안근이 직접 경험하는 것은 어떤 물체일 뿐이다. 그 물체에 주의를 기울이게 하고(화합), 판단을 일으키도록 하는 것은 식(識)[11)]이다. 이것이 동일한 감각기관을 지녔고 동일한 대상을 보면서도 각 개인이 자신의 기호, 사회적 계층(계급적 의미, 성별의 의미 등을 모두 포괄), 문화적 환경 등에 따라, 다르게 판단하는 이유가 된다.

---

9) 히라카와 아키라(平川彰), 「원시불교의 인식론」[사이구사 미쓰요시(三枝充悳) 편, 심봉섭 역, 『認識論・論理學』(경서원, 1996)], p.24.

10) M.N. Ⅰ.184, 「Mahāhatthipadopamasutta」[전재성 역주, 『맛지마니까야』 1권(한국빠알리성전협회), p.567 참조], 『中阿含經』 卷7(大正藏 1, p.467a), 若內眼處壞者 外色便不爲光明所照 則無有念 眼識不得生 若內眼處不壞者 外色便爲光明所照 而便有念 眼識得生. 팔리어본의 본문에서 '주의 기울임'이라 한 것을 한역본에선 '念'이라 하였다.

11) 안근(眼根)이 적색(赤色)을 마주했을 때, 먼저 그것에 주의를 기울이도록 하는 기반으로서의 식이 있기 때문에 안근은 그것을 마주 하게 되며, 다시 이 상태에서 식이 능동적 활동을 시작함으로써 적색에 대한 판단작용이 일어난다. 전자를 1차적인 식, 후자를 2차적인 식이라고 한다. 마음이 없으면 사물이 있어도 보지 못하니, 우선 사물을 보도록 유도하는 마음이 있어야 하고, 이 마음이 사물을 대상으로 하여 능동적 작용을 함으로써 판단작용이 일어난다. 識이 없이 감각적 욕망은 발생하지 않는다(木村泰賢, 앞의 책, p.133).

이렇게 볼 때 마음을 거치지 않은 감각적 욕망이란 존재하지 않는다. 우리의 모든 신체적 행위 속에는 항상 마음이 깃들어 있지 않을 수 없다. 이것이 감각적 욕망의 주체로서의 몸을 생각이 깃든 몸이라고 명명한 이유이고, 감각적 욕망을 논함에 있어서 몸과 마음, 곧 오온(육근)이 늘 함께 다루어지는 이유이다.

3. 감각적 욕망에 대한 붓다의 입장

붓다는 깨달음을 얻기 전 감각적 욕망을 극단적으로 억압하는 고행주의의 신봉자로서 여러 해를 보내었다. 감각적 욕망의 억압이 자신이 원하는 자유를 얻는 데 궁극적으로 도움이 되지 못하는 것을 깨달은 붓다는 오랜 고행으로 더럽혀진 몸을 씻고, 적당량의 음식을 먹었으며, 적당한 깔개를 만들어 그늘이 진 나무 아래 앉아 명상에 든 후 깨달음을 얻었다. 붓다로 하여금 진정한 자유에 도달하게 한 것은 육체에 대한 억압이 아니라, 육체적 욕망에 대한 적절한 대응이었다.

그러나 붓다는 욕망의 과잉에 대해서 또한 비판적인 태도를 보인다. 그가 제시한 올바른 생활양식은 늘 적절한 정도의 욕망의 충족을 유도하는 것이었다. 붓다는 제자들에게 욕망에 따르는 삶이 낳는 폐단을 무수히 강조함으로써 금욕주의적 성향을 가진 것으로 보이게도 하였다. 그러나 이러한 금욕주의적인 성향은 당대의 상황과 맞물려서 이해해야 한다. 첫째 금욕주의는 인도사상계 전체의 주된 이슈였고, 그 시대 수행자 집단에 대한 재가자들의 평가는 금욕의 정도에 달려 있었다. 이 때문에 재가자들에 의지하여 살아가는 수행자들로서는 가능한 한도 내에서 금욕적 전통을 지속할 필요가 있었다. 둘째 오늘날에는 금욕으로 보이는 것이 당대에는 절욕으로 여겨진 것으로 볼 수 있다.

초기경전에는 몸은 더러운 것임을 관찰하라는 가르침이 곳곳에 설해져 있다.[12] 이는 감각적 욕망을 제어하기 위한 수행법의 일종으로 부정관(不淨觀)이라고 하는데, 붓다의 가르침을 들은 많은 비구들이 자신의 몸에 염증을 느껴 스스로 목숨을 끊기조차 하였고, 붓다는 이들의 행위를 비판하였다.[13] 부정관은 지나친 감각적 욕망을 다스리기 위한 관법일 뿐, 몸 자체를 부정하는 것을 목적으로 하는 것은 아니기 때문이다. 감각적 욕망은 그 욕망의 무상함을 이해할 때 완화되고, 그 이해가 심화될 때 해소될 수 있다. 그러나 어떤 사람에게 이러한 앎이 무의미할 경우도 있다. 붓다는 이런 사람들을 위해서는 몸을 더러운 것이라고 관찰함으로써 감각적 욕망이 낳는 고통으로부터 벗어날 수 있는 길을 제시하였다.

그러므로 붓다는 감각적 욕망을 억압하는 것, 과잉의 지경으로 방치해 두는 것 모두를 인정하지 않았다는 것을 알 수 있다. 붓다는 다만 감각적 욕망에 대한 집착을 버릴 것을 강조하였다. 이러한 붓다의 태도는 자칫하면 감각적 욕망을 포기할 것을 요청한 것으로 보일 수도 있다.[14] 그러나 '집착을 버리는 것'과 '포기'는 다른

---

12) 『Majjhima Nikāya』 「Satipaṭṭhānasutta」・「Kāyagatāsutta」, 『Digha Nikāya』 「Mahāsatipaṭṭhānasutta」 등을 비롯해 곳곳에서 설해지고 있다.

13) 『五分律』 卷2(大正藏 22, p.7a), 『摩訶僧祇律』 卷4(大正藏 22, p.254b), 『四分律』 卷2(大正藏 22, p.575c), 『十誦律』 卷2(大正藏 23, p.7b).

차원의 접근방식이다.

> 비구는 의복으로 말미암아 욕망을 일으키고, 음식으로 말미암아 욕망을 일으키며, 좌구(坐具)로 말미암아 욕망을 일으키고, 의약으로 말미암아 욕망을 일으킨다. …어떤 비구가 의복에 집착하면 나는 그를 좋아하지 않는다. 왜 그러냐 하면, 그가 의복을 얻지 못할 때에는 곧 불평하고 아쉬워하는 생각을 일으키기 때문이다. …어떤 비구가 의약에 집착할 때에는 나는 그를 좋아하지 않는다. 그가 의약을 얻지 못할 때에는 곧 불평하고 아쉬워하는 생각을 일으키기 때문이다. 비구들이여, 알라. 나는 지금 의복에 대해 친할 만한 것과 친하지 않아야 할 두 가지 일을 말하리라. 어떤 것을 친하지 않아야 하는가. 만일 의복을 얻어 그 의복에 집착하여 착하지 않은 법이 일어나면 그 의복을 친하지 않아야 한다. 만일 의복을 얻어 착한 법이 일어나고 마음에 애착이 없으면 그것은 친할 만한 것이다. …의약에 있어서도 그와 같다.15)

붓다는 비구의 감각적 욕망과 가장 밀접한 네 가지 물건, 의복·음식·좌구(坐具)·의약(醫藥) 등을 들고, 그것에 집착하지 말 것을 가르치는데, 여기에서 집착하지 않는다는 것은 그 대상으로 인해 탐욕, 분노 등을 일으키지 않는 것을 의미할 뿐, 대상 자체를 향유하는 것을 거부하는 것은 아니다. 붓다가 거부한 것은 감각적 욕

---

14) MN. Ⅰ. 396 「여러 가지 느낌에 대한 경」의 중간 부분부터 끝까지(전재성 역 맛지마 니까야 3권 p.486)에서, 붓다는 다섯 가지 감각적 욕망을 들고, '이것이 뭇 삶이 체험하는 최상의 즐거움과 기분 좋음이다'라고 한다면 이는 인정할 수 없으니, 다섯 가지 감각적 욕망을 넘어선 즐거움, 선정의 즐거움이 있기 때문이라고 하였다. 이는 자칫하면 붓다가 다섯 가지 감각적 욕망을 버리고 선정의 즐거움을 찾을 것을 요청한 것으로 이해될 수 있고 그런 경우가 종종 일어나고 있는 것이 현실이다. 그러나 붓다는 존재론적 의미에서 궁극적 실재란 없기 때문에, 오직 인간이 저마다 체험한 세계가 존재할 뿐이니, 자신이 체험한 세계에 대해 '이것이 진리다'라고는 할 수 있지만, '이것만이 진리다'라고 말하는 것은 불가능하다고 한다[David J. Kalupahana, 『Buddhist Philosophy: A Historical Analysis』 (Honolulu: The University of Hawaii Press, 1976), p.46]. 그러한 규칙은 붓다 자신의 언어에 대해서도 역시 적용된다. 곧 붓다는, '최상의 즐거움'이라는 경지에 대한 실체화를 부정한 것이지, 선정만이 유일한 즐거움이라고 말한 것은 아니다. 선정의 즐거움에 빠지는 것 또한 거부되기 때문이다. 문제는 집착에 있는 것이지, 욕망의 대상에 있는 것은 아니다.

15) 『增壹阿含經』卷20(大正藏 2, p.658a) "比丘 緣衣服故 便起愛 由乞食故 便起愛 由床坐故 便起愛 由醫藥故 比丘便起愛…其有比丘 著衣裳者 我不說此人 所以然者 彼未得衣時 便起瞋恚 興想著念…比丘 當知 我今當說 衣裳二事 亦當親近 亦當不親近 云何親近 云何不親近 若得衣裳 極愛著衣者 起不善法 此不可親近 若復得衣裳 起善法 心不愛著 此可親近…醫藥亦爾".

망에 있어서 나타나는 탐욕의 경향, 분노의 경향, 견해의 경향, 회
의적 의심의 경향, 자만의 경향, 존재에 대한 탐욕의 경향, 무명의
경향 등16)일 뿐, 감각적 욕망 자체는 아니다. 이러한 붓다의 입장
을 확대 해석할 때, 궁극적으로는 아무리 큰 욕망일지라도 그것의
주인이 될 수 있다면 누려도 무방한 것이라고 할 수 있겠다.17)

---

16) AN.Ⅳ.9. 전재성 역주, 『앙굿따라니까야』 7권(한국빠알리성전협회), p.48 참조.

17) 이 말도 자칫하면 오해받을 수 있다. 붓다는 늘 욕망을 제어할 것을 요구하지, 욕망을 누릴 것을 요구
하지는 않기 때문이다. 그러나 붓다는 욕망의 제어나, 향유에 초점을 두기보다는, 그 과정에서 고통이
발생하는가, 아닌가에 초점을 둔다. 욕망의 제어가 자유를 방해한다면 그것은 또 하나의 극단이라고 보
는 것이 그 증거이다. 그것의 주인이 될 수 있다면 아무리 큰 욕망이라도 향유할 수 있다고 하는 필자
의 말은, 욕망의 주인이 될 수 있을 때, 그러한 주체가 누리는 큰 욕망의 내용이란 일반적인 의미의 욕
망과 구별되는 것이라는 점을 고려할 때 오해에서 벗어날 수 있을 것이다.

4. 감각적 욕망의 연기적 구조 : 치유의 지혜

1) 감각적 욕망의 발생구조

이미 서술한 것처럼 불교의 관점에서 인간은 오온으로 이루어졌다. 오온 중의 색온은 감각기관으로 감각적 욕망을 실현하는 주체이며, 수・상・행은 감각기관이 객관 대상을 만났을 때 일어나는 심리작용을 차례대로 나타낸 것이며, 식은 색・수・상・행 등의 발생에 능동적으로 간여하면서 동시에 그 발생결과를 잠장하는 역할을 한다. 오온 중 감각적 욕망의 주체인 색온은 다시 오근(五根: 眼根・耳根・鼻根・舌根・身根)으로 구체화되고, 이때 수온・상온・행온・식온 등은 모두 의근(意根)에 포섭된다. 감각 작용과 정신 작용을 포괄하는 주체로서의 인간을 오온과 육근의 두 가지 범주를 혼용하여 쓰기 때문에 본 논문에서도 이를 차별 없이 쓰기로 한다. 먼저 감각적 욕망의 발생구조에 대한 붓다의 입장을 살펴본다.

"벗들이여 시각(眼根)과 형상(色境)을 조건으로 하여 시각의식(眼識)이 생기고 그 세 가지를 조건으로 접촉(觸)이 생겨나고 접촉을 조건으로 느낌(受: 고, 락, 불고불락)이 생겨나고 느낀 것을 지각(想: 감각적 판단작용, 알아차림)하고 지각한 것을 사유(思: 추론, 반성)하고 사유한 것을 희론(개념화)하고 희론한 것을 토대로 과거, 미래, 현재에 걸쳐 시각에 의해 인식될 수 있는 형상(色境)에서 희론에 오염된 지각과 관념이 일어난다.[18]

"어떤 비구가 실로 눈이 있어서, 좋아할 만한 색(色)임을 알고, 마음으로 생각하며, 색을 사랑하고, 욕망과 상응하며, 마음으로 즐거워하되, 근본을 더듬어 볼 때 근본이 곧 과거이다. 그것은 과거의식이 욕망을 일으키고 물들고 집착한 것이다. 식이 욕망을 일으키고 물들고 집착하면 곧 그것을 즐거워하게 되고, 그것을 즐거워하기 때문에 곧 과거를 기억하게 된다. 이와 같이 귀·코·혀·몸에 있어서도 또한 그러하다. 어떤 비구가 실로 마음이 있어서 좋아하는 개념임을 알고, 마음으로 생각하며, 법을 사랑하고, 욕망과 상응하며, 마음으로 즐거워하되, 근본을 더듬어 볼 때, 그 근본이 곧 과거이다. 그것은 과거의 식이 욕망을 일으키고 물들고 집착한 것이다. 식이 욕망을 일으키고 물들고 집착하면 곧 그것을 즐거워하게 되고, 그것을 즐거워하기 때문에 곧 과거를 기억하게 된다. 여러분, 이와 같이 비구는 과거를 기억하게 된다."[19]

감각적 욕망이 발생하기 위해서는, 먼저 감각기관(根)과 대상경계(境)와 식(識)의 접촉이 이루어져야 한다. 눈(根)이 객관대상(境)을 볼 때, 객관 대상에 대한 판단이 일어나는데(識), 이 판단의 근저에는 과거로부터 마음에 각인된 식이 작동한다. 따라서 어떤 대상을 볼 때 우리에게는 "기분 좋다, 불쾌하다"라는 감수 작용, "이것은 ~이다"라는 표상작용, "이것은 싫다, 좋다"라는 의지작용이 일어난다. 이때 이러한 작용의 기저에서 이들을 이끌어 가는 주체는 과거로부터 부단히 정보를 쌓아 온 식이다. 개인의 감각적 욕망

---

18) M.N. Ⅰ.108. 전재성 역주, 『맛지마니까야』 1권 p.392 참조.
19) 『中阿含經』 卷43(大正藏 1, 697c), "比丘 實有眼 知色可喜 意所念 愛色...因樂彼已 便念過去 諸賢 如是比丘念過去也".

의 기저에 놓인 식이 감각적 욕망의 내용을 규정한다.

만약 눈(根)으로 20평짜리 아파트(境)를 보면(識), 먼저 '즐겁다(괴롭다)'라는 느낌(감각의 토대로서의 느낌)이 생겨나고, 그 다음에 '알아차림('넓다', '좁다' 등)'의 작용이 일어나며, 다음에 그러한 집의 크기에 대한 사유작용이 일어난다. 이때 사유 작용은 우리가 감각적 욕망의 노예가 될 것인지, 주인이 될 것인지를 선택하는 분기점이 된다.[20] 그 순간 내가 괴로워하는 느낌이 생겼다면 그러한 느낌이 생겨나게 된 배경에 대한 이해가 있었어야 함에도 불구하고, 오직 자신이 살던 과거의 집에 비해 좁은 것만 생각하고, '너무 좁아서 못 살겠다'라거나 '이렇게 좁은 것은 집이라고 할 수 없다[瞋恚: 분노]'라고 판단한다면, 이것을 희론[21]이라 한다. 희론이 삶을 지배할 때, 우리의 감각적 욕망은 결코 온전한 자유를 누릴 수 없게 된다. 호오(好惡)에 물듦, 곧 좋아하는 것을 가지려 하고[貪慾: 好], 싫어하는 것을 물리치려 하는[瞋恚: 惡] 가장 무거운 번뇌가 우리의 삶을 지배하게 된다. 또한 실제로 우리의 삶을 지배하는 것은 희론인 경우가 많다. 우리는 우리가 행하는 낱낱의 경험을 반성적으로 이해하기보다는, 과거의 경험에 의해 내려진 희론에 의지하여 현재의 경험을 파악하기 때문이다. 이렇게 해서 특정 공간의 크

---

20) Kalupahana, 『A History of Buddhist Philosophy: Continuities and Discontinuities』((Honolulu: The University of Hawaii Press, 1992), p.34

21) 희론의 개념을 보다 분명히 하자면, 연기에 대한 이해를 결여한 상태에서 생겨나는 모든 종류의 언어나 판단을 통틀어서 일컫는 말이다. 예를 들어 실재하는 나(경험적 자아)는 '나'라는 언어로 불리는데, 이때 경험적 자아는 늘 변화하지만, 그럼에도 불구하고 과거, 현재, 미래에 걸쳐 '나'라는 언어로 불린다. 이 때문에 우리는 불변의 '나'가 있다고 생각하게 되는데, 이런 사유에 바탕을 둔 '나'라는 언어는 희론이 된다. 다만 '나'라는 언어가 갖는 한계를 인지한 상태에서의 언어는 희론이라고 하지 않는다. 희론은 그러므로 언어 자체의 한계에서 발생하는 것이기는 하지만 붓다는 언어 자체를 희론이라고 보지는 않았다.

기를, '좁다'거나 '넓다'라고 할 수 있는 객관적 법칙이란 존재하지 않는 것임에도 불구하고, 자신이 만든 공간의 실체적 개념에 의해, '넓은 집'을 얻기 위해 무리한 행위를 하고, 심지어는 '작은 집'에 살면서 화병을 얻거나 목숨을 내놓는 일마저 발생한다.

냐냐난다(Ñāṇananda)는 이러한 상태에 놓인 인간의 모습을 "분명히 그것은 더 이상 단순히 우발적인 과정도 아니고, 신중하게 이끌려진 행위도 아니다. 그것은 사물의 객관적 법칙에의 냉혹한 종속이다. 지각의 마지막 단계에서 지금까지 주체였던 그는 불운한 대상이 된다"[22]라고 하였다. 불운한 대상이라는 말은, 불변의 자아와 그 자아가 소유한 가치관의 불변성에 대한 인식이 생겨남으로써 모든 인식의 주체였던 자아가 더 이상 감각경험에 주체적으로 참여하지 못하고 스스로 객체화된다는 것을 의미한다. 상황의 변화에 스스로 적응해 나가는 것이 주체적이라면, 주어진 것에 주어진 법칙(幻)대로 적응해 나가는 것은 객체화된 것이다. 우리는 자신을 스스로 가두어 버림으로써 스스로 사물화된다. 나는 다른 것일 수 있음에도 불구하고 물리적 대상처럼 일정한 법칙에 의해 조정되는 자로 전락한다. 이는 우리가 모든 감각 경험으로부터 자유로울 수 있는 능력을 지니고 있음에도 불구하고 그 자유를 스스로 포기한 대가이다.

---

22) Bhikkhu Ñāṇananda, 『Concept and Reality in Early Buddhist Thought』(Kandy), 1971, p.5. David J. Kalupahana, 『Buddhist Philosophy : A Historical Analysis』(Honolulu: The University of Hawaii Press, 1976), p.21의 재인용. 인용문에 대한 해석은 필자의 입장이다.

2) 감각적 욕망에 대한 치유의 지혜: 緣起·無常

[감각적 욕망의 대상에 대한 희론(我所)의 해체]: 식(識)의 연원에 대한 이해

붓다는 감각적 욕망의 노예가 되지 않기 위해서, 무엇보다도 감각적 욕망의 발생과정을 '있는 그대로 볼 것'을 요구한다.[23] 그리고 '있는 그대로 바라본다'는 것은 구체적으로 감각적 욕망의 연기적 구조를 이해하는 것을 의미한다.

> 아난다여 이 세상에 수행승에게 시각으로 형상을 보고 마음에 드는 것이 생겨나고 마음에 들지 않는 것이 생겨나고 마음에 드는 것도 아니고 마음에 들지 않는 것도 아닌 것이 생겨난다. 그는 나에게 마음에 드는 것이 생겨나고 마음에 들지 않는 것이 생겨나고 마음에 드는 것도 아니고 들지 않는 것도 아닌 것이 생겨나는데 그것은 조건 지어진 것이고 거친 것으로 의존적으로 발생한 것이다. 이것이야말로 고요하고 이것이야말로 수승한 것인데, 그것은 곧 평정이라고 분명히 안다. 생겨난 마음에 드는 것, 생겨난 마음에 들지 않는 것 생겨난 마음에 드는 것도 아니고 마음에 들지 않는 것도 아닌 것은 그에게 소멸하고 평정이 확립된다.[24]

연기란 우리의 감각적 욕망이 수많은 원인을 조건으로 하여 발생한다는 것을 의미하고, 그러하기 때문에 어떤 감각적 욕망도 영

---

23) M.N.Ⅲ.287. 전재성 역주, 『맛지마니까야』 5권(한국빠알리성전협회), p.482 참조. "시각을 있는 그대로 알고고 형상을 있는 그대로 알고보고 시각의식을 있는 그대로 알고보고 시각접촉을 있는 그대로 알고고 시각접촉에서 생겨난 즐겁거나 괴롭거나 괴롭지도 않고 즐겁지도 않은 느낌을 있는 그대로 알고 볼 때에 시각에 애착하지 않고 형상에 애착하지 않고 시각의식에 애착하지 않고 시각접촉에 애착하지 않고 시각접촉에서 생겨난 즐겁거나 괴롭거나 괴롭지도 않고 즐겁지도 않은 느낌에 애착하지 않는다. 이와 같이 애착하지 않아 속박되지 않고 미혹되지 않고 유혹되지 않는 자에게 다섯 가지 존재의 집착 다발이 미래에 스스로 줄어든다."

24) M.N.Ⅲ.298. 전재성 역주, 『맛지마니까야』 5권(한국빠알리성전협회), p.516 참조.

구불변의 실체적 대상은 될 수 없다는 것을 의미한다. 감각적 욕망이란 무상한 것이기 때문에, 그것에 대한 우리의 갈망 또한 무상한 것이다. 그럼에도 불구하고 우리는 감각적 욕망을 충족시키려는 집착을 벗어나지 못하는데, 이는 감각적 욕망을 실체화한 인식이 자기 안에 내재되어 있기 때문이다. 그러나 그것은 내가 만든 것(幻)일 뿐이고, 실재의 세계에는 없는 것이다. 감각적 욕망의 실체화에 기여하는 것은 무수히 많지만, 그것을 실체화한 것은 바로 나 자신이다. 개인적인 업에 의한 것이든, 사회적으로 주입된 가치체계에 의한 것이든, 감각적 욕망을 제어 불가능한 것으로 만든 것은 결국은 나 자신일 뿐이다.

> 수행승이여, 내가 예전에 아직 바르고 원만한 깨달음을 성취하지 못한 보살이었을 때 나는 이와 같이 생각했다. "예전에 나의 마음에 인상을 남겼지만 이미 지나가 버렸고 사라졌고 변해 버린 감각적 쾌락의 종류나 현재에 일어나는 감각적 쾌락의 종류를 향하여 나의 마음이 대부분 기울지만 조금은 미래에 아직 일어나지 않은 감각적 쾌락의 종류를 향해서 기운다." 그래서 나는 이와 같이 생각했다. "예전에 나의 마음에 인상을 남겼지만 이미 지나가 버렸고 사라졌고 변해 버린 감각적 쾌락의 종류에 관하여 나는 나 자신을 위해 방일하지 않고 새김을 확립하여 마음을 수호할 것이다."[25]

인간은 누구나 오욕을 지니고 있지만, 이 오욕의 내용은 개별적으로 차이가 있는데, 그 차이성은 선천적인 것과 후천적인 것 두 가지로 분류할 수 있다. 선천적인 차이가 생겨나는 것은 개인이 지은 전생에서의 업을 원인으로 한다. 같은 집에서 동일한 부모의 교육을 받고 자랐어도 오욕의 강도나 내용이 꼭 같지는 않은 것은,

---

25) S.N.Ⅳ.97. 전재성 역주, 『쌍윳따니까야』 4권(한국빠알리성전협회), p.388 참조.

전생에서의 업 때문이라고 볼 수밖에 없다. 또한 유난히 음식에 집착하는 아이는 감각적 욕망 중 설근(舌根)의 강도가 강한 것인데, 이러한 욕망의 원인은 전생에서의 특정한 행위가 남긴 습기를 잠장한 식과 관련되어 있다.[26] 후천적인 것은 개인이 현생에서 특별한 행위를 반복적으로 실행한 결과로 나타난다. 동일한 욕망에 대해 선천적인 것인지 혹은 후천적인 것인지를 가릴 수 있는 보편적 기준은 없다. 자신의 내면에서 생겨난 것이기 때문에 스스로 욕망의 근원을 탐구해 나갈 수밖에 없는데, 이러한 작업을 수월하게 하는 것이 명상이다. 명상은 자신의 욕망의 근원을 고찰함으로써, 욕망을 해소시키는 심리치료의 방법인데, 현대의 과학자들에 의해 이러한 치료법이 성공적으로 사용되고 있다.[27]

개인의 욕망은 사회적인 관습, 규범 등에 의해 영향을 받기도 한다. 유태인들이 돼지고기를 먹을 때 '맛있는 맛'을 느끼지 못할 뿐 아니라 죽음을 생각할 정도의 죄의식을 갖기에 이르는 것은, 그들의 종교적 관습에 대한 실체적 사유가 감각적 욕망을 제어하기 때문이다. 그리고 종교적 관습의 내용을 좀 더 고찰해 보면, 돼지고기가 유태인들의 생활에 있어서 유익한 역할보다는 유해한 역할을 더 많이 하기 때문에 금지된 것이라는 학자의 연구결과도 있다.[28] 이렇게 개인적 욕망에 영향을 주는 사회적 조건 또한 영구불변의

---

26) 雲井昭善, 「インド思想における業の種種相」[雲井昭善 編, 『業思想研究』(京都: 平樂社書店, 1987 2刷)], p.28.

27) 다니엘골만(D. Goleman) 편, 김선희 역, 『마음이란 무엇인가』(씨앗을 뿌리는 사람들, 2006), 하워드 가드너(Howard Gardner) 외, 조원희 역, 『더 오래된 과학, 마음』(여시아문, 2003) 등은 현대 의학에 있어 불교의 명상이 기여할 수 있는 측면에 대한 서양 과학자들의 다양한 임상실험의 연구 성과를 전하고 있다.

28) 마빈해리스(Marvin Harris), 서진영 역, 『음식 문화의 수수께끼』(한길사, 2003, 21쇄). 마빈해리스(Marvin Harris), 박종렬 역, 『문화의 수수께끼』(한길사, 2003, 8쇄).

실체를 갖는 것은 아니다.

감각적 욕망의 연원은 이와 같이 중층적으로 연결되어 있어 그 모두를 빠짐없이 찾아내는 것은 불가능하다. 우리가 해야 할 일은 우리의 자유를 방해하는 감각적 욕망이 수많은 조건 속에서 이루어지는 것임을 늘 성찰하는 일이다. 이때 감각적 욕망은 우리에게 어떤 고통도 남기지 않는다. 감각적 욕망의 주체인 몸은 진정한 자유를 누리게 된다.

[감각적 욕망의 주체에 대한 희론(我)의 해체]

중국 선종의 초조인 달마(達磨)가 그를 찾아와 제자가 되기를 청한 혜가(慧可)와 제자의 인연을 맺고 처음으로 다음과 같은 문답을 나누었다.

> "신광(神光 : 혜가)이 말했다. '모든 부처님의 법인(法印 : 진리)을 들을 수 있겠습니까?' 달마가 말했다. '법인이란 사람에게서 얻을 수 있는 것이 아니다.' 신광이 말했다. '제 마음이 아직 편하지 않습니다. 청하건대 스승님께서 제게 마음을 안정시켜 주십시오.' 달마가 말했다. '마음을 가지고 오면 내가 너의 마음을 안정시켜 주겠다.' 신광이 말했다. '마음을 찾아보았으나 전혀 얻을 수 없었습니다.' 달마가 말했다. '내가 이미 너의 마음을 안정시켜 주었다.'"[29]

우리에게 감각적 욕망이 문제가 되는 것은, 그것이 나의 욕망이

---

29) 『景德傳燈錄』 卷3(大正藏 51, p.219b), "光曰 諸佛法印 可得聞乎 師曰 諸佛法印 匪從人得 光曰 我心未寧 乞師與安 師曰 將心來 與汝安 曰 覓心 了不可得 師曰 我與汝安心竟". 필자가 갑작스럽게 선종의 문헌을 인용한 것은 이 글이 실체적 자아(我)의 부정이라는 불교의 보편적 진리를 선종이라는 종파적 특성을 넘어서 매우 설득력 있게 전하고 있기 때문이다. 곧 이 글은 초기불교에 나오는 오온(五蘊)의 무아(無我)와 동일한 맥락에 있는 것으로 보인다.

기 때문이다. 타인의 욕망이 성취되지 않는 것에 대해 괴로워하는 이는 없다. 그렇다면 감각적 욕망을 갈망하는 나라는 존재 자체가 본래 없는 것이라면, 그것으로 인해 야기되는 모든 종류의 괴로움은 사라질 것이다. 주체가 없는 욕망이라든가, 행위란 무의미한 것이기 때문이다.

사실 우리는 감각적 욕망의 주체로서의 내가 존재한다고 생각한다. 그러나 그 주체인 나는 사실 내가 만들어 낸 것일 뿐이다. 맛에 대한 욕망의 예를 들어 보자. 우리는 어떤 음식을 맛보면서, 어느 순간, "이 맛이야!"라는 판단을 내리게 된다. 그런데 그 맛을 느끼는 순간의 '나'는 영원하지 않다. 인간은 실체적 존재가 아니라 생성적 존재이기 때문이다. 그렇다면 내가 생각하는 나, '스타벅스 원두커피만을 좋아하는 나'는, 더 세밀하게는 '스타벅스의 오늘의 커피 중 향기가 짙게 나는 신선한 커피를 좋아하는 나'는 이미 사라지고 없는 나이다. 그것은 오직 내 마음 속에만 존재한다. 그러니 그것은 물거품과 같고, 허깨비와 같은 것이다.

물론 이러한 자아 정체성은 사회생활을 하는 데 있어서 유용하게 작동하기는 하지만, 이러한 정체성을 가진 불변의 자아가 존재한다는 우리의 판단은 오히려 사회생활을 장애하는 결과를 낳는다. 왜냐하면 그 맛이 아닌 맛을 접하게 되면 그 다음부터는 화가 나고, 그 맛을 얻기 위해서 더 많은 고통을 감수하려고 한다. 여기에서 필자가 말하고자 하는 것은 자아의 정체성의 해체가 아니다. 자아의 정체성의 주인이 되어야지, 정체성의 노예가 되어서는 안 된다는 것이다. 주인이 된다는 것은 그 정체성에 의해서 끌려가지 말아야 함을 의미한다. 우리가 조금만 자신의 삶을 돌이켜 보아도,

'그 맛'을 좋아하는 나는 실체가 없다는 것을 알게 된다. 나는 태어날 때부터 그 맛을 좋아한 것이 아니었기 때문이다. 설령 태어날 때부터 그러한 특수한 경우가 있다고 해도, 그것 또한 그 원인을 거슬러 올라갈 때 그 형성배경이 찾아질 수 있기 때문이다. 또한 자신의 음식에 대한 취향을 돌이켜 보면 동일한 음식에 대해서도 그 맛의 규정이 점점 달라져 왔음을 알 수 있기 때문이다.

5. 결론

현대 사회에서 감각적 욕망은 더 이상 억제의 대상이 아니다. 오히려 감각적 욕망을 마음껏 발산할 것이 권장되고, 그 자체가 사회적으로 유용한 도구로 활용되기도 한다. 보다 아름다운 신체를 얻으려는 욕망은 다이어트, 성형 등으로 우리를 이끌어 간다. 우리는 이러한 노력을 통해 아름다운 육체를 얻고 그 육체를 통해 사회적으로 일정한 이익을 획득하기도 한다. 그러나 감각적 욕망의 긍정이 반드시 몸의 자유를 낳는 것은 아니다. 욕망의 긍정에도 불구하고, 몸은 여전히 결핍으로 헤매고 있다. 이렇게 욕망의 억압에서 벗어난 몸이, 그 욕망을 향유하는 데 있어서 나타나는 고통의 문제는 또 다른 차원의 접근법을 요구하는데, 그것은 감각적 욕망의 주체와 대상에 대한 올바른 통찰이다.

필자는 감각적 욕망이 발생하는 과정을 이해함으로써 감각적 욕망의 추구과정에서 생겨나는 문제점을 해소하는 불교의 방식을 살펴보았다. 불교에서 앎의 의미는 자기 변형으로 이어지는 앎을 말한다. 따라서 이를 일반적인 의미의 지식과 구별하여 반야(般若) 곧 지혜라고 한다.[30] 대승 불교에서는 반야의 이러한 측면을 보다 강조하기 위해 반야바라밀(般若波羅蜜), 곧 완전한 지혜라고 하였다. 이는 깨달음을 통해 고통으로부터 자유를 얻는 것이라는 불교의 궁극적 목표를 완전히 성취하도록 하는 지혜라는 의미일 것이다. 치유적인 기능을 갖지 않는 것은 지혜가 아니라는 의미이기도 하다.

권력에 의해 길들여진 몸이든, 소비의 주체로서의 몸이든, 모두 개인의 신체적 욕망의 연원에 대한 통시적인 성찰이 결여된 데서 문제가 발생한다. 붓다는 감각적 욕망에 대해 그 발생의 원리를 통찰함으로써, 감각적 욕망을 누리되 빠지지 않을 것을 권장하고 있다. 길들여진 몸에 대해선 그 길들여진 몸의 발생과정을 탐구함으로써 길들여진 몸으로부터의 자유를 누릴 수 있을 것이고, 반영된 몸에 대해선 자신이 추구하는 몸의 이미지가 무상한 것임을 자각함으로써 그 이미지의 노예가 되지 않을 수 있는 길이 열릴 것이다. 다양한 변주에도 불구하고 언제나 문제가 되는 것은 집착이다. 길들여진 몸에 실체성을 부여하는 인식은 길들여진 몸으로부터의 자유의 통로를 막는다. 반영된 몸에 실체성을 부여하는 인식은 감각적 욕망의 노예로 만든다.

---

30) Nagapriya, Dharmacari, 「Knowledge and Truth in Early Buddhism: An Examination of the Kālāma Sutta and Related Pāli Canonical Texts」, 『Western Buddhist Review』 Vol.3, p.25. 예를 들어 "모든 사람은 죽는다"라는 사실을 아는 앎과 나의 죽음을 받아들일 수 있도록 하는 앎은 인지적 사실의 동일성에도 불구하고 인지적 결과는 확연히 구별된다.

참고문헌

〈원전류〉

『長阿含經』
『中阿含經』
『雜阿含經』
『增壹阿含經』
『五分律』
『摩訶僧祇律』
『四分律』
『十誦律』
『景德傳燈錄』
Dīgha Nikāya
Majjhima Nikāya
Saṃyutta Nikāya
Aṅguttara Nikāya

〈2차 자료〉

기무라 다이켄(木村泰賢), 박경준 역, 『原始佛教思想論』(경서원, 1992).
히라카와 아키라(平川彰), 「원시불교의 인식론」[사이구사 미쓰요시(三枝充悳)
　　편, 심봉섭 역, 『認識論・論理學』(경서원, 1996)].
안옥선, 『불교윤리의 현대적 이해』(불교시대사, 2002).

앤소니 기든스(Antony Giddens), 권기돈 역, 『현대성과 자아정체성』(새물결, 1999).

대니얼 골드먼(D.Goleman) 편, 김선희 역, 『마음이란 무엇인가』(씨앗을 뿌리는 사람들, 2006).

하워드 가드너(Howard Gardner) 외, 조원희 역, 『더 오래된 과학, 마음』(여시아문, 2003).

마빈 해리스(Marvin Harris), 서진영 역, 『음식 문화의 수수께끼』(한길사, 2003, 21쇄).

마빈 해리스(Marvin Harris), 박종렬 역, 『문화의 수수께끼』(한길사, 2003, 8쇄).

정주원, 「몸의 소비문화적 의미와 현상에 대한 고찰」, 『소비문화연구』 제9권 제1호, 2006.

성영신, 「소비와 광고 속의 신체이미지: 아름다움의 담론」, 『사회비평』 17호, 1997.

노양진, 「몸의 철학적 담론─몸과 마음의 이원론을 넘어서…」, 『철학연구』 제27집, 2004.

中村元, 『原始佛教の思想』(東京: 春秋社, 1982, 5刷).

雲井昭善, 「インド思想における業の種種相」, 雲井昭善 編, 『業思想研究』(京都: 平樂社書店, 1987 2刷).

梶山雄一 編, 『般若思想』(東京: 春秋社, 1984).

David J. Kalupahana, *A History of Buddhist Philosophy: Continuities and Discontinuities* (Honolulu: The University of Hawaii Press, 1992).

David J. Kalupahana, *Buddhist Philosophy: A Historical Analysis*(Honolulu: The University of Hawaii Press, 1976).

Dharmacari Nagapriya, "Knowledge and Truth in Early Buddhism: An Examination of the Kālāma Sutta and Related Pāli Canonical Texts", *Western Buddhist Review*, Vol.3.

K. N. Jayatilleke, *Early Buddhist Theory of Knowledge*(London: George Allen & Unwin, 1963).

體得
: 현대도덕교육에 대한 유교적 성찰*

김미영

* 본 논문은 2005년도 학술진흥재단의 지원에 의해서 연구되었음(KRF－2005－079－AM0016).

1. 문제제기

　유가전통에서는 덕의 함양을 강조한다. 그러나 덕을 함양하는 방법을 제시한 도덕교육론에서는 단순히 구체적인 행위 덕목만을 제시하지는 않는다. 그렇다고 도덕교육을 모든 상황에서 적절한 판단을 내릴 수 있도록 하는 판단의 형식을 습득하는 것으로만 보지도 않는다.[1] 오히려 덕을 갖추게 되면 각 상황에 맞는 적절한 판단을 내릴 수 있게 된다고 보면서 이를 '인격'의 형태로 제시한다. 따라서 유가에서는 우리가 따라야 할 인격의 전범으로 성인상을 제시하여 이를 따라야 한다고 강조한다. 일반적으로 유가에서 추구하는 내성외왕(內聖外王)의 이상, 즉 안으로는 성인의 인격을 갖추고 밖으로는 왕도를 실현한다고 하는 표현 속에 이것이 잘 드러나 있나.

---

1) 콜버그는 기존의 도덕교육에서 구체적인 행위덕목을 가르치는 방식을 비판한다. 구체적인 행위덕목은 자의적일 수 있으며, 상벌에 의해 이루어진 행위는 도덕적일 수 없다고 보기 때문이다. 이에 그는 구체적인 행위규칙이 아니라 도덕원리 즉 모든 사람들이 모든 상황에서 언제라도 채택하기를 원하는 선택행위의 규칙인 '정의'를 익히게 해야 한다고 주장한다. 이에 그는 도덕성을 판단의 형식으로 보면서 갈등상황에서 문제해결능력에 따라 평가하는 도덕발달이론을 고안해 내었다[L. 콜버그, 『도덕발달의 철학』(김민남, 김종소, 진미숙 옮김), 교육과학사, 2000년 참조]. 콜버그의 이러한 비판 이후로 도덕교육학에서는 과연 덕은 가르쳐질 수 있는가와 관련하여 상당히 많이 논의들이 이루어지고 있다.

그러나 '내성외왕'이라는 표현은 유가문헌이 아닌 『장자』「천하」 편에 나온다. 장자에서는 "천하가 크게 어지러워지자, 뒤로 현인 성인이 모습을 감추고, 도덕의 가르침도 하나같이 되지 못하여, 천하의 학자는 대개 도의 일단을 터득하여, 그것으로 스스로 만족하고 있다. …그러므로 안으로 성인의 인격을 갖추고 밖으로 왕도를 실현하는 도는 어두워서 뚜렷하지 않고 막힌 채 드러나지 않는다"고 하고 있다. 여기서는 성인을 "하늘을 본원으로 삼고, 덕을 근본으로 삼으며, 도를 문으로 삼아 만물의 변화를 살피며 이와 함께 가는 자"라고 한다.[2] 이는 장자가 인간세 속에서 자신의 생명을 온전히 유지하면서 살아가는 유덕한 인간상으로 제시한 인물유형에 그대로 반영되어 있다.

『장자』「인간세」에 나오는 호랑이 사육자나 사당나무가 된 상수리나무는 장자가 생각하는 내성외왕의 대표적인 사례로 볼 수 있다. 호랑이와 사육자, 상수리나무와 사당나무 이 양자 사이에는 긴장관계가 내재되어 있다. 장자는 그 긴장관계는 양자가 하나가 됨으로써 해소되어야 하는 것이 아니라, 오히려 그 긴장관계는 계속 유지되어야 한다고 말한다. 이는 "상대를 따르더라도 아주 하나가 되어서는 안 되며, 그와 조화를 이루더라도 두각을 나타내서는 안 된다"고 하는 언명 속에 나타나 있다. 그러나 이를 통해 "결점이 없는 경지로 이끌어야 한다"고 말하는 것[3]은 결국 이러한 방법이 부조리한 인간세에 던져져 있는 인간이 취할 수 있는 외왕의 실현방법임을 나타내고 있는 것이라고 할 수 있다. 즉 호랑이의 노기에

---

2) 『장자』「천하」.
3) 『장자』「인간세」 "就不欲入, 和不欲出…達之入於無疵."

휘둘리지 않으면서 호랑이를 길들일 수 있었던 것은 호랑이의 노기를 잘 간파하여 그 이치에 따라 행동해 나가는 능력이 있었기 때문이며, 상수리나무가 목수에게 잘려지지 않고 오랫동안 살아남아 사람들에게 칭송받는 사당나무가 될 수 있었던 것은 사람들에게서 인정받는 명성 즉 자신에게서 연원하지 않은 외적인 가치에 얽매이지 않는 자유로운 삶을 성취한 결과였다. 따라서 호랑이를 잘 길들인 사육자나 사당나무가 된 상수리나무는 부조리한 인간세에서 표출되는 긴장관계를 지속적으로 유지시키면서 도리에 따라 살아가는 삶의 기술을 체득하여 내성외왕을 성취한 사례라고 할 수 있다.

그럼에도 후대에 이러한 경계를 유가의 전유물처럼 이야기하게 된 것은 불교와 도교에 맞서 유가부흥운동을 펼쳤던 송대 유사들 특히 이정(二程)을 중심으로 형성된 낙학파 유학자들 때문이라고 할 수 있다. 이들은 이론을 정립하는 과정에서 유가적인 의미에서의 '성인상'을 재조명하며 자신들의 철학적 지향을 표현하게 된다. 성인이라는 이상적 인격의 전범은 『논어』에 등장하는 공자와 그의 제자들을 통해서 형상화된다. 특히 양시가 편집한 『이정수언(二程粹言)』에서는 공자의 제자들 중 성인의 도를 얻은 자는 안연과 증삼 두 사람밖에 없다[4]고 한다. 이는 송대 정주학자들이 제시하는 성인상에 녹아들어가 있는 '체득'을 강조하는 전통 속에서 『논어』를 재발견한 것이라 할 수 있다.[5] 그리고 이는 장자가 인간세 속에

---

4) 『二程粹言』 7~70 子曰: 顔子黙識曾子篤實得聖人之道者二子也.

5) 정이천은 『논어』에서 유약과 증삼에게만 선생님이라는 호칭을 썼기 때문에 『논어』는 有子와 曾子의 문인이 완성한 것으로 보고 있다. 또한 『맹자』에 "공자의 제자인 자하, 자장, 자유가 유약이 성인과 닮았다고 하며 공자를 섬기듯이 섬기자고 제안하여 증자에게 말하자, 증자는 넘실거리는 강물이 있어 깨끗하고 가을빛이 따갑게 내리쬐어 밝게 드러나 있으니 더 이상 덧붙일 것이 없다고 하였다"(『맹자』 「등문공」상)는 일화가 소개되고 있다. 이에 대하여 『맹자집주』에서는 증자의 이러한 태도를 맹자가 증자를

서 인간이 어떻게 자유로울 수 있는가를 설명하는 우화들 속에 녹아들어 있는 도리를 따르는 삶의 태도와 배치되지 않는다. 따라서 정자(程子)는 장자사상을 묻는 질문에 "장자는 배움을 말할 때 예도 없고 근본도 없지만, 도리를 형용하는 말은 또한 좋다"[6]고 하고 있다. 결국 성인의 도를 체득하여 성취된 인격의 제시를 중심으로 『논어』를 읽는다는 것은 위진시기 장자학의 유행을 통해 면면히 이어졌던 도리에 대한 체득을 강조하던 전통이 송대 성리학자들에게 이어지면서 새로운 의미를 드러낸 것으로 볼 수 있다.[7]

유가에서 도리를 체득한 인간상으로 성인을 내세우기는 하지만, 유가전통에서 성인이라 칭하는 자는 모두 스스로 성인이라 자처하지 않는다. 단지 전통 속에 있던 인물을 성인이라 칭하고, 그의 인격을 닮아 가려고 할 뿐이다. 따라서 유가전통에서 배움은 매우 중요한 위치를 차지하게 된다. 이에 주돈이는 『통서』에서 "성인은 하늘을 희구하고, 현인은 성인을 희구하며, 선비는 현자를 희구한다"[8]고 하고 있다. 결국 성학이란 희성(希聖) 즉 성인의 인격을 희구함으로써 성인에 닮아 가려는 노력을 중시한 학문이라고 할 수 있다. 따라서 유학에서는 도덕교육을 이야기할 때 덕을 실현한 인격을 떠나 독자적인 항목으로서의 덕목을 이야기하지 않는다. 오히

찬미한 말이라고 설명한 것을 붙여 놓고 있다. 또한 주희는 도통을 설명하면서 공자-증자-자사-맹자의 계보로 도가 전수되었음을 말하면서 『대학』을 증자의 문인이 기록한 것으로 보고 있다. 이는 결국 『논어』에 대한 정통의 해석을 증자의 해석으로 보는 것이라 할 수 있다.

6) 『二程粹言』 2 "或問莊周如何? 子曰其學無禮無本, 然形容道理之言, 則亦有善者."

7) 장자학과 안연학의 관련성에 대한 통찰은 곽말약, 이택후 이래 많은 학자들에 의해서 주장되고 있으며, 방박은 안연은 춘추시대의 장자, 장자는 전국시대의 안자로 평하고 있다. 이에 대하여 장원철은 그의 「남명사상과 안연」에 상세하게 소개하고 있다. 본고에서는 이단배척이 심했던 송대 학자들에게서 나타나는 장자에 대한 우호적인 입장과 안연의 인격을 강조하는 흐름에 공통적으로 흐르고 있는 정서는 도리에 대한 체득을 강조하는 데 있다고 본다.

8) 주돈이, 『통서』 「지학」.

려 성인의 덕목은 주로 성인의 인격을 통해서 표현되며, 시대가 변함에 따라 이 덕목의 표현은 끊임없이 변화해 간다는 점을 강조한다.

성인을 지향하는 학문에서 인간행위법칙이나 덕목에 대한 정미한 정의에 주목하지 않고 성인의 언행을 중시하는 이유도 바로 성인이라는 인격탐구가 중심이 되기 때문이다. 이러한 의미에서 주희는 성인의 학을 배울 때 육경(六經)에 대한 탐구를 중심에 두지 않고 사서(四書)를 중요하게 생각한다. 육경은 성인이 역사 속에서 이룬 업적을 칭송하는 것이라면, 사서는 당시 성인이라 칭송하는 공자, 맹자의 언행을 중심으로 이루어진 책이다. 따라서 사서를 주요 텍스트로 삼는다는 것은 성인이 이룬 업적에 대한 해석보다는 성인의 언행을 통해서 본 성인의 인격을 제시해 줌으로써 인격을 쌓아 나가야 함을 강조한 것이라 할 수 있다.

이처럼 성인의 인격을 지향해 나가는 공부에서 중요한 것은 구체적인 인간행위원칙에 대한 합의나, 인간이 실현해야 할 덕목에 대한 상세한 정의가 아니다. 성인의 언행을 통해서 즉 성인이 각 상황에서 어떠한 행위를 하였고 어떠한 말을 하였는가를 통해서 그 인격에 다가가는 것이다. 이러한 인격의 성취를 통해 시대가 필요로 하는 행위원칙이 나올 수 있다고 보았다. 따라서 성인을 지향하는 학문인 성학(聖學)에서는 성인의 인격을 구성하는 덕목을 나열하는 것이 아니고, 성인의 인격을 성취하기 위한 공부방법이 중요하게 된다. 따라서 현대 도덕교육에서 쟁점이 되고 있는 두 측면 즉 덕목의 내면화를 강조할 것인가, 아니면 문제를 해결할 수 있는 능력 배양을 강조할 것인가라는 상반된 입장[9]은 체득을 통해 성인의 인격을 지향하는 유교전통 속에서 현대 도덕교육론에 참조할 만한 지평을 제시해 줄 수 있을 것으로 생각된다.

본고에서는 체득 내지 자득을 강조한 양시[10)에 의해 편집된 『이정수언』과 주희의 『사서집주』를 중심으로 『논어』에 등장하는 공자 및 그 제자들의 인격이 어떠한 방식으로 묘사되고 있는지 살펴보겠다. 이를 통해 유교 공부론에서의 '체득'의 의미를 설명해보고자 한다.

---

9) 콜버그가 덕목교육을 비판하며 제시한 이성적인 판단력 배양을 강조하는 도덕교육과 이에 대한 대안으로 실질적인 좋은 삶을 영위하는 과정에서 발달하는 실천적 이성의 함양을 강조하는 현대 도덕교육의 내용은 다음의 논문을 참조하였다(김안중, 「덕목교육의 재음미」, 『도덕교육연구』(한국도덕교육학회), 제4집과 유재봉, 「교육패러다임의 변화와 도덕교육」, 『도덕교육연구』(한국도덕교육학회), 제12권 2호). 그리고 전통적 인식론에 의거한 지식교육을 비판하고 실천적 지식과 방법적 지식의 중요성에 입각하여 도덕교육의 방향을 제시한 고미숙은 그의 「지식교육과 도덕교육」에서 체현의 도덕교육을 강조한다.

10) 일반적으로 양시는 정자학과 주자학의 가교역할을 하는 인물로 소개되지만, 아즈마쥬지, 제임슨, 아라키 겐꼬 등은 양시철학의 독자적인 사유체계를 강조한다. 본고에서는 이 특징을 체득을 강조하는 측면에 주목하여 논하고자 한다. 특히 『二程粹言』은 양시에 의해서 편집되었으므로 정자학에 대한 양시의 입장이 어느 정도는 반영되어 있다고 본다.

2. 도덕행위와 인격

앞서 언급했듯이 유가에서는 역사 속의 성인상을 조망할 때 그들의 업적이 아니라 그들의 언행을 통해 드러난 인격을 강조한다. 이는『설문해자주』의 성(聖)에 대한 규정에서도 읽을 수 있다. 이곳에서는 "성(聖)의 부수는 이(耳)로 이는 이순(耳順)을 의미한다"[11]고 한다. 이순은 공자가 60세가 돼서야 성취할 수 있었던 능력이었다. 그는 자신의 인생성취과정을 말할 때 50세에 '천명을 알았다'고 하고, 60세에 '어떠한 말도 귀에 거슬리는 말이 없었다'고 하며, 70세에 '마음이 하고자 하는 바를 따라 행해도 법도에 어긋남이 없었다'고 하였다. 이에 대하여『사서집주』에서는 공자는 나면서부터 아는 사람이라 배움을 통해 이상적인 인격에 도달하는 것이 아니지만 배우는 사람들을 위해서 덕에 나아가는 순서를 말하였다고 한다.[12] 여기서도 성인의 인격을 언급할 때 성인의 인격을 구성하

---

11)『설문해자주』聖從耳者, 謂其耳順.

12)『논어』「위정」4 "子曰：「吾十有五而志于學, 三十而立, 四十而不惑, 五十而知天命, 六十而耳順, 七十而從心所欲, 不踰矩」"

는 덕목에 초점을 맞추는 것이 아니고 삶을 살아가는 태도가 중심이 된다. 그리고 이러한 태도의 습득은 하루아침에 도달하는 것이 아니라 끊임없는 노력에 의해 이루어지는 것이라는 점을 보여준다. 여기서 어떠한 말도 귀에 거슬리는 말이 없는 인격의 상태를 성인이라 한다면, 70세에 성취되었던 마음이 하고자 하는 바를 따라 행해도 법도에 어긋남이 없었다고 하는 것은 성인의 인격을 갖춘 사람의 행위는 그 자체가 다른 사람에게 행위모범이 되는 척도가 될 수 있다는 것을 의미한다.

공자는 "자기 자신을 나면서부터 아는 사람이 아니라 단지 옛것을 좋아하여 그것을 잘 취하는 사람"이라고 누차 강조하고, "스스로 배우는 것을 좋아하는 사람"이라고 한다.[13] 공자는 "나라에서 써주면 일을 하고, 관직에서 쫓겨나면 숨어 지내는 것은 오직 나와 너(안연)만이 이러한 뜻을 가지고 있을 것이다"[14]라고 한다. 따라서 공자를 만난 애공이나 계강자가 공자의 제자들 중에서 배우기를 좋아하는 사람이 누구냐고 질문했을 때 공자는 아무 주저함 없이 안연을 꼽는다. 그리고 안연이 죽은 이후 그처럼 배우기를 좋아하는 사람은 없다고 한다.[15] 여기서 공자가 배움을 얼마나 중요하게 여기는지 알 수 있다. 이처럼 공자의 안연에 대한 평가는 칭찬 일색이지만, 언변에 뛰어난 제자인 자공과 가장 용맹한 제자인 자

---

13) 『논어』 학이 제1 子曰:「君子食無求飽, 居無求安, 敏於事而愼於言, 就有道而正焉, 可謂好學也」, 『논어』 공야장 제5子曰:「十室之邑, 必有忠信如丘者焉, 不如丘之好學也」, 『논어』 술이 제7 子曰:「我非生而知之者, 好古, 敏以求之者也.」

14) 『논어』 술이 10 「子謂顏淵曰:「用之則行, 舍之則藏, 唯我與爾有是夫!」

15) 『논어』 옹야 제6 哀公問:「弟子孰爲好學?」孔子對曰:「有顏回者好學, 不遷怒, 不貳過, 不幸短命死矣! 今也則亡, 未聞好學也」, 『논어』 선진 제11 季康子問:「弟子孰爲好學?」孔子對曰:「有顏回者好學, 不幸短命死矣! 今也則亡.」

로에게는 이들의 편파적인 측면을 지적하며 덕성을 기를 것을 가르친다.

이는 공자가 자로에게 "덕을 아는 자가 드물구나!"[16]라고 하는 말 속에 함축적으로 드러나 있다. 그리고 특히 언변이 뛰어난 것을 지혜로 생각하는 것에 대하여 경계한다. 이에 공자는 자공에게는 "너는 내가 많이 배워서 아는 것이 많은 사람이라고 생각하느냐?"라고 말하자 자공은 "그렇습니다. 아닙니까?"라고 반문한다. 이에 공자는 "아니다. 나는 하나로 관통되어 있다"고 하고 있다.[17] 그리고 참다운 지혜는 말로 변설하는 능력이 아님을 가르쳐 주기 위하여 공자는 "나는 더 이상 말하지 않겠다"고 하니, 자공은 "선생님께서 말씀하지 않는다면 저는 무엇을 전수해 주겠습니까?"라고 질문하게 된다. 이에 공자는 "하늘이 무슨 말을 하겠는가? 사시가 운행하고 만물이 소생하는 것이니 하늘이 무슨 말을 하겠는가?"[18]라고 한다. 이는 공자가 자신을 표현하면서 자신은 "묵묵히 아무 말 없이 마음에 잘 간직하여, 배움을 싫어하지 않고, 가르치는 것을 게을리하지 않는다"[19]고 한 말 속에도 그대로 드러난다. 이는 성인의 인격은 언어문자를 통해서 표현되는 것도 언어문자를 통해 전수되는 것도 아니고 끊임없는 공부를 통해 스스로 체득하는 것임을 강조한 것이다.

그러나 『맹자』에서는 성인상을 논할 때, 내지는 맹자가 따르고

---

16) 『논어』 위령공 제15 子曰:「由! 知德者鮮矣.」

17) 『논어』 위령공 제15, 『논어』 위령공 제15 子曰:「賜也, 女以予爲多學而識之者與?」對曰:「然, 非與?」曰:「非也, 予一以貫之.」

18) 『논어』 양화 12 子曰:「予欲無言.」子貢曰:「子如不言, 則小子何述焉?」子曰:「天何言哉? 四時行焉, 百物生焉, 天下言焉?」

19) 『논어』 술이 제7 子曰:「默而識之, 學而不厭, 誨人不倦, 何有於我哉?」

자 하는 인격을 논할 때, 공자제자들이 그렇게 중요하게 부각되지 않는다. 오히려 성인이라고 칭해진 요임금이나 순임금, 우임금에 대한 논의가 많다. 특히 『맹자』에서는 순임금이 강조된다. 따라서 그가 순임금의 인격을 논하는 곳에 그의 철학적 지향이 잘 드러나 있다고 할 수 있다. 그는 다음과 같이 말한다.

> "자로는 다른 사람이 자신에게 잘못한 점을 지적하면 좋아하였다. 우임금은 좋은 말을 들으면 감사한 마음으로 그대로 받아들였다. 위대하신 순임금이 위대한 이유는 선을 다른 사람과 함께 실천하였기 때문이다. 자신을 버리고 다른 사람을 따랐으니 다른 사람에게서 장점을 취하여 선을 행하는 것을 좋아하였다. …다른 사람에게서 취하여 선을 행하는 것, 이것이 다른 사람과 함께 선을 행하는 것이다. 그러므로 군자는 다른 사람과 함께 선을 행하는 것보다 위대한 것이 없다."[20]

여기서 제시하고 있는 자로, 우임금, 순임금은 모두 훌륭한 인격의 전범이지만, 그 우열을 매기고 있다. 자로의 경우는 자신의 잘못을 시인하고 고치는 사람으로, 우임금은 자신이 잘못을 저지르기 전에 다른 사람의 충고를 받아들일 수 있는 사람으로, 순임금은 주변에 있는 사람들이 자신의 장점을 스스로 발견해 내어 실천할 수 있도록 해줄 수 있는 사람으로 표현되고 있다. 여기서 제시하고 있는 성인의 인격 역시 삶의 태도라 할 수 있다. 결코 이들을 전혀 실수하지 않는 완벽한 사람으로 표현하고 있지 않다. 오히려 이러한 삶의 태도를 지녔으므로 잘못을 저지르지 않고 선을 실천할 수 있으며, 설령 잘못을 했더라도 바로 시정할 수 있다는 점을 강조한다. 이는 한편으로는 맹자가 스스로 공자를 사숙했다고 하면서 당시

---

20) 孟子曰: 「子路, 人告之以有過則喜, 禹聞善言則拜. 大舜有大焉, 善與人同, 舍己從人, 樂取於人以爲善...取諸人以爲善, 是與人爲善者也, 故君子莫大乎與人爲善.」

사람들에게 유행하던 사조들을 비판함으로써 공자의 도를 드러내고자 고군분투한 노력에 의미부여하는 것일 수도 있다. 이러한 이단에 대한 배척을 통해 공자의 도를 드러낼 수 있는 것이 함께 선을 행할 수 있도록 하는 길을 닦는 것이라 할 수 있기 때문이다. 그는 변설능력이 매우 탁월하였다. 이에 제자가 그에게 "선생님은 무엇에 가장 뛰어납니까?"라고 묻자, 그는 "자신은 다른 사람의 말을 잘 변별할 줄 알고, 호연지기를 잘 배양할 줄 안다"고 답한다. 여기서 다른 사람의 말을 잘 변별할 줄 안다는 것은 지혜에 속하며, 호연지기를 잘 배양한다는 것은 덕성을 함양함을 의미한다. 이에 그 제자는 맹자에게 "재아·자공처럼 변설능력을 갖추고, 염우·민자건·안연처럼 덕행을 갖춘 사람은 공자이시니, 그렇다면 선생님은 성인이겠네요?"라고 한다. 이에 그는 당황하면서 "공자조차도 성인을 자처하지 않는데 내가 어떻게 성인임을 자처하겠는가"라고 하며 제자의 말을 일축한다. 또한 맹자에게 공자의 제자들 중에서 "자하·자유·자장은 성인이 갖춘 덕 중에 하나를 갖추었고, 염유·민자건·안연은 모두 갖추었으나 미약하다고 하면서 이들 중 누구를 따르겠느냐"라고 질문했을 때 맹자는 질문에 답변하기를 꺼려하면서 자신의 목표는 공자를 배우는 것이라고 분명하게 말하고 있다.[21]

---

21) 『맹자』 공손추장구 상 「敢問夫子惡呼長?」 曰:「我知言, 我善養吾浩然之氣.」…「宰我子貢善爲說辭, 冉牛, 閔子, 顔淵善言德行. 孔子兼之, 曰:『我於辭命則不能也.』然則夫子旣聖矣乎?」 曰:「惡! 是何言也? 昔者子貢 問於孔子曰:『夫子聖矣乎?』孔子曰:『聖則吾不能, 我學不厭而敎不倦也.』子貢曰:『學不厭, 智也; 敎不倦, 仁也. 仁且智, 夫子旣聖矣!』夫聖, 孔子不居, 是何言也?」…「昔者竊聞之: 子夏, 子游, 子張皆有聖人之一體, 冉牛, 閔子, 顔淵則具體而微, 敢問所安.」 曰:「姑舍是.」 曰:「伯夷 伊尹何如?」 曰:「不同道, 非其君不事, 非其民不使; 治則進, 亂則退, 伯夷也. 何事非君, 何使非民; 治亦進, 亂亦進, 伊尹也, 可以仕則仕, 可以久則久, 可以速則速, 孔子也. 皆古聖人也, 吾未能有行焉; 乃所願, 則學孔子也.」

양시에 의해서 편집된 『이정수언』에서 성현을 논하는 편에 공자와 안연, 맹자를 비교하면서 "중니는 원기이고, 안자는 봄에 생명이 돌아나는 것과 같으며, 맹자는 가을의 살기를 아우르고 있음을 보게 된다"[22]고 하고 있다. 또한 "사람에게 안자의 덕이 있으면 맹자의 사공(事功)이 있으니 맹자의 사공은 우직과 동등하다"[23]고 한다. 따라서 배움을 통한 덕의 배양을 이야기할 때는 항상 안연을 전범으로 두고 있다.[24] 그러나 『맹자』에서 안연은 공자 문하의 훌륭한 제자들 중 한 명일 뿐 독보적인 위치를 차지하고 있지 않다. 따라서 후대 유가철학에서 공부론의 전통이 확립되어 가는 과정에서 이상적인 인간상을 제시할 때 공맹이 아닌 안연이 제시되었다는 것은 이 시기 기존의 유학과는 다른 새로운 유학이 등장했음을 보여주는 것이라 할 수 있다. 그러면 다음 절에서는 안연의 인격이 어떠한 맥락에서 전면적으로 부각되게 되었는가를 살펴보면서 도덕교육에 체득의 방식이 어떻게 자리 잡아 나아가는지 살펴보도록 하겠다.

---

22) 『二程粹言』 권2 "子曰 仲尼元氣也, 顔子猶春生也, 孟子則兼秋殺見之矣."
23) 『二程粹言』 권2 "子曰人有顔子之德, 則有孟子之事功, 孟子之事功, 與禹稷並."
24) 『二程粹言』 권1 "子曰學者欲得正, 必以顔子爲準的."

3. 체득한 자의 전형: 안연탐구

『논어』에 안연은 스승의 가르침을 절대적으로 받들어 그대로 따르는 사람으로 그려져 있다. 이에 공자는 처음에는 안연을 어리석다고 생각하였으나 그의 평상시 행동거지를 보고서 그에 대한 평가를 다시 하게 된다. 이후에 공자는 그의 제자들 중에서 가장 우수한 사람으로 안연을 꼽는다. 그 이유는 배우기를 가장 좋아하였기 때문이다. 유가철학에 공부론이 형성되던 송대에 안연이 담론의 중심에 놓이게 된 것도 배움의 중요성이 부각되었기 때문이라고 할 수 있다. 비록 주희는 도통을 논할 때 안연을 언급하지는 않았지만, 북송시기 불교나 도교에 맞서 유학부흥운동에 참여한 다양한 학파들 중에서 이후 주자학 성립에 중요한 영향을 미친 이정 중심의 낙학계 학파에서는 안연이 배운 내용이나 배운 방식에 대한 논의를 많이 하게 된다. 이는 낙학의 중심인물인 정이가 약관의 나이로 태학에서 공부할 때 당시 스승인 호안정이 안자가 좋아한 것은 어떤 배움이었는가라고 하는 문제를 내고, 이에 대한 답안으로 제출한 글이 스승에게 인정받게 되었다는 일화를 통해서도 알 수 있다. 따라서 당시 새롭게 세우려고 하는 유학의 핵심내용을 이해하기 위해서는 안연의 배움의 내용, 배움의 방식을 당시 학자들이 어떻게 생각하였는가 하는 것은 매우 중요한 논의 지점이 될 수 있다고 생각한다.

특히 정자는 안연을 성인의 말씀을 듣고 묵지심통(默識心通)한 자로 규정하고 있다. 여기서 묵지심통이란 묵묵히 마음에 잘 간직하여 마음으로 통달하였다는 의미이다. 이는 유가공부론에서 제기하는 체득의 한 전형을 안연이란 인물을 통해 제시하고 있는 것이다. 공자 역시 자기 자신을 "묵묵히 마음에 잘 간직하고, 배우는 것을 싫어하지 않으며, 가르침에 게을리하지 않는다"[25]고 규정하고 있다. 따라서 본 장에서는 먼저 유가 공부론에서 강조하는 '체득'의 의미를 안연이란 인물에 부여한 의미들을 중심으로 살펴보고자 한다.

『논어』 선진편에는 공자가 제자인 자로, 증점, 염유, 공서화와 함께 있으면서 기탄없이 자신의 포부를 말해 보라고 하는 내용이 나와 있다. 이때 공자는 그들이 이야기한 것 중에서 증점의 편을 들어준다.[26] 그런데 『공자가어』 치사편에도 이와 유사한 이야기가 실려 있다. 즉 공자가 그의 제자인 자로, 자공, 안연과 함께 북쪽에 있는 농산에 가서 사방을 둘러보며 "여기서 온갖 가지 생각이 나는구나! 너희들은 각자의 뜻을 이야기해보라"고 한다. 이때 이들의 이야기를 듣고 공자는 자로는 "용감하다"고 평하고, 자공은 "변설

---

25) 『논어』 술이 子曰: 「默而識之, 學而不厭, 誨人不倦, 何有於我哉?」
26) 『논어』 선진.

이 뛰어나다"고 평한 반면, 안연에게는 "그 덕이 아름답다"고 평한다. 그리고 이 중에 누구를 제일로 치겠느냐고 자로가 다그쳐 묻자 공자는 "재물을 축내지도 않고, 백성을 위태롭게 하지도 않으며, 많은 변설을 늘어놓지도 않는 자는 안연이다"고 하면서 답한다.[27] 공자가 제일로 친 것은 안연이었다. 또한 『이정수언』에는 성인의 도를 얻은 자는 안자와 증자이니, 안자는 성인의 도를 묵묵히 마음에 잘 간직하였고, 증자는 돈독히 실천했다[28]고 한다. 그러나 자득하기 위해서는 먼저 묵묵히 마음에 잘 간직하여 마음으로 통달해야 하며, 돈독히 실천하는 것은 그 이후의 일이라 한다.[29]

이처럼 안연은 공자 제자 중에서도 덕성을 체득하여 그대로 실천한 덕성이 뛰어난 자로 평가받고 있다. 따라서 후대에 안연을 평가할 때 어떠한 측면을 부각시키는가 하는 것은 그의 인격을 표현한 공부방식이나, 공부를 통해 얻어야 할 덕성은 어떠한 것인가라고 하는 점에 대한 논술이라 해도 과언이 아닐 것이다. 정이가 '안자가 좋아한 배움은 어떤 배움인가'[30]에서 중요하게 언급하고 있는 것은 "당시 배움의 도가 사라지게 된 원인은 성인은 타고난 것이므로 배움을 통해서 이루어질 수 있는 것이 아니라고 하는 당시에 만연되어 있던 생각 때문"이라고 한다. 따라서 성인의 도를 진작시키기 위해서는 성인의 도는 배워서 성취될 수 있는 것이라는 주장을 입증할 수 있어야 했다. 이를 안연의 모습을 통해서 이루고자 한

---

27) 『공자가어』 권2 치사 제8.
28) 『二程粹言』 7~70 子曰: 顔子默識曾子篤實得聖人之道者二子也.
29) 『二程粹言』 2~81 或問: "學何如而謂之有得?" 子曰: "其必默識心通乎篤誠明理而涵養之者次也, 聞之知之億度之擧非得也."
30) 『이정문집』 권9 『문집』 8-1 顔子所好何學論.

것이 당시 안연상이 화두로 떠오르게 된 이유라 할 수 있다.

이때 안연이 공부를 통해 실천한 내용은 『논어』 안연편에 안연이 공자에게 인에 대하여 물었을 때 안연에게 제시한 극기복례(克己復禮)와 이를 실천하기 위한 조목으로 들고 있는 "예가 아니면 보지 말고, 예가 아니면 듣지 말며, 예가 아니면 말하지 말며, 예가 아니면 움직이지 말라"[31]라고 하는 사물(四勿)이다. 안연이 이러한 가르침을 받고 실천해 간 모습은 『중용』에서 공자가 안연의 사람 됨을 "중용을 택하여 하나의 선을 얻으면 부지런히 실천하여 잃지 않는다"[32]라고 평한 것이나, 애공이 제자들 중에 배우기를 좋아하는 사람은 누구인가라고 질문하였을 때 공자가 안연을 들면서 그 이유로 "자신의 화를 다른 사람에게 옮기지 않으며, 잘못을 반복하지 않는다"[33]라고 표현한 것 속에 그대로 드러나 있다. 이는 안연의 인격을 표현한 것으로 예로써 자신을 검속하여 몸소 체현해 낸 것이라 할 수 있다. 이를 주희는 "공자가 가르치고 안연이 배운 내용을 박문약례(博文約禮)라고 하면서, 박문은 일에서 징험하는 것이고, 약례는 몸소 체현해낸 것"이라고 표현한다.[34] 이처럼 주희는 안연을 통해 그가 성취한 공부내용인 박문약례의 내용 즉 학문을 널리 배우고 예로써 자신의 행동을 검속한다는 것의 의미를 설명

---

31) 『논어』 안연 "顏淵問仁, 子曰:「克己復禮爲仁, 一日克己復禮, 天下歸仁焉, 爲仁由己, 而由人乎哉?」 顏淵曰:「請問其目.」 子曰:「非禮勿視, 非禮勿聽, 非禮勿言, 非禮勿動.」 顏淵曰:「回雖不敏, 請事斯語矣.」"

32) 『중용』 子曰:「回之爲人也, 擇乎中庸, 得一善, 則拳拳服膺而弗失之矣.」

33) 『논어』 옹야 제6 哀公問:「弟子熟爲好學?」 孔子對曰:「有顏回者好學, 不遷怒, 不貳過. 不幸短命死矣! 今也則亡, 未聞好學者也.」

34) 『朱子語類』 "...博文約禮 是仲尼之所以敎 顏子之所以學 處於此用功 則孔顏之樂 可尋矣..." 『朱子語類』 33권 "'博文約禮', 聖門之要法. 博文所以驗諸事, 約禮所以體諸身, 如此用工, 則博者可以擇中而居之不偏; 約者可以應物而動皆有則. 如此, 則內外交相助, 而博不至於汎濫無歸, 約不至於流遁失中矣."

하는 데 주목한다. 박문약례의 내용은 격물치지 공부와 거경함양 공부로 몸소 체현해 낸 인격 못지않게 이치를 파악하는 공부가 중요하게 자리 잡게 된다.[35]

이는 주희가 초년에 스승으로 섬겼던 이통의 학풍과 차이를 보인다. 이통의 학풍은 이정에게 직접 가르침을 받은 제자였던 양시 이래 형성된 도남학의 학풍을 의미한다. 이통과 양시가 제시한 체득의 방식에는 차이가 있지만, 인격의 총체적 표현이라 할 체득의 방식에 철학의 중점이 놓여 있다는 점에서는 동일하다. 묵지심통하였다는 안자의 공부 방식 즉 체득을 해명하는 데 중심이 있었다. 따라서 당시에 제자들은 주희에게 이통의 '묵묵히 정좌하여 마음을 맑게 한다(默坐澄心)'는 공부 방식이 양시의 "몸으로 체득하고 마음으로 징험하여 고요한 상태에서 자득하는 것을 특징으로 한다"는 공부 방식에서 연원한 것인가에 대하여 질문한다. 이에 대하여 주희는 양시는 독서공부를 전혀 중요하게 생각하지 않은 이통과는 다르다고 답한다.[36] 양시는 다음과 같이 말한다.

"지극한 도의 요체는 필설로 다할 수 있는 것이 아니다. 몸으로 체득하고 마음으로 징험하여 한가롭고 고요한 중에 다 드러내고 묵묵히 마음에 잘 간직하여 글과 언설에서 모두 잊게 되면 거의 지극하게 될 것이다. 이와 반대는 입과 귀로 듣고 암송하는 학이다. 오호라 도가 전해지지 않은 지 오래뇌었다."[37]

---

35) 김미영, 「주자학에 나타난 '교육받는 사람'에 대한 탐구」, 『교육과학연구』 제31집 제3호, 2000년 참조.

36) 『朱子語類』 113규정 13조항... "問: 龜山之學云: '以神體之, 以心驗之, 從容自得於燕閒靜一之中.' 李先生學於龜山, 其源流是如此." 曰: "龜山只是要閒散, 然欲讀書. 尹和靖便不讀書."

37) 『楊龜山先生集』 권17 寄翁好德 其一 "夫至道之歸, 固非筆舌能盡也. 要以身體之, 心驗之, 雍容自盡於燕休靜一之中, 默之識之, 兼忘於書言意象之表, 則庶乎其至矣. 反是皆口耳誦數之學也. 嗚呼道無傳久矣."

여기서 양시는 언어문자를 분석하는 데 치중하는 당시 학풍을 비판하면서 '군자의 학문은 인을 지향하는 데 있다'는 점을 강조한 다. 비록 행동방식이 다르더라도 그 지향점이 인을 향한다면 모두 성인이라고 한다. 이와 같은 양시의 학풍은 나종언 이통에 이어지 면서 체득을 강조하는 학풍을 형성하게 된다. 특히 이통은 묵묵히 정좌하여 마음을 맑게 하는 공부를 통해 사욕이 제거된 인격의 형 성[38]을 그 무엇보다도 강조한다. 따라서 그는 "사람의 마음에서 현 저하게 잘못된 생각을 제거하는 것은 쉽지만, 대단한 일이 아니면 서 이해를 따져 이리저리 생각하는 것은 끊임없이 이어져서 제거 하기 어렵다"[39]고 본다. 따라서 이통은 묵묵히 정좌하여 마음을 맑 게 하는 공부, 즉 인간의 마음속에 끊임없이 이어지는 사욕을 제거 하여 확 트인 경지를 획득하는 것을 중요하게 생각한다. 그러나 주 희는 체득을 통해서 얻게 되는 확 트인 경지에서 실천하는 것이 좋 긴 하지만, 이러한 경지에 도달하지 못했을 경우에도 이치에 따라 서 실천해 나가기 위해서는 근본을 터득하여 이에 따라 실천해 가 며 통찰력을 키워 나갈 수 있게 해야 한다는 점을 강조한다. 따라 서 주희는 실천하기 위해서 확 트인 경지를 강조하는 이통의 학이 한쪽으로 치우쳤다고 하며 비판한다.[40]

주희는 자신의 스승인 이통의 기상은 좋지만, 두루 배우고 상세 하게 논하는 공부는 부족하다고 한다. 또한 양시에 대해서도 "양시

---

38) 『延平答問』與劉平甫書 "學問之道, 不在於多言. 但默坐澄心, 體認天理. 若見雖一毫私欲之發, 亦自退聽矣. 久久用力於此, 庶幾漸明, 講學始有力也."

39) 『朱子語類』103권 21조항 "李先生說: '人心中大段惡念欲易制伏, 最是那不大段計利害·乍往 乍來底念慮, 相續不斷, 難爲驅除.' 今看得來, 是如此."

40) 『朱子語類』103권 19조항 "李先生不要人强行, 須有見得處方行, 所謂洒然處. 然猶有偏在, 洒 落而行, 固好, 未到洒落處, 不成不行? 亦須按本行之, 待其著察."

는 보편적인 리를 제대로 설명하지 못했다"[41]고 하며, 양시가 "목
마를 때 물마시고, 배고플 때 밥 먹으며, 손으로 잡고 발로 걷는 것
모두 도이다"라고 한 것에 대하여 "이를 도라고 한다면 인간의 욕
구를 이치(理)로 여기는 것이다"고 하며 비판한다.[42] 이때 주희가
도남학 전통을 비판한 것은 바로 인간의 감정과 독립하여 존재하
며 인간의 감정을 통제할 수 있는 원리로서의 이치를 세우기 위해
서였다. 따라서 주희가 도남학을 비판할 때 염두에 두고 있던 것은
바로 당시 학자들에게 만연해 있던 체득의 구조를 밝히는 데 집중
되어 있던 학문경향이었다.

즉 주희는 체득의 구조를 밝히는 것은 중요하지만 이를 이룰 수
있기 위해서는 우선 인간의 감정과 독립하여 존재하며, 인간의 감
정을 통제할 수 있는 원리로서의 이치의 존재를 인정하고, 이를 탐
구해야 한다는 점을 더욱 강조한다. 따라서 그는 이상적인 인격을
탐구할 때도 이상적인 인격을 있게 한 공부내용 즉 덕목에 대한 존
재론적 탐구에 중심을 두게 된다. 주희는 행위준칙을 존재론적으로
탐구함으로써 불완전한 인간이 자신의 현재 상황을 넘어설 수 있
는 방법을 공부 방식 속에 구체화시키고자 하였다. 이에 주희는 안
연의 인격보다는 안연이 배운 공부의 내용에 더 관심을 기울이게
된다. 따라서 주희는 안연이 배운 공부인 극기복례공부를 __의 적

---

41) 『朱子語類』 권98 105 龜山說 "理一"似未透, 據老幼及人一句, 自將分殊都說了. 但其意以老幼
   互相推及, 所以然者同類也, 但施置有先后耳, 因說: "我老老幼幼, 他亦老老幼幼, 互相推及, 天下
   豈有不治? 此便是 '絜矩之道'."
42) 『朱子語類』 권62 73 因門: 龜山言: '飢食渴飮, 手持足行, 便是道.' 竊謂手持足履未是道, '手容
   恭, 足容重', 乃是道也; 目視耳聽未是道, 視明聽聰乃道也, 或謂不然, 其說云: "手之不可履, 猶
   足之不可持, 此是天職. '率性之謂道', 只循此自然之理耳". 不審何如? 曰: "不然, 桀紂亦會手持
   足履, 目視耳聽, 如何便喚做道! 若便以爲道, 是認欲爲理也."

물성의공부로 설명하면서 공부내용을 안연에 대한 탐구를 통해 밝혀내려 했다. 이 격물성의 공부의 목적 역시 인격함양이지만, 불완전한 인간이 자신을 초월하기 위해서는 자신을 이끌어 줄 이치에 대한 인식방법이 공부에서 중요하다고 강조하는 점에서 도남학과 차이가 있다.

정이의 제자인 양시로부터 전해 온 도남학 전통에서는 체득의 구조를 이 세계에 그대로 드러나 있는 도에 대한 해명을 통해 설명하고자 한다. 따라서 안연을 다룰 때도 그의 행위에 초점을 맞추게된다. 즉 안연이 공부한 방식으로 꼽고 있는 묵지심통에 대한 해명은 양시가 특히 중시 여기며 이에서 도남학의 전통이 이루어졌다고 할 수 있다. 양시는 안연의 학문을 "하나의 선이 있으면 부지런히 실천하여 잃지 않는 것"이라 하며 성인을 인륜의 잣대라 한다.[43] 주희 역시 성인을 인륜의 척도라고 보았다. 그러나 그때 인륜의 척도란 성인이 전수해 준 도의 내용에 있었다. 따라서 그의 철학에서 중요하게 자리 잡았던 도통개념은 도통을 전수해 준 성인의 계보에 일차적인 관심이 있었다기보다는 성인이 전수해 준 도의 내용을 해명하는 과정에서 명료하게 되었다고 할 수 있다.

그러나 양시가 성인은 인륜의 잣대라고 한 것은 바로 도를 실천한 모습이라 할 수 있다. 체득한다는 것은 바로 인륜의 관계성에서 인간을 해명하고자 한 것이라 할 수 있다. 이는 주희의 공부론 체계에서도 중요한 부분을 차지하는 함양공부에 해당한다. 그러나 주희에게 이 함양공부는 전 공부과정에서 공부의 한 부분이다. 즉 그

---

43) 『楊龜山先生集』 권18 答李杭 "論顔子之學, 則曰得一善, 則拳拳服膺, 而弗失之矣, 此古之人用力, 可考而知也. 夫聖人人倫之至也, 豈有異於人乎哉."

는 함양공부를 이끌어 갈 이치에 대한 인식 즉 격물치지 공부를 함양공부와 구분한다. 주희가 당대 유학자들은 불교적인 경향이 강하다고 하며 지목한 부분은 바로 이치에 대한 탐구에 주목하지 않고, 체득의 구조 해명에 치중하고 있던 학문경향이었다. 따라서 주희는 공부과정에서 체득이 어떻게 가능한지, 또한 어떠한 방식으로 이루어질 수 있는지에 대하여 상세하게 설명한다. 그가 설명한 체득의 방법에서 도덕교육에 대한 유교적 성찰을 살펴보고자 한다.

4. '체득'의 방법에 나타난 '도덕교육'의 의미

　체득해야 한다는 말은 한문으로 된 문헌 속에 다양한 어휘로 표현되며 사용되고 있다. 앞서 말한 묵지심통이란 표현도 이에 해당하며, 체첩(體貼), 체인, 체찰, 체험 등도 이에 해당한다. 주희는 "체인(體認)이라는 것은 이 몸으로 그 속에 들어가 체득하여 아는 것(體察)이니, 여기서 체(體)란 『중용』에서 '뭇 신하들을 자신의 몸과 같이 생각한다(體群臣)'고 할 때의 체와 같다"44)고 하고 있다. 또한 "어떤 사람이 '이는 자신의 이 몸으로 저 사물 속으로 들어가 체득하여 안다(體認)는 것입니까?'라고 하자, '그렇다. 뭇 신하들을 자신의 몸과 같이 생각한다고 하는 것이라든지, 정이가 천리 두자는 스스로 체득하여 알아야 한다(體貼)'고 하는 것과 같다. 이는 이와 같은 체자이다"45)라고 하고 있다.46)

---

44) 『朱子語類』 95권. "體認者, 是將此身去裏面體察, 如中庸'體群臣'之'體'也."

45) 『朱子語類』 98권. "或曰：是將自家這身入那事物裏面去體認否?" 曰："然, 猶云'體群臣'也. 伊川曰'天理'二字, 欲是自家體貼出來, 是這樣 '體'字."

46) 김미영, 「'인심도심설'을 통해 본 성리학의 몸담론－주희와 이율곡의 논의를 중심으로」, 『철학』(한국철학회) 제73집, 2002, 참조.

여기서 공통적으로 사용되고 있는 체(體)의 의미는 '뭇 신하들을 자신의 몸처럼 생각한다'라든지, '천리 두 자는 스스로 체득하여 알아야 한다'는 것에서 잘 드러나 있다. 먼저 '뭇 신하들을 자신의 몸처럼 생각한다'고 하는 것은 통치자가 신하를 단지 다스려야 할 대상으로만 보아서는 안 된다는 의미다. 자신이 직접 그 상황 속으로 들어가서 그 상황에서 작동하고 있는 상호관계를 추체험해야 한다는 의미이다. 또한 '천리 두 자는 스스로 체득하여 알아야 한다'고 할 때 역시 천리란 언어 문자로 대상화시켜 내린 정의 속에서 드러나는 것이 아니고, 직접 자신의 삶 속에서 체현해 내야 한다고 강조한 것이다. 이는 장자가 「인간세」에서 안연을 등장시켜 동요하지 않는 마음상태인 심재(心齋)를 제시한 것이라든지, 거백옥을 통해 "덕이란 자신을 내세우는 것(名)을 통해 사라지며, 지혜는 끝없는 다툼을 낳게 된다"[47]는 점을 제시하며 인간세 속에서 자신을 훼손시킬 수 있는 무의미한 다툼의 소용돌이 속을 헤쳐 나가는 방법을 제시하는 과정에서도 드러난다. 즉 자신을 내세우는 명(名)과 다툼(爭)을 피해 가는 과정은 결국 도리를 체득하는 과정과 통한다.

이와 같은 체득의 의미는 공자가 "己所不欲 勿施於人"이라고 한 데서 드러난 서(恕)의 정신에 그대로 이어지고 있다. 여기서 '자기 자신이 원하지 않는 것을 다른 사람에게 베풀지 말라'고 한 것은 자기 자신과 구분되는 타자를 설정하지 말고 하나로 생각해야 한다는 점을 강조한 것이다. 이때의 인간은 개성을 지닌 독립자존

---

47) 『莊子』「人間世」德蕩乎名, 知生於爭.

의 주체라기보다는 타자를 자신과 동일시할 수 있는 관계의 망 속에 얽혀 있는 존재이다. 따라서 대상은 나에 대한 반정립으로 나오는 것이 아니라, 항상 대상이 처한 상황은 나의 상황일 수 있음을 전제해야 한다. 따라서 내가 하고자 하지 않는 것을 다른 사람에게 베풀지 말라고 한 것을 실천하게끔 하는 추동력은 바로 관계의 망 속에 놓여 있는 개인들의 역할수행에 대한 자각이라고 할 수 있다. 결국 인격은 자신에게 부여된 역할구조를 떠나서 이야기될 수 없다는 의미이다.

이러한 관계의 망은 바로 중용에서 오달도(五達道)라고 한 오륜관계로 요약될 수 있다. 오륜이라는 관계의 망 속에서 인간은 언제나 동일한 역할에 놓여 있는 것이 아니다. 이 오륜이 보편적일 수 있는 이유는 부부관계 이외의 모든 관계는 상대적일 수 있기 때문이다. 이때 중요한 마음의 덕목은 공정함이다. 자신의 입장에서만 생각하지 않고 다른 사람의 입장도 배려할 줄 아는 마음가짐이다. 이러한 마음가짐은 결국 자신이 처한 관계의 망에 대한 자각, 양시가 말한 도에 대한 자각에서 나온다고 할 수 있다. 따라서 양시는 이러한 관계 속에 놓여 있는 자신의 실존에 대한 자각이 있다면 바로 도를 실현할 수 있다고 보게 된다.

그러나 주희는 공정함을 인으로 본다든지, 중(中)을 성(性)으로 보는 것에 반대한다. 주희에게서 인(仁)과 성(性)은 리(理)에 해당된다. 반면 공정함이나 중(中)은 인격에 해당한다. 이에 주희는 "인은 사람들이 본래부터 가지고 있는 리이고, 공정함은 극기공부가 완전히 이루어진 상태에서 나올 수 있는 것"[48]이라고 하며 양자를 구분하고 있다. 또한 "사물과 접촉하기 이전 사려가 싹트지 않았을 때는 희로애락의 감정이 아직 발현되지 않았을 때이다. 이때는 심체가 유행하되 고요히 움직이지 않는 곳에 하늘로부터 부여받은 성의 모습을 갖추고 있다. 그러므로 지나치거나 모자라지도 않고 한쪽으로 치우치지도 않게 되니, 이것을 中이라 한다"[49]고 한다. 즉 중(中)의 상태는 타고난 인격을 지칭한 것이라면 공정함(公)은 후천적인 공부를 통해 실현된 인격을 지칭한 것이라고 할 수 있다. 이 양자는 시중(時中)에서 함께 드러난다. 시중이란 자신이 처한 상황에 대한 판단을 의미한다. 그러나 상황은 끊임없이 변화하므로 유가의 덕을 이야기할 때 시중이 중요하게 된다. 시중이란 자신이 처한 상황에서 내릴 수 있는 가장 적절한 판단이다. 이는 고정된 어떤 가치덕목이 아니라 성인의 인격을 갖춘 사람이 내릴 수 있는 판단능력이라 할 수 있다. 따라서 시중이란 덕목을 실현할 수 있는 인격의 총체라고도 할 수 있다. 주희는 이러한 인격과 덕목의 원리(理)를 분리한다. 따라서 도덕적인 인격은 덕목의 원리에 의해 이끌어져야 한다는 점을 강조한다.

반면 양시 이래 강조된 도의 자각, 즉 역할에 대한 자각을 통해 베풀어지는 체득을 강조하는 전통은 주자학이 주류학문이 된 이후에도 끊임없이 주자학 내부에서 또는 주자학을 비판하는 조류 속에 등장하게 된다. 이는 원대 주자학에서 소학공부를 강조하는 경향이라든지, 육구연이 "육경은 내 마음의 주석"이라고 한 언명에

---

48)『朱子語類』권6:102 或問仁與公之別. 曰: "仁在內, 公在外." 又曰: "惟仁, 然後能公." 又曰: "仁是本有之理, 公是克已工夫極至處. 故惟仁然後能公, 理甚分明. 故程子曰: '公而以人體之.' 則是克盡已私之後, 只就自身上看, 便見得仁也."

49)『朱熹集』권67 已發未發說 "右據此諸說, 皆以思慮未萌, 事物未至之時, 爲喜怒哀樂之未發, 當此之時, 卽是心體流行, 寂然不動之處, 而天命之性, 體段具焉, 以其無過不及, 不偏不倚, 故謂之中…."

드러난 것이라든지, 왕수인이 "양지의 실현"을 강조한 것이 그러한 경향을 대변한다고 할 수 있다. 특히 왕수인은 "성현께서는 대부분 특수한 상황의 구체적인 일에 나아가 학문을 논하셨다. 비록 말은 사람마다 다른 듯하지만, 그 공부의 핵심을 요약해 보면 부절을 맞춘 것처럼 일치한다"고 한다. 그는 "문장의 의미에 나아가 억지로 끌어다 붙여 해석"하는 공부방식은 "자기의 실질적의 공부에서 체험한 것이 아니다"고 하며 비판한다.[50]

이처럼 체득을 강조하는 전통은 인간의 판단능력은 도덕적인 인격의 성취를 통해서 제대로 작동할 수 있다고 하는 데서 이루어진 것이다. 그리고 이 도덕적인 인격은 관계의 망에 의해서 규정되는 역할에 대한 자각에서 이루어지는 것이므로 성인들이 행한 행적을 통해 그에 다가갈 수 있는 길을 스스로 찾아 나가야 함을 강조하게 된다. 따라서 유가에서 도덕적인 인간으로 향해 나아가야 함을 역설하면서 행하는 교육방식은 행위덕목을 제시하는 것이라든지, 갈등되는 상황에서 우선적으로 고려해야 할 도덕원리를 적용할 수 있는 능력을 배양해 주는 방법을 계발하는 데 있는 것이 아니다. 오히려 성인들의 삶의 태도를 제시해 줌으로써 그러한 삶의 태도가 함축하고 있는 바를 자신의 실천 속에서 발견해내는 데 있다. 그러기 위해서는 성인의 삶의 태도를 모방하여 스스로 자신이 처한 위치에서 실천해 나가는 과정이 무엇보다 중요하게 된다.

---

50) 『전습록』 권중 188.

참고문헌

『四書集註』
『二程粹言』
『楊龜山先生集』
『朱熹集』
『朱子語類』
『傳習錄』
『孔子家語』
『宋元學案』
『說文解字注』
『通書』
『莊子』

성광동, 백민정, 임부연, 강신주 쓰고 옮김, 『스승 이통과의 만남과 대화』, 이
　　학사, 2006년.
L. 콜버그, 『도덕발달의 철학』(김민남, 김종소, 진미숙 옮김), 교육과학사, 2000년.
김미영, 「주자학에 나타난 '교육받은 사람'에 대한 탐구」, 『교육과학연구』 제
　　31집 제3호, 2000년.
＿＿＿＿, 「'인심도심설'을 통해 본 성리학의 몸담론 – 주희와 이율곡의 논의를
　　중심으로」, 『철학』(한국 철학회) 제73집, 2002년.
유재봉, 「교육패러다임의 변화와 도덕교육」, 『도덕교육연구』(한국도덕교육학
　　회), 제12권 2호, 2000년.
김안중, 「덕목교육의 재음미」, 『도덕교육연구』(한국도덕교육학회) 제4집, 1990년.
장원철, 「남명사상과 안연」, 『남명학 연구』(경상대남명학연구소) 제1집, 1991년.

전호근, 「『장자』 구워삶기 - 노장 전통의 신유가적 변용」, 『시대와 철학』 제
　　17권 3호, 2006년.
고미숙, 「지식교육과 도덕교육」, 『교육문제연구』 제17집, 2002년.
郭沫若, 『十批判書』, 東方出版社, 1996년 영인본.
吾妻重二, 『朱子學の新研究』, 創文社, 2004년.
荒木見悟, 「楊龜山小論」, 『中國思想史の諸相』, 中國書店, 1989.
Melanie Alison Cohn Jameson, "South - Returning Wings: Yang Shih and the
　　New Sung Metaphysics", Ph.D. U. of Arizona, 1990.

저자	논문	게재 사항
김경호	욕망 조절의 성리학적 도식	한국사상학회, 26, 2006년 6월, pp.65~96, 한국사상학회
	誠・敬: 성리학적 수양론과 군자의 이상	동양철학, 30, 2008년 12월, pp.215~246, 한국동양철학회
	영적인 몸: 체험을 통한 세속적 삶의 성화	철학연구, 36, 2008년 9월, pp.345~373, 고려대학교 철학연구소
김미영	良知와 知覺: 도덕성의 신체적 근거에 관한 심학적 정초	철학, 91, 2007년 5월, pp.1~21, 한국철학회
	여훈서에 나타난 여성의 몸: 유쿠자와 유키치의 『여대학평론』을 중심으로	한국여성철학, 9, 2008년 6월, pp.55~75, 한국여성철학회
	體得: 현대도덕교육에 대한 유교적 성찰	동양철학, 30, 2008년 12월, pp.299~321, 한국동양철학회
김재숙	형・기・신: 심신 대립을 넘어선 도가적 정신 해방	철학연구, 98, 2006년 5월, pp.71~94, 대학철학회
	성명쌍수: 도교의 수련과 진인의 경지	도교문화연구, 27, 2007년 11월, pp.95~122, 한국도교문화학회
	신체동학: 심신 조율 그리고 예술치료 – 인도의 춤 미학을 중심으로	철학연구, 36, 2008년 9월, pp.419~448, 고려대학교 철학연구소
김종국	인격개념을 통해 본 근대적 심신관: 로크와 칸트의 인격관을 중심으로	칸트연구, 18, 2006년 12월, pp.153~166, 한국칸트학회
	공적 쾌락과 사적 금욕: 벤담과 칸트에서 '금욕'의 문제	칸트연구, 20, 2007년 12월, pp.101~116, 한국칸트학회
	아우슈비츠 以後의 倫理學: H. 요나스에서 身體의 存在論과 責任의 生醫 倫理	철학연구, 36, 2008년 9월, pp.141~167, 고려대학교 철학연구소
김철운	신기(神氣): 심(心)・신(身) 대립구도 극복을 위한 실학적 해법	철학논총, 2(44), 2006년 4월, pp.101~126, 새한철학회
	'수신(修身)'의 근대적 변용: 국가에 의해 유폐된 개인	철학논총, 2(48), 2007년 4월, pp.137~164, 새한철학회
	놀이하는 몸(homo ludens): 자연과 인공의 경계에서 – 고려시대와 조선시대의 '산수유기(山水遊記)'를 중심으로	철학연구, 36, 2008년 9월, pp.375~418, 고려대학교 철학연구소
박재술	德과 形: 心身 관계의 價値論的 함의의 先秦儒學的 始源	철학연구, 99, 2006년 8월, pp.159~180, 대한철학회
손병석	아리스토텔레스의 질료・형상설에 대한 심신가치론적 고찰	철학, 87, 2006년 5월, pp.33~63, 한국철학회
	무정념(apateia): 현인(賢人)에 이르는 스토아적 이상과 실천	철학연구, 80, 2008년 2월, pp.41~60, 철학연구회
	전자 민주주의와 참여 민주주의: 몸의 확장을 넘어 德의 고양으로	철학연구, 36, 2008년 9월, pp.103~139, 고려대학교 철학연구소

양운덕	그리스 성 담론에 나타난 에로스와 윤리적 자기 형성: 「향연」을 읽는 상이한 방식-Nussbaum과 Foucault의 경우	철학연구, 39, 2010년 3월, pp.169~213, 고려대학교 철학연구소
	신체들의 기쁜 만남: 들뢰즈의 스피노자 해석과 관련하여	시대와 철학, 21(2), 2010년 6월, pp.268~304, 한국철학사상연구회
	미시 권력들의 작용과 생명 정치: 푸꼬의 권력분석틀과 아감벤의 근대 생명정치학 비판	철학연구, 36, 2008년 9월, pp.169~213, 고려대학교 철학연구소
임홍빈	몸과 이성, 자아: 「차라투스트라는 이렇게 말했다」의 한 해석	니체연구, 10, 2006년 10월, pp.175~194, 한국니체학회
	'사변적 정신'과 욕망의 문제	철학, 93, 2007년 11월, pp.131~158, 한국철학회
	미적 실존의 조건들	철학연구, 36, 2008년 9월, pp.243~269, 철학연구소
이승환	눈빛·낯빛·몸짓: 유가의 신체 미학과 소속된 삶	『감성의 철학』, 민음사, 1996
	후기 근대적 신체-주체의 부박(浮薄)함에 대하여	인문연구, 47, pp.1~17, 2004년 12월, 영남대학교 인문과학연구소
	자본주의 신체 미학과 자아정체성: '미적 실존'에서 '감성적 실존'으로	철학연구, 36, 2008년 9월, pp.271~303, 고려대학교 철학연구소
장문정	심신이원론에서 선험적 신체일원론으로: 멘느 드 비랑에서 메를로-퐁티까지	대동철학, 35, 2006년 6월, pp.171~216, 대동철학회
	자기를 낮추는 기술로서의 글쓰기: 후기 구조주의를 중심으로	대동철학, 40, 2007년 9월, pp.272~300, 대동철학회
	휘발적(volatile) 몸과 여성의 해방	철학연구, 36, 2008년 9월, pp.305~343, 고려대학교 철학연구소
최준호	홉스와 루소의 인간관: 심신 관계에 대한 가치론적 고찰	철학연구, 98, 2006년 5월, pp.321~348, 대한철학회
	칸트와 쉴러에서 미의 경험과 도야	철학연구, 80, 2008년 2월, pp.85~110, 철학연구회
	문화산업에 의해 물화된 몸과 그 비판으로서의 아도르노의 몸	철학연구, 36, 2008년 9월, pp.215~241, 고려대학교 철학연구소
한명숙	初期佛敎의 自我觀에 대한 심신가치론적 고찰: 몸과 마음의 성격 및 지위에 대한 논의	불교학연구, 13, 2006년 4월, pp.181~209, 불교학연구회
	吉藏의 觀法이 갖는 修行論的 의미에 대한 고찰	불교학연구, 19, 2008년 4월, pp.259~290, 불교학연구회
	감각적 욕망구조에 대한 연기적 이해: 몸의 온전한 자유를 위해	철학연구, 36, 2008년 9월, pp.449~473, 고려대학교 철학연구소

손병석(연구책임자)

그리스 아테네 대학에서 철학박사학위를 받았으며, 하버드 대학 철학과 방문교수, 그리스 국제학회 명예위원을 맡고 있으며, 현재 고려대 철학과 교수로 있다. 주요 논문으로는 「부동의 원동자로서의 신은 목적인이자 작용인이 될 수 있는가?」, 「소크라테스의 아크라시아(akrasia) 불가능성 논제에 대한 아리스토텔레스의 비판」, 『소크라테스의 비밀』(역서) 등이 있다.

양운덕

고려대학교 대학원 철학과에서 1990년 8월 박사학위를 취득(「헤겔 철학에 나타난 개체와 공동체의 변증법」)하였으며, 주요 저서로 『피노키오의 철학』 시리즈(전 4권), 『보르헤스의 지팡이』, 『문학과 철학의 향연』, 『현대 철학의 흐름』(공저), 『전통, 근대, 탈근대의 철학적 조명』(공저), 『포스트 모던 칸트』(공저), 『하버마스의 사상』(공저) 등이 있다.
연구실 '필로소피아'에서 일반인을 대상으로 철학과 문학 고전들을 중심으로 한 모임과 강의를 하고, <아트 앤 스터디>에서 철학과 문학을 주제로 한 동영상 강의를 하고 있다.

이승환

현) 고려대학교 철학과 교수. 고려대학교 철학과를 졸업하고, 국립대만대학 철학연구소에서 석사, 미국 하와이 주립대에서 박사학위를 받았다. 저서로 『유가사상의 사회철학적 재조명』(1998)과 『유교 담론의 지형학』(2004) 등이 있으며, 주요 논문으로는 「주자 수양론에서 미발(未發)의 의미」, 「성리학 기호 배치방식으로 보는 조선유학의 분기」 등이 있다. 현재는 조선유학의 성리 논쟁을 분석철학적으로 해명하는 일에 관심을 가지고 연구를 진행하고 있다.

김철운

강원대학교 철학과를 졸업하고, 고려대학교 대학원 철학과에서 박사학위를 취득(철학박사)하였으며, 현재 강원대학교 강사로 있다. 주요 논문에는 「『대학』의 평천하사상에 관한 연구」(박사논문), 「순자에서 욕망의 규제와 보장」, 「공자-죽음에서 삶의 희망을 봄」, 「대동(大同): 욕망의 동력으로 이루는 유가공동체-康有爲의 『大同書』에 나타난 '욕망론'을 중심으로-」, 「중국 華夷分別論의 정형화 과정과 그 비판」 등이 있고, 저서에는 『순자와 인문세계』, 『공자와 유가』 등이 있으며, 역서에는 『중국 경학사의 기초』(공역) 등이 있다.

김재숙

고려대학교 대학원에서 동양철학 전공으로 석사와 박사학위를 취득하였다
고려대학교 철학연구소 연구교수를 역임했으며, 현재 한국예술종합학교, 서울시립대학교 등에서 강의를 하고 있다.
주요 논문으로 「형기신: 심신대립을 넘어선 도가적 정신해방」, 「북송대 문인화론에 나타난 동양예술정신」 등이 있고, 그 외 『조선시대 삶과 생각』(공저) 등이 있다.

임홍빈

고려대학교 철학과 교수, 국제그리스철학회 명예회장(Honorary President of the International Association of Greek Philosophy, Greece, 2011~현재), 국제헤겔학회 학술이사(Wissenschaftlicher Beiratsmitglieder der Internationalen Hegel－Gesellschaft, Germany: 2010~현재), 저서로는 『기술문명과 철학』, 『헤겔철학과 근대적 이성』, 『세계화의 철학적 담론』, 『인권의 이념과 아시아가치론』 등이 있고, 편저로는 Menschsein: On Being Human(Coeditor: Georg Mohr), 『동서철학의 공적 합리성』, 『새로운 공적 합리성의 모색』, 『동서철학에 나타난 공적 합리성 논쟁』, Transculturality－Epistemology, Ethics, and Politics(Coeditor: Hans－Jörg Sandkühler), 이외에 실천철학과 인간학, 철학사 등에 대한 수십 편의 논문을 국내외에 발표했다.

최준호

고려대학교 철학과를 졸업하고, 동 대학원에서 「칸트의 반성적 판단과 목적론적 세계」라는 논문으로 박사학위를 취득했다. 고려대학교 철학연구소 연구교수, 대전대학교 교양교육원 교수를 역임했으며, 현재는 순천향대학교 교수로 재직하고 있다. 저서로 『마이너리거를 위한 철학여행』(2012), 『수행성과 매체성: 21세기 인문학의 쟁점』(공저, 2012) 등이 있으며, 주요 논문으로는 「데리다 이후의 칸트 미학」, 「Mimesis and Its Effect in Plato's Philosophy of Art」, 「Naturschönheit und Kultur」, 「미의 가치: 미학에서 지각학으로의 전환과 관련하여」 등이 있다.

김종국

고려대학교 철학과에서 학사·석사·박사학위를 취득하고 독일 튀빙겐 대학교에서 객원연구원으로 재직한 후, 동 대학교 박사후 과정을 이수하였다. 현재 경인교육대학교 윤리교육과 교수로 재직 중이다.

장문정

고려대학교 철학과에서 석사와 박사학위를 취득했고, 고려대학교 철학연구소 연구조교수(2002~2008)를 역임했으며, 2001년부터 현재까지 고려대학교에 출강하고 있다.
저서로는 『메를로－뽕띠의 살의 기호학』이 있고 최근 논문으로는 「왜 페미니스트가 신을 말하는가?－페미니스트의 키에르케고어되기와 키에르케고어의 여성되기」, 「어떻게 진리가 가능한가－라깡과 키에르케고어의 '말할 수 없는 것'의 말하기」 등이 있다.

김경호

강원도 고성의 공현진에서 태어나고 자랐다. 고려대학교 철학과에 진학하여 동양철학과 서양철학을 배웠고 대학원에서 한국유학을 공부한 후 철학박사 학위를 취득하였다. 현재 전남대학교 호남학연구원 인문한국 교수로 있으면서, 유가철학의 '감성' '마음' '영성' 문제와 관련하여 '한국인의 감성'을 연구하고 있으며, 호남유학의 철학적 기반을 탐구하고 있다. 지은 책으로는 『동양적 사유는 어떻게 탄생했는가』(2012), 『인격성숙의 새로운 지평-율곡의 인간론』(2008)과 『유교도교불교의 감성이론』(2011, 공저)이 있으며, 「슬픔은 어디에서 오는가- 신체화된 마음을 중심으로」, 「고봉 기대승의 낙향과 삶으로서의 철학-비애의 정조를 넘어서」 등의 논문이 있다.

한명숙

고려대학교 철학과를 졸업하고 동 대학원 철학과에서 「吉藏의 三論思想硏究: 無得의 轉悟方式을 중심으로」로 박사학위를 받았다. 고려대학교·한양대학교·순천향대학교 등에서 강의했고, 가산불교문화연구원에서 수석연구원으로 재직했으며, 현재 동국대학교 불교학술원 조교수로 재직 중이다. 논문으로 「삼론학의 무득정관사상 연구」, 「고려대장경의 편제 및 입장경의 취사에 나타난 사유체계 이해」 등이 있고, 역서로 『법구경』·『범망경술기』 등이 있으며, 공저로 『인물로 보는 한국의 불교사상』, 『서양이 동양으로 걸어오다』 등이 있다.

김미영

현) 서울시립대학교 철학과 교수. 고려대학교 대학원에서 「주희의 불교비판과 공부론 연구」로 박사학위를 취득하였고, 이후 주자학 관련 다수의 논문 발표했다. 현재 『한국철학의 정체성 탐구』라는 책을 저술 중에 있다.

동서 철학
심신가치론과
현대사회

초판인쇄 | 2013년 2월 15일
초판발행 | 2013년 2월 15일

지 은 이 | 손병석 외
펴 낸 이 | 채종준
펴 낸 곳 | 한국학술정보㈜
주 소 | 경기도 파주시 문발동 파주출판문화정보산업단지 513-5
전 화 | 031) 908-3181(대표)
팩 스 | 031) 908-3189
홈페이지 | http://ebook.kstudy.com
E - m a i l | 출판사업부 publish@kstudy.com
등 록 | 제일산-115호(2000. 6. 19)

ISBN   978-89-268-4104-4 93130 (Paper Book)
        978-89-268-4105-1 95130 (e-Book)